L'idéal panafricain contemporain

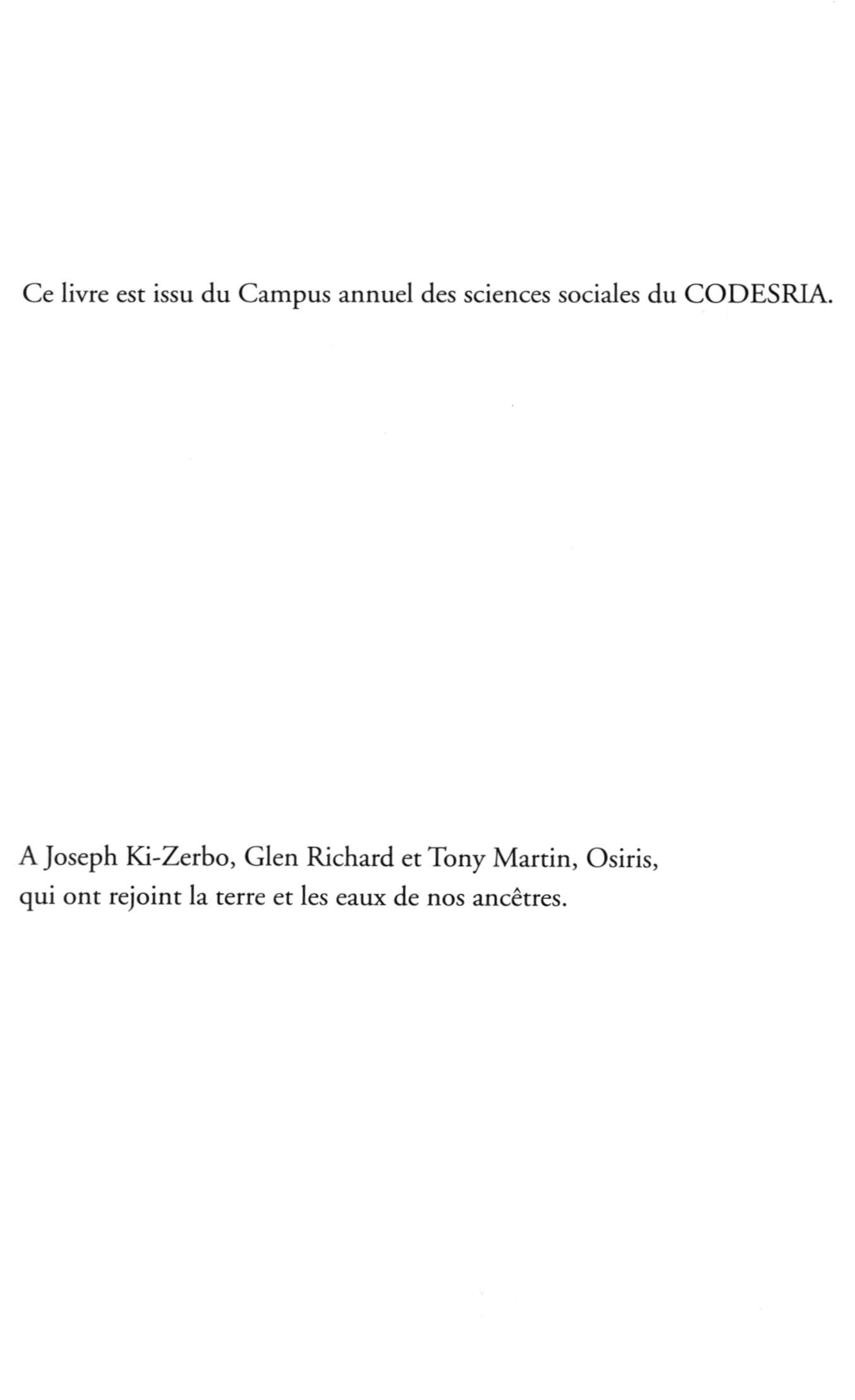

Ce livre est issu du Campus annuel des sciences sociales du CODESRIA.

A Joseph Ki-Zerbo, Glen Richard et Tony Martin, Osiris,
qui ont rejoint la terre et les eaux de nos ancêtres.

L'idéal panafricain contemporain

Fondements historiques, perspectives futures

Sous la direction de

Lazare V. Ki-Zerbo
Jean-Jacques N. Sène

CODESRIA

Conseil pour le développement de la recherche en sciences sociales en Afrique
DAKAR

Conseil pour le développement de la recherche en sciences sociales en Afrique
Avenue Cheikh Anta Diop Angle Canal IV
BP 3304 Dakar, 18524, Sénégal
Site web : www.codesria.org

ISBN 978-2-86978-585-4

Mise en page : Daouda Thiam
Couverture : Ibrahima Fofana
Distribué en Afrique par le CODESRIA
Distribué ailleurs par African Books Collective
www.africanbookscollective.com

Le Conseil pour le développement de la recherche en sciences sociales en Afrique (CODESRIA) est une organisation indépendante dont le principal objectif est de faciliter et de promouvoir une forme de publication basée sur la recherche, de créer plusieurs forums permettant aux chercheurs africains d'échanger des opinions et des informations. Le Conseil cherche ainsi à lutter contre la fragmentation de la recherche dans le continent africain à travers la mise en place de réseaux de recherche thématiques qui transcendent toutes les barrières linguistiques et régionales.

Le CODESRIA publie une revue trimestrielle, intitulée *Afrique et Développement*, qui est la plus ancienne revue de sciences sociales basée sur l'Afrique. Le Conseil publie également *Afrika Zamani* qui est une revue d'histoire, de même que la *Revue Africaine de Sociologie* ; la *Revue Africaine des Relations Internationales (AJIA)* et la *Revue de l'Enseignement Supérieur en Afrique*. Le CODESRIA co-publie également la *Revue Africaine des Médias*; *Identité, Culture et Politique : un Dialogue Afro-Asiatique ; L'Anthropologue africain*, la *Revue des mutations en Afrique, Méthod(e)s : Revue africaine de méthodologie des sciences sociales* ainsi que *Sélections Afro-Arabes pour les Sciences Sociales*. Les résultats de recherche, ainsi que les autres activités de l'institution sont aussi diffusés à travers les « Documents de travail », le « Livre Vert », la « Série des Monographies », la « Série des Livres du CODESRIA », les « Dialogues Politiques » et le *Bulletin du CODESRIA*. Une sélection des publications du CODESRIA est aussi accessible au www.codesria.org

Le CODESRIA exprime sa profonde gratitude à la Swedish International Development Corporation Agency (SIDA), au Centre de Recherches pour le Développement International (CRDI), à la Ford Foundation, à la Carnegie Corporation de New York (CCNY), à l'Agence norvégienne de développement et de coopération (NORAD), à l'Agence Danoise pour le Développement International (DANIDA), au Ministère des Affaires Etrangères des Pays-Bas, à la Fondation Rockefeller, à l'Open Society Foundations (OSFs), à TrustAfrica, à l'UNESCO, à la Fondation pour le renforcement des capacités en Afrique (ACBF) ainsi qu'au Gouvernement du Sénégal pour le soutien apporté aux programmes de recherche, de formation et de publication du Conseil.

Sommaire

I. Documents

II. Le mouvement panafricaniste

III. Mémoire collective et défis éducatifs

IV. Universalité, migrations et identités

V. Structures proto-fédérales africaines, libéralisme et mondialisation

Note sur les auteurs

Boubacar Barry du Département d'Histoire de l'Université Cheikh Anta Diop de Dakar est une des têtes de file de l'historiographie ouest-africaine. On lui doit, d'avoir introduit dans le champ en 1988 la désignation « l'École de Dakar », pour identifier les historiens sénégalais ayant emboîté le pas aux idées du professeur Cheikh Anta Diop à partir des années 50. Il a porté le flambeau de l'histoire africaine moderne dans tous les coins du monde. Son ouvrage, *La Sénégambie du XVe au XIXe siècle : Traite négrière, islam et conquête coloniale* (L'Harmattan 1998) est une référence dans le traitement des sources écrites et orales authentiques. Le texte explore les grands changements dans la région sous les pressions de la traite des esclaves et de la colonisation tout en expliquant la genèse des obstacles majeurs à l'intégration sous-régionale pour ce qui concerne les États d'Afrique occidentale.

Jérémie Kroubo Dagnini est Docteur en Langues, Littératures et Civilisations Anglo-saxonnes de l'Université Michel de Montaigne Bordeaux 3. Il est l'auteur entre autres de *Vibrations jamaïcaines. L'Histoire des musiques populaires jamaïcaines au XXe siècle* (Camion Blanc 2011). Il est actuellement Attaché Temporaire d'Enseignement et de Recherche à l'Université des Antilles et de la Guyane en Martinique.

Alyxandra Gomes Nunes est une chercheuse afro-brésilienne basée à Salvador, doctorante en Études Africaines à l'Université Fédérale de Bahia, au sein du Centre Africain d'Études Orientales (CEAO) où elle travaille sur la littérature africaine, plus particulièrement sur la romancière nigériane Chimamanda Ngozi Adichie. Elle enseigne l'anglais et les Littératures Africaines à l'Université d'État de Bahia (UNEB) à Santo Antônio de Jesus. Elle est également coéditrice de l'édition portugaise de *Pambazuka News*, la plate-forme de référence sur la justice sociale en Afrique. Depuis 2006, elle est coordinatrice internationale du SEPHIS (programme d'échanges Sud-Sud de recherches sur l'histoire du développement) pour le Brésil.

Anselme Guezo est Professeur-assistant d'Histoire à l'Université d'Abomey-Calavi, en République du Bénin. Après des études d'Histoire dans la même université sanctionnées par une Maîtrise obtenue en 1979, il a servi comme Professeur certifié dans différents établissements secondaires du pays. En 1983, il s'embarque pour l'Angleterre pour y parachever une thèse de Doctorat sur l'impact de la traite des esclaves transatlantique sur les sociétés de la Côte des Esclaves au XVIIIe siècle. Il retourne en Afrique en 1989, nanti du diplôme de Doctorat octroyé par l'Université de Birmingham, spécialité Histoire Africaine. Depuis son retour, il a enseigné pendant une dizaine d'années à l'Université de Cape Coast au Ghana, avant de rentrer au bercail en 2000.

Joseph Cihunda Hengelela est doctorant au Département de Droit International Public et Relations Internationales de la Faculté de Droit de l'Université de Kinshasa en République Démocratique du Congo et chercheur à l'Institut sur la Démocratie, la Gouvernance, la Paix et le Développement en Afrique (IDGPA) (www.idgpa.org). Membre du CODESRIA, il a participé à plusieurs programmes de recherche notamment *Rule of Law Program For Sub-Saharan Africa* de la Fondation Konrad Adenauer et *Religion and Democratization Process in Africa* de Trustafrica. Il a servi également comme Consultant à l'Institut Électoral pour une Démocratie Durable en Afrique (EISA/RDC) et à la Cellule d'Appui Politologique en Afrique Centrale (CAPAC) de l'Université de Liège (Belgique). Il est auteur d'une vingtaine de publications et communications scientifiques.

Ousseni Illy est originaire du Burkina Faso. Il est actuellement chercheur postdoctoral dans le cadre du programme *Global Leaders Fellowship Program* des Universités d'Oxford et de Princeton. Titulaire entre autres d'un Doctorat en Droit International Économique de l'Université de Genève et d'une Maîtrise en Droit public de l'Université de Ouagadougou, ses recherches portent principalement sur le commerce international (OMC, accords commerciaux régionaux africains, accords commerciaux Nord-Sud, Sud-Sud, etc.), ainsi que les moyens d'une meilleure insertion des pays africains dans le commerce mondial. Il a été stagiaire et consultant pour le Bureau des Affaires Juridiques des Nations Unies à New York, assistant de recherche à l'Institut des Hautes Études Internationales et de Développement de Genève et stagiaire-chercheur au Secrétariat de l'OMC à Genève.

Darwis Khudori est depuis 2004 Maître de Conférences à l'Université du Havre, Directeur de la formation Master Management International, spécialisation Échanges avec l'Asie à la Faculté des Affaires Internationales de cet établissement. Il est écrivain (poèmes, nouvelles, romans, essais) et ingénieur-architecte (*Universitas Gadjah Mada*, Yogyakarta, Indonésie, 1984) spécialisé en études de l'habitat et du développement urbain (*Institute for Housing and Urban Development Studies*, Rotterdam, Pays Bas, 1987 et 1989). Il est docteur de l'Université de Paris-Sorbonne (Paris IV), spécialisé en Histoire du Monde Arabe et Musulman Contemporain (1999). Il est aussi initiateur et coordinateur du *Bandung Spirit Network* promouvant des mouvements de société civile fondés sur l'esprit de la Conférence afro-asiatique historique organisée à Bandung, Indonésie, en 1955. Parmi ses travaux les plus récents, on trouve deux ouvrages collectifs qu'il a dirigé : *The Rise of Religion-based Political Movements: A Threat or a Chance for Peace, Security and Development among the Nations?* [...] (2009) et *Towards a Sustainable Ecology: Global Challenges and Local Responses from Africa and Asia* (2012).

Lazare Victor Ki-Zerbo est un philosophe-chercheur burkinabè. Il est membre de la Fondation Joseph Ki-Zerbo et Vice-président du Comité international Joseph Ki-Zerbo pour l'Afrique et la Diaspora (CIJKAD). Il a fait ses études secondaires au Prytanée militaire Charles N'tchoréré de Saint-Louis (Sénégal) avant de faire ses « Classes Préparatoires » aux lycées Paul Valéry et Fénelon en France. Il obtient son doctorat de philosophie en 1994 sur le thème : *Contribution à une problématique de l'ontologie sociale phénoménologique à partir de Husserl.* Il enseigne ensuite à l'Université de Ouagadougou au Burkina Faso tout en collaborant à des programmes de recherche sur la décentralisation et l'intégration africaine. Il a édité deux ouvrages collectifs importants : *Le Mouvement panafricaniste au vingtième siècle*, OIF, Paris (2008) et *Études africaines de géographie par le bas*, CODESRIA, Dakar (2009). Il est membre de plusieurs organisations et institutions, notamment : fondateur du Mouvement des Intellectuels du Manifeste pour la Liberté créé en 1998, après l'assassinat du journaliste burkinabè Norbert Zongo et ses compagnons. Ses recherches portent actuellement sur le Panafricanisme, le droit au développement comme droit de l'Homme.

Doulaye Konaté est l'actuel Président de l'Association des Historiens Africains (AHA). Il est Docteur en Histoire et Archéologie (Aix-en-Provence), Inspecteur général de l'éducation, Chef du Département Histoire-Géographie à l'Ecole Normale Supérieure de Bamako (ENSUP) et à l'Université du Mali; membre fondateur et Président de l'Association Nationale des Historiens du Mali (ASHIMA) et Vice-président de l'Association Ouest-africaine d'Archéologie (A.O.A.A.). Konaté est auteur de nombreux articles consacrés à l'archéologie et à l'histoire des sociétés africaines traditionnelles et contemporaines. Il est notamment auteur d'une étude récente sur la « Problématique de la gestion foncière au Mali : héritages et dynamiques actuelles » publiée dans la collection Historiens Africains en Afrique (L'Harmattan, 1998). Il a aussi été coordonnateur d'une étude sur « la perception de la culture de la paix et des droits humains dans la société malienne » réalisée avec le concours de l'UNESCO et du PNUD (1999).

Chrystel Le Moing est Chargée de Missions aux Relations Internationales de la Fondation Gabriel Péri. Cette institution créée en 2004 à l'initiative du Parti communiste Français est une fondation à vocation politique et d'utilité publique basée à Paris. Sa mission est de créer des espaces de débats contradictoires sur l'évolution des sociétés contemporaines et des processus de transformations qui les traversent. La Fondation Gabriel Péri collabore avec des chercheurs, universitaires ou non, des élus, des responsables syndicaux et autres parties prenantes de la marche du monde.

Tony Martin est originaire de Trinidad et Tobago. Il est *Emeritus Professor of Africana Studies* à *Wellesley College*, une école supérieure d'excellence (USA) où il a officié de 1973 à 2007. Il a acquis une réputation internationale pour avoir porté ses enseignements et ses idées afrocentriques dans le monde entier. Son œuvre comporte 14 ouvrages dont le plus récent est *Caribbean History: From Pre-Colonial Origins to the Present* (2012) publié par Pearson Education. On trouve parmi ses travaux antérieurs *Amy Ashwood Garvey: Panafricanist, Feminist and Mrs Marcus Garvey No. 1, Or, A Tale of Two Amies (2007) ; Literary Garveyism: Garvey, Black Arts and the Harlem Renaissance* (1983) et l'étude devenue classique du movement de Marcus Garvey: *Race First: the Ideological and Organizational Struggles of Marcus Garvey and the Universal Negro Improvement Association* (1976). On doit au Professeur Tony Martin l'impressionnante "New Marcus Garvey Library": http://www.tonymartin.net.tt/ new-marcus-garvey-library.html. A la surprise générale, la mort nous l'a sauvagement arraché, le 19 janvier 2013 au jeune âge de soixante-dix ans…

Ezekiel Es'kia Mphahlele est un luminaire de la littérature africaine contemporaine. Son premier recueil de nouvelles, *Man Must Live* (1947) donna le ton de son engagement politique subséquent contre l'apartheid. Il entra à l'*African National Congress* (ANC) en 1955 mais s'en séparera assez rapidement en réaction aux approches de l'organisation sur les questions liées à l'éducation. Mphalele allait passer vingt ans en exil : d'abord au Nigeria, puis au Kenya (Directeur du *Chemchemi Cultural Centre*), en Zambie, en France, et finalement aux USA où il obtint un Doctorat à University of Denver et enseigna à *University of Pennsylvania*. Mphahlele retourna en Afrique du Sud en 1977 pour enseigner à *University of the Witwatersrand*. L'*Es'kia Institute* de Johannesburg s'attache à promouvoir l'héritage de sa vie et de son œuvre. Mphalele est décédé en octobre 2008 un peu avant que les deux grands rendez-vous qui ont été la matrice même du présent livre, *L'idéal panafricain […]* ne se tiennent à Dakar et à Ouagadougou.

Boye N'Diaye est doctorante en Histoire à l'Université Paris Diderot – Paris 7. Son sujet de thèse s'intitule « Les relations entre l'Afrique du Sud et la Tanzanie sous l'apartheid : un aspect du Panafricanisme (1960–1994) ? » sous la direction de du professeur Fornarina Rajaonah. Ce travail s'attache tout d'abord à l'étude des relations étroites entretenues entre le gouvernement tanzanien et les mouvements de libération sud-africains qu'il soutenait ouvertement. L'auteur redéfinit également les liens tissés entre les réfugiés originaires d'Afrique du Sud et les citoyens tanzaniens. Ces derniers les ont accueillis sur leur territoire pendant trois décennies alors que le régime totalitaire de l'apartheid sévissait dans leur pays. Cette thèse sera rendue sur support papier mais Mademoiselle N'Diaye souhaite en faire un film documentaire à long terme. Pour mener à bien ce projet, elle effectue des stages dans le domaine de l'audiovisuel à Paris et à Londres.

Francis Njubi Nesbitt est un *Associate Professor of Africana Studies* à *San Diego University* (USA). Son livre, *Sanctions: African Americans Against Apartheid, 1946-1994* est sorti chez Indiana University Press en 2004. Ses nombreux articles ont été publiés par des revues spécialisées telles que *Mots Pluriels* et *Critical Arts*.

Ludmila Ommundsen Pessoa est docteur ès-lettres de l'Université de Lille III (France). Après avoir occupé un poste de *Lecturer* à l'Université de Limerick en Irlande puis de Maîtresse de Conférences à l'Université du Havre en France, elle a pris la direction de l'Alliance Française du Cap en Afrique du Sud. Membre du laboratoire français CIRTAI IDEES (UMR 6266 du CNRS, axe « Voyage, Migration, Identités »), ses travaux portent en partie sur la littérature et la civilisation sud-africaines dans une perspective au croisement des *Gender Studies* et des *Cultural Studies*. Elle a publié des articles dans des revues françaises et étrangères. *Mitchell's Plain a Place in the Sun* (Mikateko, Cape Town), un ouvrage sur le grand township métis des Cape Flats est sorti en sortir.

Glen Leroy Richards est décédé en août 2009 après deux décennies d'engagement actif à l'enseignement et à la recherche. Il avait obtenu son Doctorat en Histoire à l'Université de Cambridge au Royaume Uni (1989) avant de retourner dans sa Caraïbe natale pour contribuer avec passion au rayonnement de la *University of the West Indies* à Mona où il avait été lui-même étudiant. Il fut un expert du mouvement ouvrier dans les Caraïbes et un militant actif du dialogue social dans la gestion des tensions politiques en Jamaïque. Il défendait la cause d'une confédération des nations caribéennes ainsi que les idéaux du Panafricanisme. Il a laissé de nombreux travaux sur toutes ces questions et son empreinte dans la qualité des programmes des Second et Troisième Cycles à Mona est reconnue par toute la communauté universitaire.

Jean-Jacques N. Sène a été formé à la Faculté des Lettres et Sciences Humaines de l'Université Cheikh Anta Diop de Dakar (1985-1993). Il est professeur d'Histoire Africaine et d'Anthropologie Sociale et Culturelle au *Department of History, Political and International Study* à Chatham University (USA), où il dirige parallèlement le *Global Focus Program*. Chercheur-associé *World History Center*, University of Pittsburgh (USA), il est aussi Membre du Secrétariat Exécutif du Comité International Joseph Ki-Zerbo pour l'Afrique et la Diaspora. Il est le Représentant de la Diaspora Africaine dans le Forum Démocratie et Coopération piloté par l'Institut pour les Études Politiques sur l'Amérique Latine et l'Afrique (IAPALA) de Madrid, auteur par ailleurs de « L'Intercontinentale de la fin de la fin de l'histoire et les contours d'un humanisme antilibéral : Naxal, Cabral, San Cristobal et Népal » *Journal of Identity, Politics and Culture: An Afro-Asian Dialogue* (CODESRIA, 2009). Il collabore aux objectifs stratégiques du Réseau Africain d'Histoire Mondiale et Globale.

Marika Sherwood est née en Hongrie à partir d'où elle a émigré en Australie, puis au Royaume Uni. Elle a aussi vécu en Nouvelle Guinée, à New York et en Sicile. En 1991, elle fut l'une des fondatrices du *Black and Asian Studies Association* (BASA) et fut l'éditrice du *BASA Newsletter* jusqu'en 2007. Ses ouvrages les plus récents sont *Malcolm X: visits abroad April 1964 – February 1965* (UK: Savannah Press, 2010 & USA: Tsehai Publishers, 2011); *The Origins of Panafricanism: Henry Sylvester Williams* (Routledge, 2010); *After Abolition* (IB Tauris, 2007) et *Britain, the Slave Trade and*

Slavery from 1562 to the 1880s (Savannah Press, 2007). Dans le sillage de l'honneur qui lui été fait d'être invitée à Accra pour contribuer au colloque célébrant le centenaire de la naissance de Kwame Nkrumah, elle conduit en ce moment des recherches sur le Ghana dans la Guerre Froide, plus précisément sur la période 1945-1966.

Roger Moussa Tall, né en 1936 à Ouahigouya au Burkina Faso dans une famille d'éleveurs, fit sa scolarité au Mali et en Côte-d'Ivoire ; et de 1958 à 1966, ses études supérieures en France. Ancien élève de l'École Vétérinaire d'Alfort, il est Diplômé de la Faculté de Médecine de Paris. Sa thèse porta sur l' « Étude du lait et du lait caillé en Haute-Volta. » Il est successivement Chef de Service des Industries Animales, Secrétaire Exécutif de la Communauté Économique du Bétail et de Viande des États de l'Entente – Bénin, Haute Volta, Côte-d'Ivoire, Niger, Togo (1966-1970). De 1970 à 1984, il est Directeur Général de l'Office National des Ressources Animales de 1984 à 1988, Consultant en Élevage entre 1990 et 2002. Il a été Président de l'Association des Étudiants Voltaïques en France en 1963 ; Secrétaire Général du Syndicat de la Santé en 1967 et 1969 ; Président de l'Ordre des Vétérinaires de 1997 à 2000. Il milite actuellement au Mouvement des Intellectuels.

Bakary Traoré est né en 1958 à Kongodia (République de Côte d'Ivoire) où il a fait ses études primaires. Il est de nationalité burkinabé(è). Après ses études secondaires en Côte d'Ivoire, il rentre à l'Université de Ouagadougou où il se spécialise en Histoire. Il termine ses études supérieures à l'Université de Paris I Panthéon-Sorbonne par un Doctorat en Histoire de l'Afrique. Auteur d'une thèse sur les dioulas du Burkina Faso, il est aujourd'hui chercheur au Centre National de la Recherche Scientifique et Technologique à Ouagadougou. Il s'intéresse à l'évolution des sociétés du Burkina Faso dans la longue durée, à l'histoire des religions et des faits culturels et aux questions de l'intégration africaine. Il est l'auteur d'un certain nombre de travaux publiés dans des revues scientifiques aussi bien au Burkina Faso qu'en France. Traoré est aussi Chargé de Cours à l'Université de Ouagadougou, à l'Université de Koudougou et à l'Ecole Nationale d'Administration et de la Magistrature à Ouagadougou.

Waibinte Elekima Wariboko est professeur d'histoire africaine et administrateur au campus de Mona en Jamaïque (*University of the West Indies*). Il a été chef du *Department of History and Archaeology* (2007-2010) et doyen par intérim de la *Faculty of Humanities and Education* (2011-2012). Il est auteur de plusieurs livres dont *Planting Church-Culture at New Calabar : Some Neglected Aspects of Missionary Enterprise in the Eastern Niger Delta, 1865-1918* (1998) et *Race and the Civilizing Mission* (2011).

Abdoul-Aziz Yaouba est Professeur-assistant au Département de Politique Internationale de l'Institut des Relations internationales du Cameroun (IRIC)/ Université de Yaoundé 2. Ses enseignements et travaux de recherche portent sur l'intégration africaine, le multiculturalisme, les frontières africaines et les relations internationales.

Avant-propos

Idéal panafricain ? Le mot juste serait peut-être la passion panafricaine tant le caractère littéralement pathétique de cette aspiration, multiforme et multiséculaire, apparaît comme un trait marquant dans cette aventure métapolitique portée aussi bien par les activistes intellectuels que les forces sociales telles que les syndicats et les organisations de la société civile.

Now, it's been too long.
Too long, too long in slavery.
Free us god.
Now, it's been too long.
Too long, too long in slavery.
But we were brought here,
to do a very necessary job

Now that the work is over, we want to know when we will be returned.

That's what we ask.

Qu'il est long
Trop long le temps de notre servitude
Sauve-nous, Seigneur
Depuis lors
Trop long le temps de notre servitude.
Transplantés ici
Pour faire un labeur d'importance
La tâche est accomplie et nous voulons connaître l'heure du retour.
Telle est notre quête.

Assurément, ces vers du groupe jamaïcain de reggae[1] Culture pointe vers la région de l'esprit collectif affectée par cette pathétique du retour (« Ethiopians waan guh home »), annonciatrice de retrouvailles fraternelles d'un peuple séparé, dispersé.

Sentimentalisme ? Certes, mais à condition de comprendre que cette caractérisation dont le mouvement patriotique panafricain fut victime aux heures les plus sombres de la Guerre Froide, la guerre des autres, est aussi une composante inhérente à l'imaginaire collectif de centaines de millions de femmes et d'hommes en mouvement au sein du Mouvement panafricaniste.

Frantz Fanon, dont Joseph Ki-Zerbo rapporte (Ki-Zerbo 2007:182) qu'il fondit en larmes lorsqu'il décrivit la lutte du peuple algérien, durant la Conférence panafricaine des peuples d'Accra (8-12 décembre 1958), étudie aussi, comme psychiatre, la généalogie du Panafricanisme : un Panafricanisme à la fois clés en têtes et clés en mains. Ainsi, dans un article d'*El Moujahid*, Fanon vise l'essentiel quand il écrit :

> au-dessus de cette communion affective, il y avait bien le souci d'affirmer une identité d'objectifs et aussi la volonté d'utiliser tous les moyens existants pour expulser le colonialisme du continent africain (…). Depuis près de trois ans, j'essaie de faire sortir la fumeuse idée d'Unité africaine des marasmes subjectivistes, voire carrément fantasmatiques de la majorité de ses supporters (Fanon 2006:172 et 208)[2].

Dans ma contribution (Chap. 21), par rapport à laquelle j'ai, bien entendu, évolué depuis lors, j'esquissais une phénoménologie de l'affectivité panafricaine à partir d'une expérience émotionnelle de l'espace disloqué, du traumatisme de la séparation. Cette affectivité constitue donc un facteur et une détermination proprement politiques, car matières premières de l'expérience sociale et historique collective, dans laquelle les luttes de libération sur le continent africain et dans la diaspora vont puiser pour construire les schèmes de la résistance.

Le CODESRIA a, depuis son trentième anniversaire, puissamment contribué à remettre ces expériences de lutte à l'ordre du jour de la réflexion lucide, grâce à plusieurs recueils d'articles très enrichissants sur le Panafricanisme.

Le corpus présenté dans ce volume s'inscrit dans cette dynamique. Il rassemble les communications du Campus annuel 2008 en sciences sociales, ainsi que les travaux d'une entité de la Fondation Joseph Ki-Zerbo, le Comité international Joseph Ki-Zerbo (CIJK), lors de la commémoration à Ouagadougou, en décembre 2008, du cinquantenaire de la Conférence panafricaine des peuples organisé par Kwamé Nkrumah en décembre 1958 à Accra.

En ce qui concerne le Campus 2008, il convient de rappeler la thématique proposée.

Le thème était « L'idéal panafricain contemporain : fondements historiques, perspectives futures ». C'est un thème qui aborde les débats en cours en Afrique et dans la diaspora africaine sur les enjeux contemporains d'unification, d'intégration et de développement des pays du continent à l'ère de la mondialisation accélérée. En décidant de ce thème sur le Panafricanisme, le CODESRIA souhaitait faire intervenir le contexte historique, la dimension critique et les perspectives d'avenir dans les débats en cours. Ces débats sont le plus souvent conduits comme si les questions en discussion n'avaient pas d'antécédents historiques qui méritent d'être soumis à la réflexion. Ils sont également menés comme si les Africains avaient des choix limités quand il s'agit de leur unité et leur intégration. Les participants au Campus annuel étaient invités à remettre en cause ces assertions explicites ou implicites sur la base desquelles l'avenir de l'Afrique est débattu. Il leur était demandé de s'élever au-dessus de l'a-historicisme qui caractérise la majeure partie du débat autour de l'idéal panafricain et de réaliser une meilleure exploration des opportunités, perspectives et enjeux dans le projet d'élargissement des frontières du Panafricanisme au XXIe siècle.

Le thème du Panafricanisme est récurrent dans l'histoire des peuples d'Afrique ou descendants d'Africains. Depuis les efforts pionniers de Henry Sylvester Williams Marcus Garvey, et W.E.B. du Bois, des générations successives de leaders et de penseurs africains ont abordé cette question d'unité, d'identité et de renaissance africaines, dans le cadre des contextes et circonstances changeantes sur le continent et en dehors, qui ont, eux-mêmes provoqué des ré-engagements réguliers des Africains avec leur propre histoire en tant que peuple solidaire. A l'époque contemporaine, les enjeux d'unité africaine et d'intégration économique, une fois encore, occupent le devant de la scène dans les débats politiques sur le continent. Le déclencheur de cet intérêt renouvelé fut le contexte postapartheid des années 1990 en Afrique et la réflexion collective qui s'ensuivit sur comment reconstituer le Mouvement panafricain au lendemain de la complète libération du continent du joug colonial.

Si l'environnement post apartheid de la politique panafricaine s'est concentré sur le futur du continent, le contexte de mondialisation accélérée et la menace de fragmentation ont rendu urgente la recherche d'un effort collectif dans la construction d'une communauté politique partagée par les peuples du continent.

La réflexion qui s'en est suivie devait s'exprimer de différentes manières, y compris dans la transformation de l'Organisation de l'Union Africaine (OUA) en Union Africaine (UA) en 2001, puis les deux Conférences des intellectuels d'Afrique et de la diaspora (CIAD I et II) à Dakar en 2004, et en 2006 à Salvador de Bahia…

A la fois dans sa structure et dans sa mission, l'Union Africaine était conçue pour représenter une nouvelle étape, qualitativement différente, dans la recherche d'une unité panafricaine contemporaine autour de laquelle tous les peuples du continent et de la diaspora africaine pourraient se mobiliser. Cependant, peu après l'inauguration officielle de l'Union, il était clair que tous les acteurs n'avaient pas une compréhension commune de sa place dans le projet et les processus d'unification et d'intégration, autrement dit sous la bannière d'un Mouvement panafricain rénové. Il était également évident que le fait que la souveraineté des États membres de l'Union Africaine devait céder pour faire avancer les frontières de l'intégration et l'unité continentale n'avait pas été suffisamment pensé par toutes les parties concernées. De plus, l'ambition de faire des peuples du continent les moteurs du Panafricanisme, au lieu que ce ne soit un « dossier » géré comme un domaine exclusif des Chefs d'États, nécessitait un surcroît d'effort pour repenser la stratégie. Les différences de compréhension et d'approche ont peut-être affecté l'ensemble de la démarche à la fois comme vecteur d'unification et d'intégration, et provoqué le sentiment de frustration qui rapidement culmina dans le soi-disant Grand Débat au milieu de l'année 2007, lors de l'Assemblée des Chefs d'États et de Gouvernements à Accra, Ghana, au cours duquel le 50e anniversaire de l'indépendance de ce pays était également officiellement célébré.

Ni le symbolisme du Cinquantenaire du Ghana (1957-2007), ni le choix d'Accra comme lieu du Grand Débat n'ont suffisamment motivé les délégués à développer et à s'accorder sur une « feuille de route » de l'unification et de l'intégration du continent.

Comme à Addis Abeba en 1963 et Accra en 1964 – ce second Sommet fut un échec cuisant. Le Grand Débat d'Accra sur l'unité africaine a opposé deux perspectives. La première défendait l'établissement rapide et même immédiat d'un Gouvernement d'Union pour l'Afrique comme un pas de plus vers la réalisation du rêve des États-Unis d'Afrique. La deuxième perspective, bien que ne désapprouvant pas ce but ultime de construction de l'unité africaine, était pour une approche plus graduelle qui pourrait commencer par des efforts de coopération et d'intégration économique régionales plus concertés. Comme nous venons de le mentionner, les deux positions avaient des visions concurrentes similaires à celles qui font partie intégrante de l'histoire du Panafricanisme depuis le début. Dans ce même ordre d'idées, il est bon de rappeler les différences d'approches entre Garvey et Du Bois, Nkrumah et Nyerere et de manière encore plus radicale les blocs de Casablanca et de Monrovia. En débat à différents moments de l'histoire du Panafricanisme, il n'y a pas seulement les préoccupations de contenu mais toujours des questions de programmation, de séquençage et d'étapes. Or, le Débat d'Accra était conduit comme s'il reposait sur un vide historique et sans prêter l'attention requise aux leçons possibles de l'histoire de la recherche d'unité et d'intégration. Les participants au Campus Annuel 2008 étaient donc encouragés à redresser ce déficit de fondements historiques dans les débats contemporains sur l'idéal panafricain. Ce faisant, ils devaient explorer les divers éléments de continuité et de changement dans l'articulation de l'idéal panafricain contemporain.

La question de la signification philosophique d'être panafricain aujourd'hui est d'une importance particulière. Car, sans une exploration complète du Panafricanisme comme exigence actuelle et une compréhension commune autour de cet idéal, la recherche d'une « feuille de route » vers l'unité et l'intégration continuera d'être conduite sur la base de gestes symboliques. Que le Panafricanisme soit reconceptualisé comme enjeu actuel, cela devrait avoir une portée déterminante pour la politique contemporaine du Panafricanisme qui sera examinée en même temps que les impératifs historiques et contemporains d'unité et d'intégration.

De plus, le paradoxe d'une construction du Panafricanisme qui se fonde sur un système d'États-nations persévérant et se renforçant dans son être sera réévalué, de même que les tensions entre les idéaux d'une union mue par le peuple et des processus et structures d'unification dominés par des États.

Tel était donc le champ conceptuel et méthodologique assigné par le CODESRIA aux chercheurs d'Afrique et de la diaspora, précédés certes d'une imposante littérature sur le sujet, mais passée aux oubliettes pour les nouvelles générations.

D'où précisément l'intérêt de l'initiative du Comité international Joseph Ki-Zerbo de commémorer la première Conférence panafricaine des peuples d'Accra (8-13 décembre 1958), dont la seconde et la troisième édition se tinrent respectivement à Tunis en janvier 1960 et au Caire en mars 1961, redevenues en 2011 les citadelles de la longue révolution africaine.

Lazare V. Ki-Zerbo

Notes

1. Lire la contribution de Jérémie Kroubo au chapitre 22.
2. A ce propos, lire les chapitres 25, 26, et 27 sur les questions à caractère économique.

Préface

Ainsi, la longue marche vers la révolution africaine se poursuit à travers mille initiatives et expériences politiques, citoyennes, intellectuelles, très diverses, mobilisant différentes couches sociales et classes d'âges, impliquant des intellectuels et leaders politiques de différentes obédiences.

Rappelons que le Comité international Joseph Ki-Zerbo (CIJK) est un groupe opérationnel lié à la Fondation Joseph Ki-Zerbo, ayant pour vocation de valoriser les engagements citoyens et l'oeuvre scientifique de l'historien et acteur politique burkinabè Joseph Ki-Zerbo (1922-2006). Depuis 2007 en effet, plusieurs hommages avaient été organisés en son honneur, y compris, au Sénégal par le CODESRIA ou ENDA.

En raison de la crise multiforme qui affecte les sociétés ouest-africaines, et à l'occasion du cinquantenaire et des indépendances africaines (2007-2010), le CIJK a voulu contribuer au renouveau panafricaniste en jetant un regard critique sur la gouvernance régionale de l'Afrique, en tant que cadre structurel pour une refondation des politiques sociales et économiques dans la sous-région. Cette contribution complète harmonieusement le projet scientifique du Campus 2008, d'où le choix d'une publication unique permettant notamment d'enrichir davantage la connaissance d'un phénomène métapolitique trop peu étudié dans les curricula contemporains.

Que le CODESRIA soit ici remercié pour avoir compris et accepté le sens de cette démarche.

Le CIJK prend comme référence la Conférence panafricaine des peuples tenue à Accra en décembre 1958, sur laquelle la littérature scientifique et politique dit trop peu de choses.

Or, notre hypothèse est qu'un bon cadre normatif pour une gouvernance panafricaine endogène et facteur de progrès doit s'enraciner sur ces corpus comme tremplins pour aller plus loin ou rendre possible de nouvelles percées. Si on les ignore, on court le risque de gaspiller ce patrimoine intellectuel et politique, même si, encore une fois, il convient de le dépasser en explorant de nouvelles régions de la pensée et du développement. Seulement, cela se fait nécessairement à partir d'une vision, d'une intuition fondamentale. Le CIJK espère ainsi contribuer à replacer les efforts des structures d'intégration régionale actuelle dans une perspective historique et critique qui fait aujourd'hui défaut.

En effet, quand l'Union africaine s'était engagée dans un Grand Débat sur la création des États-Unis d'Afrique, une aspiration plus que centenaire destinée à assurer la prospérité et le bien-être des populations, la mémoire institutionnelle et scientifique fut absente bien que rappelée occasionnellement. S'agissait-il de raviver un vieux rêve formulé notamment lors de la Conférence panafricaine des peuples (*All African Peoples Conference)* de 1958 ?

Les transformations politiques, économiques et sociales constatées au cours de ces cinquante dernières années ne font-elles pas de cet objectif d'unification une utopie ? Il semble que la perception adéquate des « fondements historiques » est nécessaire pour affronter de manière stratégique ces enjeux.

Telle est la compréhension des auteurs qui, à travers les rencontres de Dakar et Ouagadougou se sont distingués par une réappropriation critique de l'histoire du mouvement panafricaniste, en vue de réactiver ses éléments positifs et pertinents pour l'achèvement de la libération des peuples du Continent et de la diaspora.

Ainsi, ces productions de connaissance permettront aux mouvements sociaux et politiques prônant l'intégration sous toutes ces formes de mieux connaître le projet panafricaniste et ses enjeux actuels, relatifs à une gouvernance régionale africaine.

Les communications suscitées reviennent de manière approfondie sur certains traits majeurs du Panafricanisme, à commencer par la grande synthèse de l'un de ses meilleurs connaisseurs, Tony Martin (Trinidad), suivi de Francis Njubi, pour la contribution de la diaspora africaine-américaine. Marika Sherwood, biographe de Nkrumah, Boye Ndiaye, Cihunda Hengelela, et enfin notre cher et regretté Richard Glen (Antigua) ont également enrichi le repérage historique sur le Congrès méconnu de Kumasi (1953), la Tanzanie et la question cruciale de la crise de learderhip qui s'est exacerbée entre les années 1960 et le temps présent.

La seconde série de contributions traite essentiellement de la problématique de l'enseignement de l'histoire (Gomes), de l'historiographie, notamment celle de l'historien Joseph Ki-Zerbo (Konaté, Traoré, Tall), de la [dé]formation des élites (Guezo), l'une des dimensions constitutives du Panafricanisme étant sa capacité à se construire une mémoire intellectuelle, en raison du rôle décisif en son sein d'intellectuels panafricains dissidents, les « cerveaux rebelles » pour reprendre la formule du Professeur burkinabé Basile Guissou.

Dans la quatrième partie, les contributions de Darwis Khudori, militant de l'esprit de Bandung, Lazare Ki-Zerbo, philosophe de la diaspora comme région non territoriale, Jérémie K. Dagnini qui établit clairement la contribution du reggae au Panafricanisme, enfin le chapitre original de Jean-Jacques Sène sur le fondement mythique d'un pouvoir afrocentré, explorent la question très discutée aujourd'hui du pluralisme identitaire. Inhérent au Panafricanisme de demain, par opposition à un Panafricanisme racial dans les siècles précédents (Blyden, Garvey) elles ont abordé les productions symboliques et matérielles qui définissent le champ actuel et surtout, l'avenir du mouvement panafricaniste.

Enfin dans la cinquième partie, comme un pont jeté sur les ensembles préfédéraux que sont les communautés régionales actuelles, les articles d'Abdoul Aziz Yaouba, de Ousseni Illy, de Ludmila Ommundsen et les remarques de Chrystel Lemoing abordent le champ plutôt économique de l'intégration régionale.

Nous tenons à remercier le CODESRIA, la Fondation Gabriel Péri, la Coopération suisse au développement pour leur précieux appui, sans lequel cet ouvrage n'aurait pu voir le jour. Puissent les différents auteurs trouver satisfaction dans la matérialisation du projet.

Grand merci à Ngorsène qui, depuis Pittsburgh (USA), la ville de Martin Delany[1], a travaillé d'arrache-pied avec moi, inspirés que nous étions par la maxime wolof *lu waay di ñoddi, bu doggul dikkë* : Quand tu tires vers toi un (lourd) fardeau (précieux) arrimé à une corde, si la corde ne se rompt pas (et si tu continues de tirer courageusement), un jour, ce lourd fardeau sera à tes pieds (sous-entendu, pour que tu puisses jouir de son contenu). Sans lui l'ouvrage n'aurait pu être achevé.

Merci également à Mesdames Sophie Josse et Le frère pour le secrétariat : tâche ô ! combien fastidieuse eu égard au caractère composite et diffus du matériau originel.

Nous espérons que de cette matrice première un livre utile est né et que celui-ci va maintenant vivre sa propre vie, au-delà même des cercles académiques, dans le monde social, institutionnel et politique, en vue de l'accomplissement de la longue geste du Panafricanisme et des transformations sociales corrélatives sur le Continent et au sein de sa diaspora.

Lazare V. Ki-Zerbo,

Coordinateur du Campus annuel des sciences sociales 2008

Note

1. Martin Delany fut un militant anti-esclavagiste né en 1812. Médecin, premier officier noir, pionnier du retour en Afrique (il voyagea en Afrique de l'Ouest) et publie en 1852 *The Condition, Elevation, Emigration and Destiny of the Colored People of the United States, Politically Considered* (la condition, l'élévation, l'émigration et le destin des personnes de couleur aux États-Unis du point de vue politique).

Note sur l'icononographie *Le Nègre déchaîné*

Le Nègre enchaîné est l'esclave déporté hier en Asie, aux Amériques, et en Europe, asservi aujourd'hui sur sa propre terre ou en tant que membre prolétarisé de la vaste diaspora africaine.

Le Nègre se libérant de ses chaînes est l'Africain revenu à son statut d'humain naguère confisqué, l'Haïtien de la Révolution louverturienne, le marron, l'actant des candomblés brésiliens, le Résistant, l'acteur politique africain intègre et patriote…

Le Nègre enchaîné, c'est aussi le citoyen-sujet de l'État-nation africain contemporain pris aux pièges d'une démocratie formelle non participative, non créatrice de transformations socio-économiques rapides pour les majorités, d'une corruption endémique et de référents identitaires ethnico-religieux inappropriés, conflictuels.

Ce sont les peuples prisonniers d'une géographie par le haut, hostile à la libre circulation : espaces striés par les corps habillés, contre-espaces lisses de l'échange, du mouvement libre.

Ce sont ces femmes qui, malgré toutes les vies qu'elles donnent, et les richesses qu'elles créent, sont brutalisées quotidiennement.

Ô mères, soeurs, filles, travailleuses noires, brunes... opprimées en plein soleil !

Cette figure du nègre déchaîné est donc une véritable *Gestalt* une Forme symbolique où se mêlent la mythologie et la peinture occidentales, l'iconographie soviétique et les représentations plastiques africaines.

Elle figurait déjà comme symbole, à la une du bulletin *The Negro Worker* (L'Ouvrier nègre) publié à partir de 1928, par le Comité Syndical International des Travailleurs Nègres (*International Trade Union Committee of Negro Worker* – TUC – NW) mais aussi en tant qu'expression sous la plume du Docteur W.E.B du Bois (*Black Reconstruction* 1935).

Ce travailleur est celui qui « brise les chaînes de la servitude qui lient les masses dans les principaux foyers nègres du monde : les USA, les Antilles et l'Afrique » "Breaking the chains of enslavement that bind the Negro masses in the Negro center of the world- United States West Indies and Africa".

Il fut repris par *Le Cri des Nègres*, organe de l'Union des Travailleurs Nègres (UTN fondé à Paris (France) par Tiémoko Garan Kouyaté (Soudan français de l'époque, actuel Mali), l'héritier de Lamine Senghor.

I

Le mouvement panafricaniste

1

Dr Glen Leroy Richards : hommage à un ami, frère et collègue

Waibinte Elekima Wariboko

Il n'y a pas si longtemps, un ami, frère et collègue, le Dr. Glen Leroy Richards, vécut et travailla parmi nous, administrateurs et étudiants du Département d'histoire et d'archéologie de l'Université des Antilles (*University of the West Indies*), sur le campus de Mona. Mais, il y a encore moins longtemps, cet ami, frère et collègue fut visité par la sacralité de l'éternité. Comme ami, le Département trouvait toujours en Glen Richards un homme affable et aimant à qui se confier ; comme frère, il était sans cesse adorable et respectueux de tous ; et comme collègue, il fut toujours admiré et respecté pour le courage extrême avec lequel il se dévouait pour satisfaire les sollicitations incessantes en provenance du bureau, cela malgré sa santé fragile.

Dr Richards L. Glen avait commencé son cursus à l'École Primaire St. Michaels à Antigua qui était alors rattachée à la *Antigua Grammaire School.* Ensuite, il fréquenta notre Université des Antilles à Mona, avant de s'inscrire à *l'Université de Waterloo* au Canada. Dr Richards Glen partit plus tard pour *l'Université de Cambridge* au Royaume-Uni. Après avoir obtenu son doctorat en 1991, il rejoignit le Département d'histoire et d'archéologie la même année. Par ses recherches, son enseignement et son travail administratif, il œuvra pendant dix-huit ans afin d'enrichir la production de connaissances dans les Caraïbes. Comme chercheur et comme écrivain, on se rappellera de lui pour ses nombreux articles traitant de son domaine de spécialisation et d'intérêt : l'histoire du mouvement ouvrier et des relations raciales dans les Caraïbes, ainsi que les nombreux textes qu'il a coédités avec des collègues dans d'autres domaines connexes. Comme enseignant dans le Département d'histoire, nous nous souviendrons de ces conférences lumineuses et des séminaires qu'il organisa au bénéfice du corps enseignant et des étudiants, notamment à travers les cours qu'il enseignait, contribuant ainsi significativement au développement du programme de licence d'histoire : « Le Concept de nation dans les Caraïbes, » « By the Rivers of Babylone, » « La Diaspora africaine en Occident » et « Les Organisations ouvrières des Caraïbes au vingtième siècle. » Nous nous souvenons d'un collègue compétent, sur qui l'on pouvait compter par rapport à ses responsabilités de coordinateur du Séminaire de 3e Cycle du département (2004–2009), avant de devenir Maître de Conférences avec la création du campus de Mona en 1997. Notre collègue présida magistralement plusieurs conférences académiques, comme par exemple la rencontre internationale sur « Les Traditions Intellectuelles dans les Caraïbes » tenue sous les auspices du Département du 31 octobre au 1er novembre 1998. L'histoire du mouvement ouvrier *et* le développement des traditions intellectuelles révolutionnaires (*radical*) dans l'espace caribéen, comme le suggèrent les écrits du Dr Glen Richards sur ces questions, sont inséparables dans sa pensée. Sa thèse de doctorat non publiée, qui examine l'émergence du mouvement ouvrier à Saint-Kitts est toujours considérée comme l'ouvrage le plus exhaustif sur le sujet.

En tant qu'historien du mouvement ouvrier et activiste, Glen Richards a toujours cherché à façonner l'opinion publique en vue d'un développement et d'un bénéfice politique, socio-économique et culturel globaux, pour la société. Par exemple, lors du cycle de conférences sur la Constitution de Saint-Kitts-et-Nevis en 2003, il fit plusieurs interventions publiques ayant pour but d'informer et d'éduquer les citoyens de ces îles – son pays natal – sur diverses questions constitutionnelles, civiques et relatives aux droits de l'Homme. Il fut, au sein de l'Action citoyenne pour des élections libres et transparentes, observateur-volontaire pendant les Élections Générales de 1997 en Jamaïque.

L'activisme du Dr Richards L. Glen avait cependant commencé bien plus tôt quand il n'était encore qu'élève au lycée. Il est co-fondateur du Conseil national des étudiants à Antigua. Il fût fondateur et directeur de la *Révélation culturelle panafricaine*, une troupe de théâtre. Il était également membre du Mouvement de libération caribéen d'Antigua. Le Dr Glen Leroy Richards croyait fermement en un espace caribéen *uni*. Son amour du jazz, du reggae et du calypso ne peut être non plus dissocié des rôles qu'ils ont joués, *et continuent de jouer*, dans la construction de la civilisation et des cultures caribéennes. Avec toutes ces qualités, Dr Richards L. Glen pourrait être appelé authentique citoyen caribéen, qui se sentait chez lui partout où il eut à travailler dans la région. Il était en vérité, l'incarnation de l'identité pan-caribéenne en gestation, et ses collègues le désignaient de manière variée comme un « jamaïcain, » un « Kittitien » ou un « citoyen d'Antigua. » Malgré les difficultés de santé que j'ai mentionnées, Glen a eu une vie productive et engageante. Nous, au Département d'Histoire et d'Archéologie, regretterons toujours la disparition de l'homme et n'oublierons jamais son amour et son amitié, autant que ses contributions discrètes à l'ensemble du genre humain

Au nom du Département, j'exprime donc ma profonde sympathie à sa veuve Madame Sudine Riley Richards, la mère de Glen qui a aujourd'hui atteint le troisième âge, Madame Majorie Yearwood, et aux autres membres de sa famille.

Que l'âme de notre affable ami, frère et collègue défunt, le Dr Glen Leroy Richards, repose en paix...

> (Au nom du Département d'Histoire et d'Archéologie, *The University of the West Indies,* Mona, Jamaïque.)

Ainsi, Glen Leroy Richards s'est éteint en Jamaïque en avril 2009. Cet intellectuel militant, universitaire engagé, originaire de St Kitts et Navis, authentique résistant Caribéen – dénomination peu usitée mais parlante qui se trouve chez l'un des grands historiographes du Panafricanisme, Oruno D. Lara. Lors du forum panafricain de Ouagadougou, il avait manifesté des signes de fatigue qui nous avaient tous inquiété, puis s'était apparemment rétabli de ce mal qui affecte le monde noir : la drépanocytose. Hélas, après avoir enfin vu la terre promise d'Afrique au Burkina Faso, il devait effectuer le « grand voyage en Guinée » dont parlaient les premiers Africains de la diaspora pour désigner la mort. Elle nous a arraché un frère talentueux, dédié corps et âme à l'idéal panafricain. Nous remercions le professeur Wariboko du département d'histoire de l'Université des Antilles pour cette biographie succincte de Glen, un grand panafricaniste.

2

Nkosi Sikelel'iAfrika : un hymne panafricain

Lazare V. Ki-Zerbo et Jean-Jacques N. Sène

Nkosi Sikelel'iAfrika (Que Dieu bénisse l'Afrique) est connu de centaines de millions d'Africains comme l'hymne du Congrès National Africain (*African National Congress* – ANC), qui vit le jour en 1912, pour s'instituer comme le premier grand mouvement politique moderne du Continent dont une littérature assez abondante en langue anglaise raconte la genèse. Nous rappelons ici les étapes séminales de la gestation de cet hymne, de sa création jusqu'à son adoption comme hymne de la République de l'Afrique du Sud postapartheid.

Nkosi Sikelel'iAfrika fut composé en 1897 par Enoch Mankayi Sontonga, alors instituteur dans une église missionnaire méthodiste de Johannesburg. L'oeuvre était l'une de ses nombreuses compositions et il semble qu'il fut un chanteur talentueux qui composait des chansons inspirées pour ses élèves. Les paroles de la première strophe ont été originellement écrites en xhosa. En 1927, sept strophes furent ajoutées par un poète nommé Samuel Mqhayi, toujours en langue xhosa. La plupart des compositions d'Enoch Sontonga sont mélancoliques, parce qu'exprimant les souffrances des Africains à Johannesburg mais elles n'en sont pas moins devenues très populaires. Après sa mort en 1905, les chorales de la ville commencèrent à emprunter ses compositions à son épouse pour les arranger et les chanter. Salomon Plaatje Tshekisho, un des plus grands écrivains sud-africains et membre fondateur de l'ANC, fut le premier à faire enregistrer *Nkosi Sikelel' i*Afrika à Londres en 1923. Moses Mphahlele ne publiera une version sésotho que bien plus tard, en 1942.

La chorale Ohlange Zulu du Révérend J. L. Dube Lucky popularisa *Nkosi Sikelel'iAfrika* lors des concerts à Johannesburg, et il devint un chant religieux fortement apprécié et très vite adopté comme hymne dans les rassemblements politiques. Pendant plusieurs décennies, « *Nkosi* » fut considéré comme l'hymne national de l'Afrique du Sud par les masses opprimées et il était clairement chanté pour défier le régime de l'Apartheid. Le 20 avril 1994, un décret présidentiel institua qu'il deviendrait désormais avec *Die Stem* « L'Appel de l'Afrique du Sud » les hymnes nationaux du pays. En 1996, une version contractée des deux hymnes que nous présentons ci-après fut publiée comme nouvel hymne national officiel. Cependant, il n'y a pas une version ou une traduction normalisée de *Nkosi Sikelel'iAfrika.* Ainsi, les mots varient selon les circonstances ou l'endroit où il est performé.

Généralement la première strophe est chantée en Xhosa ou en Zoulou avant d'entonner la version en Sésotho.

(source : www.anc.org)

L'une des premières versions de Nkosi Sikelel'iAfrika

Nkosi Sikelel'iAfrika Nkosi
Sikelel'iAfrika
Maluphakanyis' uphondo lwayo
Yizwa imihandazo yethu
Nkosi sikelela – Nkosi sikelela
Nkosi sikeleli – Afrika
Maluphakanyis' uphono lwayo
Yizwa imihandazo yethut
Nkosi sikelela – Thin Lusapho lwayo
Woza Moya
Woya Loza, ayingowele
Nkosi sikelela
Thina Lusapho lwayo
Morena boloka
Sechaba sa heso
O fedise dintwa Matswenyeho
Morena boloka
Sechaba se heso
O fedisa dintwa le Matswenyeho
O se boloke – o se boloke
Ose boloke – o se boloke
Sechaba sa heso
Sechaba sa Afrika
O se boloke M… – o se boloke
O se boloke Sechaba – o se boloke
Sechaba se heso
Sechaba sa Afrika
Nkosi Sikelel'iAfrika

Dieu bénisse l'Afrique ;
Puisse sa corne s'élever vers les cieux ;
Que Dieu entende nos prières et nous bénisse.
[Choeur] Descendez, Oh Esprit,
Descendez, Oh Saint Eprit.
Bénissez nos chefs
Qu'ils se rappellent leur Créateur.
Le crègnent et Le vénèrent,
Afin qu'Il les bénisse.
Bénissez les hommes politiques,
Bénissez également les jeunes,
Qu'ils puissent diriger la terre avec patience
et afin que Dieu les bénisse.
Bénissez les épouses
Et aussi toutes les jeunes femmes ;
Relevez toutes les jeunes filles
Et bénissez-les.
Bénissez les ministres
de toutes les églises de cette terre ;
Revêtez-les de Ton Esprit
Et bénissez-les.
Bénissez l'agriculture et l'élevage
Banissez famine et maladies ;
Remplissez la terre avec la bonne santé
Et bénissez-la.
Bénissez nos efforts
pour l'unité et l'auto-soulèvement,
pour l'éducation et la compréhension mutuelle
Et bénissez-les.
Seigneur, bénissez l'Afrique
Effacez toute sa méchanceté
Et toutes ses fautes et péchés,
Et bénissez-la.

Version des strophes en Xhosa, Zoulou et Sotho de Nkosi Sikelel'iAfrika, dans l'hymne actuel de l'Afrique du Sud

Nkosi Sikelel' iAfrika	**Dieu sauve l'Afrique**
(Xhosa)	
Nkosi sikelel' iAfrika	Que Dieu bénisse l'Afrique
Maluphakanyisw' uphondo lwayo,	Puisse sa corne s'élever vers les cieux,
(Zoulou)	
Yizwa imithandazo yethu,	Que Dieu entende nos prières
Nkosi sikelela, thina lusapho lwayo.	Et nous bénisse, nous ses enfants d'Afrique.
(Sotho)	
Morena boloka setjhaba sa heso,	Que Dieu bénisse notre nation,
O fedise dintwa le matshwenyeho,	Et qu'il supprime toute guerre et toute souffrance,
O se boloke, O se boloke setjhaba sa heso,	Préservez, préservez notre nation,
Setjhaba sa South Afrika -	Préservez notre nation sud-africaine,
South Afrika.	l'Afrique du Sud.

3

Mon journal : conférence des peuples africains d'Accra, Ghana, 8 décembre 1958

Ezekiel Mphalele

Samedi matin 6 décembre [1958, Nde] : Les chefs de délégation se rencontrent dans les bureaux du Premier ministre au Ministère des Affaires Étrangères. Quelle scène saisissante que de voir toute l'Afrique sous le même toit, de l'Algérie, la Tunisie et la République Arabe Unie au nord ; au sous-continent d'Afrique australe, du Somaliland au Kenya au sud et jusqu'au Congo ! Le Soudan et la Lybie sont les seuls pays non représentés.

Lundi 8 : Je vous ramène à la conférence ce matin. Le centre communautaire et les terrasses latérales forment un même ensemble. Il fait déjà chaud. Une armada de journalistes et photographes locaux et étrangers sont sur la scène. Les chefs de délégation ont pris place sur le podium qui fait face au large public. Alors que nous attendons l'arrivée du Premier ministre ghanaén, j'ai le loisir de considérer les slogans qui s'affichent sur les murs, tel que celui du Dr Kwame Nkrumah qui déclare : « Nous préférons les dangers de l'indépendance à la tranquillité de la servitude » ou celui du Président Sékou Touré : « Nous préférons la pauvreté dans la liberté à l'opulence dans l'esclavage. » Un ministre du gouvernement de l'Ouest-Nigéria qui avait récemment émis de violentes critiques envers le Ghana lança : « Voilà le genre de déclarations qui sont sources de tant de problèmes, les dangers de l'indépendance ! » Ma réponse : ça dépend du sens que l'on lit dans le slogan, n'est-ce pas…

10:30 : Le Premier ministre arrive accompagné des membres de son cabinet. M. Tom Mboya, le jeune homme fort du Kenya et Secrétaire Général de la conférence présente le Premier ministre et parle de la portée de la conférence. Le Dr Nkrumah reconnaît l'ambassadeur de Tunisie à Londres assis à côté de moi. Ils échangent un sourire complice alors que le Premier ministre lui fait un signe de la main. Quelle spontanéité ! Quand Tom Mboya le conduit à la tribune un peu plus tard en enlaçant le Premier ministre par l'épaule, ils se chuchotent quelques mots ; ce qui me fait prendre conscience que l'Afrique est en train de se manifester ici, une Afrique avec un sens du protocole complètement différent de celui de l'Occident. Pendant tout son discours, le sentiment de confiance en soi qu'il nous inspire ne fait doute à personne. Je regarde ses ministres et suis touché par cette même expression de confiance en soi, cet air téméraire empreint de dignité qui se lit sur le visage des ghanaéns d'aujourd'hui. De près, on se rend bien compte qu'il ne s'agit pas d'arrogance mais plutôt d'un trésor sur la toile de fond du Colonialisme et de la servilité que ce dernier exige du colonisé.

Le Premier ministre soutient que nous devons prendre courage en regardant ce que le Ghana a réussi dans sa lutte pour la liberté. Il souhaite néanmoins que la déroute du Colonialisme se fasse sans violence.

Il a une voix métallique, s'exprimant avec une impétuosité retenue. Il met en garde les puissances impériales de quitter l'Afrique volontairement avant d'y être contraintes.

Après-midi : les comités se mobilisent pour se préparer aux délibérations de l'après-midi du lendemain. Il y a cinq comités :

1) Colonialisme et Impérialisme en Afrique ;
2) Racisme, lois et pratiques discriminatoires : la terre, les privilèges et la Déclaration Universelle des Droits de l'Homme liée à ces questions ;
3) Tribalisme et séparatisme religieux ; institutions traditionnelles sous le règne colonial et société libre et démocratique ;
4) La révision des frontières, la formation d'unions, de fédérations ou de confédérations d'États vers l'objectif ultime du Commonwealth Panafricain des États indépendants, libres et démocratiques ;
5) L'établissement d'un organe permanent pour faire le suivi des résolutions de la conférence, etc. Le Comité de Pilotage me nomma coordinateur du Comité No 2.

Les délégués du Tanganyika nous informèrent qu'Alfred Hutchinson1 avait été libéré et s'apprêtait à embarquer dans un avion. On a encore des doutes sur sa participation.

Lundi 9 : Tom Mboya fait son discours « Nous sommes déterminés à libérer l'Afrique, avec ou sans l'assentiment des puissances coloniales. Notre combat n'a rien de révolutionnaire puisque ces mêmes puissances coloniales en reconnaissent la légitimité à travers la Charte des Nations Unies sur les Droits de l'Homme. Même si nous croyons en la non-violence, il ne faut pas nous provoquer trop longtemps. » Il affirma que le temps était venu pour que les puissances coloniales déguerpissent d'Afrique, soixante-douze ans après s'être rencontrées à Berlin pour se la partager. Les chefs de délégation présentent leur discours. On en compte à peu près cinquante. Le Dr Fouad Galal (République Arabe Unie) prend la parole. Nous nous étions liés d'amitié depuis la première réunion des chefs de délégation, quand il avait réussi à faire enlever de l'ordre du jour provisionnel la mention exigeant de la conférence qu'elle définisse une stratégie pour renverser le régime colonial sur la base du principe de résistance passive développé par Gandhi. On s'accorda plutôt qu'il n'était pas du ressort de la conférence d'imposer une quelconque méthode de lutte aux mouvements de libération. Le Dr Galal est un égyptien trapu, un peu nonchalant et pourtant vivace. Il a cette forme d'intelligence analytique qui s'accorde bien aux délibérations collectives. On entend déjà une rumeur dans les coulisses de la conférence selon laquelle le Caire et Moscou cherchent à confisquer la direction de la conférence. Je n'ai aucune raison d'accorder un quelconque crédit à cette rumeur.

Le Dr Faroh Omar [Frantz Fanon, Nde] d'Algérie est sans nul doute le point fort de la session. Il ne mâche pas ses mots. De toute façon, quel membre du FLN pourrait se permettre le luxe de la courtoisie ? Les algériens n'ont d'autre choix que de se défendre, dit-il, et le FLN [Front de Libération Nationale, Nde] est déterminé à poursuivre la lutte. Dans un français saccadé, il transporte son auditoire vers le théâtre horrible des exactions françaises contre les algériens. Il affirme que les résultats du référendum sont partiellement tronqués, et qu'au mieux, ils ne reflètent pas la majorité réelle de l'opinion algérienne. De tous les discours, c'est le sien qui fait l'objet de l'ovation la plus longue et la plus retentissante.

Je fais mon discours au nom du Congrès National Africain [*African National Congress* – ANC, Nde]. Alors que je raconte les tribulations et la lutte des femmes, de nombreuses personnes dans l'assistance essuient des larmes de leurs joues et pendant que d'autres affichent un air révolté. La Guinée et l'Algérie présentent bien-sûr des cas bien tranchés et sans ambiguïtés, ainsi que les protectorats du Cameroun et du Togoland. Il devient très vite apparent que les délégations venues des colonies françaises sont représentées par des partis « minoritaires » qui ont perdu le référendum face aux callabos. Ils font beaucoup de vent pour dire à l'assistance qu'il faut « demander » à la France ceci ou cela. Dans tout ce verbiage anticolonialiste, je n'arrive pas à percevoir leurs attentes par rapport à ce que la conférence devrait offrir à leur pays maintenant engagés dans la Communauté Française.

La délégation du Libéria ramollit le ton par la voix de son chef qui opine que la conférence veut de toute évidence pousser les États comme le leur à la violence en violation de leur souveraineté. La délégation du Conseil National du Nigeria et Cameroun [*National Council of Nigeria and the Cameroons*], le parti du Dr Azikiwe, quitte la salle en signe de dégoût et de protestation.

A deux mètres de lui, Alfred Hutchinson arpente l'allée comme un de ces renégats du cinéma qui viennent dompter et civiliser un bourg récalcitrant et chaotique du Wild West. Exultant de joie à sa vue, je quitte le podium à la hâte pour lui faire l'accolade. Mboya le présente à la conférence dans un tonnerre d'applaudissements. Je ne suis pas les autres discours, absorbé que je suis par le récit de Hutch sur sa fuite.

Mercredi 10 : La brume matinale rappelle la fin de l'automne en Afrique du Sud. Parmi les intervenants, on a les représentants de Zanzibar, du Cameroun français, de la Tunisie, du *United Party Opposition* du Ghana et le Révérend Michael Scott qui a manifestement vieilli depuis la dernière fois que l'on s'est vu aux temps de « Tobrouk » à Orlando. Mais je crois qu'il semble pourtant plus robuste et plus confiant, moins isolé. On lui fait l'honneur d'applaudissements bien nourris. Vraiment, qui ne connait pas cet homme, Scott ? C'est le tour du Dr G. Kiano du Kenya. Il ne fait aucun compromis. Il soutient que le concept d'une société multiraciale, l'apartheid, les bantoustans, sont des pièges posés par l'homme blanc. Il me fait prendre toujours plus conscience de la difficulté d'expliquer à l'Africain colonisé qui ne conçoit sa situation qu'en termes simplistes de noirs contre blancs notre combat pour une communauté multiraciale dans laquelle la terre sera partagée par tous les groupes. Sa seule façon de regarder les sud-africains blancs c'est de les considérer comme des étrangers qui doivent être chassés. Pendant le discours du Dr Kaino, les kenyans se dressent avec des pancartes qui affichent : « Libération immédiate de Jomo Kenyatta ! »

Après-midi : on apprend que dans le Comité No 1, les débats sont houleux sur la question de la violence ou de la résistance passive contre le Colonialisme.

Plus tard dans l'après-midi, je rencontre Madame Paul Robeson, une femme charmante, dotée d'un esprit brillant. Son sourire et son parler vous remplissent d'un confort inoubliable. J'explique à Mme Robeson que nous gardons toujours en mémoire le soutien de son mari [voir le texte de Francis Njubi dans la deuxième partie de ce livre] pendant les jours fiévreux de la Campagne de Résistance [*Defiance Campaign*].

Jeudi 11 : (Un matin ensoleillé) Madame William Edward Burghardt Du Bois, épouse du célèbre historien noir américain nonagénaire, lit le message de son mari. Il suggère, dans son style franc bien connu, que l'Afrique doit s'aligner avec l'Est plutôt qu'avec l'Occident corrompu.

Après-midi : Les comités se penchent sur les résolutions. Un préambule a maintenant été adopté par les tous les comités. Il stipule entre autres que la conférence soutient les organisations et les peuples qui ont recours à la non- violence et les voies constitutionnelles pour leur libération ; mais qu'elle soutient tout autant ceux qui, parce qu'interdits de faire recours à des voies constitutionnelles, sont obligés de répondre à la violence par la violence. On a également passé une résolution pour dissoudre la Fédération d'Afrique Centrale.

Vendredi 12 : En comité comme dans les plénières, j'ai pu observer un aspect de la politique assimilationniste de la France. L'Afrique Occidentale et l'Afrique Équatoriale françaises ne donnent pas l'impression d'avoir produit beaucoup d'hommes politiques de la trempe du Dr Félix Moumi, un camerounais en exil au Caire en ce moment.

Les membres de l'Assemblée nationale française sont des assimilés qui ont succombé aux lueurs de Paris. Ceux qui se révoltent contre la Communauté Française sont en fait des novices mal formés, bavards, toujours prêts à ergoter sur des questions de procédure, avec leurs attitudes coincées et obtuses, typiques du gars qui vient de découvrir une nouvelle cause engageante. Le Ghana, le Nigeria, l'Éthiopie, l'Afrique de l'Est et l'Afrique Centrale introduisent une motion de condamnation de la politique raciale de l'Afrique du Sud. Un pamphlet est distribué dans lequel on trouve une description horrifiante des conditions de vie des Africains en Angola d'où une déclaration clandestine est parvenue à la conférence. Même le Congo belge a fait entendre sa voix.

Après-midi : Les chefs de délégation se rencontrent pour travailler sur les résolutions de tous les comités. Dans les résolutions, on trouve celle appelant à la formation d'une armée de libération par les États indépendants ; celle appelant à la constitution d'un comité pour examiner les requêtes de poursuites pour violation des Droits de l'Homme dans toute l'Afrique afin de prendre les mesures appropriées ; le rejet du plan visant à la partition ou à l'incorporation du Sud-Ouest Africain [Namibie, Nde] ou de tout territoire ou peuple frontalier dans la République d'Afrique du Sud ; le refus de reconnaître les aspirations du Portugal à faire de ses colonies des parties intégrantes du territoire métropolitain ; la condamnation des projets de tests nucléaires dans le Sahara et la détermination à lutter contre ceux-ci ; l'engagement à la formation d'un Commonwealth des États africains et l'établissement d'un secrétariat qui officierait à partir d'Accra. Il sera mis en fonction un organe appelé Conférence des Peuples Africains qui se réunira une fois par an.

Samedi 13 : Les délégations rassemblées dans leur intégralité confirment les résolutions précitées. Tom Mboya présente les conclusions. Le Dr Nkrumah est sur le podium. Le maître de cérémonie nous demande de chanter *Nkosi Sikelel'I* (Que Dieu bénisse) et *Morena Boloka Sechaba* (Que Dieu bénisse notre nation). J'explique les raisons de notre enthousiasme en pointant du doigt l'énorme carte d'Afrique peinte sur le mur et demande à l'assistance de répondre « Mayibuye ! » (Longue vie, littéralement : Reviens) à « Afrika ! »

Texte original paru dans Hugues, L. ed. (1961). *An African Treasury.* London: Victor Gallanz, 36-41.

Note

1. Nde : Alfred Hutchinson était un éducateur et activiste politique sud-africain. Harcelé pour ses activités de combattant de la liberté, il s'enfuit de son pays. Il est l'auteur d'une remarquable autobiographie intitulée *The Road to Ghana* [*En Route vers le Ghana*], Albin Michel, 1961.

4

Discours d'ouverture du Premier ministre du Ghana à la Conférence des peuples africains, 8 décembre 1958

Kwame Nkrumah

Camarades de la lutte de libération de l'Afrique, Mesdames, Messieurs,

J'ai le grand plaisir d'accueillir aujourd'hui de nombreux délégués venus à titre officiel de tout notre vaste continent pour prendre part à cette Conférence des Peuples Africains, ainsi que des délégués, observateurs et autres visiteurs venus au Ghana à titre fraternel. Une fois de plus, mon pays reçoit des Africains réunis pour parler pour l'Afrique et les Africains. En vous accueillant, en tant que Premier ministre, je suis conscient de ce fait, cependant mon rôle ici, aujourd'hui, est celui de chef de parti politique et c'est en tant que président du Parti que je m'adresserai à vous.

Je déborde de fierté quand je vois ici, dans cette salle, sur le sol africain, et pour la première fois dans l'histoire de notre continent, un si grand rassemblement de compagnons d'armes africains pénétrés de l'ardent désir de voir l'Afrique libre, affranchie et unie. Cette réunion marque le début d'une ère nouvelle dans nos annales car elle brille de son importance comme Première Conférence des Peuples Africains.

Nous avons déjà eu des conférences panafricaines – en fait, cinq – mais toutes, par la force des choses, ont eu lieu hors de l'Afrique dans des circonstances difficiles. Certes des combattants de la lutte de libération de l'Afrique se sont déjà réunis mais jamais auparavant un groupe aussi représentatif n'a pu se rassembler dans un pays africain libre pour mettre au point l'assaut final contre l'Impérialisme et le Colonialisme.

Il faut féliciter les organisateurs, institutions nationalistes et syndicats, qui ont largement contribué à la tenue de cette conférence, mais si les participants n'avaient pas réagi immédiatement et ne s'étaient pas montrés déterminés à venir ici, parfois, contre vents et marées, notre conférence ne refléterait certainement pas aussi bien l'aspiration des Africains à la libération et à l'indépendance. Ce fait est à lui seul un magnifique exploit et je sais qu'il restera inscrit dans les archives de l'histoire mouvementée de l'Afrique une fois détruits les derniers bastions du Colonialisme.

Toutes les organisations politiques et syndicales sérieuses ont été invitées quelles que soient leur couleur politique ou les relations qui existent entre elles dans les différents pays, car si nous voulons atteindre l'important objectif sur lequel nous nous sommes tous engagés – la libération de l'Afrique – il est nécessaire d'enterrer les haches de guerre politiques dans l'intérêt de l'Afrique et de son besoin suprême.

Il y a huit mois, j'ai eu l'honneur d'accueillir dans notre pays des délégués politiques, mais c'était à un autre niveau : il s'agissait de représentants officiels des gouvernements des africains indépendants. Cette conférence, contrairement à celle d'aujourd'hui, était parrainée et organisée par les chefs de gouvernement et leurs représentants auxquels elle était limitée. L'idée de cette conférence-là était née d'entretiens officieux lors des fêtes de l'Indépendance du Ghana, le 6 mars 1957. Un Comité chargé de sa préparation et composé d'ambassadeurs des pays participants tint alors une série de réunions qui aboutirent à un programme provisoire et à une date de rencontre. La date choisie fut le 15 avril 1958 et le lieu était Accra.

J'aimerais particulièrement éclaircir un point au sujet de cette Conférence, et cela à l'intention des représentants des territoires non indépendants aujourd'hui présents : il s'agit de la décision de cantonner la Conférence d'avril au niveau gouvernemental. C'est à très grand regret que nous l'avons fait car nous étions très conscients que nos camarades encore sous le joug de la domination impérialiste souhaitaient y assister.

Je voudrais mentionner ici que ce qui nous importait le plus pour la Conférence d'avril, c'était d'inviter les représentants des partis politiques de territoires dépendants à participer aux côtés des représentants de pays indépendants. Nous étions très conscients de notre engagement à aider, par tous les moyens possibles, les colonies de l'Afrique à accéder rapidement à l'indépendance. Cette Conférence fut donc collectivement parrainée et organisée par huit pays africains indépendants qui avaient décidé de sa tenue. Le Ghana jouait le rôle distinctif de pays hôte. La Conférence d'aujourd'hui est la concrétisation et l'affirmation de cette décision.

Vous avez lu les déclarations et résolutions auxquelles nous sommes unanimement arrivés à la Conférence d'Accra. Le Ghana en union avec les autres africains indépendants s'engageait à soutenir le combat des peuples assujettis pour mettre rapidement fin à l'Impérialisme et au Colonialisme et éradiquer le racisme sur le continent. Comme je l'ai toujours dit – même avant que le Ghana n'accède à la souveraineté – « l'indépendance du Ghana n'aura de sens que si elle est liée à la totale libération de l'Afrique ». Cette position fondamentale reste la même et nous n'en démordrons pas, ni ne changerons d'un iota jusqu'à ce que le but final soit atteint et que nous ayons balayé les derniers vestiges de l'Impérialisme et du Colonialisme. Nous n'avons pas à cœur de cacher nos objectifs et nous les proclamons librement à la face du monde.

Nous nous enorgueillissons de notre ferme résolution à soutenir toute forme d'action non violente que nos camarades africains des colonies jugent appropriée d'employer dans la lutte pour des droits et aspirations légitimes. Il n'est pas question de se justifier auprès de qui que ce soit et nous ne permettrons pas qu'on nous détourne de cette cause juste, une cause tout à fait en accord avec les principes énoncés dans la Charte des Nations Unies.

C'est avec cet état d'esprit que j'ai suggéré aux représentants de diverses organisations nationalistes et syndicales africaines qui se trouvaient à Accra pour le premier anniversaire de l'Indépendance en mars de cette année de prendre l'initiative d'organiser une conférence où ils pourraient discuter à souhait de leurs vues sur le Colonialisme, l'Impérialisme, le racisme et d'autres questions qui sont à notre programme. Je leur ai assuré qu'une telle conférence aurait le total soutien moral de tous les gouvernements des africains indépendants. A ma grande satisfaction, les résolutions adoptées à l'unanimité lors de la Conférence d'Accra cette année ont corroboré cette assurance.

À partir de cette suggestion informelle, les délégués des différents partis politiques et syndicats alors présents à Accra ont établi un Comité de préparation chargé d'organiser la Conférence d'aujourd'hui. Vos efforts sont bien récompensés comme en témoigne la nombreuse assistance présente ici. Soyez-en vivement félicités. La cause de la libération nationale et de l'indépendance, que nous soutenons, est noble et pressante. Aussi longtemps que nous y resterons fidèles, nous n'avons rien à craindre que la peur elle-même. Comme l'appel envoyé par le Comité de préparation y exhortait, « Peuples d'Afrique, unissez-vous ! Nous n'avons rien à perdre que nos chaînes, en revanche nous avons un continent à reconquérir. Nous devons accéder à la liberté et à la dignité. »

Comme je l'ai dit précédemment, cette Conférence ouvre une ère nouvelle dans notre histoire de l'Afrique. Notre combat c'est l'éradication de l'Impérialisme et du Colonialisme sur le Continent et son remplacement par une union d' africains libres et indépendants.

Nos premiers Congrès panafricains connurent leur apogée avec le cinquième, qui eut lieu à Manchester en 1945. J'ai alors eu la chance de partager la tâche de secrétaire avec George Padmore, qui est maintenant mon conseiller aux Affaires africaines. Peut-être, ce Congrès fut-il moins historique que cette première Conférence des Peuples Africains. En effet, celle-ci réunit pour la première fois des Africains directement délégués et issus tout droit des organisations nationalistes et syndicales. De plus, elle comptait des Africains au nombre de ses organisateurs. Tous les Congrès panafricains précédents ont été organisés et constitués en grande partie de congressistes vivant hors de l'Afrique qui avaient à cœur la cause de sa libération. C'est le Dr W.E.B. Du Bois qui en était l'âme et il joua un rôle important à notre Congrès de 1945 où il traça le programme d'action des différents territoires africains pour la suite du combat contre le Colonialisme et l'Impérialisme.

Désormais, nous connaissons une nouvelle situation en Afrique. Depuis 1945, nous sommes quelques-uns à nous être débarrassés des entraves de l'Impérialisme et à avoir établi des souverains indépendants. D'autres territoires sont sur le point d'être libérés. Le ferment nationaliste gagne en vigueur en Afrique. Cette Conférence doit donc réévaluer la situation du Continent aujourd'hui. Il nous faut mettre au point les nouvelles stratégies et tactiques qui aideront à combler nos aspirations et à atteindre nos objectifs, à savoir la libération et l'indépendance de l'Afrique.

Pour cela, l'entente doit présider à nos débats et nos décisions doivent être le fruit de l'unité. En effet l'unité doit être le principe directeur de nos actions. Nous avons de nombreux ennemis et ils se tiennent prêts à fondre sur nous et à exploiter toute faiblesse. Ils jouent sur notre vanité et nous flattent de toute manière possible. Ils nous disent que telle personne, ou tel pays, a plus de potentiel qu'un autre. Ils ne nous disent pas que nous devons nous unir, que nous sommes tous à la mesure de ce que nous sommes capables de devenir une fois libres. Gardez toujours à l'esprit qu'il vous faut parcourir quatre étapes :

- accéder à la liberté et à l'indépendance ;
- consolider cette liberté et cette indépendance ;
- créer unité et communauté entre africains libres ;
- reconstruire l'Afrique à la fois sur le plan économique et social.

Nous devons insister à ce stade sur le fait qu'il ne faut pas négliger l'aspect éthique et humaniste de nos peuples. Nous ne voulons pas d'une civilisation simplement matérialiste qui ne tienne aucun compte du côté spirituel de la personnalité humaine ni de l'aspiration de l'homme à dépasser la nécessité de se remplir l'estomac et de satisfaire à des besoins matériels. Nous voulons une société où l'être humain aura la possibilité de s'épanouir et où l'on encourage le côté humaniste et créatif de nos peuples, où leur génie pourrait s'exprimer pleinement. On a beaucoup dit et on continue de dire que l'Africain est incapable de se hisser au-dessus de ses besoins matériels élémentaires. On insinue fréquemment qu'il ne contribue pas à la civilisation. Nous savons tous que c'est un mensonge des impérialistes. Il y a eu de grands empires en Afrique et quand nous serons libres à nouveau, notre Personnalité africaine ajoutera à nouveau sa contribution à l'ensemble des connaissances et de la culture humaines.

Aujourd'hui la plupart de nos peuples vivent en état de servitude et d'esclavage. Pendant des générations, on les a poussés dans les limbes des oubliés, sans secours mental, ni spirituel. Comment des esclaves à qui l'on dénie le droit à la libre expression et à la liberté de pensée peuvent-ils devenir des savants ou des artistes ?

À travers les âges, la culture et la civilisation ont été le propre d'une classe de gens disposant de temps, d'aristocrates avec un acquis culturel et matériel qui leur a permis de se consacrer à cet aspect des entreprises humaines. Je dis que lorsque l'Afrique sera libre et indépendante, nous verrons une exceptionnelle floraison de l'esprit humain sur notre Continent. Libre et libérée, la Personnalité africaine aura la possibilité de trouver sa propre expression et d'apporter sa propre contribution à la culture et à la civilisation de l'humanité.

Toutefois, pour le moment, nous fixons notre attention sur le combat qui mènera à l'émancipation et à la libération totales de notre Continent. Notre combat ne tolère pas la division. Il ne se satisfait pas d'une attention superficielle. C'est un combat difficile et multiple qui requiert tout ce que l'on peut lui donner. Il est très complexe et je vois, d'après votre programme, que vous en êtes conscients. Les délégués officiels de cette conférence vont être appelés à discuter quelques-uns des principaux problèmes auxquels notre Continent doit faire face aujourd'hui : ces problèmes qui ont toute l'attention d'éminents groupes d'experts n'ont cependant pas encore été résolus parce que ces experts oublient le simple fait qu'ils sont incapables de trouver une solution dans le cadre du système impérialiste et colonial qui tend à nous diviser. Les problèmes dont nous nous apprêtons à discuter ici sont énormes. Ils troublent et faussent les relations dans toute l'Afrique et, une fois l'indépendance acquise, ils laisseront, hélas, en legs de lourdes questions d'irrédentisme et de tribalisme à résoudre. Vos débats sont censés porter sur les problèmes du Colonialisme, de l'Impérialisme, du racisme ; sur la partition arbitraire de notre Continent et les désordres frontaliers qui en résultent ; sur le tribalisme, les lois et coutumes fondamentales, le séparatisme religieux, la place des autorités traditionnelles particulièrement dans un modèle de société démocratique libre en évolution sur lequel notre regard est fixé.

Permettez-moi de vous parler de ma propre expérience en tant que fondateur et chef d'un parti politique ayant mené la lutte pour l'indépendance de notre pays. Vous ne trouverez peut-être pas malséant que je vous donne des conseils basés sur notre expérience de la lutte contre le Colonialisme. Je ne parle pas en me fondant sur des livres mais sur la vie. Je n'essaie pas non plus de théoriser à partir de faits de peur que l'on traduise mal ma pensée. Tout notre combat a été pensé pour affronter les faits tels qu'ils se présentaient.

Mon premier conseil à vous qui luttez pour vous libérer c'est d'avoir pour objectif de vous imposer sur le plan politique, c'est-à-dire d'obtenir l'indépendance totale de vos territoires et leur autodétermination. Quand vous serez parvenus à vous imposer politiquement, tout le reste suivra. C'est seulement en obtenant le pouvoir politique – le vrai pouvoir que l'on obtient en acquérant une indépendance souveraine – que vous serez en mesure de résoudre les problèmes et ennuis qui tourmentent notre Continent. Mais ce pouvoir que vous allez acquérir n'est pas une fin en soi. C'est seulement un moyen d'atteindre un but et voilà pourquoi l'usage que l'on en fait est si important. Aujourd'hui, un appétit de liberté et d'indépendance dévore l'Afrique, auquel s'ajoute un aussi grand désir d'avoir une sorte d'union ou de fédération africaine. On est en quête d'une régénération de l'Afrique sur les plans politique, social, économique, dans le contexte d'un système social adapté aux traditions, à l'histoire, à l'environnement, au modèle communaliste de la société africaine qui, en dépit des intrusions d'influences occidentales, reste, en grande partie, inchangé. Dans les vastes zones rurales de l'Afrique, la terre est un bien commun et les gens la travaillent selon le principe de l'effort personnel et de la coopération.

Ces traits restent dominants dans la société africaine et le mieux à faire est de les modifier pour qu'ils répondent aux besoins d'un modèle socialiste plus moderne de société.

Nous devons nous consacrer à nouveau à la tâche d'organiser nos peuples et de les mener dans le combat de l'indépendance nationale. L'Afrique doit être libre. Il nous faut ensuite utiliser le pouvoir politique que le peuple nous conférera par des élections libres pour reconstruire très rapidement nos pays sur les plans social et économique, de façon à élever le niveau de vie général.

En regardant l'avenir nous voyons que lié à l'ardente aspiration à la liberté qui gagne aujourd'hui (tel un feu de forêt) toute l'Afrique il y a un irrésistible courant qui s'amplifie au fur et à mesure que se précise le moment de la libération. C'est cette soif intense des peuples d'Afrique d'établir une communauté à eux, de donner forme d'une façon ou d'une autre à l'expression de la Personnalité africaine. Ce désir a récemment poussé mon gouvernement et celui de la Guinée à initier une action qui, nous l'espérons, conduira à la constitution du noyau d'une Afrique occidentale unie qui recevra le soutien d'autres indépendants ainsi que de ceux qui ne le sont pas encore. Nous espérons en outre que ce rassemblement aboutira éventuellement à une Union des africains de la même façon que les treize premières colonies américaines se sont développées en 49 qui constituent la communauté américaine. Nous sommes convaincus que c'est grâce à la solidarité engendrée par cette unité africaine que pourra vraiment être sauvegardée la liberté au plan national. Nous sommes conscients que ce n'est pas une tâche facile, mais déterminés comme nous le sommes et avec la bonne volonté et la coopération de nos peuples, je suis sûr que nous parviendrons à notre but.

C'est seulement dans ce contexte de solidarité et de coopération, et indépendamment du cadre constitutionnel dans lequel nous nous exprimerons finalement, que nous pourrons résoudre les questions liées au legs désastreux de l'Impérialisme, notamment les divisions arbitraires des peuples de notre Continent faites pour satisfaire la rapacité et l'avarice des puissances coloniales et impérialistes. Leurs jours sont maintenant comptés.

Il est, je le pense, nécessaire de rappeler à certains d'entre nous que l'Afrique à elle seule est un continent. Ce n'est pas une extension de l'Europe ou d'un autre continent. En conséquence, nous voulons développer notre propre communauté, et une personnalité africaine. Certains peuvent penser qu'ils ont produit le meilleur art de vivre mais nous ne sommes pas tenus de l'accepter, tels des imitateurs serviles, comme modèle de notre environnement social : nous l'adopterons ou l'adapterons et si nous le jugeons inapproprié, nous le rejetterons.

J'espère que nous ne répéterons pas sur le continent les mesquines querelles et les constants désaccords, les guerres et les désastres nationaux qui ont entaché l'histoire d'autres continents. Nous croyons fermement qu'avec la libération de l'Afrique, la paix mondiale sera mieux garantie, car l'élimination de l'Imperialisme et du Colonialisme fera disparaître les jalousies et les antagonismes qui ont mené aux deux guerres mondiales et nous gardent dans un constant état de tension avec la menace des armes nucléaires.

Il revient aux Africains de libérer l'Afrique. Nous seuls, Africains, pouvons-nous affranchir. Nous acceptons les marques de soutien des autres car il est bon de savoir qu'on veut le succès de notre lutte, mais nous pouvons nous attaquer seuls au monstre de l'Imperialisme qui nous a quasi dévorés. Nous avons déjà fait des incursions dans de nombreuses forteresses impérialistes et nous attendons avec impatience l'année 1960, commencement de la fin du Colonialisme en Afrique. C'est en 1960 que nos camarades du Nigerian, du Togo, du Cameroun et de la Somalie rejoindront ceux d'entre nous qui montent la garde devant une Afrique libre et indépendante. Avec l'augmentation du nombre des pays indépendants, nous allons gagner du souffle et nous serons ainsi en mesure d'accélérer notre offensive contre le Colonialisme.

Certes nous pensons que l'Afrique appartient aux Africains, mais nous ne sommes pas pour autant racistes ou chauvins. Nous accueillons parmi nous des gens d'autres races, d'autres nations, d'autres communautés qui souhaitent vivre parmi nous en paix et dans l'égalité. Mais ils doivent nous respecter, respecter nos droits, notre droit en tant que majorité gouvernante. C'est là, comme nos amis occidentaux nous l'ont enseigné, l'essence de la démocratie.

Il est plutôt ironique que nous, en Afrique, devions rappeler aux communautés européennes de notre continent ce principe fondamental qu'ils vantent tant mais mettent si peu en pratique. Leur domination politique repose sur des doctrines raciales. Ils manipulent les systèmes électoraux à leur convenance à tel point qu'ils tournent le concept de démocratie parlementaire en dérision. Nous invoquons le principe de démocratie pour déclarer que l'Afrique appartient aux Africains.

Combattants pour la libération de l'Afrique, je vous demande, au nom sacré de la Mère Afrique, de quitter cette Conférence avec la ferme résolution de vous remettre à la tâche pour constituer un front uni entre les partis politiques dans vos pays respectifs, un front basé sur notre objectif commun et fondamental : la libération rapide de nos territoires.

A bas l'Imperialisme ! disons-nous. A bas le Colonialisme ! A bas le racisme et la division tribale. Ne laissons pas les puissances coloniales nous diviser, car notre division est à leur avantage. Souvenons-nous que notre Continent a été conquis parce que nos peuples étaient divisés et que les tribus étaient dressées les unes contre les autres.

N'oublions pas non plus que le Colonialisme et l'Imperialisme peuvent se présenter à nous sous d'autres formes et pas nécessairement en provenance de l'Europe. Nous devons être vigilants pour reconnaître cette situation si elle se présente et nous préparer à la combattre.

Amis et Camarades, je vous recommande de serrer les rangs car le jour où nous serrerons les rangs, ce jour-là, le Colonialisme connaîtra la défaite en Afrique. Nous devons enterrer cet horrible système à toute allure. C'est seulement avec la disparition de l'Impérialisme que l'Afrique sera dégagée de toute menace, qu'elle pourra vivre et respirer librement et que les hommes de couleur marcheront la tête haute avec dignité.

Camarades de la lutte de libération de l'Afrique qui portez encore le fardeau de l'Impérialisme, unissez-vous ! Nous qui avons conquis notre liberté, nous tenons inflexiblement debout derrière vous et votre combat. Prenez courage, unissez vos forces ! Votre sens de l'organisation et la discipline vont inspirer votre victoire. Tous les Africains parviendront à la liberté de notre vivant. Car, oui, ce milieu de siècle appartient à l'Afrique. Cette décennie est celle de l'indépendance de l'Afrique. En avant donc vers l'indépendance. Aujourd'hui l'indépendance et demain les -Unis d'Afrique.

Je vous salue !

5

Discours de clôture du Premier ministre à la Conférence des peuples africains, 13 décembre 1958

Kwame Nkrumah

Chers combattants pour la libération de l'Afrique, Mesdames et Messieurs,

Je suis ravi d'être ici présent ce matin pour vous dire au revoir et vous féliciter de la façon dont vous avez relevé les graves défis mis en avant par le programme de la conférence.

Je suis comblé de voir tant d'individus descendants d'Africains venus d'outre-mer assister à la Conférence. Bien que, comme je l'ai signalé dans mon discours d'ouverture, cette Conférence est d'abord celle des Peuples Africains, nous nous sommes réjouis d'y avoir accueilli tant de nos frères venus d'outre-Atlantique. Nous considérons leur présence ici comme le signe d'un vif intérêt pour nos luttes pour une Afrique libérée. Nous ne devons jamais oublier qu'ils sont des nôtres. Ces filles et fils d'Afrique, arrachés de nos rives, et malgré les siècles qui nous ont séparé, ils n'ont pas oublié leurs liens ancestraux.

Plusieurs d'entre eux ont offert des contributions substantielles au combat pour la libération de l'Afrique. Les noms qui viennent aussitôt à l'esprit dans ce registre sont ceux de Marcus Garvey et W.E.B. Du Bois. Bien avant que plusieurs d'entre nous n'eussent même pris conscience de leur aliénation, ces hommes luttaient pour l'égalité des nations et races d'Afrique.

Que les liens entre l'Afrique et les peuples d'ascendance africaine continuent de nous unir fraternellement pour longtemps. Maintenant que nous, en Afrique, marchons vers l'émancipation totale de ce Continent, notre futur statut de liberté aidera de façon non-négligeable leurs efforts pour atteindre la totalité de leurs droits humains et leur dignité comme citoyens dans leurs pays respectifs.

Alors que les délégués arrivaient en masse à Accra il y a juste un peu plus d'une semaine, le monde entier s'interrogeait pour savoir s'il serait possible que beaucoup d'entre vous, venant de différentes régions du continent, et parlant différentes langues, puissent neutraliser vos individualités propres et réaliser une unité autour d'un programme commun. Mais alors que la conférence suivait son cours et que j'eus l'occasion de vous rencontrer, j'ai eu toujours plus de plaisir à constater qu'entre vous se renforçait le désir autant de la libération africaine, mais aussi de notre unité interpersonnelle.

Quelle qu'ait pu être l'opinion générale quand vous convergiez sur Accra, nous avons prouvé à nos amis autant qu'à nos ennemis, que les Africains libres de leurs initiatives peuvent diriger et gérer leurs propres affaires. Nos ennemis avaient certainement pensé pouvoir exploiter nos différences, mais ils ont eu une amère déception. Vous avez fait preuve d'une maturité et d'un esprit de responsabilité dignes de la noble cause pour la libération et l'indépendance de l'Afrique.

A bien des égards, cette conférence était bien plus difficile à organiser et à piloter car son programme et la représentation y étaient tellement plus étendus qu'à la conférence d'Accra des États indépendants d'Afrique. Cependant, vous avez bien relevé le défi et ce, avec dignité et un esprit de tolérance. Vous avez réconcilié tous les points de vue.

Il n'y a aucun doute que le désir passionnel de liberté, l'aspiration brûlante à rompre le joug de l'esclavage colonial, la ferveur pour l'Indépendance Immédiate deviennent les liens qui nous maintiennent de plus en plus proches les uns des autres. En vérité, nous sommes même allés plus loin en montrant la voie vers la réalisation de l'unité entre groupes divergents dans les pays respectifs, de sorte que vous retournerez chez vous pour vous atteler a la tâche de construire un large front uni contre les ennemis communs qui sont le Colonialisme et l'Impérialisme.

Si la Conférence d'Accra donna naissance à la Personnalité Africaine, la Conférence des Peuples Africains a posé les fondations de la Communauté Africaine. Maintenant, nous allons progresser avec des énergies et une détermination nouvelles afin de coaliser toutes nos forces, ayant créé un climat pour l'unité entre les états indépendants et ceux d'entre nous en Afrique qui n'ont pas encore atteint l'étape de la liberté.

Deux courants, celui de l'Indépendance et celui de l'Interdépendance ont fusionné lors de cette conférence pour devenir une mouvance unique. L'unité d'action que le Ghana et la Guinée ont initiée a reçu l'approbation de cette conférence. Qui plus est, vous allez offrir à cette alliance votre soutien actif et votre coopération dynamique. Surtout, et c'est le plus important, nous espérons que ceux d'entre vous qui accéderons bientôt à la liberté et à l'Indépendance adhérerons à notre union.

Dorénavant les Africains vont s'orienter vers l'autonomie et vers une communauté propre, séparée et distincte des communautés artificielles qui tentaient de nous lier à d'autres continents.

Bien que cette conférence ait été principalement un rassemblement de peuples dominés, un pont a été érigé entre les combattants de la liberté à travers tout le contient. En d'autres termes, cette conférence a scellé la constitution d'un front uni entre les États indépendants et les territoires occupés. Il est permis d'affirmer que cette conférence a réalisé les espoirs de ceux d'entre nous qui, ayant déjà atteint l'indépendance, se sont jurés d'offrir leur soutien aux luttes de ceux qui se battent pour leur indépendance.

Une autre réussite de cette Conférence (et je la considère comme presqu'aussi importante que toutes les autres), c'est d'avoir rassemblé tant de personnes et de vous avoir donné l'occasion de vous connaître, de partager vos expériences communes et d'apprécier le fait que l'Impérialisme et le Colonialisme sont un ennemi commun. Vous ne détruirez cet ennemi qu'en vous organisant efficacement pour l'accession à l'Indépendance. Cet objectif doit être l'objectif majeur. Rien ne doit vous détourner de ce but primordial. Une fois que vous aurez atteint l'Indépendance, tous les autres maux qui découlent de la Colonisation et de l'Impérialisme tels que le racisme, le tribalisme, l'irrédentisme régional, etc. peuvent être contrôlés et résolus.

Cette Conférence a démontré au monde que vous êtes capables de vous rassembler et de débattre de vos problèmes sans l'aide des autres. Ici, nous avons intimé une dernière notification à l'Impérialisme : « Quittez l'Afrique » ! Notre prochaine Conférence de Peuples Africains n'aura pas à répéter cette injonction car je suis certain qu'au moment de notre prochaine rencontre, nous célébrerons la reddition de l'Impérialisme de notre Afrique. Nous sommes déterminés à devenir libres et aucune force sur la planète terre ne peut nous priver plus longtemps de ce droit inaliénable à la liberté et à l'Indépendance.

Cette conférence nous a également permis d'établir la source de notre faiblesse : nos divisions internes. A présent, nous sommes résolus à éradiquer ces divisions et à mettre un terme aux tactiques classiques de l'Impérialisme – « Diviser pour mieux régner » – qui visent à monter tribus contres tribus, pays contre pays, personnes contres personnes. A partir de cette conférence, nous allons établir la détermination à aller de l'avant avec l'intention de ne pas être manipulés à devenir les agents de notre propre domination et de notre propre oppression. Nos yeux se sont ouverts. Nous avons maintenant une vision claire du futur, et nous allons d'ores et déjà marcher comme une phalange solide, unis dans l'esprit de fraternité et de solidarité. Nous serons si formidables dans notre puissance que les forces dressées contre nous ne pourront triompher.

Nous voyons notre avenir économique projeté dans la trajectoire d'un modèle de Socialisme Africain qui alliera nationalisme et internationalisme, et à partir duquel nous régénérerons la vie sociale de notre Continent. Qu'il me soit permis de résumer. Je dirais qu'en bref, nos objectifs sont les suivants :

1. l'Indépendance nationale et la souveraineté ;
2. l'Indépendance dans une Communauté Africaine ;
3. la reconstruction économique et sociale sur la base d'un Socialisme Africain.

Cette conférence a clairement démontré que le rassemblement est une de meilleures façons de cimenter notre unité. J'espère ainsi qu'il nous sera possible de mettre sur pieds dans des délais courts une réunion de nos leaders des pays indépendants et ceux des territoires qui, d'ici peu, rejoindront notre communauté de pays libres. Plusieurs d'entre eux ont déjà exprimé le souhait que nous nous réunissions pour débattre des avantages qu'il y aurait à ce qu'ils intègrent l'Union dont la Guinée et le Ghana ont formé le noyau.

Aussi, vu que le rôle des syndicats dans la lutte pour la libération et la régénération de l'Afrique est si crucial, j'appelle de mes vœux une Conférence panafricaine des syndicats. Ces derniers représentent un élément important de notre économie. Il y a d'autres éléments tout aussi importants qui, je l'espère, se rassembleront aussi dans l'intérêt de la reconstruction économique de l'Afrique en cours. Je fais spécialement référence aux hommes d'affaires africains qui, jusqu'ici, ont été muselés par le monopole d'intérêts étrangers. Qu'ils prennent l'initiative et nous leur apporterons notre soutien sans faille. Il ne suffit pas qu'ils se plaignent d'être marginalisés par des concurrents plus puissants. Collectivement, ils peuvent se fortifier, car il est important qu'ils contribuent à notre reconstruction économique. Aussi, vu que nous envisageons pour notre peuple une existence en plénitude, nous espérons que nous verrons l'organisation d'une Conférence culturelle qui aiderait à promouvoir la Personnalité Africaine et la faire fleurir.

Voilà les idées que je veux lancer, car je crois que c'est seulement en nous réunissant dans des conférences comme celle-ci, que nous apprendrons à nous connaître et à travailler en harmonie pour la réalisation de la Communauté Africaine et de la Personnalité Africaine.

Je crois devoir vous féliciter une nouvelle fois, autant pour le fait d'être rassemblés ici que de développer un esprit d'unité dans l'action contre la domination du Colonialisme et de l'Impérialisme. Vous avez dépassé les espoirs des plus optimistes d'entre nous.

Partons de cette Conférence imbus de cet esprit d'unité et avec une détermination renouvelée de renforcer nos organisations, car la discipline organisationnelle est la clé pour atteindre l'Indépendance Africaine. La tâche qui vous incombe est claire.

L'Afrique est en marche. En avant vers la victoire finale.

6

Hommage au Professeur Joseph Ki-Zerbo : plaidoyer pour une histoire de l'Afrique

Boubacar Barry

Je remercie tout d'abord, de tout mon cœur, le pool des Universités et Instituts de São Paulo qui ont pris l'heureuse initiative de célébrer aujourd'hui la mémoire du Professeur Joseph Ki-Zerbo. Que cet hommage à ce grand historien de l'Afrique se fasse au Brésil, dans les Amériques, n'a rien d'étonnant lorsque l'on sait les liens séculaires que l'Atlantique a tissés depuis le XVe siècle entre ces deux rives et au-delà avec l'Europe dans le cadre de la connexion des continents.

Je me réjouis personnellement d'avoir été associé à cette cérémonie et d'avoir choisi ma modeste personne pour faire le discours d'ouverture à cette séance inaugurale d'hommage à mon maître Joseph Ki-Zerbo. Je dois cet honneur à l'absence de mon cher collègue Elikia Mbokolo empêché pour cause de maladie et à qui je souhaite un prompt rétablissement.

Dans tous les cas, lorsque la Professeur Maria Antonieta m'a demandé, juste avant mon départ de Dakar, de le remplacer, je ne pouvais pas refuser en raison de mon amitié pour ce grand historien avec qui j'ai partagé depuis des décennies la lourde responsabilité d'approfondir l'œuvre des pionniers de l'histoire africaine comme Cheikh Anta Diop, Joseph Ki-Zerbo, B. A. Ogot, ou J.F. Ade Ajayi entres autres.

Je ne pouvais pas non plus me dérober à cette tâche parce qu'il s'agit avant tout de mon maître Joseph Ki-Zerbo qui, avec son épouse Jacqueline, ont été mes professeurs d'Histoire et d'Anglais au lycée classique de Donka à Conakry, j'avais alors à peine 15 ans.

En effet, le Professeur Joseph Ki-Zerbo, son épouse Jacqueline et tant d'autres patriotes africains, haïtiens et français avaient volé au secours de l'école de la jeune République de Guinée désertée par les professeurs français de la défunte administration coloniale après le « Non » historique du peuple de Guinée au référendum de 1958.

Il fallait alors punir la Guinée qui avait choisi l'indépendance contre la communauté franco-africaine, proposée par le Général Charles de Gaulle pour freiner et contrôler le mouvement irréversible d'émancipation des peuples colonisés à travers le Monde.

Je reviendrai sur cet épisode dans l'hommage que j'ai rendu au Professeur Joseph Ki-Zerbo au lendemain de sa disparition dans toute la simplicité de la douleur que nous avions ressentie en tant que disciple et ami.

C'est justement en raison de cet épisode singulier et unique de solidarité de ces patriotes africains que je ne pouvais pas ne pas répondre à votre invitation, y compris de prendre le risque de m'adresser à cette honorable audience sans préparation préalable pour répondre à toute l'attente d'un tel événement, en un mot, pour être à la hauteur de l'esprit de synthèse de mon ami Mbokolo et honorer mon maître Joseph Ki-Zerbo, connu pour la précision, la qualité et la profondeur de son discours.

Pour venir de Dakar à São Paulo j'ai dû passer par Paris. Ce détour obligé par le Nord à lui seul peut expliquer le paradoxe du thème de cette Conférence en faveur d'un plaidoyer pour l'enseignement de l'histoire de l'Afrique rendu obligatoire seulement en 2003 dans les écoles et les universités du Brésil, la plus africaine de tout le continent américain. Ce paradoxe à lui seul explique le sens du combat que le Professeur Ki-Zerbo a mené, toute sa vie, pour réhabiliter l'histoire africaine et assurer à cette discipline le rôle de levain de la conscience des peuples africains pour leur libération totale.

Dans ce plaidoyer pour l'histoire africaine j'ai choisi délibérément de suivre au pas le discours du Professeur Ki-Zerbo à travers ses œuvres et ses nombreuses conférences et interviews que j'ai eus le privilège, pendant un demi-siècle, de lire, d'écouter et de partager avec de nombreux historiens de ma génération, en symbiose avec les peuples africains de toutes conditions.

En effet, le Professeur Ki-Zerbo était avant tout un éveilleur de conscience qui a galvanisé par le verbe, par l'écrit et l'action politique le combat pour l'émancipation de l'Afrique.

Mais bien sûr il est impossible, ce soir, de passer en revue toute cette œuvre colossale.

J'ai choisi alors de façon arbitraire de parler de trois moments privilégiés de la carrière du Professeur Ki-Zerbo qui peuvent résumer l'essentiel de ses idées qui sous-tendent son combat pour l'Afrique et les Africains de la Diaspora.

Le premier texte porte sur l'Introduction générale au volume I de l'Histoire Générale de l'UNESCO en huit volumes publié en 1980. Cette introduction magistrale résume à elle seule tous les arguments déployés par ce Maître de la parole pour mettre par écrit le glorieux passé de l'Afrique sans oublier les traumatismes actuels dus aux conséquences de la traite négrière et de la colonisation.

Le deuxième texte porte sur les trois dimensions d'une intégration authentique que Ki-Zerbo a prononcé, en 1985, lors du Forum sur l'Intégration Africaine pour célébrer le premier anniversaire du décès du Professeur Cheikh Anta Diop, publié dans la revue *Le Chercheur* de l'Association des Chercheurs sénégalais. Rejoignant les vues de Cheikh Anta Diop, Joseph Ki-Zerbo affine ses arguments sur l'unité du continent africain.

Le troisième texte est le discours que Joseph Ki-Zerbo a prononcé à l'occasion du 30e anniversaire du CODESRIA en 2003 sur le thème : « Intellectuels Africains, Nationalisme et Panafricanisme » : un témoignage pour justifier son engagement politique et le rôle que les intellectuels doivent jouer pour sortir l'Afrique de l'impasse du mal développement.

Chacun de ces textes peut faire l'objet d'une conférence tant ils sont riches d'enseignements fruit d'une réflexion féconde qui a produit des ouvrages majeurs comme :

- 1972, *L'Histoire de l'Afrique Noire d'hier à demain.* Paris, Hatier 1972 ;
- 1990, *Eduquer ou périr*, Paris, éd L'harmattan ;
- 1992, *La natte des autres* : pour un développement endogène en Afrique, Paris, Karthala/ CODESRIA ;
- 2003, *À quand l'Afrique* ? Entretien avec René Holenstein, coéd. Éditions d'en bas (Suisse)/Éditions de l'Aube (France)/Presse universitaire d'Afrique.

Il y a dans tous les cas une symbiose et une continuité entre les travaux et les actes au quotidien du Professeur Ki-Zerbo.

Son combat pour l'histoire africaine est inséparable de son combat pour la libération des peuples africains. Le plaidoyer pour l'histoire africaine est l'œuvre de sa vie qui participe à la fois du combat pour la libération du joug de la colonisation et de la construction des États-Unis d'Afrique. Son intérêt majeur est qu'il appartient aux deux périodes coloniales et postcoloniales.

Formé à l'école française de l'histoire des annales, auprès de grands maîtres comme Fernand Braudel, il entreprit dès les indépendances l'aventure de remonter le temps pour écrire l'Histoire de l'Afrique Noire des origines à nos jours.

Ce travail titanesque le conduit naturellement à diriger le premier volume de *L'Histoire Générale de l'Afrique* (UNESCO) où il affine la méthodologie qui justifie que l'Afrique a une histoire qui repose avant tout sur l'exploitation, la critique des traditions qui constituent le terreau vivant des civilisations orales.

Il commence par cette phrase péremptoire « l'Afrique a une histoire » pour réfuter la légendaire image : « *Ibi sunt liones*. Ici on trouve des lions. »

L'histoire de l'Afrique, comme celle de l'humanité entière, est en effet l'histoire d'une prise de conscience. L'histoire de l'Afrique doit être réécrite car, jusqu'ici, elle a été souvent masquée, camouflée, défigurée, mutilée par la force des choses, c'est-à-dire par l'ignorance et l'intérêt.

Ce continent prostré par quelques siècles d'oppression a vu des générations de voyageurs, de négriers, d'explorateurs, de missionnaires, de proconsuls, de savants de toute engeance, figer son image dans le rictus de la misère, de la barbarie, de l'irresponsabilité et du chaos. Et cette image a été projetée, extrapolée à l'infini, en amont du temps, justifiant par là même le présent et l'avenir. L'objet de l'histoire générale de l'Afrique est donc de reconstituer le vrai scénario dans le cadre d'une entreprise scientifique. Mais l'histoire est une science humaine, puisqu'elle sort toute chaude de la forge bourdonnante ou tumultueuse des peuples. L'histoire est la mémoire des peuples et on ne peut vivre avec la mémoire d'autrui. C'est pourquoi il faut affiner la méthodologie pour rendre compte de toute l'expérience des peuples africains à travers leur histoire propre et à travers leurs relations avec les autres peuples par la maîtrise des sources, les documents écrits, l'archéologie et la tradition orale qui seront étayés par la linguistique et l'anthropologie.

Cet ouvrage accorde une place capitale à la tradition orale qui est apparue comme le conservatoire et le vecteur du capital de création socioculturelle accumulé par les peuples réputés sans écriture, un vrai musée vivant. Grâce à lui et à Hampaté Bâ, la tradition orale a désormais droit de cité comme source de l'histoire africaine dont la méthode d'investigation a été reprise par les civilisations de l'écrit sous forme d'histoire orale pour permettre d'écrire l'histoire par le bas de la majorité silencieuse. La tradition orale est une source à part entière dont la méthodologie est désormais assez bien établie et qui confère à l'histoire du continent africain une puissante originalité.

Cela est encore valable même si une critique interne montre la relation étroite entre tradition orale et discours historique au même titre que la production écrite. Elle reflète le point de vue d'une classe ou d'un groupe dont le but est de forger la conscience historique des peuples.

Mais, il préconise, en plus, l'interdisciplinarité, l'usage de la sociologie pour une vision interne de la dynamique des sociétés africaines dans le cadre d'une histoire globale des peuples africains, englobant la masse continentale proprement dite de part et d'autre de la charnière du Sahara, les deux battants d'une même porte, les deux faces d'une même médaille.

A cela il faut ajouter l'histoire de la diaspora africaine, cette neuvième région de l'Afrique qui a été consacrée à Bahia lors de la deuxième Conférence des Intellectuels Africains et de la Diaspora en décembre 2006. Cette histoire doit éviter d'être événementielle pour rendre compte des dynamiques internes des valeurs de civilisation. Enfin, cette histoire de l'Afrique est nécessaire à la compréhension de l'histoire universelle dont bien de séquences demeureront des énigmes opaques tant que l'horizon du continent africain n'aura pas été illuminé. Car c'est sous les cendres mortes du passé que gisent toujours quelque part des braises chargées de la lumière des résurrections.

Tel est le message du Professeur Ki-Zerbo qui a accepté de porter seul, sur ses épaules, le premier volume de cet édifice fragile qui donnera naissance à la prestigieuse collection des huit volumes de l'UNESCO sur l'histoire de l'Afrique. Mais, les préjugés ont la vie dure, car malgré toute la production scientifique sur l'Afrique, le premier des Français, le Président Sarkozy, récemment élu, veut encore donner des leçons aux Africains en leur demandant, à partir de Dakar, dans l'université qui porte le nom de Cheikh Anta Diop, « de sortir de l'immobilisme pour entrer enfin dans l'histoire ». Il a peut-être raison, mais, je me refuse à répondre à quelqu'un qui s'ignore soi-même.

Cela me permet de passer au second texte du Professeur Ki-Zerbo consacré à l'intégration africaine en hommage au Professeur Cheikh Anta Diop, le défenseur de l'Egypte Nègre et de l'appartenance de l'Egypte à la civilisation africaine. Dans son texte, le Professeur Ki-Zerbo affirme que la question de l'intégration est plus que jamais au cœur du problème, voire du mal africain. C'est pourquoi elle doit être appréhendée sous une triple dimension :

- la dimension historico-culturelle ou verticale ;
- la dimension spatiale et économique ou horizontale ;
- la dimension sociale ou organique.

La dimension historique

Elle implique que nous ne laissions personne se glisser entre nous et notre passé, entre nous et nous-mêmes, car le pire c'est d'être exclu de soi-même. Cheikh Anta Diop a dévoilé le rôle moteur de l'Afrique dans la constitution de l'homme universel. L'Afrique a physiquement, biologiquement, intellectuellement et spirituellement enfanté le monde. Il a contribué ainsi de façon décisive à redonner une colonne vertébrale à l'Afrique Noire et à la restituer dans l'ensemble.

La dimension horizontale

L'espace éclaté de l'Afrique d'aujourd'hui est un espace négatif pour la science et donc pour le développement. La non intégration de l'Afrique implique et induit un sous-développement structurel latent et patent. Le résultat est la dépendance structurelle par rapport à l'aumône internationale.

L'intégration sociale

La cohérence physique ne suffit pas. Il faut accéder à la cohésion fondée sur la culture et sur le maximum de coexistence sociale sans laquelle il n'y a pas de collectivité viable. En conclusion, il faut remembrer l'Osiris africain.

La réintégration du continent nous amène à parler du troisième texte du Professeur Joseph Ki-Zerbo consacré aux Intellectuels africains : « Nationalisme et Panafricanisme : un témoignage » lors du 30e anniversaire du CODESRIA.

L'intellectuel est plongé dans sa société, elle-même immergée dans la mondialisation agressive en cours. Il ne peut se réfugier dans l'une pour échapper à l'autre mais surtout il ne saurait se réclamer d'une indépendance totale à l'égard du système dont il constitue un rouage super structurel décisif. Le référendum de 1958 a constitué la cassure historique autour des thèmes du Nationalisme et du Panafricanisme dans un faux dilemme sans véritable enjeu. L'objectif devrait être aujourd'hui d'« édifier un nouveau nationalisme dont le Panafricanisme ferait partie intégrante comme carburant et pour lui donner un sens sur la base de nos identités multiples et de nos citoyennetés diverses ». Il revient encore sur la nécessité de remembrer l'Osiris africain.

Conclusion

Cela me permet de conclure sur la nécessité d'un leadership africain susceptible de relever trois défis majeurs :

- le défi de la fragmentation de notre conscience historique ;
- le défi de la fragmentation de notre espace géographique ;
- le défi de la fragmentation de notre savoir.

Nous pouvons trouver dans notre histoire glorieuse ou pas glorieuse les réponses à ces défis pour redonner aux peuples africains le droit de rêver à un futur plus harmonieux grâce à la riche expérience millénaire de nos peuples dont l'histoire a été en partie ressuscitée grâce aux travaux du Professeur Joseph Ki-Zerbo.

Depuis un demi-siècle, j'ai eu le privilège de le connaître, de m'abreuver à son enseignement de l'histoire et d'apprendre mes premiers mots d'anglais avec Madame Jacqueline Ki-Zerbo. J'avais alors 15 ans. Aujourd'hui, pendant 50 ans, je peux m'honorer d'avoir été à ses côtés à des moments historiques :

- en 1972 : à l'occasion de la création de l'Association des Historiens Africains à Dakar ;
- en 1975 : à l'occasion du deuxième Congrès des Historiens Africains à Yaoundé ;
- en 1975 : à l'occasion de la Crise Mali / Haute-Volta à Ouagadougou ;
- en 1980 : à l'occasion de la parution du premier volume de la série de *l'Histoire d'Afrique Noire des origines à nos jours* ;
- en 1985 : à l'occasion de l'Hommage à Cheikh Anta Diop à l'Université de Dakar ;
- en 2006 : à l'occasion de la projection du film sur Ki-Zerbo où pour la dernière fois nous avons eu le privilège de l'écouter et de dialoguer avec lui sur l'avenir de notre continent. Il était déjà physiquement affaibli, mais il avait gardé toute la clarté de sa pensée incisive et pure.

C'est pour toutes ces raisons que j'ai rendu en ces termes mon hommage personnel au lendemain de sa disparition.

En Hommage au Professeur Joseph Ki-Zerbo

Le Professeur Joseph Ki-Zerbo est l'homme qui ne voulait « pas dormir sur la natte des autres ». Il va désormais, pour l'éternité, dormir sur la natte que les ancêtres ont minutieusement tissée durant des siècles pour ce digne fils de l'Afrique. En effet, Joseph Ki-Zerbo a consacré sa vie à écrire, à revendiquer et à assumer avec fierté leur histoire millénaire. Il est à cet égard l'auteur de *l'Histoire d'Afrique Noire des origines à nos jours*, publiée en 1961 pour marquer la prise en charge de notre histoire, de toute notre histoire par les nouvelles générations des Indépendances Africaines. L'histoire est le levier fondamental qui doit permettre aux Africains de reprendre en main à nouveau leur destin, après plusieurs siècles de domination et d'exploitation. C'est ce patriote africain, ce panafricaniste convaincu que notre génération a eu le privilège de connaître, en 1958, au lycée classique de Donka à Conakry après le non de la Guinée à la Communauté Franco – Africaine.

Joseph Ki-Zerbo était venu alors au secours de l'Ecole guinéenne en compagnie de son épouse Jacqueline, professeur d'Anglais et bien d'autres professeurs africains et français comme David Diop, Amsata Sarr du Sénégal, Mame Seck Diack de Mauritanie, Abdou Moumini du Niger, Harris Mémel Fote de Côte d'Ivoire, Béhanzin du Bénin, Jean Suret Canale et Yves Benôt de France, Joseph Noël et Gérard Cheney de Haïti.

Ils étaient venus, au sacrifice de leurs carrières professionnelles dans leurs pays respectifs, pour voler au secours de la Guinée désertée par la France qui voulait, ainsi, sanctionner le vote négatif au référendum.

Notre génération n'oubliera jamais le dévouement avec lequel le Professeur Ki-Zerbo et ses compagnons ont pris en charge l'enseignement en Guinée pour former des hommes susceptibles de bâtir une Afrique libérée du poids du sous-développement et de tout complexe d'infériorité vis-à-vis de l'Europe qui avait sauvagement piétiné notre intelligence et notre dignité. Ils ont redonné confiance à tout un peuple et, plus particulièrement à sa jeunesse qui était désormais préparée à faire toutes les conquêtes pour transformer qualitativement leur société. Tout était désormais possible. On pouvait être Africain et devenir Agrégé en Histoire, en Physique ou Ingénieur sur place en Afrique.

Un demi-siècle après, on peut comprendre le cri de cœur du Professeur Ki-Zerbo qui a écrit successivement trois œuvres prémonitoires : *La Natte des Autres, Eduquer ou Périr, A quand l'Afrique ?* C'était, hélas, la dernière tentative du vieux combattant, au soir de sa vie, pour réinventer l'Afrique au bord de l'abîme.

Le Professeur Ki-Zerbo était un homme debout dans toute sa stature de Sahélien, la tête haute, le regard doux et fascinant à la fois, la parole ferme et si riche en métaphores puisées à la source de la sagesse africaine. Il était de tous les combats pour la liberté. Son bref passage en Guinée, à lui seul, suffit pour témoigner de la grandeur de ce digne fils de l'Afrique auquel nous devons rendre hommage pour ce qu'il a si généreusement donné à sa patrie africaine.

Que Joseph Ki-Zerbo repose en paix sur la natte de ses ancêtres, dans son village natal à Toma, au cœur du « pays des Hommes Intègres. »

On peut évoquer à l'infini les nombreux témoignages qui ont été faits en Afrique et dans le monde entier pour honorer la mémoire du Professeur Ki-Zerbo. Je citerai simplement celui très émouvant de Basile Guissou qui évoque avec douleur le choix cornélien entre le Maître et le Politique. Evidemment on peut regretter, tout comme ce fut le cas du Professeur Cheikh Anta Diop, que le Professeur Ki-Zerbo ait consacré beaucoup de temps à la politique au détriment d'une carrière académique plus féconde et florissante. Mais, sans leur engagement politique, ils n'auraient pas produit ces œuvres magistrales qui ont bouleversé, en profondeur, l'ordre colonial et préparé les consciences à la lutte pour la libération des peuples africains. C'est justement en raison de son engagement politique pour une Afrique libre et unie et de sa contribution exceptionnelle à la réécriture de l'histoire africaine que, par le voix de ma modeste personne, je propose du haut de cette tribune, depuis ce magnifique amphithéâtre de la Pontifique Université Catholique de São Paulo que l'Université de Ouagadougou porte le nom du Professeur Joseph Ki-Zerbo. C'est à notre avis la seule manière d'honorer la mémoire de ce digne fils de l'Afrique et de la Diaspora.

C'est l'occasion à nouveau pour moi de remercier au nom de toute la famille du Professeur Joseph Ki-Zerbo représentée ici par son fils Lazare Ki-Zerbo, les organisateurs de cette cérémonie d'hommage de tout le Brésil. Je pense en particulier au Professeur Maria Antonieta de la Pontifique Université catholique de São Paulo et aussi au Professeur Kabenguele Munanga qui avait solennellement annoncé lors de son passage à l'Université Cheikh Anta Diop de Dakar à l'occasion de l'hommage que les étudiants burkinabés avaient rendu au Professeur Joseph Ki-Zerbo, la tenue au Brésil de cette cérémonie solennelle que nous vivons ensemble aujourd'hui. Quelle coïncidence, quel symbole cette jonction entre l'Afrique et sa Diaspora autour du Maître Joseph Ki-Zerbo, ici, à São Paulo. Obrigado.

On appartient à la génération de son maître et ce maître-là ne peut mourir, car il est en nous. C'est pourquoi j'ai le profond sentiment que le Patriarche, le Professeur Joseph Ki-Zerbo, avec sa courtoisie légendaire et son sourire malicieux m'a accompagné jusque dans cette salle pour que je puisse vous parler en toute humilité du combat que nous avons mené ensemble pour rendre à l'Afrique sa liberté et sa dignité.

Je vous remercie.

(São Paulo, deuxième semestre 2007)

II

Le mouvement panafricaniste

7

Les fondements historiques du Panafricanisme

Tony Martin

Aperçu historique

La grande tragédie de 1441 peut être considérée comme un point de départ commode de la voie qui, en fin de compte, aboutit au Panafricanisme moderne. Cette année-là, des maraudeurs portugais venant de la mer enlevèrent quelques Africains sur la côte ouest-africaine et mirent les voiles pour le Portugal. En 1502, certains des Africains nouvellement réduits à l'esclavage avaient été transportés de l'autre côté de l'Atlantique, de la Péninsule ibérique à l'île des Caraïbes d'Hispaniola, que se partagent actuellement la République Dominicaine et Haïti. Les arrivées ultérieures venaient directement de l'Afrique en Amérique.

Celles-ci constituaient la première phase de notre « maafa », notre holocauste d'asservissement, le commerce transatlantique d'esclaves. En dépit du fait que l'esclavage a existé depuis des temps immémoriaux dans la plupart des sociétés, le commerce transatlantique d'esclaves était qualitativement différent de ce qui avait eu lieu auparavant. C'était un esclavage de possession ou un effort concerté était consenti pour déshumaniser ses malheureuses victimes. C'était également le commerce transatlantique d'esclaves, contrairement au commerce analogue vers l'Asie ou ailleurs qui donna lieu au commencement du mouvement panafricain moderne.

Le nouveau commerce d'esclaves fit des ravages dans les sociétés africaines. Des millions de jeunes gens dans leur âge le plus productif ont été arrachés de leur terre natale et envoyés très loin pour enrichir l'Europe.

Des communautés entières ont dû s'établir ailleurs en s'efforçant d'éviter la capture. Les chefs africains collaborateurs étaient recrutés pour poursuivre et capturer leurs propres parents. Une nouvelle classe de marchands d'esclaves spécialistes « mulâtres » s'est constituée le long de la côte ouest africaine. La jurisprudence des sociétés africaines s'ébranla alors lorsque la peine infligée pour la vente à l'esclavage européen s'est vue remplacée par des peines traditionnelles plus humaines. Là où des formes plus modérées de servitude avaient été les résultats des guerres, cette fois-ci la capture des prisonniers à vendre aux Européens devenait souvent la *cause* des guerres (Rodney 1970).

Les Africains capturés étaient transportés dans des conditions horribles de l'autre côté de l'Océan Atlantique. Lors de cette traversée, il est estimé que le tiers des personnes nouvellement réduites à l'esclavage sont mortes avant d'arriver aux Amériques. Celles qui ont survécu au voyage ont été soumises à quatre cents ans de la plus persistante des sauvageries que le monde n'ait jamais connues.

S'il est vrai que la plupart des Africains asservis ont été pris de la région s'étendant du Sénégal à l'Angola, le filet était largement tendu en profondeur vers l'arrière pays. Certains Africains sont arrivés aux Amériques en partant de centaines de kilomètres à l'intérieur du continent et d'aussi loin que Madagascar.

Quatre cents ans de cette attaque ont laissé l'Afrique affaiblie et dans l'incapacité de résister à la course pour le partage du continent dans laquelle s'était lancé l'Impérialisme européen au XIXe siècle. L'Europe, à la même époque, s'était renforcée. Sa révolution industrielle, la première de l'histoire, lui avait conféré la domination mondiale qu'elle détient jusqu'à nos jours. Cette révolution industrielle a tiré parti des énormes bénéfices sans précédent du commerce d'esclaves et de l'esclavage.[1]

Et comme résultat final de la plaie du commerce d'esclaves, les Européens ont mis l'histoire sens dessus dessous et ont propagé leurs affirmations du racisme pseudo-scientifique. Ils ont avancé comme argument que les Africains étaient réduits à l'esclavage à juste titre parce qu'ils étaient moins que des êtres humains. Il était dit des Africains, le premier peuple du monde hautement civilisé, qu'ils n'avaient jamais créé une société évoluée. Les marchands d'esclaves chrétiens tout comme les juifs sont remontés au mythe talmudique vieux de mille ans de la malédiction de Cham pour soutenir que Dieu avait décrété que les Africains devaient être des esclaves pour l'éternité. Les philosophes et les hommes d'État européens et américains ont accepté comme orthodoxie l'allégation selon laquelle les Africains étaient incapables de se développer intellectuellement.[2]

Pendant ce temps, les Africains nouvellement éparpillés ont commencé la longue lutte ardue pour reconquérir leur liberté et leur humanité. Les premières réactions aux enlèvements par les Européens étaient si hostiles que les marchandeurs européens étaient forcés d'éviter les zones des premiers débarquements. Ils se sont progressivement tournés vers la recherche de chefs collaborateurs locaux. Parfois, comme dans les îles Bijagos, la résistance était suffisamment farouche pour obliger les Européens à laisser tranquilles certains de ces peuples. En d'autres cas, des chefs éclairés, tels que la Reine Nzingha d'Angola étaient en mesure de résister pendant un certain temps aux incursions européennes.[3]

Aux Amériques, l'histoire prenait des formes comme celles que Bob Marley a décrite dans sa chanson *Buffalo Soldier* :

Fighting on arrival	Lutter à l'arrivée
Fighting for survival	Lutter pour la survie

La première cargaison d'Africains pour Hispaniola en 1502 s'est réfugiée dans les collines et a commencé la résistance de guérilla « marroon » qui est devenue un trait permanent des sociétés d'esclaves partout où elles existaient[4]. Le peu d'entre eux qui sont devenus lettrés, en dépit des lois interdisant l'instruction des esclaves, ont par la suite utilisé leurs connaissances pour faire avancer la cause de la liberté. Phyllis Wheatley, née au Sénégal, enlevée vers l'âge de sept ans et vendue à Boston, illustre l'engagement des Africains lettrés de la diaspora. Elle a été la première Afro-américaine a publie un livre intégrale intitulé *Poèmes sur divers thèmes, religieux et moraux* (1773). Elle a déploré l'horreur de l'esclavage dans les vers mémorables suivants :

I, young in life, by seeming cruel fate	(Moi, jeune dans la vie, par un cruel destin apparent
Was snatched from Afric's fancy'd	Fut arrachée de mon heureuse
happy seat:	demeure attachante en Afrique :
What pangs excruciating	Quelles atroces difficultés
must molest,	initiales doivent importuner,
What sorrows labor in my	Quel chagrin est à l'œuvres dans
parent's breast	le cœur de mes parents !)

Peut-être que le premier exemple le plus remarquable de lutte littéraire est venu de la polémique de 1829, *Appel de David Walker*, écrite également à Boston. Walker, un homme libre, a démontré à l'aide de la Bible et de l'histoire de l'Antiquité grecque et romaine qu'aucune forme antérieure de servitude n'était comparable à l'esclavage du monde occidental par sa brutalité. Il s'est heurté aux racistes pseudo-scientifiques en montrant que les civilisations pionnières du monde dans la vallée du Nil étaient les œuvres des Africains. Il a dit que les peuples blancs étaient les ennemis naturels des Africains et a lancé un appel aux asservis pour qu'ils se soulèvent.[5]

Mais l'évolution la plus profonde au cours de la longue lutte défensive a été la découverte du Panafricanisme. Ce ne sera pas avant 1900 que le mouvement panafricain se donnera un nom, mais il existait par essence dès le début de la dispersion forcée des enfants de l'Afrique.

Le Panafricanisme a permis de prendre conscience que l'Afrique était devenue une communauté mondiale. Des millions d'Africains étaient alors éparpillés dans une grande partie du monde. Des Africains, du Ghana et de l'Angola qui, auparavant, n'auraient pas été conscients de l'existence des uns et des autres pouvaient alors se trouver ensemble, travaillant côte à côte dans la plantation de quelqu'un. Ils étaient obligés de s'adapter ensemble à la nouvelle réalité. La langue créole, les pratiques religieuses et les manifestations culturelles émanant de cette nouvelle réalité étaient authentiquement panafricaines. La nouvelle *lingua franca* utilisée en un seul endroit pouvait contenir des mots originaires de diverses régions de la mère partie africaine. Là où une seule religion semblait prévaloir, elle pouvait après un examen minutieux être vue comme contenant des influences d'autres religions africaines ainsi que des religions européennes.

Bien qu'en certains lieux des communautés ethniquement identifiables aient existé (par exemple les villages yoroubas, hausas, mandingues et congolais à la Trinité après l'émancipation), la réalité la plus commune est devenue avec le temps celle des Africains de la diaspora qui savaient qu'ils étaient africains, et qui s'identifiaient donc à l'Afrique, mais qui ne pouvaient indiquer aucune origine ethnique comme leur ascendance exclusive. A cette conscience africaine diffuse s'ajoutait un désir ardent de nouer des contacts avec la Mère-patrie d'où ses enfants avaient été arrachés par la force.

Ce sentiment de l'Afrique qui naquit rapidement comme endroit unique vers lequel les gens brûlaient de retourner, a trouvé diverses manifestations. Certains ont essayé de sauter par-dessus bord des navires d'esclaves et de retourner à la nage pendant que le continent restait en vue. Certains se sont suicidés en espérant que leurs esprits retourneraient chez eux auprès de leurs ancêtres. D'autres ont camouflé leur désir de retourner chez eux par le lyrisme de leurs chants dans les plantations. Certains, tels que les *Pawpaws Daagas* de la Trinité en 1837 et les Mandingues *Cinqués* de Cuba en 1839, ont mené des soulèvements armés avec le but déclaré de lutter pour leur retour en Afrique (Martin 1983-1984).

Ceux qui sont restés dans la diaspora ont recréé consciemment ou inconsciemment leur environnement africain de plusieurs façons. Les « Marrons » ont apporté l'architecture, les langues, les religions et la musique africaines à leurs communautés autonomes. Les mémoires africaines étaient largement propagées dans la communauté au sens large – au moyen des tam-tams, du calypso de la Trinité d'influence Yoruba, des combats au bâton et des costumes de carnaval, des danses traditionnelles et des pratiques religieuses, des contes populaires et de nombreuses pratiques culturelles.[6] A la longue, les Africains de la diaspora tireront parti de ces mémoires afin de créer de nouvelles formes de culture populaire d'inspiration africaine (dont le jazz et le blues, la samba, meringué, le tango, la musique afro-cubaine et le reggae). De ces mémoires appliquées avec créativité à de nouveaux milieux, sont sortis le *steel band* de Trinidad, le tam-tam et les percussions métalliques d'Afrique sous une nouvelle forme.

Toutes ces tendances ont été accentuées par l'émancipation qui survint à diverses époques aux Amériques, surtout au XIXe siècle. Le simple désir de retourner en Afrique prenait de nouvelles dimensions. Mohammedu Sisei de Trinidad est parvenu à retourner en Gambie peu après l'émancipation (Campbell 1974). Des milliers de

Brésiliens sont retournés à divers endroits de l'Afrique de l'Ouest (Boadi-Sa 1993). Dix-huit mille Congolais et leur progéniture à Cuba ont créé une organisation. De mille à quinze cents d'entre eux, nés véritablement au Congo, étaient en train d'essayer de rentrer chez eux en 1901 (Martin 1984:211-215). Des mouvements de rapatriement ont proliféré au XIXe siècle aux États-Unis. L'Afro-américain Martin Delany et son collègue le Jamaïcain américain Robert Campbell ont voyagé vers Abeokuta en 1859 pour obtenir l'autorisation de retour vers la mère patrie d'un groupe d'Africains de la diaspora. Leurs plans ont été avortés par l'opposition britannique et les espoirs que sont nés de la guerre civile des États-Unis de 1861-1865. Néanmoins Campbell s'est installé définitivement à Lagos. Plus de trois cents Barbadiens ont émigré au Liberia en 1865 (Lynch 1971). Le mouvement de grande envergure d'après-guerre civile des Afro-américains, l'Association d'Exode vers le Liberia, avait comme l'un de ses principaux objectifs : le rapatriement.

Quelques Blancs se sont joints à l'action, tirant parti des sentiments panafricains des Noirs pour se débarrasser des communautés africaines importunes dans leur milieu. A ce titre, en 1787 (Scobie 1972) des philanthropes anglais ont fait le nécessaire pour rapatrier en Sierra Leone des Africains libérés peu avant en Angleterre. De la sorte également, des propriétaires d'esclaves blancs des États-Unis ont organisé en 1816 la Société de Colonisation Américaine afin de rapatrier les Afro-américains au Liberia. Les « Marrons » jamaïcains déportés en 1796 par les Britanniques vers Nova Scotia au Canada ont été, par la suite, envoyés en Sierra Leone à leur demande (Lynch 1971).

L'émancipation a également ouvert plusieurs perspectives plus sophistiquées au proto-Panafricanisme des premiers temps. Au désir de se remémorer l'Afrique ou de retourner simplement chez soi, s'est alors ajouté, tout d'abord, un désir de plaider au nom de l'Afrique.

Ceux qui venaient d'être libérés saisissaient toutes les opportunités d'instruction et d'accumulation de capital qui se présentaient, malgré la myriade d'embûches que les autorités coloniales semaient sur leur chemin. Il y avait un sentiment qu'une grande partie de l'Afrique se trouvait toujours au beau milieu du commerce d'esclaves ou en train de souffrir de l'anéantissement causé par ce commerce ou sur le point d'être engloutie par l'Impérialisme européen. Les Africains de la diaspora se sont sentis obligés de faire ce qu'ils pouvaient pour remédier à cet état de fait.

Après l'émancipation, les journaux tels que le *Créole* en Guyane et le *Jamaica Advocate* appartenant aux Africains, avaient pris une position pro-africaine et informaient leurs lecteurs des nouvelles tendances au sein du monde panafricain.

Toussaint L'Ouverture pensait à emmener une armée haïtienne en Afrique de l'Ouest afin d'éliminer le commerce d'esclaves à sa source. Edward Wilmot Blyden de St. Thomas aux Iles Vierges a émigré au Liberia et en Sierra Leone et a encouragé d'autres à faire de même.[7]

Ce désir d'aider d'une quelconque façon concrète se manifestait de diverses manières. Parfois, des compétences étaient offertes à la patrie au moyen d'une formation des étudiants africains dans les institutions afro-américaines d'enseignement supérieur. A la fin du dix-neuvième siècle et au début du vingtième, on pouvait trouver des étudiants africains d'Afrique du Sud, du Malawi et d'ailleurs dans des institutions telles que le Livingstone College en Caroline du Nord et l'Université Wilberforce en Ohio. Un séjour parmi les afro-américains pouvait souvent avoir une influence radicale. Le Malawite John Chilembwe, par exemple, est rentré chez lui de Livingstone pour mener en 1916 un soulèvement contre le Colonialisme britannique. James Thaele d'Afrique du Sud est rentré chez lui de l'Université de Wilberforce pour devenir un dirigeant influeant du Congrès National Africain.[8]

Beaucoup d'Africains de la diaspora, soucieux d'apporter une contribution, l'ont fait par le biais d'activités missionnaires chrétiennes. C'était de fervents chrétiens qui croyaient que l'Evangile associé aux établissements scolaires et à la prestation des services sociaux donnait les moyens idéaux pour réaliser leur souhait d'aider l'Afrique. L'Association de l'Eglise de l'Inde occidentale avait envoyé des missionnaires de la Barbade au Rio-Pongo en Afrique de l'Ouest à partir des années 1950 du XIXe siècle. Des confessions afro-américaines telles que l'Eglise méthodiste épiscopale africaine avaient envoyé des missionnaires en Afrique de l'Ouest, en Afrique du Sud et aux Caraïbes. D'autres missionnaires afro-américains et des Caraïbes étaient partis en Afrique sous les auspices de confessions blanches.[9]

Malgré leurs orientations religieuses, plusieurs de ces missionnaires ont joué un rôle de radicalisation dans la lutte contre le Colonialisme en Afrique. Beaucoup représentaient des confessions afro-américaines qui avaient rompu avec les Eglises blanches. Dans ce sens, ils étaient nationalistes et il était peu probable qu'ils tolèrent davantage le racisme des missionnaires blancs en Afrique qu'ils ne l'aient toléré aux États-Unis. Alors que les missionnaires blancs devenaient parfois agents de l'expansion impérialiste, les missionnaires de la diaspora africaine stimulaient parfois la résistance et le droit des peuples à disposer d'eux-mêmes tant au sein de l'église africaine que dans la société au sens large. En Afrique du Sud, des églises nationalistes généralement dites « éthiopienisantes » étaient invitées à se joindre à l'Eglise méthodiste épiscopale africaine des États-Unis (Page 1982).

Au début du XXe siècle, les religieux blancs étaient devenus si inquiets par les bons rapports entre les missionnaires de la diaspora africaine et les Africains du continent qu'ils intervinrent pour empêcher officiellement les missionnaires noirs d'entrer en Afrique. Une Conférence conjointe de missionnaires blancs et de fonctionnaires politiques des nations impérialistes s'était tenue en 1926 à Le Zoute en Belgique. Les participants à la conférence avaient recommandé l'interdiction de séjour des missionnaires noirs à moins qu'ils ne viennent sous les auspices des religieux blancs « agrées » (Martin 1984).

A mesure que le dix-neuvième siècle avançait, l'entreprise panafricaine était progressivement devenue un échange de personnes et d'idées. « Des africains libérés », sauvés des bateaux d'esclaves, étaient amenés comme travailleurs engagés sous contrat à des endroits tels que la Guyane, la Trinidad et la Jamaïque. Le régiment de mercenaires de l'Inde occidentale commandé par des officiers britanniques était composé par moments d'une majorité de soldats nés en Afrique.[10]

Des soldats sénégalais sous les ordres d'officiers français ont servi dans les colonies du nouveau monde de la France. Des souverains africains tels que le roi Béhanzin et le roi Jaja du Nigéria avaient été exilés aux Caraïbes par les Européens. Le prince Kofi Nti, fils d'Asantehene du Ghana avait été envoyé à la Trinité pour son instruction vers la fin du XIXe siècle. Le Liberia, créé à l'origine en 1820 comme un refuge pour les Africains de la diaspora rapatriés, a continué à solliciter de nouveaux immigrants. Edward Wilmot Blyden est retourné plusieurs fois aux État-Unis, de sa terre adoptive en Afrique de l'Ouest. Il a exhorté les Afro-américains et les Africains des Caraïbes à s'installer au Liberia (Martin 1984).

Tous ces acteurs n'ont pas été nécessairement des forces positives tout le temps. Le Régiment des Indes occidentales par exemple, a été utilisé pour mater les révoltes des esclaves et la rébellion jamaïcaine, ainsi que pour aider à conquérir l'Afrique de l'Ouest britannique. Il n'empêche que ces diverses personnes, ensemble, avaient aidé à maintenir vivante la conscience de l'Afrique et de la culture africaine. Les Africains des Caraïbes par exemple, ont manifesté pour soutenir le roi Jaja lorsqu'il a été exilé à l'île St. Vincent (Cox 1974). Aussi, des vétérans du Régiment des Indes occidentales ont vécu parfois assez longtemps pour regretter leurs rôles précédents et pour devenir des Panafricanistes.

Blyden a joué un rôle important en encourageant les Barbadiens à s'installer au Liberia en 1865, (l'un d'eux, Arthur Barclay, est devenu par la suite président du Liberia).

Lorsque l'Empereur éthiopien Menelik II a vaincu les envahisseurs italiens en 1896 en plein partage du continent par l'Europe, il a galvanisé partout le soutien panafricain. L'Haïtien panafricaniste, Bénito Sylvain, a voyagé de Paris en Ethiopie pour le féliciter (Martin 1984:206).

Un petit nombre d'étudiants africains et des Caraïbes trouvaient alors leur voie vers Paris, Londres et Edimbourg entre autres endroits. Le contact avec le racisme métropolitain les avait radicalisés. La rencontre avec des camarades étudiants venant d'autres groupes de la diaspora africaine avait stimulé leur conscience panafricaine. L'Université d'Edimbourg avait en 1900, une Société littéraire caribéenne (Martin 1984:207). L'étudiant en droit trinidadien, Henry Sylvester Williams et d'autres ont fondé en 1897 une association africaine à Londres. Bénito Sylvain dirigeait à peu près à la même époque une Association de Jeunes Noirs à Paris (Martin 1984:206). Le Sierra Léonais, J. Eldred Taylor fonda en 1918, au lendemain de la première guerre mondiale, la Société des Peuples d'Origine africaine à Londres (Elkins 1972). En 1924 à Londres, Amy Ashwood Garvey, la première épouse divorcée du grand dirigeant panafricain Marcus Garvey, a aidé à fonder une union nigérienne du Progrès (NPU) (Solanke 1925).[11] Les membres étaient en grande partie des étudiants ouest africains. Le NPU s'est transformé en 1925 en la WASU, la célèbre Union des Etudiants de l'Afrique de l'Ouest, dirigée pendant des décennies par Ladipo Solanke du Nigéria basé à Londres. Les Africains de la diaspora hors du continent ont participé à la WASU.

L'apogée d'une grande partie de cette effervescence panafricaine de la fin du XIXe siècle et du début du XXe fut la conférence panafricaine qui s'est tenue en 1900 à Londres. Cette conférence a consacré le nom « Panafricain » à un mouvement qui avait jusque-là existé sans nom, pendant plus de cent ans. Elle a créé un précédent pour les nombreuses conférences panafricaines qui s'en suivraient au XXe siècle. Elle a consciencieusement réuni des hommes et des femmes de premier plan des Caraïbes, d'Amérique du Nord, d'Europe et de l'Afrique de l'Ouest. Elle a mis sur pied une association panafricaine permanente qu'elle espérait voir devenir un parlement provisoire de la race. Elle a créé un journal, *Le Panafricain* en espérant qu'il deviendrait l'organe du mouvement. Elle a mis un nouvel accent sur le Panafricanisme en tant qu'initiative militant partout pour le progrès africain. A cette fin, les délégués réunis ont lancé un appel à la Reine Victoria d'Angleterre pour sauvegarder les droits des Africains en Afrique du Sud à la fin de la guerre des Boers qui faisait rage lors de la réunion des délégués. La Conférence panafricaine s'était également employée à faire consacrer l'idée de l'indépendance politique en désignant les dirigeants des seules nations indépendantes du Panafricanisme – L'Ethiopie, le Liberia et Haïti – grands protecteurs de la race africaine.

La Conférence panafricaine avait été organisée par l'Association africaine nouvellement créée à Londres, dirigées par l'étudiant en droit Henry Sylvester Williams de Trindad. Malgré le nouvel accent mis sur le lobbying, les vieilles impulsions de rapatriement étaient restées très vivantes. Au moins deux des délégués des Caraïbes, tous les deux avocats, ont émigré par la suite au Ghana. Williams a émigré pour un certain temps en Afrique du Sud où il avait dû être le premier Africain à avoir eu accès aux études de droit.[12]

L'expression intellectuelle du Panafricanisme a également accompagné les mouvements de rapatriement, les conférences, les organisations et les autres manifestations des activités croissantes du Panafricanisme. En 1852, *La condition, l'élévation, l'émigration et le destin des peuples de couleur des États-Unis* de l'Afro-américain Martin Delany a favorisé l'émigration de la diaspora en Afrique comme moyen de contrecarrer l'Impérialisme européen.

L'Afro-américain Alexander Crummell, qui résida pendant vingt ans au Liberia, publia en 1861 *Africa and America; Addresses and Discourses*, l'essai *The Relations and Duties of Free Colored Men in America to Africa* (Les relations et les devoirs des hommes de couleur libres en Amérique avec et envers l'Afrique). Le Libérien naturalisé, Edward Wilmot Blyden a publié *la Chrétienté, l'Islam et la race nègre* (1887) et beaucoup d'autres œuvres. Le Sierra Léonais, J. Africanus Horton a publié *Les pays et les peuples de l'Afrique de l'Ouest en soutien à la Race africaine.* (1868). J.E. Casely Hayford du Ghana a publié en 1911 *Ethiopia unbound* (l'Ethiopie non défaite). L'érudit afro-américain W.E.B. Du Bois a publié en 1915 *The Negro*. L'Haïtien Anténor Firmin a publié en 1885 *On the Equality of Human Races*. Le Trinidadien J.J. Thomas a publié en 1888 *Froudacity* en réponse à un livre raciste de l'historien anglais, James Anthony Froude. Ces dernières et d'autres œuvres ont donné lieu à une vaste communauté d'idées panafricaines qui s'imbriquaient, étayant les contacts panafricains qui s'intensifiaient. Elles ont apporté une vision afrocentrique de l'histoire, en insistant sur le fait que l'Afrique jadis était grande, contrairement aux affirmations européennes. Elles ont vu la communauté mondiale africaine tout entière comme étant liée par la même lutte pour la liberté, la dignité et la régénération.[13]

Nulle part ailleurs, l'engagement africain continental dans cette phase de la lutte n'est démontré d'une façon plus captivante que dans la saga du Chef Alfred Sam du Ghana qui avait dirigé un mouvement de masse afro-américain spectaculaire quelques années avant Marcus Garvey.

Le Chef Sam gérait une affaire d'import-export aux États-Unis. Un grand nombre dAfro-américains l'ont suivi et ont fusionné avec lui, attirés par son sens des affaires, ses sentiments panafricanistes et sa naissance africaine. Il a acheté un vaisseau, le bon bateau *Liberia* et a transporté une cargaison de soixante Afro-américains au Ghana en passant par la Barbade et la Sierra Leone en 1915, quatre années avant la compagnie Black Star de Marcus Garvey. Les colons britanniques saisirent le navire de Sam en Sierra Leone, imposèrent des amendes injustes et forcèrent les rapatriés à se départir des fonds qu'ils avaient accumulés pour s'établir au Ghana. Beaucoup furent obligés de retourner aux États-Unis (Langley 1973).

En 1914, lorsque le Chef Sam était en train de négocier pour l'achat de son bateau, Marcus Mosiah Garvey était en train de lancer son Association universelle pour l'Amélioration des Nègres (UNIA) à Kingston en Jamaïque. L'UNIA représentait le couronnement de l'accomplissement de l'expression panafricaine non gouvernementale. Avec environ 1200 sections dans plus de quarante pays vers le milieu des années 1920, Garvey avait édifié une organisation panafricaine sans pareille. Garvey était très conscient des précurseurs du Panafricanisme qui l'avait précédé. Il avait des liens directs ou indirects avec l'évêque Henry McNeal Turner, Booker T. Washington et Edward Wilmot Blyden. Il avait travaillé, fait campagne et organisé des événements en Jamaïque, au Costa Rica, au Panama et ailleurs. Il avait voyagé à travers une bonne partie de l'Europe. Il avait travaillé à Londres dans les plus importants journaux panafricains et pan-orientaux de l'époque, l'*African Times* et *Orient Review*. Il s'est ensuite lancé dans la création de sa grande organisation après avoir réfléchi sur ses quatre années de travaux et de voyages dans plusieurs pays. Garvey s'est demandé, comme il l'a rappelé plus tard dans son livre devenu célèbre, *The Philosophy and Opinions of Marcus Garvey, or Africa for the Africans* (La philosophie et les opinions de Marcus Garvey, ou l'Afrique aux Africains). « Où est le gouvernement de l'Homme noir ? Où est son roi, et son royaume? Où est son président, sa marine, ses grands hommes d'affaires ? » « Je ne pouvais pas les trouver », déplora Garvey, « et puis j'ai déclaré : j'aiderai à les mettre sur pieds » (Garvey 1925:126). Garvey s'était rendu compte que la clé de la régénération panafricaine reposait sur la puissance organisatrice.

Garvey a voyagé en 1916 de Kingston à Harlem pour un circuit de collecte de fonds qui s'est soldé par un séjour de onze ans. En quelques courtes années, il a créé une organisation panafricaine avec des sections aux Amériques, en Afrique, en Europe et en Australie. Son journal le *Negro World* était la publication africaine la plus largement diffusée dans le monde. Sa Société des Fabriques nègres employait plus de mille personnes à New York. Sa compagnie maritime *Black Star Line* composée de bateaux à vapeur traversait les mers. Elle comptait faciliter le commerce et les voyages pour la diaspora africaine. Garvey exultait: « [Il nous faut] Des producteurs nègres, des distributeurs nègres, des consommateurs nègres ! » « Le monde des nègres peut être auto-suffisant. Nous souhaitons sincèrement traiter avec le reste du monde, mais si le reste du monde ne le désire pas, nous ne le chercherons pas non plus » (Martin 1986)

L'UNIA attirait des nationalistes africains du monde entier. Un jeune Nigérian, Nnamdi Azikiwe avait écrit un article pour le *Negro World*. Kobina Sekyi du Ghana avait publié un poème dans le journal. Les parents de Malcolm X avaient été respectivement président et secrétaire de leur section locale de l'UNIA. Jomo Kenyatta a déclaré qu'il se considérait garveyiste dans sa jeunesse. Le Congrès national sud-africain comprenait une forte composante garveyiste. Kwame Nkrumah a déclaré que parmi tous les livres qu'il avait lus, *La philosophie et les opinions* de Garvey était celui qui l'avait le plus influencé. La principale formation politique de Trinidad-et-Tobago, l'Association des Travailleurs de la Trinité, était dominée par des Garveyistes.

L'idéologie du nationalisme africain de Garvey était le dénominateur commun qui unifiait son organisation. Elle tournait autour de trois concepts simples, en l'espèce.

La race d'abord

Les Africains devraient sans s'excuser mettre en avant leur propre intérêt racial, que ce soit dans l'expression littéraire et culturelle, en écrivant l'histoire, dans la diffusion de leur propre propagande ou dans toute autre chose.

L'autosuffisance

Le peuple africain doit s'employer à « œuvrer pour lui-même », en particulier dans le commerce et l'industrie.

Le statut national

Bâtir le pouvoir politique est une nécessité. L'Afrique doit se libérer des exploiteurs étrangers et assumer son rôle légitime de creuset pour tout l'univers panafricain. La diaspora africaine devrait être reconnue comme faisant partie intégrante de la communauté africaine tel qu'exprimé dans le slogan de Garvey : « L'Afrique aux Africains, ceux du continent et ceux de l'étranger ».

Garvey était persécuté par les impérialistes et harcelé par les communistes. Il a été déporté en 1927 des États-Unis en Jamaïque et mourut à Londres en 1940.

Même au beau milieu de la domination de Garvey, d'autres mouvements virent le jour. L'érudit afro-américain W.E.B Du Bois a organisé des Congrès Panafricains en Europe en 1919, 1921 et 1923 et à New York en 1927. Ses congrès étaient de petits rassemblements d'intellectuels noirs et blancs. Du Bois avait assisté à la Conférence panafricaine de 1900 et avait pris comme modèle pour ses congrès la réunion d'Henry Sylvester Williams. En 1919 à Paris, il était secondé par Blaise Diagne, député sénégalais au Parlement français. Quelques sessions de son congrès de 1923 s'étaient tenues à Lisbonne où elles ont été accueillies par la *Liga Africana* du Portugal. Du Bois et Garvey entretenaient des relations très antagoniques. L'intégration interraciale de Du Bois s'opposait au nationalisme africain de la « race d'abord » de Garvey (Martin 1984:273-343).

Cette période des années 1920 a également été témoin de l'organisation de la conférence nationale de l'Afrique de l'Ouest britannique, une importante tentative avancée de collaboration régionale qui indiquerait la voie d'une éventuelle Union africaine.

Le Panafricanisme d'inspiration communiste était également important dans les années 1920 et 1930. George Padmore de Trinidad a dirigé le Bureau Nègre du *Profintern* de l'Internationale communiste (Internationale rouge des syndicats des travailleurs). Il a été rédacteur en chef de *Negro Worker*, le principal journal communiste panafricain, à Hambourg et ailleurs. Il a quitté l'Internationale communiste en 1934 et s'est installé à Londres où il devint une figure de proue du Panafricanisme des années 1930 aux années 1950 (Hooker 1967). C.L.R James de la Trinité a joué un rôle similaire de théoricien du Panafricanisme dans *Quatrième Internationale de moindre importance de Léon Trotsky* (James 1994).[14]

Les étudiants des métropoles ont continué à être les principaux acteurs. Kwame Nkrumah dirigeait l'Association des Etudiants africains aux États-Unis au début des années 1940. J. B. Danquah du Ghana, Sylvanus Olympio du Togo et Nkrumah étaient parmi les futurs dirigeants politiques qui occupèrent des postes de responsabilité à la WASU de Londres.

L'invasion fasciste italienne de l'Ethiopie en 1935 a suscité une réaction panafricaine qui a uni tous les éléments de l'activité panafricaine. Marcus Garvey, C.L.R James et George Padmore faisaient partie des nombreuses personnes qui condamnèrent l'Italie et qui essayèrent d'aider l'Ethiopie. Des foules d'Africains en Afrique, d'Afro-américains, de ressortissants des Caraïbes et d'Europe ont manifesté leur solidarité avec l'Ethiopie.[15]

Ces initiatives politiques panafricaines des années 1920 et 1930 avaient leurs équivalents dans les mouvements littéraires et culturels. La Renaissance de Harlem des années 20 a été grandement facilitée par les poètes et les artistes de l'UNIA de Garvey. Les œuvres de l'écrivain de Harlem, Langston Hughes eurent un grand impact sur tout le Panafricanisme. Le poète afro-américain Countee Cullen demanda, ce qui le rendit célèbre :

Qu'est-ce que l'Afrique représente pour moi	*What is Africa to me*
Un soleil cuivré ou une mer écarlate,	*Copper sun or scarlet sea,*
Une étoile de la jungle ou une piste de la jungle,	*Jungle star or jungle track*
Des hommes forts bronzés ou d'un noir royal	*Strong bronzed men, or regal black*
Des femmes dont je jaillis des reins	*Women from whose loins I sprang*
Quand les oiseaux d'Éden chantèrent-ils	*When the birds of Eden sang?*
Quelques trois siècles privé	*One three centuries removed*
Des scènes que ses pères aimaient	*From the scenes his fathers loved,*
Une tombe épicée, un cannelier,	*Spicy grave, cinnamon tree,*
Qu'est-ce que l'Afrique représente pour moi ?	*What is Africa to me?*

Le mouvement de la *Négritude* des années 1930 était dirigé par des poètes basés à Paris, Léopold Sédar Senghor du Sénégal, Léon Damas de la Guyane française et Aimé Césaire de la Martinique. Sur les pages de leur magazine imprimé à Paris, *L'Étudiant Noir,* ils exprimaient un amour pour la négritude qui s'opposait à l'Impérialisme culturel européen. Les Haïtiens Lorimer Denis et François Duvalier ont promu des idées similaires par le biais de leur mouvement *Griot.*

Le Panafricanisme francophone avait émergé en France depuis longtemps. Benito Sylvain avait collaboré avec Henry Sylvester Williams à la Conférence Panafricaine de Londres de 1900. Comme Williams l'avait fait pour le monde anglophone, Sylvain a créé un précédent qui a été suivi par les générations ultérieures des Panafricanistes basés à Paris. Sylvain fonda un journal, *La Fraternité,* en 1890 « pour défendre les intérêts de la race noire en Europe ». En 1898, il fonda l'Association des Jeunes Noirs à Paris. Il était membre du comité oriental et africain de la Société ethnographique de Paris et a représenté Haïti à des congrès à Paris et à Bruxelles. Il a également étroitement collaboré avec des Panafricanistes anglophones. Il rencontra Booker T. Washington en 1897 après son retour d'Haïti et son fameux voyage en Ethiopie pour rencontrer l'Empereur Menelik II. Il a également été l'un des premiers membres de l'association africaine de Williams basée en Angleterre. Ceci fut le corps qui organisa la conférence panafricaine de 1900 (Sylvain 1901).[16]

Le modèle du journal de Sylvain, l'organisation et la collaboration avec les co-penseurs anglophones ont été reproduits par ses successeurs. Certains, tels que les fondateurs de la *Négritude,* Léopold Senghor et Aimé Césaire partageaient également son intérêt pour l'ethnographie.

Les successeurs de Sylvain comprenaient le Martiniquais René Maran, gagnant du prestigieux prix Goncourt français de littérature en 1921. Sa nouvelle qui obtint le prix était *Batouala,* dont la scène se passe en République Centrafricaine et considérée par beaucoup comme anticolonialiste. Elle suscita un intérêt considérable parmi les militants littéraires de la génération de la Renaissance de Harlem. *Le Negro World* de Marcus Garvey, fidèle à son grand intérêt pour la littérature en a fait plusieurs critiques.[17]

Maran était associé avec le Panafricaniste Kojo Tovalou Houénou, né au Dahomey, dans la *Ligue Universelle pour la Défense de la Race Noire,* Fondée en 1924 à Paris. Ils publièrent le journal *Les Continents.* Tovalou Houénou assista à la convention de Garvey de 1924 à New York et suggéra une alliance formelle entre l'Association Universelle pour l'Amélioration des Nègres et sa Ligue Universelle. Le nom de l'organisation de Houénou était apparemment inspiré par l'UNIA.

Garvey était également étroitement associé au successeur de la Ligue Universelle, au Comité de Défense de la Race Nègre (CDRN), dirigé par le Sénégalais Lamine Senghor, le Malien Garan Kouyaté et d'autres Africains et Antillais basés à paris. En fait Garvey entra dans le CDRN (Martin 1986:116).

Le CDRN devint la *Ligue de Défense de la Race Nègre* (LDRN) en 1927. Lamine Senghor mourut plus tard cette année-là et la LDRN continua son étroite interaction avec les Panafricanistes anglophones pendant les années 30. Une telle interaction fut facilitée par son journal, *La Race Nègre.* Le Contact à Londres avec Marcus Garvey, George Padmore et l'Union des Étudiants de l'Afrique de l'Ouest (WASU) était maintenu.[18]

Une grande partie de la riche activité panafricaine du Paris des années 1930 était également centrée autour de la Martiniquaise Paulette Nardal. Elle présidait un salon littéraire et publia *la Revue du Monde Noir*, une revue bilingue (français et anglais) dont six numéros furent publiés de 1931 à 1932. René Maran, Claude McKay de la Jamaïque, Harlem et Marseille, Alain Locke de L'Université de Howard aux États-Unis et Langston Hughes, le plus influent des écrivains de la Renaissance de Harlem apportèrent leur contribution à ce journal. La liste comprenait le Haïtien Jean Price-Mars, probablement le panafricaniste francophone le plus influent de l'époque. Price-Mars était l'auteur de l'œuvre déterminante *Ainsi parla l'oncle* (1918), louant le patrimoine africain de Haïti. Son contexte panafricain unique comprenait des descendants d'immigrants Afro-américains à Haïti. Léopold Senghor était membre du cercle littéraire rassemblé autour de *La Revue du Monde Noir*. Le premier numéro comprenait une peinture d'Aaron Douglas, un des artiste le plus célèbre de la Renaissance de Harlem.

La Revue était entièrement bilingue avec pratiquement tous les écrits qui apparaissaient dans les deux langues, y compris sur la couverture. Elle comprenait des chefs d'œuvres poétiques de la Renaissance de Harlem tels que *Spring in New Hampshire* (Le printemps au New Hampshire) de Claude McKay et *I too* (moi aussi) de Langston Hughes :

Moi aussi, je chante l'Amérique.	I too, sing America
Je suis le frère noir	I am the darker brother,
On m'envoie manger à la cuisine	They send me to eat in the Kitchen
Quand il vient du monde,	When company comes,
Mais j'en ris,	But I laugh,
Et mange bien,	An' eat well,
Et deviens fort...	And grow strong...[19]

La Revue du Monde Noir surpassa sans doute toutes les publications en matière d'intégration harmonieuse des deux mondes panafricains francophone et anglophone. Le but qu'il poursuivait fut précisé dans les objectifs de la revue tels qu'énoncés dans le premier numéro :

Le triple objectif qui sera poursuivi par *La Revue du Monde Noir* sera : de créer parmi les Nègres du monde entier, sans tenir compte de la nationalité, un lien intellectuel et moral qui leur permettra de mieux se connaître, de s'entraimer, de défendre plus efficacement leurs intérêts collectifs et de glorifier leur race...

Ainsi, les deux cents millions de personnes qui constituent la race nègre, bien qu'éparpillées parmi les diverses nations, créeront au-delà de cela une grande Fraternité, le précurseur de la Démocratie universelle.

L'activité panafricaine intense du Paris des années 1930 comprenait le journal *Légitime Défense* publié en 1932 par le poète martiniquais Etienne Léro et d'autres. La WASU de Londres avait également son équivalent parisien : l'association des étudiants ouest-africains fondée en 1934 et présidée par Léopold Senghor. La revue de Senghor et de Césaire, *L'Etudiant Noir,* était de ce fait en mesure de lancer le mouvement de la *Négritude* en tant qu'héritier d'un riche patrimoine panafricain.

La tradition francophone fut poursuivie dans *Présence Africaine* d'Alioune Diop publiée à Paris à partir de 1947. Ce journal (également bilingue) rassembla des écrivains, des hommes politiques et des penseurs par-delà les barrières linguistiques. Contrairement à ses prédécesseurs qui n'eurent qu'une vie courte, *Présence Africaine* perdura pendant des décennies. Ses sponsors organisèrent l'important congrès des écrivains et des artistes africains à Paris et à Rome en 1956 et 1959 respectivement. La conférence de 1959 s'est tenue à la veille d'indépendances d'un grand nombre de nations africaines et des Caraïbes. Frantz Fanon, Eric Williams, Sékou Touré, Léopold Senghor, J. Price-Mars, Cheikh

Anta Diop, Jacques Rabemananjara de Madagascar, Aimé Césaire et St.-Clair Drake du monde afro-américain étaient parmi les exposants. Au fil des ans, ils furent rejoints, entre autres, par John Henrik Clarke, Eduardo Mondlane du Mozambique, Kofi Busia du Ghana, Nnamdi Azikiwe (qui écrivait sur l'avenir du Panafricanisme), George Padmore, Kwame Nkrumah, Julius Nyerere, DeGraft Johnson du Ghana, George Lamming et Carlos Moore de Cuba. Il est intéressant de constater que parmi les exposants de 1956 se trouvait le jeune avocat sénégalais Abdoulaye Wade, devenu plus tard président du Sénégal et l'un des parrains de la Conférence des Intellectuels qui est indéniablement l'héritière des conférences de 1956 et 59. L'avocat Wade remit en question la justesse du droit français dans un contexte africain où il se trouvait être culturellement inapproprié. Il aborda cette question dans le cadre du thème de la conférence qui était : Les perspectives de la culture nègre. Il avança l'argument selon lequel la culture ne pouvait pas s'épanouir en l'absence de liberté et la mauvaise application dans certaines circonstances du droit français tendait à réduire la liberté des personnes respectant la loi mais culturellement différentes. Il a noté le rôle militant positif du droit dans la lutte pour les Droits civils aux États-Unis et a souligné la responsabilité particulière que devait assumer l'avocat africain dans la correction de l'injustice du droit en Afrique. Car, dit-il, « si le rôle d'un avocat africain *ne le distingue en rien de son collègue européen* (sic) quelle est alors sa contribution réelle à l'Afrique ? »[20]

La revue a également publié un nombre constant de progressistes blancs au fil des années. Ceux qui apportaient une contribution et ceux qui participaient aux congrès étaient en mesure de discuter et de débattre, entre autres choses, de la Négritude, du Socialisme africain, du rôle de la culture et des conceptions afro-centristes de l'histoire. Dans les années 1950 et 1960, *Présence Africaine* ne fut jamais surpassée en tant que forum du dialogue panafricain entre académiciens, dirigeants politiques et écrivains créatifs.

Les Panafricanistes anglophones marquèrent une étape importante lors du cinquième Congrès panafricain de 1945 à Manchester en Angleterre. Là, George Padmore et Kwame Nkrumah réunirent des Panafricanistes plus âgés tels que W.E.B. Du Bois et Amy Ashwood Garvey (première épouse de Marcus Garvey) avec des militants plus jeunes d'Afrique et de sa diaspora (Padmore 1945). L'indépendance africaine était alors indéniablement devenue une question à l'ordre du jour et deux des conférenciers, Nkrumah et Jomo Kenyatta du Kenya mèneront finalement leurs pays à l'indépendance.

Ayant obtenu l'indépendance du Ghana en 1957, Nkrumah tenta d'utiliser son pays comme tremplin pour unifier politiquement l'Afrique rapidement. Son profil sans précédent convenait particulièrement à cette tâche. Il avait passé un grand nombre de ses années de formation absorbé dans le militantisme panafricain au sein de la diaspora. Aux États-Unis, il avait interagi avec diverses organisations telles que l'UNIA de Garvey et l'organisation progressiste Conseil pour les Affaires Africaines de Paul Robeson. Il avait été influencé par les Panafricanistes trotskystes,

C.L.R James, et il avait été le président de l'Union des Etudiants Africains. En Angleterre, dans les années 1940, il travailla en étroite collaboration avec George Padmore et en 1946, il contribua à la création d'un secrétariat national ouest-africain. En sa qualité de secrétaire de cet organe, il voyagea à Paris afin de rencontrer Léopold Senghor, Houphouët Boigny et d'autres. Senghor assista alors à une conférence organisée par Nkrumah et ses collègues panafricains à Londres (Nkrumah 1972a:55-57).

Au Ghana, après l'indépendance, Nkrumah engagea Padmore comme son conseiller pour les Affaires africaines, assura la formation militaire des combattants de libération venant de tout le continent et lança une série de conférences pana-fricaines. C'étaient les conférences des États africains indépendants et les conférences de tous les peuples africains. Après avoir été démis de ses fonctions par un coup d'État, Nkrumah proposa un gouvernement et une armée révolutionnaire de tous les peuples africains (Nkrumah 1972b).

Nkrumah semblait avancer plus rapidement que certains de ses pairs dirigeants politiques et lorsque les pays indépendants fondèrent en 1963 l'Organisation de l'Unité africaine, ce fut à la suite d'un compromis entre ceux qui avaient épousé la cause de la voie rapide vers une union politique et ceux qui souhaitaient procéder à l'union plus lentement.

L'OUA néanmoins, représenta un tournant décisif en tant que réalisation. Un conglomérat d'États africains indépendants pouvait alors remplir ses fonctions en tant qu'entité continentale consciente d'elle-même. Une coopération panafricaine subsidiaire dans les domaines du sport, de la culture et dans d'autres domaines s'ensuivit inéluctablement. Les États membres furent aptes à ignorer les différends dans la lutte commune pour libérer l'Afrique australe de la domination raciale.

Au Ghana, pendant ce temps, Nkrumah donnait une impulsion au Panafricanisme démodé de la diaspora. Beaucoup d'Afrodescendants, dont le vénérable W.E.B. Du Bois émigrèrent au Ghana. Nkrumah rendit hommage aux précurseurs du Panafricanisme en nommant la marine marchande du Ghana : « The Black Star Line », l'imposante place « Black Star » d'Accra et le drapeau ghanéen lui-même, avec son étoile noire, tous consciencieusement s'approprièrent le symbolisme du mouvement de Garvey. La première épouse de Garvey, Amy Ashwood Garvey, s'installa au Ghana peu après l'indépendance et y séjourna par intermittence par la suite. La seconde épouse et veuve de Garvey, Amy Jacques Garvey, fut une invitée officielle, toute heureuse et fière aux festivités de l'indépendance du Nigéria.

Dans la diaspora, entre temps, les mouvements des années 1950 aux années 1960, des Droits Civils et du « Black Power » des États-Unis mirent une fois encore le sentiment panafricain au premier plan. Le Panafricanisme culturel proliféra sous la forme de noms africains, d'habillements africains, d'études de l'histoire africaine, etc. L'apparition de départements de *Black Studies* dans les universités américaines facilita la résurgence de l'approche afrocentriste du savoir.[21] La traduction des travaux de l'érudit sénégalais Cheikh Anta Diop et sa popularité immédiate dans le milieu afro-américain assura une dimension panafricaine sans précédent au mouvement afrocentriste. Diop avait apporté une contribution régulière à *Présence Africaine*, dont la maison d'édition avait également publié ses livres. Son œuvre fut traduite par les bons offices de l'équivalent américain de *Présence Africaine* : « l'American Society of African Culture » (Société américaine de la culture africaine).

Les mouvements des Droits Civils et du « Black Power » de la diaspora étaient mitoyens de la lutte pour l'indépendance en Afrique et de nombreuses synergies se développèrent entre les deux. Les dirigeants africains tels que Nkrumah, Danquah, Kenyatta, Olympio, Senghor et Azikiwe étaient des vétérans de la lutte panafricaine dans la diaspora. Certains de leurs collègues de la diaspora, tels qu'Eric Williams de Trinidad et Forbes Burnham de la Guyane s'apprêtaient à prendre le pouvoir dans leurs propres pays. Les militants vétérans de la diaspora, tels que George Padmore et C.L.R James, s'acheminaient vers des postes où ils pourraient exercer une influence politique – Padmore en tant que conseiller de Kwame Nkrumah pour les Affaires africaines et James en tant que rédacteur en chef de la *Nation,* organe du mouvement national du peuple d'Eric Williams.

Plusieurs dirigeants du mouvement de libération en Afrique devinrent, en grande partie grâce à leurs écrits, des icônes de la communauté militante de la diaspora. Ceux-ci comprenaient Frantz Fanon de la Martinique, la France et la Révolution algérienne, Amílcar Cabral de la Guinée-Bissau, Sékou Touré, Kwame Nkrumah, Nelson Mandela d'Afrique du Sud, Julius Nyerere de la Tanzanie, Robert Mugabe du Zimbabwe et d'autres. Les Afro-américains ont manifesté devant les Nations Unies pour Patrice Lumumba du Congo. L'Empereur Hailé Sélassié d'Ethiopie, pays d'accueil du siège de l'OUA, se trouva dans une position sans précédent puisque la communauté rastafarienne de Jamaïque et d'ailleurs le déifièrent. Fidel Castro de Cuba put assister à la participation de ses soldats dans la défaite des envahisseurs racistes sud-africains en Angola comme événement panafricain sans précédent. Beaucoup d'Afro-cubains sont originaires de cette partie de l'Afrique.

L'OUA eut une occasion importante d'approuver cette nouvelle vague de coopération panafricaine lors de son deuxième Sommet de 1964 au Caire. Elle y accueillit le grand dirigeant révolutionnaire afro-américain, Malcolm X. Malcolm fut reconnu comme un représentant de la nation américaine et il lui fut accordé un statut analogue à celui des dirigeants des mouvements de libération des pays qui n'étaient pas encore libérés. Malcolm X rappela à l'OUA les millions d'Afro-descendants qui avaient alors besoin du soutien de l'Afrique aux Nations Unies et ailleurs. Il rentra chez lui, inspiré par l'OUA, pour continuer à renforcer sa nouvelle Organisation de l'unité afro-américaine (O.A.A.U).

Les luttes en Afrique et au sein de la diaspora se recoupaient alors en plusieurs points. Stokely Carmichael qui avait introduit le slogan « Black Power » en 1966, au Mississippi aux États-Unis, changea symboliquement son nom en Kwame Touré, d'après Kwame Nkrumah et Sékou Touré. Le mouvement du Black Power s'était lui-même propagé au début des années 1970 vers le Canada, la Grande-Bretagne, les Caraïbes et ailleurs. Son influence se ressentait auprès des Aborigènes qui luttaient pour les droits humains en Australie. En 1970, un Congrès des peuples africains inspiré par le Black Power à Atlanta aux États-Unis attira des participants d'Australie, du Pacifique et de beaucoup d'autres endroits.

Lorsque la dépouille de Marcus Garvey avait été ramenée en 1964 de Londres chez lui en Jamaïque, de nombreux dirigeants africains et des Caraïbes qui assistaient fortuitement à une conférence du Commonwealth sur place purent assister à la cérémonie funèbre. Deux années plus tard, l'Empereur Hailé Sélassié visita la Jamaïque dans une liesse spectaculaire portée par la communauté rastafarienne.

Cet intense échange panafricain au niveau politique avait son équivalent au niveau culturel. L'icône du divertissement de l'île de Trinidad, Lord Kitchener, reçut une commande pour composer un calypso lors de l'indépendance du Ghana. Bob Marley et d'autres popularisèrent par la suite la musique reggae en Afrique et partout dans la diaspora. Les Rastafariens ramenèrent leur religion et leur culture en particulier les « dreadlocks » (la coiffure rasta) vers le continent qui en était la source d'inspiration au départ. Le vaudou haïtien, dont les racines se trouvent en Afrique de l'Ouest, retourna à ses racines sous sa forme haïtienne. Les troupes de ballets guinéen et sénégalais qui firent une tournée de la diaspora injectèrent une nouvelle vague d'authenticité dans les techniques, l'équipement, les costumes et la chorégraphie des batteurs et des danseurs. La musique afro-cubaine, dont les racines se trouvent au Congo, eut, sous sa nouvelle forme, l'effet de la foudre sur le Congo.

C'était dans ce contexte d'expériences enthousiasmantes que des organisations non gouvernementales convoquèrent un sixième congrès panafricain en 1975 à Dar-es-Salaam. Cette fois-ci, le mouvement enregistra quelques revers mineurs en luttant pour réconcilier le Panafricanisme non gouvernemental de la diaspora qui était basé sur la race avec les sensibilités de quelques gouvernements indépendants qui cherchaient à redéfinir le Panafricanisme comme une manifestation multiraciale basée sur le continent. Une autre tentative lors d'une conférence panafricaine classique eut lieu dans les années 1970 en Ouganda.

A l'approche du XXIe siècle, deux nouvelles tendances offrirent au mouvement panafricain des occasions historiques. L'Union Africaine remplaça l'OUA, s'accompagnant d'une promesse de plus étroite coopération intergouvernementale et d'une bonne disposition pour incorporer la diaspora. Au même moment, la conférence mondiale de 2001 contre le racisme qui s'était tenue à Durban en Afrique du Sud, stimulait les Panafricanistes non gouvernementaux de la diaspora. Une conférence de suivi s'était tenue à la Barbade. Cette nouvelle série d'enthousiasme panafricain donna lieu à un Congrès africain mondial non gouvernemental (et à un Comité d'organisation panafricain schismatique).

La vision essentielle et sa validité d'application au XXIe siècle

De cette riche histoire de cinq siècles et demi, il est possible de distiller au moins six idées prépondérantes qui ont constitué le fondement du militantisme panafricain de nos ancêtres. Toutes ces idées peuvent être appliquées, et affinées quand cela est nécessaire, aux besoins du nouveau siècle. Elles pourraient être énoncées de la façon suivante :

Une communauté africaine mondiale

« L'Afrique aux Africains, ceux du continent et ceux de l'étranger », dit Marcus Garvey dans son célèbre slogan. Les diables de l'esclavage placèrent les descendants de l'Afrique en des lieux stratégiques à travers le monde. Le sens de l'appartenance à une communauté mondiale liée par l'histoire et les sentiments peut fournir la base de nombreux avantages mutuels. Les premiers rapatriés en Afrique aspiraient à un lieu où ils pouvaient acquérir et faire progresser leurs « droits d'hommes », tel que l'a énoncé l'évêque afro-américain Henry McNeal Turner dans sa tournure de phrase : « libre des fers du racisme ». Garvey souhaitait attirer ceux qui avaient l'esprit pionnier et la volonté de se sacrifier, du moins pour ceux qui appartenaient à la première génération.

L'indication de l'Union africaine d'une bonne disposition pour englober la diaspora (y compris ses aspects non gouvernementaux) et l'enthousiasme avec lequel elle a été accueillie dans la diaspora, donne à entendre que cette notion pourrait bientôt être étayée par la création de structures concrètes. Le fait de trouver un rôle formel aux groupes non gouvernementaux peut s'avérer décisif, vu que ces groupes ont traditionnellement été les propulseurs les plus enthousiastes du Panafricanisme. Un gouvernement au moins, celui de la Barbade, a officiellement incorporé ses propres éléments non gouvernementaux dans des structures appuyées par le gouvernement, le secrétariat panafricain. Que ce soit au sein d'une structure gouvernementale ou en marge de celle-ci, les plus efficaces des groupes non gouvernementaux (par exemple : Le comité de soutien à l'Emancipation de Trinidad-et-Tobago) peuvent, même sans essayer consciemment de le faire, fonctionner comme des groupes de pression panafricains influents ayant un impact sur les politiques étrangères et intérieures de leurs propres gouvernements.

La Convention internationale des peuples nègres du monde de 1920 de Marcus Garvey avait demandé que les descendants africains désirant voyager en Afrique puissent avoir un accès facile au continent. Peut-être qu'un moyen de faciliter la satisfaction de ce souhait doit être trouvé tout en sauvegardant la sécurité de chacune des nations.

Même en l'absence de rapatriement, la présence d'une diaspora se trouvant en des lieux stratégiques et correctement formée peut être d'un immense intérêt. Elle peut faciliter les échanges commerciaux de même qu'elle peut assurer un soutien politique en cas de nécessité. Certaines de ces actions ont déjà eu lieu au fil des ans, plus ou moins spontanément. Au XXe siècle, ces mouvements spontanés peuvent être circonscrits, encouragés et orientés afin d'en obtenir un maximum d'avantages. Le défi et l'opportunité exposés ici ne sont pas propres au mouvement panafricain seulement. Les diasporas chinoise, indienne, européenne, libanaise, juive ont, à des degrés divers, essayé de tirer parti de leur dispersion. L'Inde a récemment pris des mesures incitatives, parmi lesquelles l'octroi de la citoyenneté, en faveur de sa diaspora comme moyen de mobiliser leurs ressources économiques à l'avantage de l'Inde.

Au cours des dernières années, le tourisme afro-américain dans des pays tels que l'Egypte et le Ghana dans le cadre d'activités panafricaines peut donner un aperçu rapide d'un des aspects du potentiel qui existe en termes d'avantages économiques.

L'Afrique comme base

Selon Garvey, si la diaspora aidait à sauver l'Afrique de la domination étrangère, la diaspora bénéficierait elle-même de la nouvelle force de l'Afrique. « Un homme fort est fort partout » disait Garvey. Si l'Afrique devient forte, alors les descendants de l'Afrique (et par extension la « nouvelle » diaspora de récents émigrants volontaires) bénéficieront également du nouveau prestige qu'une Afrique forte inspirera. Malcolm X a fait remarquer que lorsque la Chine est devenue puissante, les Chinois des États-Unis qui étaient la risée de tous devinrent une « minorité modèle ». L'expression « chinaman's luck » (la chance d'un Chinois) qui signifie malchanceux disparut du lexique américain. « Maintenant, les Chinois ont toutes les chances », ajouta Malcolm en plaisantant.

Les États-Unis d'Afrique

Un continent politiquement uni a depuis longtemps été le rêve des Panafricanistes. Les conférences d'Henry Sylvester Williams, de W.E.B Du Bois, de George Padmore et de Kwame Nkrumah étaient des proto-parlements de l'État souhaité pour l'avenir. Marcus Garvey a expressément appelé son Association universelle pour l'Amélioration des Nègres un gouvernement provisoire en attendant l'indépendance de l'Afrique. Ses conventions de grande envergure, avec des délégués venant des quatre coins du monde, étaient des parlements provisoires.

L'Union africaine a actuellement inauguré le XXIe siècle en ouvrant la voie à une véritable structure continentale et à un véritable parlement. Et la vision du poème de Garvey « Salut ! États-Unis d'Afrique ! » écrit en 1927 nous montre toujours la voie :

Hail! United States of Africa – free!	Salut ! États-Unis d'Afrique ; Libres !
Hail! Motherland most bright, divinely fair!	Salut ! Terre-Mère Lumineuse !
	Généreuse comme les cieux !
State in perfect sisterhood united,	Terre de fraternité purifiée
Born of truth; mighty thou shalt ever be…	Fille de la Vérité, la grandeur est ton destin...
The Nigerias are all united now,	Le Nigeria est désormais unifié
Sierra Leone and the Gold Coast, too.	La Sierra Léone et la Gold Coast, unifiées.
Gambia, Senegal, not divided,	Le Sénégal et la Gambie, unifiés.
But in one union happily bow.	Ils tirent leurs révérences solennelles.
Hail! United States of Africa - free!	Salut ! États-Unis d'Afrique ; Libres !
Country of the brave black man's liberty;	Terres de liberté de l'Homme Noir
State of greater nationhood thou hast won,	Élevées au statut de Grandes Nations
A new life for the race is just begun[22].	La Race d'abord

Avant l'avènement de l'indépendance des années 1960, le Panafricanisme évoquait presque toujours la réunification d'une race éparpillée. Garvey parlait pour la situation qui prévalait quand il généralisa le slogan « la race d'abord ». Il ne voyait pas la nécessité de présenter des excuses à qui que ce soit pour avoir fait passer en premier ses propres intérêts, ce que les autres groupes faisaient sans se faire prier.

« Nous devons être la source d'inspiration d'une littérature et promulguer une doctrine qui nous soit propre sans avoir à nous excuser auprès de quelque pouvoir que ce soit », Garvey a dit dans son essai sur le Fondamentalisme africain : « Le droit est à nous et à Dieu. Laissez les sentiments et les opinions contraires être emportés par le vent ».

Les pionniers du Panafricanisme, y compris Garvey et Nkrumah, associèrent la notion d'un mouvement mondial ayant la race pour fondement avec des États-Unis d'Afrique à l'échelle du continent, mais ils n'ont pas abordé la question des autres races vivant au sein d'un continent africain unifié. *La Race Nègre* a cependant abordé partiellement cette question en 1935. Elle a suggéré un État africain mondial qui se limiterait à « l'Afrique noire » sur le continent, mais incluant les Caraïbes, et au sein duquel les minorités seraient bien traitées.

Nous voulons un État Nègre unique englobant toute l'Afrique noire et les Antilles, et au sein de cet État, nous ferons de la question des races ce qu'elle était avant : un élément de diversité, d'agréments et de compétition joyeuse et non un prétexte à des antipathies bilieuses…

Un continent multiracial politiquement unifié est un objectif incontournable du XXIe siècle et un objectif que Nnamdi Azikiwe avait approuvé. Dans un discours de 1961 qui a été publié à nouveau dans *Présence Africaine*, Azikiwe demandait, « qu'est-ce que nous entendons au juste par Panafricanisme ? » Il répondit : « J'aimerais parler de tous les peuples d'Afrique en termes généraux pour inclure toutes les races qui habitent sur ce continent et en englobant tous les groupes linguistiques et culturels qui y sont domiciliés ». Il poursuivit : « Il est vrai que les racines du Panafricanisme sont, dans une grande mesure, raciales, mais l'évolution de l'idée elle-même a pris différentes formes pendant les quatre derniers siècles » (Azikiwe 1962:10-11)

Mais l'entité multiraciale et politique d'envergure continentale d'Azikiwe n'est pas nécessairement incompatible avec un réseau panafricain mondial fondé sur la race. Le Panarabisme qui coexiste avec le Panafricanisme continental en Afrique du Nord et le congrès mondial juif qui renforce l'État d'Israël sont des exemples probants de la combinaison de structures « raciales » et non raciales subvenant simultanément aux différents besoins aux seins d'une même collectivité.

Les économies d'échelle

La vision de Garvey d'un vaste réseau commercial panafricain a déjà été citée. La réalité d'une Union Africaine nous rapproche de ce rêve. Les gouvernements du Nigéria et de Trinidad-et-Tobago ont récemment annoncé un accord de principe pour une liaison commerciale aérienne directe. Il est souhaitable que cette mesure soit mise à profit. Une Black Star Line renaissante à laquelle s'ajouteraient d'autres amples moyens de transport modernes est indispensable au projet panafricain.

L'impact politique panafricain

Un Panafricanisme unifié et puissant peut avoir sur le monde un impact de loin supérieur à l´impact regroupé de ses unités séparées. Les pionniers ont toujours été conscients de l'importance de l'intervention sur l'échiquier politique mondial. La conférence de 1900 a fait pression sur la Reine Victoria au nom de l'Afrique du Sud. W.E.B. Du Bois, Marcus Garvey et d'autres également ont fait pression sur la conférence de Paix de Paris à la fin de la Première Guerre mondiale. Marcus Garvey et l'UNIA ont plusieurs fois fait pression sur la Ligue des Nations. Entre autres choses, ils voulaient que les ex-colonies allemandes soient restituées à des gouvernements africains. La conférence de Bandung de 1955 en Indonésie a essayé de mobiliser les puissances afro-asiatiques naissantes aux Nations Unies et ailleurs.

Une fois de plus, une Union africaine fructueuse rapprochera cet objectif de sa réalisation. Henry Sylvester Williams et ses collègues avaient prédit en 1900 lors de leur Communication « aux Nations du Monde » que « le problème du vingtième siècle était le problème de la ségrégation par la couleur, la question de savoir jusqu'à quel point les différences raciales constitueront encore le fondement pour refuser à plus de la moitié de l'humanité le droit de partager au maximum de leur capacité les opportunités et les privilèges de la civilisation moderne. »[23]

Au XXIe siècle, l'Africain ne doit plus encore être le problème de quiconque. Le moment est venu, la conscience s'est développée et les ressources sont disponibles pour rétablir l'Afrique et ses descendants en position de force et d'égalité avec le reste du genre humain. Marcus Garvey, prophète à jamais, énonça en 1929 ce qui devait devenir le slogan de l'entreprise panafricaine du XXIe siècle :

> … Nous sommes décidés à résoudre notre propre problème, en sauvant notre Mère-Patrie, l'Afrique, des mains des exploiteurs étrangers et en y créant un gouvernement, une nation qui nous soient propres, suffisamment forts afin d'assurer la protection des membres de notre race éparpillés à travers le monde et pour imposer le respect aux nations et aux races de la terre.

Notes

1. Ceci est documenté d'une façon probante dans Williams E., 1944, *Capitalism and Slavery*, Richmond, Virginia. University of North Carolina Press. (Traduit par Présence africaine – NdE).
2. Sur ces idées pseudo-scientifiques voir, entre beaucoup d'autres, Eric Williams, *British historians and the West Indies* (Port of Spain: NMP., ca 1964). Pour une articulation sans ambiguïté de ces idées par un père fondateur des États-Unis, voir Thomas Jefferson, *Notes on the state of Virginia*, (New-York: Norton, 1972, première édition ca 1781). Sur l'origine talmudique du mythe chamitique, voir Brackman H. D., 1977, *The Ebb-and Flow of Conflit: A history of Black jewish relations through 1900* (Ph.D, UCLA).
3. Pour une brève biographie de Nzingha, voir Kaké I.B., 1975, Anne Zingha (Dakar: NEA).
4. Voir Eric Williams, *Documents of West Indian History* (Port Spain : Compagnie d'édition PNM, ca 1964).
5. *David Walker's Appeal,* (Baltimore: Black Classic Press, 1993, première edition 1829).
6. Voir, par exemple Maureen Warner Lewis, *Guinea's Other Suns: The African Dynamic in Trinidad Culture* (Dover, MA: The Majority Press, 1991); S. Allen Counter ET David L. Evans, *I Sought My Brother* (Cambridge, MA: MIT Press, 1981).
7. L'étude du *Créole* de Paloma Mohamed sera prochainement disponible dans Tony Martin, Ed., *Afro-Caribean Progress in the19th Century* (Dover: The Majority Press, prochainement). Joy Lumsden, Joseph Robert Love, *les Afro-Américains dans la vie et l'Histoire de New-York*, VII, 1. L'amour était le sujet de la thèse de doctorat de Joy Lumsden soutenue à l'Université des Antilles, Mona- *Robert Love and Jamaican Politics*. Rupert lewis, Robert Love, *Jamaica Journal*, XI, 1 et 2, août 1977.
8. Voir, par exemple, George Shepperson et Thomas Price, *Independent African* (Edimbourg: Press universitaire, 1958) et Kenneth J. King, *African Students in Negro American Colleges: Notes on the Good African*, Phylon, XXXI, 1, printemps 1970.
9. A Barrow, *Fifty years in Western Africa* : qui est un compte rendu de l'Eglise « West Indian» sur les rives du Rio Pongo (Londres: 1900) ; Tony Martin, « Some Reflections on Evangelical Panafricanism », dans Martin, Panafrican Connection, op. cit.
10. Voir Roger N. Buckley, *Slaves in Red coats: The British West India Regiments, 1795-1815* (New Haven: Yale University Press, 1979) ; Alfred B. Ellis, *The History of the first West India Regiment* (Londres: Chapman and Hall, 1885).

11. Ceci est analysé en détail dans mon prochain livre, *Amy Ashwood Garvey*: Feminist, *Panafricanist, and wife* n°1 (Dov Ser, MA ; The Majority Press paru en 2005)
12. Voir Owen Mathurin, *Henry Sylvestor Williams and the Origins of the Panafrican Movement* (Westpart, CT; Greenwood Press 1976); James R. Hooker, Henry Sylvester Williams : *Imperial Panafricanist* (Londres: Rex Collings, 1975).
13. L'anthologie de parties de plusieurs de ces livres et d'autres traitant de thèmes analogues a été faite dans J. Ayo Langley,*Ideologies of Liberation in Black Africa*, 1856-1970 (Londres: Rex Collings, 1979).
14. Voir les travaux et l'introduction de cette édition de James-Tony Martin, C.L.R. James, *Race and Panafrican Revolt*.
15. Voir, par exemple, William R. Scott, *the Sons of Sheba's Race: African-Americans and the Italo-Ethiopian war*, 1935-1941 (Bloomington, Indiana University press, 1993); Joseph E. Harris, *African-American Reactions to war in Ethiopia*, 1936-1941 (Bâton Rouge : Louisiana State University press 1994).
16. Cette nouvelle est en partie traduite en anglais dans le *Panafrican Connection* de Martin, op. cit.
17. Ces critiques sont reproduites dans la compilation de Tony Martin: *African Fundamentalism: Une Anthologie littéraire et culturelle de la Renaissance* de Harlem de Garvay (Dover, MA: The Majority press, 1991).
18. Ceci et certaines des autres documentations sur le Panafricanisme francophone.
19. *La revue du monde noir*, n° 3 (la date précise n'est pas donnée sur la copie republiée), p 166.
20. A. Wade, *L'Afrique devrait-elle élaborer son propre droit positif ?* Présence Africaine, n° 8-9-10, juin-novembre 1956, pages 307-323. La citation se trouve à la p 322.
21. Molefi Asante était une figure de proue de la résurgence du mouvement afro-centriste. Voir son *Afrocentricity* (Trenton, NJ: Africa World Press, 1988).
22. Tony Martin, Ed., *The Poetical Works of Marcus Garvey* (Dover, MA: The Majority Press, 1983), pp. 23-24.
23. Martin, *the Panafrican connection*, p. 208.

Bibliographie

Azikiwe, Nnamdi, 1962, *L'Avenir du Panafricanisme* Présence Africaine, édition anglaise, Vol 12 n° 40, premier trimestre.

Bénito, Sylvain, 1901, *Du Sort des indigènes dans les colonies d'exploitation,* Paris: L Boyer.

Boadi-Saw, S.Y, 1993, «Brazilian Returnees of West Africa» In Joseph E Harris, Ed, *Global Dimension of the African Diaspora* Washington, DC: Howard University Press.

Campbell, Carl, 1974, « Mohammedu Sisei de Gambie et de la Trinité, ca 1788-1838 », *Association des Etudes africaine du Bulletin des Antilles,* n° 7, décembre.

Cox, Edward L., 1974, Rekindling the Ancestral Memory: le Roi Jaja d'Opobo à St.-Vincent et à la Barbade, 1888-189, Elsa Govera, Cours magistral à l'université des Antilles à la Barbade, 8 octobre 1966, Sylvanus Cookey, le Roi Jaja du Delta du Niger (New York: Nok).

Elkins, W.F., 1972, «Hercules, and the Society of Peoples of African Origin», *Etudes des Caraïbes*, XI, 4, janvier.

Garvey, Amy Jacques, Ed, 1986, *The Philosophy and opinions of Marcus Garvey, or Africa for the Africans,* Dover, MA: The Majority Press, première édition, en deux volumes en 1923 addenda 1925.

Hooker, James R., 1967, Black Revolutionary *path, from communism to Panafricanism de George Padmore,* Londres: Pall Mall.

James, C.L.R., 1994, *A History of Negro Revolt* (Chicago: Research Associates School Times publications, première édition 1938.

Nkrumah, Kwame, 1972a, *L'Autobiographie de Kwame Nkrumah*, New York: International publishers, (première edition 1957).

Nkrumah, Kwame, 1972b, *A Handbook of revolutionary warfare*, New-York: International publishers (première édition. Ca 1968).

Langley, J. Ayo, 1973, *Panafricanism and Nationalism in West Africa,* Oxford: The Clarendon Press.

Lynch, Hollis R., 1971, «Pan-Negro Nationalism in the New-World before 1862» In Okon E. Uya, Ed, *Black Brotherhood : Afro-Americans and Africa* Lexington, MA: D.C. Heathand Co..

Martin, Tony, Ed, 1983, *Les oeuvres poétiques de Marcus Garvey*, Dover, MA: the Majority press. Martin, Tony, 1984, *The Panafrican Connection* (Dover, MA: The Majority Press, première édition 1983).

Martin, Tony, 1986, *Race First: the Ideological and organizational struggles of Marcus Garvey and the Universal Negro Improvement Association* (Dover, MA: The Majority press, première édition 1976), p35, en citant Balckman (Jamaïque), 10 avril 1929.

Padmore, George, 1945, Ed, *History of the Panafrican Congress*, London: Hammersmith Bookshop, ca.

Page, Carol, 1982, *Colonial Reaction to AME Missionnaries in South Africa, 1898-1910*, dans Sylvia M. Jacobs, Ed., Les Noirs Américains et le Mouvement missionnaire en Afrique, Westport, CT: Greenwood Press.

Rodney W., 1970, *History of the Upper Guinea Coast: 1545-1800*, Monthly Review Press. Scobie, Edward, 1972, *Black Britannia,* Chicago: Johnson Pub. Co.

Solanke, Ladipo, 1925, *The Why of Nigerian Progress Union*, *Le porte-parole*, I, 5-6, avril-mai.

8

La Résistance panafricaine : de l'activisme anti-esclavagiste au Mouvement Anti-Apartheid

Francis Njubi Nesbitt

Ce papier propose une discussion des multiples définitions du Panafricanisme ayant cours dans les diasporas et propose un cadre conceptuel permettant de comprendre ces perspectives qui se chevauchent. Après le mouvement anti-apartheid, le militantisme panafricain à l'étranger s'est fragmenté. Les activistes réintégrèrent leurs organisations d'origine pour s'y concentrer sur les intérêts étroits de leurs bases. Des organisations telles que le Comité Américain sur l'Afrique (American Committee on Africa – ACOA) et le Bureau de Washington sur l'Afrique (Washington Office on Africa) fusionnèrent pour devenir l'Action Afrique (Africa Action). TransAfrica s'est concentrée sur la préservation de son héritage et a étendu ses activités pour inclure d'autres diasporas africaines, dans la Caraïbe et en Amérique du Sud. Le Panafricanisme est revenu à la solidarité d'avant les années 1980, focalisant sur des problèmes ciblés, au gré des perspectives idéologiques de l'organisation et de sa direction. Les organisations religieuses qui avaient soutenu l'ACOA ont maintenu leur travail de solidarité en direction de l'Afrique, à travers leurs efforts pour arrêter le génocide au Darfour. Action Afrique (Africa Action) se concentre sur la crise de la dette, le commerce équitable et des questions spécifiques telles que le Zimbabwe et le Darfour. Les organisations nationalistes noires continuent à se concentrer sur la campagne pour les réparations. Je soutiens qu'il est nécessaire de déconstruire le Panafricanisme afin de mettre en lumière les différences idéologiques qui sous-tendent le soutien donné à des politiques spécifiques. Un premier pas pour comprendre la fragmentation du Panafricanisme est la reconnaissance du fait que le mouvement n'est pas homogène. Malgré leur accord sur l'objectif final d'une unité africaine, les panafricanistes se clivent suivant des lignes idéologiques : certains sont de gauche tandis que d'autres sont nationalistes ou libéraux. Cet article discute de cette configuration dans le contexte des récentes campagnes de solidarité panafricaine telles que le Mouvement Anti-Apartheid (MAA), la lutte pour les réparations ou le génocide au Darfour.

L'« option de la diaspora », autrefois ridiculisée comme la rengaine marginale d'utopiques rêves de retour, resurgit sur l'agenda de l'Afrique continentale et de la communauté des donateurs internationaux. Les gouvernements ont cerné le lien entre la migration internationale et le développement et s'empressent à offrir la double nationalité à leurs émigrants. L'Union Africaine planche sur une double nationalité africaine pour les Afrodescendants d'Europe et des Amériques. La Banque Mondiale elle-même a pris le train en marche, en soutenant que les migrants peuvent aider à réduire la pauvreté à travers l'envoi de fonds, le transfert de technologie et la philanthropie (World Bank 2004 ; Adams 2003 ; Kaipur 2001).

Ceci dit, les bénéfices de la double nationalité concernent rarement la majorité des migrants africains, qui n'osent guère espérer l'accès à la citoyenneté classique, à plus forte raison à la double nationalité. Les migrants à faible revenu et au statut inférieur ne possèdent pas les papiers qui leur ouvriraient accès aux droits et aux privilèges réservés aux citoyens. Ce sont des immigrants illégaux, des sans-papiers. Leur situation échappe donc aux théories de la citoyenneté transnationale et postcoloniale. Il n'empêche qu'ils sont nombreux à envoyer de manière continue des millions de dollars, à faire construire des maisons et à endosser les frais de scolarité de leurs proches restés au pays d'origine. Cette catégorie de migrants est aussi plus susceptible de revenir vivre en Afrique que le migrant privilégié, ayant ses papiers en règle. Il existe, par conséquent, deux forces contradictoires, menant à une tension dialectique, à un paradoxe, en ce qui concerne l'identité diasporique. Il y a, d'une part, des gouvernements et des organisations d'aide internationale qui s'approprient le discours selon lequel de la diaspora et de la migration transnationale en tant que stratégies de « réduction de la pauvreté ». Cette perspective « par le haut » sur la double-citoyenneté et sur la diaspora représente une tentative de maintien du statu-quo à travers l'appropriation apparente d'un langage progressiste. Les avantages de la double citoyenneté tels les envois de fonds, le transfert de la technologie et l'investissement économique peuvent être attelés pour renforcer les institutions étatiques et internationales. Certains États exploitent impitoyablement les migrants originaires de leurs pays. Le Bangladesh, le Sri Lanka et l'Inde, par exemple, envoient des milliers de fillettes travailler comme domestiques au Moyen-Orient. Nombre de ces femmes travaillent dans des conditions proches de l'esclavage et subissent d'épouvantables abus sexuels et physiques. Ce commerce des femmes est rationalisé et institutionnalisé par les États impliqués. Les envois de fonds sont acheminés au pays, de manière fort efficace, à travers des coopératives de crédit étatiques qui négocient eux-mêmes les termes du contrat. Des femmes victimes d'abus sévères sont accueillies dans des centres de traitement où elles reçoivent des soins médicaux et un accompagnement psychologique avant d'être renvoyées dans leur famille.

Par contre, « le Panafricanisme par le bas », focalise sur les aspects libératoires des connexions diasporiques. Cette perspective provient du secteur progressiste du mouvement panafricaniste. Cette vision se retrouve actuellement dans les mouvements anti-mondialistes, opposés à l'idée de l'option panafricaniste par le haut. Elle représente une reconnaissance du fait que l'option panafricaine n'est ni une panacée, ni une force toujours positive. En fait, la stratégie du Panafricanisme par le haut fut initiée très tôt aux États-Unis qui envoyèrent des Africains-Américains coloniser le Libéria. Dans la même lancée, les États-Unis se mirent aussi à utiliser des Africains-Américains en tant que diplomates, espions et personnels d'ambassade en Afrique à la fin du XIXe siècle. Au cours des années 1960, les États-Unis ont cherché à influencer les nationalistes africains en leur offrant des bourses d'études dans les *Colleges* et au sein des universités « historiquement noires », à l'image de Lincoln, Howard et Moorehouse. Ces programmes, financés par la CIA, recrutaient des Africains-Américains pour l'établissement d'organisations prétendument africaines-américaines telles que l'Institut Africa-America (Africa-America Institute – AAI) et la Société Américaine pour la Culture Africaine (American Society for African Culture – AMSAC), visant de fait la prise en main de la formation et l'endoctrinement des étudiants africains.

La migration des Africains compétents vers l'Europe et les États-Unis remonte au Commerce Transatlantique au cours duquel les Africains transférèrent aux Amériques des technologies relatives aux appareils de broyage de céréales, à la production du riz, à l'élevage d'animaux et à la gestion hydraulique agricole (Carney 2001 ; Wood 1974). Pourtant, pendant des décennies, des universitaires avaient soutenu que l'esclavage avait effacé l'héritage africain de ses victimes.

E. Franklin Frazier et ses étudiants, par exemple, soutinrent que les esclaves n'eurent pas de passé en raison de la violente dislocation spatiale et temporelle ourdie par l'esclavage. Cependant, dans des études plus récentes, les esclaves sont perçus comme des personnes dotées de systèmes politiques et religieux complexes et spécifiques. Ces intelligences, ces manières de penser et ces systèmes de connaissance autochtones survécurent au *Middle Passage* (la Transplantation) et servirent de ressources précieuses pour l'adaptation au nouvel environnement. Les colons étaient au fait de ces compétences. Dans les termes de Wood, dans *Black Majority*, son étude pionnière sur le transfert du savoir africain aux Amériques : « la détention plutôt que l'absence de compétences particulières est l'un des facteurs qui rendit le travail noir attractif aux colons anglais » (Wood 1974). Les colons savaient que des groupes ethniques spécifiques en Afrique de l'Ouest détenaient des connaissances sur la culture du riz. Mais les esclaves aussi tirèrent avantage, pour leur compte personnel, de cette connaissance agricole particulière. Judith Carney, par exemple, souligne que partout en Amérique Latine les communautés de marrons dépendaient de la culture du riz pour leur subsistance (Carney 2001:170-171). Carney affirme, par ailleurs, que « pour les esclaves, cette connaissance de la culture du riz offrit la possibilité exceptionnelle de négocier les termes de leur état de servitude, afin de le ramener à une configuration proche de la servitude autochtone qu'ils avaient connu en Afrique de l'Ouest » (Carney 2001:105). De telles études ont décrédibilisé la métaphore globale de la marginalité africaine et de l'hégémonie européenne. Elles ont établi que les Africains réduits en esclavage étaient des personnes dotées de compétences qui ont pu influencer profondément l'évolution des Amériques.

> Après le *Middle Passage*, des esclaves ont enseigné comment planter et exploiter de nouvelles cultures, introduites depuis l'Afrique, comment gérer des troupeaux dans des pâturages ouverts et fournirent des techniques de tissage et de teinture. On a eu tendance, au cours des siècles subséquents, à effacer cette contribution africaine phénoménale que la recherche commence à peine à mettre en lumière (Carney 2001:106).

Cette prise en compte du transfert de technologie africaine vers les Amériques n'est qu'un exemple parmi tant d'autres des nombreux systèmes de connaissance que les esclaves ont introduits aux Amériques, en dépit d'obstacles monumentaux. On voit, par conséquent, que la fuite des cerveaux africains n'est nullement un phénomène récent. Les descendants d'Africains mis en esclavage ont tissé des réseaux éducatifs, politiques, économiques et culturels sur lesquels la nouvelle diaspora africaine pourrait construire. Ces connexions ont parfois fusionné pour donner naissance à des mouvements sociaux transnationaux, impliquant des peuples d'ascendance africaine sur le continent et dans la diaspora. Le premier et, à bien des égards, le plus remarquable de ces mouvements transnationaux noirs fut le mouvement anti-esclavagiste, qui généra une classe d'intellectuels organiques.

Parmi ces intellectuels de la diaspora, on comptait des écrivains nés en Afrique tels que Olaudah Equiano, Ottobah Cuguano et Phyllis Wheatley, qui furent des intellectuels organiques au sens Gramscien du terme dans la mesure où ils participèrent physiquement et empiriquement à un discours anti-esclavagiste qui priva la modernité occidentale de ses prétentions libérales. Ils étaient « organiques » puisqu'ils ils émergèrent d'une population mise en esclavage et furent reconnus comme des leaders du mouvement abolitionniste. Ils furent aussi « des intellectuels » car ils produisirent une collection remarquable d'ouvrages, qui forma la base d'un discours anti-esclavagiste transcontinental et international. Ce discours se servit des technologies de pointe de l'époque et fut le précurseur du mouvement des droits civiques et du discours des droits de l'homme du XXe siècle. Ajouté à sa vision, le discours anti-esclavagiste refléta également un réseau transnational et transcontinental d'intellectuels africains participant au premier mouvement antimondialiste de l'époque moderne. L'émergence de ce mouvement intellectuel du sein d'une population réduite en esclavage est d'autant plus remarquable que la loi interdisait expressément l'apprentissage de la lecture et de l'écriture aux peuples d'ascendance africaine (Marable 2000). Nonobstant, les abolitionnistes maîtrisèrent l'art de l'écriture et la technologie de l'impression et produisirent une collection prodigieuse d'autobiographies, de pamphlets et de journaux afin d'informer le monde sur l'inhumanité de l'esclavage, considéré du point de vue africain. Selon l'estimation de Henry Gates Jr (1987), plus de cent anciens esclaves écrivirent des récits autobiographiques avant la Guerre d'Indépendance américaine et plus de six mille racontèrent leur histoire à travers des interviews, des essais et des livres. A en croire Gates, « les esclaves noirs narrateurs cherchèrent à accuser et ceux qui les avaient réduit en esclavage et le système métaphysique mis à contribution pour justifier leur mise en servitude. Ils arrivent à cette fin à l'aide de l'outil le plus durable à leur disposition, à savoir l'impression » (1987:ix).

Ce discours anti-esclavagiste fut panafricain et internationaliste dès le départ. Deux Africains, Ottobah Cugoano de la Côte d'Or (le Ghana actuel) et Olaudha Equiano, un Ibo originaire d'une partie de l'Afrique de l'Ouest située dans le Nigéria contemporain, furent les pionniers du mouvement (Thompson 2000). Le livre de Cugoano Ottobah, *Thoughts and Sentiments on the Evils of that Wicked Traffic Slavery in Human Species* (pensées et sentiments sur les maux de ce trafic cruel chez l'espèce humaine), publié à Londres en 1787, se servit d'une synthèse d'éléments comprenant ses origines africaines, l'éthique chrétienne, et de l'humanisme du XVIIIe siècle pour argumenter l'égalité de tous les humains. L'initiative d'Ottobah Cugoano fut suivie deux ans plus tard par l'autobiographie d'Olaudah Equiano, datée de 1789 et intitulée *Narrative of the life of Olaudah Equiano, the African* (récit autobiographique d'Olaudah Equiano l'Africain), dénonçant la brutalité de l'esclavage et l'hypocrisie de la « civilisation » européenne et américaine. Les deux textes eurent un puissant impact sur l'émergence du mouvement abolitionniste en Grande-Bretagne. La fervente contestation d'Olaudah Equiano fut reproduite et réimprimée plusieurs fois et toucha une grande partie des classes dirigeantes en Grande-Bretagne. Le livre fut également diffusé en direction des Amériques où il eut une influence primordiale sur les abolitionnistes noirs qui modelèrent leurs protestations sur l'effort d'avant-garde d'Olaudah Equiano.

Son style autobiographique, proclamé dans le titre « *Récit autobiographique*… » et son affirmation que l'histoire fut « écrite par lui-même » fournirent les traits distinctifs d'un modèle narratif marquant le genre tout entier. Le « récit d'esclaves » émergea ainsi comme un discours panafricaniste et un dialogue littéraire entre écrivains d'ascendance africaine vivant sur les trois continents.

Ces activistes anti-esclavagistes panafricanistes fondèrent également nombre de journaux anti-esclavagistes dont *Freedom's Journal* de David Russwurm (1827) et les journaux le *North Star* et *Douglass' Paper* de Douglass, qui disséminèrent plus largement la doctrine anti-esclavagiste. A titre d'exemple, l'Africain-Américain W.E.B. Du Bois et le Sud-Africain Sol Plaatje écrivirent tous deux des récits autobiographiques composés suivant la tradition des récits d'esclaves. Le *Souls of Black Folks* de Du Bois (1903) influença ostensiblement le *Native Life in South Africa* de Plaatje (1916) (Chrisman 2000). Les deux textes représentaient d'éloquentes dénonciations du racisme et des violations des droits humains perpétrés de part et d'autre de l'Atlantique. Qui plus est, la monographie de Plaatje fut initialement publiée en feuilleton dans *Crisis*, le magazine de Du

Bois, reflétant ainsi la collaboration stratégique et idéologique entre Africains et Africains-Américains, caractéristique du mouvement abolitionniste.

Ces intellectuels furent les pionniers du Panafricanisme, un mouvement qui allait atteindre son apogée avec le célèbre *Free South Africa Movement* des années 1980 dont il sera question plus bas. Ces premiers intellectuels noirs sont les porte- flambeaux des mouvements politiques transnationaux formés par des afrodescendants tout au long du XXe siècle. La définition du Panafricanisme est sujette à débat. Ce terme a servi pour décrire les mouvements de solidarité noire en Afrique, en Europe, aux États-Unis et dans la Caraïbe. Pour George Shepperson (1962), le Panafricanisme avec un « P » majuscule fut « un mouvement reconnaissable » entre 1919 et 1945, avec Du Bois comme figure de proue. Le Panafricanisme avec un « p » minuscule serait clairement composé d' « un ensemble de mouvements, dont beaucoup très éphémères », unis par leur quête pour la libération des peuples d'ascendance africaine en Afrique, en Europe, et aux Amériques (Shepperson 1962:346). Selon Mildred Fierce, il convient de faire la distinction entre « le mouvement » et « l'idée ». A son sens, le *mouvement* fait référence à un ensemble d'activités organisées dans le but de libérer le peuple noir de l'oppression raciale. *L'idée* concerne la place qu'occupe le sens des liens de parenté ou de la conscience raciale parmi les Africains-Américains, sans la prise en compte des actions (Fierce 1993:xix). Pour le Professeur W. Ofuatey-Kodjoe, le Panafricanisme, en tant que corps d'idées menant à la formation de mouvements politiques transnationaux dans la diaspora africaine, possède deux caractéristiques : « l'accord sur l'unité de tous les peuples africains et un engagement pour l'amélioration du sort de tous les peuples d'ascendance africaine » (Ofuatey-Kodjoe 1986 :1). Expliquant ces définitions, Ronald Walters avance que cette définition comprend des *valeurs fondamentales* et des *valeurs transitoires*. Les deux valeurs fondamentales trouvent leur ancrage dans le terme lui-même. « Pan » sous-entend une croyance en l'unité et la communauté d'un groupe donné sur la base d'une ascendance commune et un engagement pour sa libération. Le second terme, « africain », identifie le groupe en question. Celui-ci comprend à la fois les Africains continentaux et les peuples d'ascendance africaine de la diaspora. Walters soutient que ce sont les valeurs transitoires qui divisent l'ensemble du groupe en des catégories qui changent avec le temps. La lutte pour la libération, elle, pourrait se diviser dans des domaines géographiques, politiques, économiques et culturels. Bien que ces valeurs temporelles se transforment, les valeurs fondamentales restent les mêmes. C'est dernières formeront le propos des deux prochaines sections, où sera examinée la trajectoire des mouvements de solidarité politique panafricaniste, des années 1980 à nos jours.

Du Bois avait un don pour exposer la violence du racisme, du Colonialisme et du l'apartheid à travers les médias. Il abandonna son poste d'enseignant à l'Université d'Atlanta en 1910 pour devenir l'éditeur de la revue *Crisis* qu'il transforma en une arme formidable dans la lutte pour les droits humains dans la diaspora et sur le continent. Pendant son mandat au *Crisis*, Du Bois fit de la revue les archives définitives des peuples noirs autour du monde et, d'égale importance, les archives définitives de la sauvagerie du racisme blanc en Afrique, en Europe et aux Amériques (Nesbitt 2001:118-119). De même, Du Bois profita de ses fonctions au sein de l'Association National pour l'Avancement des Personnes de Couleur (the Nationale Association for the Advancement of Coloured People – NAACP) pour organiser trois conférences panafricaines qui furent des moments décisifs dans l'élaboration d'une réponse noire aux nouvelles manifestations du racisme blanc, comprenant la ségrégation, le Colonialisme et l'apartheid. Ces conférences panafricaines prolongèrent le mouvement abolitionniste noir des XVIIe et XIXe siècles. Les deux mouvements utilisèrent des conférences et l'impression pour disséminer leurs arguments contre les violations des droits humains. (Nesbitt 2001:120).

Cet antécédent, mis en place par les abolitionnistes noirs, allait intégrer l'arsenal efficace de bon nombre de leaders antiracistes visionnaires tout au long du XXe siècle. Marcus Garvey, imprimeur de son état, fonda le journal *The Negro World* pour promouvoir son mouvement antiraciste. Le journal de Marcus Garvey surpassa même le *Crisis* de Du Bois en termes de ventes et de distribution dans le monde, entre 1915 et 1920. *The Negro World* fut distribué partout : en Europe, dans la Caraïbe et sur le continent africain, où des administrateurs coloniaux essayèrent de le bannir, sans grand succès. En France, des panafricanistes originaires de l'Afrique de l'Ouest et de la Caraïbe s'activèrent aussi, à travers la *Négritude*, dans la promotion de leurs droits humains et de leur lutte anticolonialiste. Ils firent ceci à travers leur influente revue, *Présence Africaine*. Sur le continent aussi, les panafricanistes perfectionnèrent l'art de la contre-pénétration médiatique. Kwame Nkrumah, Jomo Kenyatta, Azikiwe Nnamdi, Julius Nyerere et Sékou Touré lancèrent tous des journaux, des revues et des magazines dans leurs campagnes contre la violence raciale perpétrée par le racisme européen contre les Africains et les peuples d'ascendance africaine. Partant, l'histoire des mouvements panafricanistes regorge de campagnes, couronnées de succès, visant la mise à nu des violations des droits humains qui suivent le cortège de l'esclavage, du Colonialisme et de l'apartheid (Nesbitt 2001).

Au moment de la tenue du Sixième Congrès Panafricain à Dar es Salaam en 1974, le paysage politique en Afrique et dans la diaspora avait connu des changements considérables depuis le Cinquième Congrès en 1945. Les combattants pour la liberté des années 1940 avaient rempli l'engagement, fait à la conférence historique de 1945, de libérer l'Afrique du Colonialisme, au besoin par la lutte armée. La plupart des Africains et des Africains-Américains avaient fini par obtenir le droit de vote. Même l'empire portugais dans le sud de l'Afrique s'était effondré sous la pression des armées de guérilla africaines en Angola et au Mozambique.

Ces changements survenus sur le continent africain et dans la diaspora provoquèrent des tensions à propos du sens du Panafricanisme et la place des idéologies occidentales au sein du mouvement.

D'entrée de jeu, la conférence fut marquée par la controverse. Contrairement au Cinquième Congrès Panafricain, tenu à Londres en 1945, les activistes africains-américains furent intimement impliqués dans la phase d'organisation du Sixième Congrès Panafrican. Courtland Cox fut nommé Secrétaire Général International du Congrès et Sylvia Hill fut désignée comme une organisatrice de premier rang du Secrétariat d'Amérique du Nord (North America Secretariat). Le problème de la composition des délégations nationales se posa avec acuité, dû au fait que certains pays d'Afrique et de la Caraïbe avaient accédé à l'indépendance et avaient établi des alliances avec l'ancien pouvoir de tutelle coloniale en Europe. Etant donné l'histoire anti-impérialiste du mouvement panafricaniste, certaines composantes de la communauté non-gouvernementale commencèrent à questionner la direction et les motivations du Sixième Congrès Panafricain. Le problème de la délégation américaine se posa également. Fallait-il que les américains, eux-aussi, envoient une délégation gouvernementale ? Dans une lettre au *Mwalimu* Julius Nyerere et à Courtland Cox, un groupe d'activistes africains-américains, comprenant Ronald Walters, Amiri Baraka, Jim Turner et Owusu Sadauki, demanda aux organisateurs du Congrès de préciser si des délégations venues des partis politiques d'opposition de l'Afrique indépendante et de la Caraïbe, les mouvements de libération non reconnus par l'OAU et les mouvements de libération noirs de la diaspora auraient le droit de se présenter (Baraka 1974:44). Eu égard à ces tensions, et surtout à l'annonce de la part du gouvernement de Guyana qu'il allait envoyer une délégation officielle, C.L.R. James annonça qu'il boycotterait la conférence, bien que le secrétariat international ait utilisé son nom et son prestige dans la promotion de l'événement.

Le Sixième Congrès finit par se mettre en place, en dépit de la bataille qui faisait rage à l'époque dans le monde noir. Cette bataille entre le « nationalisme noir » et le « socialisme » avait auparavant séparé en camps la conférence de l'ALSC, au cours de ce même été (Nesbitt 2004). Certains délégués noirs de la diaspora étaient opposés à l'inclusion de « Blancs » venus de Cuba et d'Afrique du Nord. La conférence était aussi hypothéquée par des conflits entre le camp des nationalistes/panafricanistes et celui des marxistes (James 1974 ; Ofari 1974 ; Bennett 1974 ; Fuller 1974). Néanmoins, les délégations africaines progressistes, les mouvements de libération radicaux et certains membres de la délégation américaine prirent le contrôle au milieu de la conférence. Julius Nyerere et Sékou Touré étaient unanimes dans leur critique de la « politique de mélanine » des « nationalistes culturels » et donnèrent leur soutien surtout aux socialistes. Pour finir, la faction progressiste l'emporta. La Déclaration de Politique Générale (General Political Statement) publiée par le Sixième Congrès Panafricaine était progressiste pour l'essentiel. Elle réclama la fin du Colonialisme et du néo-Colonialisme et définit le Panafricanisme comme la lutte pour l'établissement du socialisme africain (Alkalimat 2000).

Contrairement à Amiri Baraka, Bai Kisogie fut de l'avis que les « internationalistes » l'avait emporté mais avertit qu'il s'agissait là d'une victoire

« à la Pyrrhus » dans la mesure où cette version non-raciale du Panafricanisme avait « vidé » le mouvement de son contenu (Kisogie 1974:7). Il soutint, en effet, que le Congrès avait été réuni pour « liquider » le concept du Panafricanisme. Kisogie Bai était de l'avis que le « Sixième CPA s'acheva quasiment sur un déni de l'existence du monde africain ». A son sens, le « Sixième CPA était allé trop loin » dans son désir effréné de respectabilité et de transcendentalisme racial et il souligna que la résolution d'inclure des propos allant à l'encontre de la conscience raciale fut introduite et secondée par les délégués venus de la Libye et de l'Algérie (Kisogie 1974:6-12).

Ces tensions autour du contenu racial du Panafricanisme couvaient déjà depuis la série de conférences qui avaient mené à la formation de l'Organisation de l'Unité Africaine en 1963. Ces rencontres s'étaient ouvertes aux leaders des États africains noirs et arabes, soulignant ainsi le fait que le mouvement anticolonialiste avait minimisé l'importance de son contenu racial dans l'intérêt de l'unité continentale. Mais cette redéfinition du Panafricanisme demeurait problématique dans la mesure où les Noirs de la diaspora se confrontaient toujours à une population blanche majoritaire et aux systèmes politiques et économiques racistes, rendant nécessaire l'appel à la solidarité raciale comme un mécanisme de défense contre l'oppression. A titre d'exemple, lors du First African Diaspora Studies Institute (Premier Institut d'Etudes de la Diaspora Africaine) tenu à Howard University en 1979, St.-Clair Drake exprima l'avis que le Sixième Congrès eut à faire face à des problèmes jamais rencontrés par Kwame Nkrumah. A en croire Drake : « Des délégués de la diaspora estimèrent que la conférence avait trop minimisé ses responsabilités raciales en passant une résolution critiquant les politiques relatives à la couleur de la peau et en acceptant la participation de délégués blancs originaires de Cuba » (Drake 1982:344). Drake suggéra que le mouvement avait éclaté pour donner un « Panafricanisme continental », au contenu politique explicite et un « Panafricanisme racial », qui demeurait dominant dans la diaspora. Le Panafricanisme racial s'exprima à travers des forums culturels tels le FESTAC (Festival of African and Black Art), tenu au Nigéria en 1978, au cours duquel les participants n'avaient pas à choisir entre des dictatures de gauche et des dictatures de droite en place sur le continent. La décolonisation avait effacé la division raciale relativement claire qui avait marqué la lutte anticoloniale. Drake fait remonter le point de divergence à la Première Conférence des États Indépendants Africains (First Conference of Independent African States) en 1958 lors de laquelle plus de la moitié des huit États représentés – le Maroc, la Libye, l'Egypte, le Soudan et la Tunisie – ne s'identifièrent pas comme étant noirs ; l'Ethiopie aussi se montra ambivalente à propos de sa négritude, et seuls le Ghana et le Liberia assumèrent une identité noire sans équivoque (Drake 1982:346). Cette situation mena à une redéfinition du mot « africain », basée sur la géographie et comprenant quiconque, sans considération de race ou de couleur, adhérait au principe « un homme, une voix » et croyait en l'égalité politique, sociale et économique (Drake 1982:344).

Le Mouvement pour la Libération de l'Afrique du Sud (The Free South Africa Movement)

Ces liens panafricanistes, mis en place pendant les mouvements abolitionnistes et anticoloniaux, furent remis en jeux avec un succès remarquable pendant le Mouvement pour la Libération de l'Afrique du Sud des années 1980 (Nesbitt 2004). Le 12 novembre 1984, quatre éminents leaders africains-américains entrèrent au consulat sud-africain à Washington D.C. et refusèrent de partir tant que le régime sud-africain ne démantèlerait pas l'apartheid et ne relâcherait pas tous les prisonniers politiques. Randall Robinson de TransAfrica, le membre du Congrès Walter Fauntroy, Mary Frances, une membre de la Commission des Droits Civiques aux USA et Eleanor Holmes Norton, une professeure de droit et une ancienne officielle de l'administration Carter, avaient été invités pour discuter des relations entre les États-Unis et l'Afrique du Sud avec l'ambassadeur sud-africain, Bernadus G. Fourie. Après avoir présenté leur ultimatum à l'ambassadeur, Norton quitta la pièce pour briefer la presse internationale tandis que Randall Robinson, Mary Frances Berry et Walter Fauntroy restèrent sur place et furent arrêtés. Ces arrestations furent les premières d'une série de 5 000 autres à travers le pays et allaient culminer avec la promulgation de la Loi Globale contre l'Apartheid (Comprehensive Anti-Apartheid Act), et ce en dépit du véto de Président Ronald Reagan en 1986 et encore en 1988. Après avoir passé une nuit en prison, le trio annonça la formation du Mouvement pour la Libération de l'Afrique du Sud (Free South Africa Movement) et initia des manifestations quotidiennes devant l'ambassade. Les sit-in prirent racine dans plus d'une douzaine d'autres villes dont Chicago, La Nouvelle-Orléans, Seattle, San Francisco et Cleveland, avec des manifestations devant les consulats sud-africains, devant des immeubles fédéraux et des magasins de numismatique faisant le commerce de pièces en or du Krugerrand, ainsi que d'autres entreprises ayant des intérêts en Afrique du Sud. Des centaines de célébrités dont Gloria Steinem, Harry Belafonte, Amy Carter, le maire de Detroit, Coleman Young, Coretta Scott King, le Révérend Jesse Jackson et pas moins de vingt-deux membres du Congrès furent arrêtés devant l'ambassade (*Chicago Tribune*, 6 oct. 1985:24C). Le mouvement, comprenant une coalition de groupes originaires des églises, du monde estudiantin, de l'activisme pour les droits civiques et droits de la femme se diffusa dans des centaines de campus universitaires à travers le comté où des rassemblements et des sit-in remirent en cause l'investissement des fonds de pension universitaires dans des compagnies ayant des liens d'affaires avec l'Afrique du Sud. Des centaines d'étudiants furent arrêtés dans des institutions comme Harvard, Columbia, UCLA, l'Université du Wisconsin, l'Université Northwestern et l'Université de l'Illinois. Prexy Nesbitt, un syndicaliste de Chicago qui dirigeait dans la ville les efforts de cession d'actifs en donna le témoignage suivant :

> En 20 années de travail sur cette question, je n'ai rien vu de comparable à la lame de fond à laquelle nous assistons actuellement. Il me semble que cela s'explique

> entre autres par le fait que le niveau de résistance actuel en Afrique du Sud est sans précédent. Je pense aussi que la communauté noire, et les dirigeants de la communauté noire surtout, ne se sont jamais autant mobilisés autour de cette question (*Chicago Tribune,* oct. 6 1985:24C).

Le Mouvement pour la Libération de l'Afrique du Sud (the Free South Africa Movement) redonna vie à la coalition des libéraux noirs et blancs, des étudiants et des politiciens des années 1960, qui formèrent un front uni en faveur des sanctions contre l'Afrique du Sud. A l'image de la Coalition pour les Droits Civiques des années 1960, le mouvement utilisa des tactiques d'action directe non-violentes dans un effort très réussi pour changer la politique étrangère américaine. La promulgation de la Loi pour le Droit de Vote (Voting Rights Act) de 1965 et l'élection de législateurs africains-américains qui s'ensuivit furent des jalons importants du Mouvement Anti-Apartheid aux États-Unis (Nesbitt Francis Njubi, 2004). Avant l'élection d'Africains-Américains au gouvernement local, étatique et fédéral, les activistes anti-apartheid furent des outsiders sans accès aux processus de prise de décisions. Ce fut le Caucus Noir du Congrès Américain – CNC (Congressional Black Caucus – CBC), créé en 1969, qui porta les abus aux droits de l'homme, associés à l'apartheid, à l'attention du Congrès américain. Dès le départ, le CNC inscrivit l'Afrique du Sud sur son agenda législatif (Diggs 1969, 1970). Le CNC fut créé en 1969 par treize membres noirs de la Chambre des Représentants dans le but de prendre en charge les préoccupations des citoyens noirs et des minorités. Le nombre des représentants africains-américains avait augmenté, passant de six aux élections de 1966 à treize à celles de 1969. Charles Diggs, un démocrate de l'Illinois, le premier président du Caucus Noir, fit de l'apartheid l'une de ses priorités et dirigea plusieurs enquêtes du Congrès sur la politique sud-africaine des États-Unis, donnant ainsi aux activistes anti-apartheid l'occasion de s'adresser au Congrès sur cette question.

Les activités anti-apartheid de Charles Diggs eurent une publicité large en 1970 quand on lui refusa un visa pour visiter l'Afrique du Sud malgré son statut de membre du Congrès de la Chambre des Représentants des États-Unis. A son retour aux États-Unis, Charles Diggs demanda au Congrès de riposter en refusant des visas aux officiels sud-africains. Il appela également à des sanctions de l'ONU sur la question de la Namibie, une révocation du quota sur le sucre en provenance d'Afrique du Sud et le retrait des investissements américains en Afrique du Sud (Diggs 1969).

En 1971, il se rendit de nouveau l'Afrique du Sud mais il on lui refusa l'entrée en Namibie. Charles Diggs démissionna de la délégation des États-Unis à l'ONU en 1971 en raison de la politique d'accommodation de l'apartheid du tandem Nixon-Kissinger. Il fut l'auteur d'un projet de loi de sanctions basé sur les résolutions des Nations Unies mais n'obtint pas le soutien des membres de son comité. Quelques mois plus tard, le Caucus Noir sponsorisa une Conférence sur l'Afrique du Sud à

Howard University à laquelle assistèrent des diplomates et des représentants des mouvements de libération africaine. En 1976, le CNC organisa une rencontre de trente dirigeants noirs provenant de groupes religieux, de fraternités, de syndicats, de la NAACP et de groupes de femmes, pour répondre à la politique de Kissinger en Afrique australe. La Conférence du Leadership Noir (Black Leadership Conference) approuva un « Manifeste africain-américain sur l'Afrique du Sud » appelant à une démocratie basée sur le principe « un homme, une voix » pour les peuples de la Rhodésie, de l'Afrique du Sud et de la Namibie. La conférence appela à l'établissement d'une organisation noire de plaidoyer en matière de politique étrangère, que devait diriger Randall Robinson (Robinson 2000:96-97). La rencontre appuya la lutte armée en Afrique du Sud et critiqua « l'hypocrisie » du soutien américain à ce pays. Robinson, qui avait fait partie du personnel de Charles Diggs au Congrès, devint président de TransAfrica avec le Maire Richard Hatcher, originaire de Gary dans l'Indiana, comme président du conseil d'administration.

TransAfrica fut constituée à Washington D.C. le 1er juillet 1977. L'organisation avait pour mission de transformer la politique étrangère américaine à l'égard de l'Afrique et de la Caraïbe. Dès le début, l'organisation de Randall Robinson était très en vue à Washington, éclipsant le Bureau de Washington sur l'Afrique, dont le point focal était la dissémination en direction des media et du public d'information sur le statut des noirs en Afrique. Sur le plan national, ces efforts furent largement ignorés pendant les années 1970 et au début des années 1980. Nonobstant, Randall Robinson profita de ses contacts à Washington pour mettre à mal le gouvernement américain, bâtissant ainsi l'image de la nouvelle organisation. En 1981, il divulgua à la presse un document secret du gouvernement décrivant le cadre d'une nouvelle alliance, baptisée « constructive engagement », entre les États-Unis et la République d'Afrique du Sud (Robinson 1998:133). Les documents y afférant furent ébauchés pour le Secrétaire d'Etat Alexander Haig par l'assistant du Secrétaire d'Etat Chester Crocker, en prévision de la réunion avec Roelof Botha. Les documents détaillaient les plans d'« ouverture d'un nouveau chapitre » des relations américaines avec l'Afrique du Sud et les États-Unis y firent le serment de faire le possible pour « mettre fin » à l'isolement de l'Afrique du Sud au sein de la communauté internationale. L'administration de Ronald Reagan afficha ainsi ses intentions de revenir à la stratégie Nixon-Kissinger d'accommodation de l'apartheid. Jesse Helms, Barry Goldwater et Stom Thurmond, hostiles aux sanctions, furent placées à la tête des comités-clés. Dans un article des Affaires Etrangères datée de 1981, Chester Crocker, Secrétaire d'Etat adjoint, expliqua dans le détail la détermination de l'administration de travailler avec les Boers à travers ce qu'il appela le « constructive engagement » (Crocker 1980). Ronald Reagan déclara que l'Afrique du Sud était un allié dans la lutte de la Guerre Froide pour endiguer le communisme et il renversa les efforts du Président Jimmy Carter pour isoler l'apartheid. La sécurité sud-africaine prit place au cœur de la politique étrangère américaine en Afrique australe. Les membres de l'administration crurent à une escalade de l'agression soviétique dans le sud de l'Afrique et se concentrèrent sur la présence de troupes cubaines en Angola. Ils accentuèrent des guerres menées par procuration et soutenues par la CIA dans le sud de l'Afrique et firent passer des centaines de millions de dollars à des rebelles de l'UNITA en Angola, soutenus par l'Afrique du Sud et aux guérillas du RENAMO au Mozambique. Pour tout dire, les États-Unis firent leur possible pour maintenir la suprématie blanche en Afrique du Sud.

La forte résistance à l'apartheid un sein de l'OAU et en Afrique du Sud même fut un élément primordial de la réussite du Mouvement Anti-Apartheid dans son effort pour amener les États-Unis à imposer des sanctions à l'Afrique du Sud. Avec la libération du Zimbabwe et des colonies portugaises dans les années 1970, la lutte contre l'apartheid prit un caractère international avec le Congrès National Africain, le Parti Communiste Sud-Africain et le Congrès Panafricain, qui trouvèrent refuge dans ce qu'on appela aux États-Unis les de la ligne du front – le Zimbabwe, la Zambie, le Botswana, le Mozambique et l'Angola. L'Organisation de l'Unité Africaine avait épinglé l'élimination de l'apartheid comme l'un de ses principaux objectifs au moment de sa fondation en 1963. L'OAU et les États de la ligne du front apportèrent également à l'Afrique du Sud l'appui de nationalistes africains ainsi que des ressources monétaires et logistiques essentielles. Aux Nations Unies, les pays africains organisèrent une campagne de sanctions internationales qui firent de l'Afrique du Sud « la paria du monde », mais ils butèrent contre le pouvoir de véto des États-Unis et de la Grande-Bretagne. Néanmoins, au cours des années 1980, la plupart des pays du monde, à l'exception de l'Europe de l'Ouest et des États-Unis, avaient imposé une certaine forme de sanction à l'encontre de l'Afrique du Sud en raison de ses politiques racistes. Tout au long de cette période, l'Assemblée Générale des Nations Unies fut divisée entre nations blanches, soutenant l'apartheid, et anciennes colonies non-blanches (avec l'Union Soviétique), opposés à l'apartheid. Par conséquent, les législateurs africains-américains se trouvaient au cours des années 1980 dans une position de force leur permettant d'influencer les politiques des États-Unis et les amener à s'aligner avec l'Afrique et avec le reste du monde.

Le Mouvement Anti-Apartheid avait toujours maintenu un lien étroit avec la lutte interne pour la libération en Afrique du Sud. Avec l'émergence du CNC et de TransAfrica et avec la libération du Colonialisme européen de la plupart des pays africains, cette relation fut renforcée aux plus hauts niveaux. Au cours des années 1980, le Mouvement pour une Afrique du Sud Libre (Free South Africa Movement – FSAM) révéla la présence d'une violente révolte contre l'apartheid à l'intérieur même de l'Afrique du Sud et fit entrer dans les foyers américains des images d'affrontements quotidiens entre des manifestants désarmés et la police armée. La divulgation, le 3 septembre 1984, d'une nouvelle constitution sud- africaine dotant 800 000 indiens et 2.5 millions de « personnes de couleur » de législatures propres mais excluant toujours du pouvoir les 23 millions de la majorité noire catalysa une résurgence d'activisme de part et d'autre de l'Atlantique. La constitution fut accueillie par une grève massive du loyer par les noirs de Sharpeville, un ghetto situé dans la banlieue de Johannesburg, et déclencha des manifestations et des rixes menant à des centaines de morts (*Chicago Tribune* 6 oct. 1985:24C). En quelques semaines, le régime avait arrêté pratiquement tous les leaders syndicaux noirs. Les Nations Unies délibèrent sur une résolution condamnant les arrestations. La résolution passa à l'unanimité, mais les États-Unis s'abstinrent. La communauté anti-apartheid fut choquée par l'hypocrisie du gouvernement des États-Unis, qui prétendait s'opposer à l'apartheid mais continuaient à protéger le régime dans les forums internationaux.

Randall Robinson, qui était alors le Président de TransAfrica, décida de lancer une campagne d'action directe pour forcer les États-Unis à imposer des sanctions contre le régime de l'apartheid (Robinson 1998:147). Randall Robinson, le membre du Congrès Walter Fauntroy de Washington D.C., Mary Frances Berry et Eleanor Holmes Norton, une éminente professeure de droit et future membre du Congrès à D.C., décidèrent de faire un sit-in dans les locaux du bureau de l'ambassadeur de l'Afrique du Sud. Ils cherchaient à rencontrer l'ambassadeur, Bernadus G. Fourie qui demanda leur arrestation suite à leur refus de quitter son bureau. Le FSAM remit au goût du jour, dans le cadre du Mouvement Anti-Apartheid et dans l'arène de la politique étrangère, le recours à l'action directe caractéristique de l'époque des droits civiques. Le FSAM était une coalition d'officiels élus, d'étudiants, de groupes issus des églises, de la lutte pour les droits civiques, de syndicats et d'organisations anti-apartheid. Il raviva l'ancienne coalition libérale de l'époque des droits civiques, qui s'était divisée pendant les années 1970 en factions plus petites. Cette réunion se fit autour de questions comme la paix, l'environnementalisme et le féminisme. La coalition se ressouda autour d'un consensus remarquable concernant les sanctions contre l'Afrique du Sud. Pendant plus d'un an, le FSAM orchestra l'arrestation de plus de 5 000 manifestants devant l'ambassade sud-africaine et à d'autres endroits à travers tout le pays (Nesbitt 2004).

Cette période d'activisme renforcé ainsi que l'intensification de la résistance noire en Afrique du Sud prépara la promulgation de la Loi d'Abolition de l'Apartheid – LAA (Comprehensive Anti-Apartheid Act) de 1986. La promulgation de cette loi, rédigée par le membre du Congrès Ron Dellums, qui succéda à Charles Diggs comme président du Caucus Noir du Congrès américain, fut le point culminant de quarante ans d'activisme anti-apartheid aux États-Unis. La loi exigea, sous peine de sanctions économiques, que l'Afrique du Sud abroge ses lois d'exception ; que le pays respecte le principe juridique d'égalité devant la loi ; qu'il relâche les prisonniers politiques noirs et permette à la majorité noire de participer au processus politique (Dellums 2000:127-130). La LGAA amena les États-Unis à s'aligner avec les résolutions des Nations Unies qui avaient appelé à des sanctions économiques contre l'Afrique du Sud depuis 1965. La promulgation de la LGAA en 1986 et le renforcement de la loi en dépit du véto du Président Ronald Reagan en 1988 marquèrent un tournant dans le Mouvement Anti-Apartheid. La promulgation de la LGAA démontra l'accroissement du pouvoir du Caucus Noir ainsi que ses relations étroites avec les organisations anti-apartheid à travers le pays. Il est indéniable que sans la pression des membres noirs du Congrès et les mesures d'actions directes prises par de l'état, la ville et les activistes universitaires, les États-Unis n'auraient jamais imposé des sanctions contre l'Afrique du Sud. Le second Projet de loi de Sanctions, du 11 août 1988, sponsorisé par Ron Dellums, imposa des sanctions nouvelles et plus sévères à l'Afrique du Sud. Dans un article à la une, le *Los Angeles Times* décrivit le projet de loi comme étant « plus radical, et de loin, que les sanctions que le Congrès avait imposé à l'Afrique du Sud deux ans auparavant, malgré le véto du Président Ronald Reagan » et comme un projet qui « interromprait pratiquement le commerce et annulerait tous les investissements américains en Afrique du Sud » (*LA Times* 1988:A1). Des Républicains comme Bob Dole et Newt Gingrich s'opposèrent à la mesure au motif qu'elle ferait du tort aux sud-africains noirs et renforcerait la détermination de la minorité blanche de rester au pouvoir. Le projet de loi obligea les compagnies pétrolières américaines à se défaire de leurs investissements dans un délai de 180 jours et imposa un embargo sur l'importation sur tous les produits sud-africains à l'exception des minéraux stratégiques.

Bien que le Mouvement Anti-Apartheid fût une coalition de groupes de l'ensemble du pays, son coeur se trouvait à Washington, autour du Caucus Noir du Congrès, de TransAfrica et du MLAF (FSAM). La collaboration entre le CNC et des groupements de citoyens tels le FSAM et TransAfrica obligèrent le Congrès à imposer des sanctions à l'Afrique du Sud. Avant l'émergence du CNC, les organisations anti-apartheid s'étaient limitées à diffuser des informations aux médias et au public sans avoir aucun impact sur le Congrès où les décisions qui s'y prenaient. Avec l'élection de législateurs africains-américains, suite à la Loi pour le Droit de Vote (Voting Rights Act) de 1965, le Mouvement Anti-Apartheid se fit d'importants alliés au Congrès et monta à la vitesse supérieure. Le CNC lui-même était convaincu de la nécessité d'un partenariat entre les législateurs et les activistes noirs en vue d'un changement des politiques intérieures et étrangères. Ce besoin s'expliquait par le fait que les initiatives du CNC, telles les sanctions contre l'Afrique du Sud, n'allaient jamais recueillir le soutien des corporations ou des lobbyistes traditionnels qui contrôlaient les rênes des politiques des groupes d'intérêt à Washington. Partant, le CNC était impliqué dans la formation d'organisations de plaidoyer à l'image de TransAfrica et du FSAM, qui représentaient des sources alternatives d'influence et de pouvoir. Cette collaboration entre législateurs et activistes était la clé de voûte de la transformation de la politique étrangère américaine à l'égard de l'Afrique du Sud.

Réparations et Transformation

A l'image du Mouvement Anti-Apartheid des années 1980, qui força l'Occident à admettre que l'apartheid était un « crime contre l'humanité », la campagne africaine pour les réparations prend de l'ampleur et introduit le discours des droits humains dans l'espace public internationale. Dirigée par des intellectuels africains et africains-américains, la campagne pour les réparations soulève des questions morales et éthiques concernant la responsabilité humaine et la restitution que le Nord a refusé d'envisager en dépit des efforts des abolitionnistes du 19e siècle, des activistes pour les droits civiques et des militants anti-apartheid et anticoloniaux du 20e siècle. Les mêmes intellectuels et organisations qui impulsèrent le Mouvement Anti-Apartheid furent à l'avant-garde de la campagne pour les réparations. Randall Robinson, Ronald Walters, Ali Mazrui, William Fletcher et une multitude intellectuels noirs se sont impliqués dans le Mouvement Anti-Apartheid et dans le mouvement pour les réparations. Randall Robinson, pour ne citer que lui, en tant que président fondateur de TransAfrica, galvanisa le mouvement pour les réparations avec son chef-d'œuvre best-seller de 1999, *The Debt: What America Owes Blacks*. Cet ouvrage eut une influence majeure dans la diffusion de l'argument en faveur des réparations, bien au-delà des professions légales et académiques. Il existe, par conséquent, une continuité entre le Mouvement Anti-Apartheid et le mouvement pour les réparations, laquelle reflète l'évolution dans les politiques de la diaspora africaine.

Ce projet politique panafricain se mit en œuvre encore une fois lors de la Conférence Mondiale contre le Racisme, la Discrimination raciale, la Xénophobie et l'Intolérance (World Conference Against Racism, Racial Discrimination, Xenophobia, and Related Intolerance), tenue à Durban en Afrique du Sud, du 31 août au 7 septembre 2001. Pendant la conférence, des délégués venus d'Afrique et de la diaspora réunirent leur voix pour demander que l'Occident reconnaisse l'esclavage et le Colonialisme comme des crimes contre l'humanité ayant de sérieux effets contemporains et appelant des compensations. Nonobstant la résistance des États-Unis, la conférence adopta une déclaration reconnaissant l'esclavage et le trafic d'êtres humains comme des « crimes contre l'humanité » et soutenant que cette reconnaissance « aurait dû exister depuis toujours ». La résolution reconnut également les dommages causés par l'esclavage et le Colonialisme et recommanda la prise de mesures par la communauté internationale en vue de pallier les conséquences de l'impact de ces crimes. Toutefois, la déclaration n'exprima pas la demande africaine que l'Occident : présente des excuses explicites ; procède à des réparations pour la mise en esclavage de plusieurs millions d'Africains et pour la colonisation barbare du continent ; annule toute dette illégitime et restitue les trésors culturels et matériels dont l'Afrique avait été dépouillé. Cependant, la reconnaissance de l'esclavage et du Colonialisme comme des crimes contre l'humanité fournit au mouvement international pour les réparations des bases sur lesquelles élaborer leur argumentaire.

Depuis la Conférence Mondiale Contre le Racisme – CMCR (World Conference Against Racism – WCAR), le mouvement noir pour les réparations a pris une ampleur considérable. Les activistes ont adopté des stratégies politiques, légales et de mouvements de masse. Une conférence de suivi, la Conférence Mondiale des Africains et des Descendants Africains Contre le Racisme (African and African Descendants' World Conference Against Racism), tenue à la Barbade en octobre 2002, met en exergue la force de la stratégie du mouvement de masse. La conférence, qui attira plus de 500 participants, discuta des procès à intenter contre la France, l'Angleterre, le Portugal et l'Allemagne, du SIDA et de l'Action Affirmative. La conférence déboucha sur la formation d'un Mouvement Panafricain destiné à traiter les problèmes allant du profilage racial à la pauvreté, et des réparations pour les crime de l'esclavage, du Colonialisme et de l'apartheid (Wilkinson 2002). Les participants se mirent d'accord sur la formation d'un Mouvement Panafricain et prirent la décision d'initier des procès contre la Grande-Bretagne, l'Allemagne, la France et la Belgique, suivis, plus tard, de procès contre le Portugal, l'Espagne et les Pays-Bas.

Les forces et les faiblesses du mouvement firent surface lors de la conférence de Bridgetown. On peut noter comme effet positif la mobilisation de centaines de participants venus du monde entier pour discuter de la question des réparations. Cette mobilisation ainsi que la formation d'une organisation panafricaine, pour faciliter la communication et la collaboration entre les activistes répandus dans le monde, démontre la maturité croissante du mouvement. Du côté négatif, on doit inscrire la tendance des activistes à se laisser aller à des gestes tangentiels, ayant peu de valeur sur le plan pratique. Un exemple patent de cette dispersion d'énergie fut le vote majoritaire de l'assemblée appelant à l'expulsion des participants non-africains de la conférence. Les délégations très organisées et fortes en gueule des Afro-Britanniques et des Africains-Américains exigèrent ce vote, mais la motion fut menée à un prix inacceptable et mena au retrait des délégués venus de Cuba, de l'Afrique du Sud et de la Colombie, qui ne pouvaient accepter une telle décision en dépit de leur héritage africain. Etant donné la présence infime de non-Africains à la conférence, ce vote fut, au mieux, un geste nombriliste.

La stratégie légale a été la stratégie la plus efficace de toutes en ce qui concerne l'obtention, à court terme, de réparations pour les peuples d'ascendance africaine. De tels procès se sont diffusés à partir des États-Unis en direction d'Haïti, du Kenya et de la Jamaïque. En 1999, l'avocat Alexander Pires fit gagner un milliard de dollars à 24 000 familles noires qui avaient accusé le Ministère de l'Agriculture de discrimination. Selon Pires (2000), jusqu'en 1997, le Ministère de l'Agriculture américain refusait des prêts aux fermiers africains-américains. « Quatre-vingt-quinze pour cent de tous les prêts allèrent à des fermiers blancs. Et jusqu'aux années 1960, le Ministère de l'Agriculture Américain (the United States Department of Agriculture – USDA) avait une section spéciale dénommé

« Prêts aux Noirs » (*Negro Loans*), qui était une manière d'assurer le refus des demandes faites par des noirs. C'est stupéfiant » (Harper's 2000). En mars 2002, un procès pour réparations fut intenté contre Aetna, CSI et Providence Bank, aussi bien que 1000 autres compagnies, accusées d'avoir tiré profit de l'esclavage (Cox 2002). Un autre procès en recours collectif est en cours, intenté par un groupe d'avocats surpuissants, mené par le procureur pour les Droits Civiques, Johnnie Cochran et un Professeur de droit de l'Université de Harvard, Charles Ogletree. La jurisprudence derrière ces procès est le règlement de 6 milliards de dollars gagné par le Congrès Juif International, au nom des travailleurs forcés de l'Holocauste (*New Statesman* 24 juillet 2000).

Le mouvement pour les réparations au Kenya et ses supporters à l'étranger ont réclamé des réparations à la Grande-Bretagne pour trois ordres de crime contre l'humanité : blessures et morts causées par les mines antipersonnelles de l'armée ; viols massifs par les soldats de l'armée britannique près de Dol Dol, Isiolo et Archers Post depuis les années 1970 (Walter 2003:23) ; et atrocités commises pendant la guerre d'indépendance anticoloniale des années 1950 (McGee 2003:8).

Des bergers kenyans gagnèrent 7 milliards de dollars (4 millions de livres sterling) en paiement pour réparations contre le Ministère de la Défense Britannique en novembre 2002 (Harding 2002:1). Des centaines de bergers, dont de nombreux femmes et enfants, furent tués ou mutilés par des munitions britanniques dans un champ de tir au Kenya. Encouragés par ce dédommagement, 300 femmes et 15 garçons Maasai vivant près d'une base d'entrainement de l'Armée Britannique ont poursuivi celle-ci pour viols massifs et agressions sexuelles (BBC 10 juin 2003).

Les vétérans de guerre kenyans eux aussi réclament des réparations du gouvernement britannique pour des atrocités commises pendant la guerre d'indépendance (1952-1956) au cours de laquelle les britanniques placèrent 80 000 africains dans des camps de concentration (Edgerton 192).

Ces camps furent des mouroirs affreux et les officiers britanniques qui les gardèrent furent accusés de sévices et de castration des Africains. Le « Massacre de Hola » du 3 mars 1959 figure parmi les atrocités les plus notoires : 85 prisonniers du Camp de Détention de Hola refusèrent de travailler ; 11 furent battus à mort et 20 autres furent hospitalisés dans un état critique (Edgerton, 196). Lors du Massacre de Lari, du 26 mars 1953, les forces de sécurité britanniques donnèrent la mort à quelques 500 hommes, femmes et enfants, brûlèrent 200 maisons et endommagèrent un troupeau de 1000 têtes (Edgerton 79 ; Sorrenson 1967:100 ; Muchai 1973:23 ; et Wachanga 1975:60).

La reconstruction en Afrique, subséquent au régime colonial, impliquait parfois des plans de redistribution de la terre se rapprochant de l'ordre du Général Sherman. Au Kenya, les colons britanniques furent forcés de quitter le Kikuyuland après une guérilla de dix ans, mais seulement après avoir été « indemnisés » pour la terre que les paysans africains avaient prise de force. De même, les Britanniques ont obtenu une promesse de la part du premier président africain du Kenya, Jomo Kenyatta, de ne pas faire de réclamation de compensation pour crimes de guerre. Robert Mugabe ne fit aucune promesse de ce genre, et le résultat est la crise actuelle dans laquelle les vétérans de guerre s'emploient à reprendre « leurs » terres aux colons.

Au Brésil et en Colombie, les peuples d'ascendance africaine continuent à rechercher des titres de propriété pour des terres qu'ils ont occupées pendant des siècles. En 2000, le Congrès du Brésil vota pour que les résidents des Quilombos, dans le nord-est du Brésil, reçoivent des titres de propriété à des terres qu'ils avaient occupées – pour certains depuis le XVe siècle, au moment où des africains créèrent des communautés indépendantes d'esclaves fugitifs. Des Afro-Colombiens reçurent également des titres de propriété pour des terres occupées par d'anciens esclaves, mais ils en ont été déplacés par les gangs paramilitaires de droite liés à l'armée colombienne. Les Afro-Colombiens eurent la malchance d'occuper des terres près des champs pétrolifères et des gisements de minéraux. Des massacres et déplacements forcés en extirpent la population. Selon Mary Jo McConahay, la province du Chocó, du côté du Pacifique, où résident 400 000 personnes, a souffert de plein fouet de la guerre Colombienne. La zone recèle des gisements minéraux cruciaux pour les industries de l'aérospatiale et du nucléaire ; des gisements de pétrole, d'or, et d'argent autant que la majeure partie du bois de construction que produit la Colombie. En 1998, le Gouverneur Afro-Colombien, Luis Murillo déclara le Chocó interdit d'accès à tout groupe armé, y compris l'armée nationale. Quelques mois plus tard, les tribunaux le démirent de ses fonctions et il fut kidnappé et pris en otage par un escadron de la mort à Bogota. Il a pu s'échapper et vit maintenant en exil à Washington D.C. (McConahay 2002).

Le plus grand défi auquel ce mouvement grandissant fait face est le besoin de développer une structure globale qui réunira ses différentes parties en vue du dialogue et du développement d'une vision et d'une stratégie de réparations globales. Il ne fait aucun doute, par exemple, que le kidnapping en masse et la déportation de millions d'individus à partir continent du africain est au cœur des réclamations de réparations de toutes les parties, qu'elles soient de la Caraïbe, de l'Afrique du Sud, des États-Unis, voire du continent africain lui-même. Ce commerce mondial en Africains et en produits tirés de leur labeur sous-tend aussi le second pilier de la campagne pour les réparations, à savoir l'accusation que l'Occident tira des richesses indues de plusieurs siècles de travail non-rémunérés d'Africains et de leurs descendants de la diaspora. Les Africains et les peuples d'ascendance africaine de la diaspora ont vécu et continuent à vivre le sort d'être ciblés et pointés du doigt, perçus en bloc comme un groupe racial indifférencié et stigmatisé, sans reconnaissance pour les individualités. L'esclavage, les lois Jim Crow, l'apartheid et le Colonialisme créèrent un système de castes racial, et ce système continue à déterminer les destins des peuples d'ascendance africaine. Par conséquent, un effort panafricain est impératif si ce que vise la campagne est de prendre en charge, à la fois, les implications globales de l'esclavage et ses séquelles dans le monde : la ségrégation, le Colonialisme et l'apartheid.

Ces efforts, entrepris aux niveaux national et international, sont certes fort louables, mais ils requièrent une critique plus approfondie du capitalisme ainsi qu'une stratégie idoine pour lier ces campagnes aux mouvements mondiaux contre le capitalisme. Ces mouvements seraient des alliés naturels du mouvement pour les réparations si ces questions étaient définies comme des parties intégrantes d'une attaque multidimensionnelle contre l'oppression basée sur la race et la classe, au lieu de se centrer sur des appels aux excuses et aux chèques. Les réparations doivent être vues non comme une fin mais comme un moyen pour atteindre une distribution plus équitable des richesses et du pouvoir, pour la création d'une culture globale de démocratie, et pour le démantèlement des structures d'apartheid partout dans le monde. Dans les termes de Robin Kelly (2002) : « La campagne pour les réparations, malgré sa contribution potentielle à l'élimination du racisme et au reconstruction du monde, ne peut jamais constituer une fin en soi. L'argent et les ressources demeurent toujours importants, mais l'on ne peut acheter une nouvelle vision et de nouvelles valeurs. Faire l'économie d'une critique, ne serait-ce que rudimentaire, de la culture capitaliste qui nous consume, peut faire déboucher les réparations elles-mêmes sur des conséquences désastreuses » (Kelley 2002:133).

Conclusion

La contribution des intellectuels africains migrants au développement de l'Afrique doit être examinée dans le contexte du capitalisme prédateur. Comment un intellectuel migrant peut-il influencer la vie africaine au-delà de l'acte passager d'envoi de fonds pour les frais de scolarité de ses frères et sœurs ? En fait, les Africains de la diaspora doivent prendre l'initiative d'élaborer des réseaux d'immigrants de haut niveau. De telles initiatives, menées par la diaspora, existent déjà comme nous l'avons plus haut. Le Mouvement Anti-Apartheid, surtout, fournit l'exemple d'une campagne réussie, qui s'était déployée pour changer la politique étrangère américaine au bénéfice des Africains. Les trois mouvements (l'abolitionnisme, le Mouvement pour une Afrique du Sud Libre et le Mouvement Panafricain pour les Réparations) ont transformé le concept de droits humains, en réalisant l'inclusion des peuples d'ascendance africaine. Les abolitionnistes africains se servirent des médias disponibles à leur époque faire avancer une vision particulière du mouvement anti-esclavagiste comprenant l'égalité et les droits humains. Les abolitionnistes blancs, tout en s'opposant à l'esclavage en tant que système, n'étaient pas nécessairement partisans de l'égalité. Par le fait d'étendre le champ d'application du concept de droits humains, les abolitionnistes noirs participèrent activement à la construction de la modernité. Le Mouvement Anti-Apartheid fit avancer ce processus en forçant l'Occident à reconnaître que l'apartheid était un « crime contre l'humanité ». A bien des égards, le Mouvement Anti-Apartheid évolua au même rythme que le discours des droits humains qui marqua les suites de la seconde guerre mondiale. L'apartheid fut mis en discussion lors de la première Assemblée Générale des Nations Unies et au moment de l'adoption de la Convention Internationale sur les Droits de l'Homme. De 1948 à 1968, les États-Unis, le Royaume-Uni et leurs alliés occidentaux apporta leur soutien à la discrimination raciale opérant en Afrique du Sud, par véto interposé et en contournant les sanctions internationales. Les politiques de la diaspora africaine, reflétées par TransAfrica, le Mouvement pour une Afrique du Sud Libre et le Caucus Noir du Congres Américain obligèrent alors les États-Unis à changer de politique étrangère à l'égard de l'Afrique du Sud. Ce projet politique est visible dans la campagne actuelle pour les réparations qui a mobilisé les mêmes énergies qui menèrent autrefois la campagne contre l'apartheid. Ces mouvements démontrent qu'il demeure possible de construire un lobby africain en Occident et d'influencer les politiques des superpuissances mondiales telles que les États-Unis. Ces précédents devraient nous servir de modèles, à l'avenir, pour l'élaboration des politiques de la diaspora africaine.

Traduit de l'anglais par Antoinette Tidjani Alou.

Bibliographie

Adams, R. H., 2003, *International Migration, Remittances and the Brain Drain: A Study of 24 Labor-Exporting Countries, World Bank Policy Research Working Paper 3069.* Washington. D. C. (http://ww w.un.org/esa/popula tion/meetings/thirdcoord2004/ P11_WorldBank.pdf).

Alkalimat, A., 2000, telephone interview, April.

Bennett, L., 1974, *Panafricanism at the Crossroads*, Ebony, September, pp. 148-160.

Brooks, R.L. (ed.), 1999, *When Sorry Isn't Enough.* New York: New York University Press.

Carney, J., 2001, *Black Rice: The African Origins of Rice Cultivation in the Americas*, Cambridge: Harvard University Press.

Crocker, C, 1980, *South Africa: Strategy for Change,* Foreign Affairs, Winter 1980-81.

Diggs, C. 1969, *Report of the Special Study Mission to Southern Africa* (Washington DC: Government Printing Office). Avaialble on www.aluka.org.

Diggs, C., 1969, *South Africa and United States Foreign Policy Hearing Before the Subcommittee on Africa.* Washington: US Government Printing Office.

Diggs, C., 1970, *Foreign Policy implications of Racial Exclusion in Granting Visas* Washington: US Government Printing Office.

Drake, S.C., 1982, *Diaspora studies and Panafricanism*, in Joseph Harris ed. *Global Dimension of the African Diaspora*, Washington: Howard University Press, pp. 341-404. Gates, H.L., 1987, *The Classic Slave Narratives*, New York: Penguin Books.

Gilroy, P., 1993, *The Black Atlantic: Modernity and Double Consciousness.* Cambridge: Harvard University Press.

James Forman, 1985, *The Making of Black Revolutionaries,* (Washington D.C.: Open Hand). Fierce, M., 1993, *The Panafrican Idea in the United States African American Interest in Africa and Interaction with West Africa.* New York: Garland Publishing, 1993, xix.

Fuller, Howard, 1974, *Notes from a Sixth Panafricanists Journals, Black World*, October 1974, pp. 70-88.

Harding, A. 2002 *UK begins paying Kenya compensation*, BBC, 20 November, p. 1. (http:// news.bbc.co.uk/1/hi/world/africa/2495847.stm)

Baraka, A., 1974, *Some Questions About Sixth PAC, The Black Scholar*, October 1974: 44. Jacobson, M.F., 1999, *Whiteness of a Different Color : European Immigrants and the Alchemy of Race,* Cambridge: Harvard University Press.

James, C.L.R., 1974, *Attacks on the Sixth Panafrican Congress, Race Today*, October 1974, pp. 282-283.

Kaipur, D., 2001, *Diasporas and Technology Transfer, Journal of Human Development*, Vol. 2 (2), July, pp. 265-286.

Kelley, R., 2002, *Freedom Dreams: The Black Radical Imagination.* New York: Free Press. Kisogie, B., 1974, *State Exhibitionism and Ideological Glamour, Transition*, No. 46 1974, pp. 6-12. Los Angeles Times, August 12, 1988. p. A1.

McConahay, M., 2002, *For Afro-Colombians, the war is not about drugs.* NCM Online, 12 June. Nesbitt, F.N., 2001, *New media, old struggles: Panafricanism, anti-racism and information technology, Critical Arts a Journal of South-North Cultural and Media Studies*, Volume 6, 2001, pp. 117-134

Nesbitt, F.N., 2004, *Race for Sanctions: African Americans Against Apartheid, 1946-1994*, Bloomington: Indiana University Press.

Ofari, E., 1974, *A critical view of the Panafrican Congress*, The Black Scholar, July-August: pp. 12-15.

Ofuatey-Kodjoe, B, 1986, *Panafricanism: New Directions in Strategy*, Lanham: University Press of America.

Robinson, R., 2000, *The Debt: What America Owes to Blacks.* New York: Penguin Putnam, Inc. Robinson, R., 1998, *Defending the Spirit A Black Life in America*, New York: Dutton.

Shepperson, G., 1962, *Panafricanism' and 'panafricanism: Some Historical Notes, Phylon* 23 (Winter 1962): 346-58

Thompson, V. B., 2000, *Africans of the Diaspora: The Evolution of African Consciousness and Leadership in the Americas.* Trenton: Africa World Press. Tribune, Chicago Tribune, Oct. 6, 1985, p. 24C.

Walters, R., 1995, *Panafricanism in the African Diaspora A Study of Modern Afrocentric Movements,*

Washington, D.C.: Howard University Press. Wood, P., 1974. *Black majority*, New York: Knoff.

9

Nkrumah et le Panafricanisme : 1942-1958

Marika Sherwood

Cet article retrace les tentatives de Kwame Nkrumah pour créer l'Association Panafricaine. Kwame Nkrumah était imprégné de notions d'Unité Africaine de manière très précoce dans sa vie. Alors qu'il étudiait aux Etats-Unis, Francis (comme il s'appelait alors) Kwame Nkrumah avait écrit à propos de la nécessité pour la Fédération de l'Afrique de l'Ouest de permettre aux Africains de « légiférer et gouverner sans interférence extérieure » (Nkrumah 1943:9)[1]. En 1942, il avait envoyé un programme (dont je n'ai pu trouver une copie) à un camarade étudiant originaire de la Gold Coast, K. A. B. Jones-Quartey, afin que celui-ci l'utilise comme « un point de départ pour les développements et les unifications dont je parle ». C'est notre tâche, écrit-il, « de construire, d'unir et de développer… ». Dans une note non-datée, alors qu'il est toujours aux Etats-Unis, Nkrumah écrivit : « j'ai toujours rêvé d'une Union – les Etats-Unis d'Afrique de l'Ouest sous contrôle africain ».[2]

Nkrumah arriva des Etats-Unis en Grande-Bretagne à la fin du mois de mai 1945, pour s'inscrire en doctorat – d'abord à la London School of Economics et ensuite à University College. Dans chacune de ces institutions les résultats purement académiques de l'étudiant Nkrumah furent moyens. En revanche, selon son *Autobiographie*, il « passa beaucoup de temps à squatter chez George Padmore », le révolutionnaire panafricaniste trinidadien, à discuter philosophie et stratégies politiques. Il rejoignit la WASU (West African Students association/ Union des Etudiants Ouest-Africains) et en devint un membre très actif, et il accepta l'offre de Dorothy Padmore, l'épouse de George, de tenir le rôle de Secrétaire régional de la Fédération Panafricaine.

La Fédération Panafricaine, carrefour de l'unité d'action panafricaine

La Fédération panafricaine, animée par Dr. Peter Milliard, président et Ras Tafari Makonnen, trésorier, tous deux guyanais anglophones, avait été fondée par George

Padmore à Manchester en 1937, pour organiser une Conférence panafricaine. Il s'agit d'un collectif d'organisations telles que l'Association des Noirs (Manchester), l'Association des travailleurs de couleur (Londres), l'Union africaine (Glasgow), l'Association des peuples de couleur (Édimbourg), l'Association des étudiants d'origine africaine (Dublin), l'Association centrale des Kikuyu de Jomo Kenyatta, la Ligue africaine de la jeunesse (section de la Sierra Leone) de Isaac Wallace-Johnson.

Padmore saisit l'opportunité que constituait la rencontre préliminaire de la Fédération mondiale des syndicats (World Federation of Trade Unions, WFTU) à Londres, en février 1945, pour convoquer une réunion de la Fédération panafricaine[3] et des nombreux travailleurs des colonies qui y assistaient, afin de discuter de l'organisation d'une Convention Panafricaine. Il fut alors convenu de tenir celle-ci à Paris, en septembre, immédiatement après la première Conférence de la Fédération Mondiale des Syndicats, puisque les délégués coloniaux seraient de nouveau disponibles. Dorothy Padmore et le Bureau International des Services Africains – International African Service Bureau – une autre organisation héritière de l'Internationale africaine des Amis de l'Ethiopie, dirigée par Padmore, fondée à la fin des années 1930 lors de l'invasion de l'Ethiopie par l'Italie, se mirent au travail immédiatement, à la fois pour organiser la Conférence et produire une première mouture d'un Manifeste pour la Conférence des Nations Unies de juin 1945 à San Francisco. Une conférence de presse fut alors tenue afin de trouver un soutien ; environ 300 personnes y assistèrent, dont de nombreux militaires africains-américains alors basés à Manchester. Elle fut accueillie avec enthousiasme. De nombreuses autres personnes rejoignirent la Fédération Panafricaine afin d'organiser le projet du Congrès Panafricain qui avait été proposé. W.E.B. Du Bois eut connaissance de ce projet par un rapport paru dans le Chicago Defender et prit contact avec Dorothy Padmore, lui proposant une coopération, qui aboutit au Mémorandum à l'attention de l'Organisation des Nations Unies, rédigé essentiellement par Du bois.

Le Congrès Panafricain de 1945 à Manchester

Ce qui fut appelé le 5e Congrès Panafricain (PAC)[4] s'ouvrit le 15 octobre à Manchester en Angleterre.[5] Il y eut plus de deux cents (200) délégués et observateurs, rapporta George Padmore, représentant des syndicats, des fermiers, des organisations politiques et des étudiants (Padmore 1972:132-148). Du bois présida quelques-unes des sessions, notamment L'Impérialisme en Afrique du Nord et de l'Ouest, ou L'oppression en Afrique du sud, Tableau de l'Afrique de l'Est. Trois délégués représentaient des organisations de Sierra Leone ; cinq représentaient des organisations nigérianes ; quatre autres étaient de la Côte d'Or ; deux pour les associations de Gambie, du Libéria et de l'Afrique du Sud (Adi & Sherwood 1995:102 – 112)[6] ; et une pour chacune des associations d'Ouganda, du Tanganyika, du Kenya et Nyassaland. Il y avait trente-et-un représentants des colonies anglaises caribéennes et trente-deux représentants des organisations noires de Grande-Bretagne. Beaucoup de ces représentants étaient temporairement en Grande-Bretagne[7] en tant qu'étudiants.

Parmi ces représentants, les noms qui vont suivre sont tirés d'une liste minimale de ceux qui, en Afrique, ont continué à organiser – ou y sont retournés pour organiser – et contribuer à l'indépendance de leur pays : Ako Adjei (Côte d'Or) ; Joe Appiah (Côte d'Or) ; G.G Ashi-Nikoi (Côte d'Or)[8] ; Obafemi Awolowo (Nigéria) ; Hastings K. Banda (Nyassaland) ; F.O.B. Blaize (Nigéria) ; H.O. Davies (Nigéria) ; J.C. DeGraft Johnson (Côte d'Or) ; E. Garba-Jahumpa (Gambie) ; Jomo Kenyatta (Kenya) ; Wallace Johnson (Sierra Leone) ; Kwame Nkrumah (Côte d'Or) ; A. Ogunsanya (Nigéria) ; JajaJaja Wachuku (Nigéria) ; Magnus Williams (Nigéria).

Une liste impressionnante, représentant à la fois le « peuple » et l'intelligentsia. Mais il n'y avait personne de l'Afrique dite francophone. Mursi Saad El-Din assista en tant qu' « observateur » de l'Egypte (El-Din 2001). Que deux hommes soient listés comme « délégués fraternels » de la Somalie montre les limites qui existent alors dans la définition du « Panafricanisme ». Néanmoins, les résolutions inclurent ces zones non-représentées.

Les résolutions passées concernaient plusieurs formes de discrimination raciale, de travail forcé, et appelaient la mise en place de droits syndicaux et l'attribution d'une franchise universelle en Afrique du Sud et dans les colonies. Les résolutions principales furent proposées pour :

- la complète et absolue indépendance pour les peuples de l'Afrique de l'Ouest ;
- le retrait des forces armées britanniques d'Egypte ;
- l'attribution au Soudan d'une indépendance complète de la domination coloniale britannique et égyptienne ;
- la reconnaissance des revendications des peuples indigènes de Tunisie, d'Algérie, du Maroc et de Lybie [pour une libération] des tutelles française et italienne ;
- les droits démocratiques et d'autonomie pour les peuples du Kenya, Ouganda, Tanganyika, Somaliland et Zanzibar ;
- la non-incorporation du Bechuanaland, Basutoland et du Swaziland à l'Afrique du Sud ;
- une fédération d'Afrique de l'Ouest fondée sur une autonomie interne et basée sur le suffrage universel à la majorité ;
- le retrait de l'administration militaire britannique du sol éthiopien, suite à la défaite de l'Italie mussolinienne lors de la seconde guerre mondiale.[9]

Comme indiqué plus haut, un mémorandum basé sur ces résolutions fut rédigé et soumis à l'Organisation des Nations Unies, récemment créée, le 26 juin 1945 à San Francisco.

Le document fut remis à W.E.B. du bois, pour une validation ultérieure à travers des contributions attendues des organisations afro-américaines, avant qu'il ne soit finalement présenté aux Nations Unies. Le document retravaillé appelait à « une représentation adéquate des personnes de couleur du monde dans l'Organisation des Nations Unies… » Il admit que :

> par l'organisation, le Congrès Panafricain n'a pas été entièrement représentatif, mais il a une grande portée et une influence croissante parmi les Noirs et a aidé à amener les Afrodescendants à sympathiser et à coopérer avec leurs frères africains. Les citoyens américains et caribéens d'origine africaine considèrent comme spécifiquement approprié de devoir partager la responsabilité de la libération et de la modernisation de l'Afrique.

Le mémorandum fut alors signé par 36 organisations des Amériques, d'Afrique et de Grande-Bretagne (Thompson 1969:338-342) . Nous n'avons pas pu établir s'il y a eu une réponse officielle des Nations Unies ou non.

Les historiens du Panafricanisme s'accordent sur l'importance et la pertinence de ce Congrès, bien qu'il n'y eût que 11 Africains à la Conférence panafricaine de 1900 et que, compte tenu des circonstances, les Blancs furent nombreux dans les Congrès duboisiens. W. Ofuatey-Kodjoe, politologue, résume son importance en ces termes :

> Les buts du mouvement panafricaniste ont évolué du réformisme pro- intégration à un plaidoyer explicite en faveur de la libération nationale et de l'indépendance, et la stratégie… de mobilisation des masses pour une action politique non-violente, non-coopérative et positive… Le Congrès fut significatif car il raviva le mouvement après une quasi-mort de près de deux décennies, et lui donna les ressources idéologiques et organisationnelles dont il avait besoin pour être un vecteur viable de la révolution africaine, Ofuatey- Kodjoe (1986:8).

Nkrumah revendique le fait d'avoir rédigé le draft de la Déclaration du Congrès des peuples coloniaux, qui soulignait l'importance de former un front uni dans la lutte contre le colonialisme. « La lutte pour le pouvoir politique est le premier pas et le présupposé nécessaire de compléter une émancipation sociales, économique et politique ». On y indique aux travailleurs que leurs armes étaient « la grève et le boycott » ; les intellectuels et les classes professionnelles doivent former des coopératives, se battre pour les droits syndicaux, pour la liberté de la presse et le droit de se réunir. La Déclaration signée du Secrétariat National Ouest-Africain conclut avec ceci : « Peuples coloniaux et assujettis du monde, unissez-vous ! (Padmore 1956:171-2) »[10].

Londres 1945-1947 : formation du CPP ; 1949 : (le secrétariat national de l'Afrique de l'Ouest)

L'une des tâches de Kwame Nkrumah étant d'adresser des invitations à la Conférence aux innombrables personnes du carnet d'adresses de George Padmore, son propre nom devint connu de beaucoup de monde. Il saisit cette opportunité, et celle que constituait le Congrès panafricain lui-même, ainsi que son activisme au sein de l'Union des étudiants de l'Afrique de l'Ouest, la West African Students Asssociation (WASU), pour discuter la formation d'une organisation radicale. Le 14 décembre 1945, Kojo Botsio,[11] Bankole Awoonor-Renner,[12] Ashie Nikoi,[13] Wallace Johnson,[14] Bankole Akpata[15] et Kwame Nkrumah formèrent donc le Secrétariat National Ouest-Africain (SNOA/WANS – West African National Secretariat) afin d'encourager « l'esprit d'unité et de solidarité entre les Ouest-Africains ».[16] Nkrumah fut élu Secrétaire Général, Wallace Johnson était le président. Le WANS publia ses objectifs dans un pamphlet qui faisait ressortir les mots « l'Afrique de l'Ouest est un pays : peuples de l'Afrique de l'Ouest, Unissez-vous ! ». Les objectifs étaient de :

- fournir des informations avec pour vision de réaliser un Front Ouest Africain pour une Indépendance Nationale de l'Afrique de l'Ouest Unie ;
- éduquer les peuples, notamment les classes prolétaires, des pays impérialistes quant aux problèmes de l'Afrique de l'Ouest ;
- encourager un esprit d'unité nationale et de solidarité au sein de l'Afrique de l'Ouest ;
- penser la formation d'un Congrès National réunissant toute l'Afrique de l'Ouest.[17]

Nkrumah souligna que sur « toutes questions touchant au destin de l'Afrique de l'Ouest, les différences personnelles et tribales, les opinions et les défauts ne doivent pas nuire à notre lutte pour… l'unité… Seulement à travers l'unité et l'organisation, les Africains de l'Ouest « trouveront-ils la force ». Dans un article publié dans le Ashanti Pioneer le 9 février, Nkrumah revendiqua que le soutien au WANS de la Société de Protection des Droits des Aborigènes – the Aborigines' Rights Pro- tection Society (ARPS), de la Jeune Ligue Ouest-africaine de Sierra Leone – *West Africa* Youth League of Sierra Leone – (Wallace Johnson), du Comité des Fermiers de la Gold Coast – Gold Coast Farmers' Committe – (Ashie Nikoi et du Congrès des Syndicats de Sierra Leone – Sierra Leone Trades Union Congress, TUC.

Après avoir défini les buts du Secrétariat Général de l'Afrique de l'Ouest, Nkrumah « recommanda au nouveau secrétariat de soutenir sérieusement tous les Africains progressistes de l'Afrique de l'Ouest », avant de conclre « Longue vie au SNOA ! ».[18]

Suivant la politique du Bureau des Services Internationaux Africains de Padmore (International African Service Bureau), le WANS reconnut la nécessité d' « éduquer » les Africains – spécifiquement ouest-africains – en partie en publiant un article mensuel. En mars 1946, le premier numéro du bulletin *The New African* fut publié, avec pour slogan « Pour l'unité et l'indépendance absolue » (*For Unity and Absolute Independence*), et prêchait dans ses colonnes éditoriales l'unité africaine et le nationalisme.[19]

Comme il n'y avait pas eu de représentants francophones au Congrès de Manchester, Nkrumah se rendit à Paris pour discuter de certaines questions avec Léopold Sédar Senghor, Félix Houphouët-Boigny, Lamine Guèye et Sourous Apithy, tous délégués africains à l'Assemblée nationale française. Selon Nkrumah, ils « prévoyaient, entre autres choses, un mouvement pour l'Union des Républiques Socialistes de l'Afrique de l'Ouest » (Nkrumah 1957:57). En conséquence, Léopold Senghor et Apithy assistèrent à une conférence convoquée par le WANS et la WASU en septembre, sur le thème de « l'unité et l'indépendance de toute l'Afrique de l'Ouest ». Apithy parla des frontières contre-nature séparant les Africains – tous les Africains devraient être unis en une seule communauté, observa-t-il.

La conférence « approuva les résolutions du Congrès de Manchester et demanda l'autonomie immédiate et absolue ». Les résolutions appelèrent à la création d'un Congrès National Ouest-Africain (Smertin 1987:62), pour favoriser des rencontres en Afrique de l'Ouest « aux environs de la fin de l'année [suivante]. Cela requerrait une convention constitutionnelle des peuples de l'Afrique de l'Ouest, qui formulera sa propre constitution avec un programme d'action politique, visant à créer un gouvernement constitutionnel provisoire… ». Le but ultime d'une Union des États Socialistes de l'Afrique de l'Ouest (*United Socialist States of Africa*) était clair et la proposition fut faite qu'une langue commune soit trouvée « que tous parleraient en plus de leur propre langue ». Le Secrétariat devait « initier des conseils territoriaux et locaux… pour rallier les masses des peuples Ouest-africains derrière le Congrès ». Une Afrique de l'Ouest indépendante politiquement devait être fondée.[20]

L'*Observer* de la Gold Coast, dans son numéro du 14 février 1947, incluait un appel à « toutes les organisations pour former des conseils nationaux » qui serviraient de « fondations pour le Conseil National de l'Afrique de l'Ouest ». Les arrangements pour un appel à une conférence seront discutés à une réunion à Paris, organisée par « les Collègues Ouest Africains Français » (French West African Colleagues). Une lettre du « Secrétaire-Général », fut imprimée dans l'Ashanti Pioneer le 6 juin. C'était l'« aube d'une nouvelle ère », affirma Nkrumah, l'« ère du Nationalisme Ouest-Africain », qui présuppose la lutte pour l'émergence d'une Afrique de l'Ouest libre, unie et indépendante, d'une union fédérale de tous les territoires en Afrique de l'Ouest, sous un gouvernement central du peuple, pour le peuple, par le peuple ouest-africain. Puisque sans pouvoir politique entre les mains des peuples ouest-africains eux-mêmes, aucun progrès économique et social ne peut être réalisé sous contrôle étranger.

De plus, des affichettes du WANS furent imprimées. Ils disaient que l'Association avait repris le rôle du Conseil National de l'Afrique de l'Ouest Britannique (National Council of British West Africa, NCBWA). Les « institutions historiques, coutumières, économiques et politiques » qui avaient rendu « l'Afrique de l'Ouest unie » avaient été détruites par l'Impérialisme.

Nkrumah retourna à Paris pour des discussions plus approfondies. Ceci aboutit à l'annonce qu'un Congrès National Ouest-Africain se tiendrait à Lagos en octobre 1948. Le 12 novembre 1947, l'Ashanti Pioneer publia une lettre signée par le trésorier du WANS, définissant les contours de la conférence. On demanda à tous les « territoires » Ouest-Africains d'envoyer des représentants « élus démocratiquement par les organisations membres ».

En 1947, Nkrumah publia un pamphlet, *Towards Colonial Freedom* (Vers la libération du Colonialisme), dans lequel il analysait les effets du colonialisme en Afrique et critiqua sévèrement les politiques des Anglais. Nkrumah demanda « la liberté démocratique » et politique, « une indépendance complète et inconditionnelle » et « une reconstruction sociale », qu'il définit comme « la libération de la pauvreté et de l'exploitation économique ». Il affirmait que « les colonies Ouest-africaines… devaient s'unir et devenir une entité nationale, absolument libre des encombrements de la loi étrangère ». Les mots de conclusion sont : « Peuples des colonies, unissez-vous ».[21]

Nkrumah retourna en Gold Coast en novembre 1947 afin d'être investir du poste de Secrétaire général à la Convention unie de la Gold Coast (United Gold Coast Convention, UGCC), un parti politique composé principalement d'intellectuels. Dans son discours d'ouverture à Londres, il affirma qu'afin de promouvoir le Congrès de Lagos, il s'arrêterait à Freetown, et ensuite au Libéria où il tenta de demander au Président Tubman s'il pouvait ouvrir le Congrès de Lagos. Avec l'aide de Wallace Johnson, toujours président de la West African Youth League, Nkrumah rencontra tous les leaders de la Sierra Leone et réussit à obtenir une promesse de coopération pour la formation d'un « front et d'un travail commun pour l'unité Africaine ». Le Président Tubman n'était pas à Monrovia quand le bateau de Nkrumah arriva à quai, donc il put seulement rencontrer « plusieurs hommes politiques », dont il eut l'impression que le Libéria indépendant serait réticent à participer à une conférence « composée uniquement de représentants de territoires sous statut colonial » (Nkrumah 1957:64-65).

Le message de nouvel an du WANS, signé par Bankole Awoonor-Renner, demandait un soutien financier et moral pour le Congrès.[22] Mais en fait il n'y eut pas de Congrès. Pour quelles raisons ? Nkrumah n'était-il pas trop pris par les politiques locales ? Ou était-ce ce que Nkrumah avait dit à la Commission Watson qui fit qu'à son retour il ne trouva devant lui que l'évidence d'un désir d'unité nationale, et non panafricaine ; évidence à laquelle il sentit devoir se conformer.[23] Aurait-il abandonné son Panafricanisme en dépit de plaidoyers continuels de ses collègues londoniens de ne pas le faire.[24]

Nkrumah et d'autres leaders de l'UGCC furent emprisonnés en 1948 pour « incitation à l'agitation sociale ». Après sa relaxe, Nkrumah forma son propre parti politique, le Parti Populaire de la Convention (the Convention Peoples' Party). On accorda à la Gold Coast l'autonomie. L'attachement de Nkrumah pour le Panafricanisme se manifesta dans les « buts et les objets » de son parti. Les objectifs internationaux inclurent de travailler avec « des mouvements socialistes et démocratiques en Afrique… pour abolir le colonialisme… » et « pour soutenir la demande de la fédération Ouest-Africaine et du Panafricanisme en promouvant unité d'action entre les peuples d'origine africaine (Milne 2000:28-29) ». En 1950, Nkrumah fut accusé de sédition et de nouveau emprisonné, pour n'être relaxé que lorsque le CPP gagna les élections sous la nouvelle constitution en Février 1951. Il fut nommé « Leader des Affaires Gouvernementales » (*Leader of Government Business*). Les protestations conduisirent à l'amendement de la constitution et le statut de Nkrumah changea de prisonnier à Premier Ministre au début de l'année 1952. Il ne fit face à rien d'autre qu'à une nation unifiée.

Conférence de la Fédération ouest-africaine, Kumasi, Gold Coast, 1953

Nkrumah ne perdit pas de temps après sa nomination au poste de Premier Ministre pour convenir d'une Conférence de la Fédération Ouest-Africaine.[25] Comme le remarqua W. Mangwende dans son article sur l'OUA dans Zambezia (1984/5, vol. 12, p.22), « même alors qu'il s'engagea dans la lutte pour l'indépendance nationale, Nkrumah organisa une conférence à Kumasi, la capitale de l'Ashanti,[26] qui se voulait être un sixième Congrès panafricain ». En avril 1953, Nkrumah appela à l'organisation d'une conférence en août, de « leaders nationalistes d'Afrique de l'Ouest ainsi que de leaders d'autres organisations luttant contre l'Impérialisme ». Des plans seraient tirés pour créer « un développement d'une Afrique de l'Ouest Unie et la coordination de mouvements nationalistes ». Cette conférence serait préparatoire d'une « conférence panafricaine en 1954, pour discuter de l'Afrique en tant qu'entité ».[27]

Cette conférence rêvée se tint à Kumasi du 4 au 7 décembre 1953. Le Comité organisateur affirma que son « objectif politique » était l'« établissement d'un vrai état fédéral fort, capable de se protéger de l'invasion extérieure et de préserver la sécurité intérieure ». La fédération devrait être une démocratie parlementaire « qui respecte les traditions des diverses communautés composant l'Afrique de l'Ouest. Un tel état devrait donner espoir et créer une atmosphère de bonne volonté entre les peuples d'origine africaine à travers le monde… dans ses relations extérieures, une telle fédération devrait cultiver l'amitié entre des États intéressés par le destin de l'Afrique et devrait s'identifier au Commonwealth des Nations ».[28]

George Padmore, qui effectua un tour de la Côte d'Or en 1951, ne pouvait pas revenir pour assister à cette assemblée, mais envoya un message dans lequel il demandait à ceux qui y assistaient « de partager leurs expériences, d'étudier les techniques d'organisation, la propagande et la discipline de parti… et de revoir les défauts et les erreurs de leurs mouvements respectifs ».

Puis il lista ce qu'il pensait être les « facteurs fondamentaux qui constituent les éléments essentiels pour une réalisation réussie de leur objectifs ». Padmore compara la désintégration de la structure tribale du cadre social sous l'impact des forces sociales et économiques extérieures « au mouvement qui, en Europe, passa du tribalisme au féodalisme et ensuite au capitalisme. Mais, cela prit des siècles tandis que les Africains devaient accomplir cela très rapidement. Les loyautés tribales étaient remplacées par des loyautés plus larges qui devraient être canalisées si elles devaient servir de manière utile aux aspirations nationales émergentes.

Les partis politiques, écrivit Padmore, doivent dépasser les loyautés tribales et refléter les espoirs sociaux, politiques et économiques d'un peuple commun, coupant à travers les sentiments de race, de tribu, de couleur, ou de croyance… il expliquait que l'intégration nationale ne pouvait se réaliser qu'à travers des partis implantés au niveau national incluant tous les citoyens, dans leurs tentatives de créer des États nationaux modernes à partir des communautés tribales hétérogènes ; les leaders africains doivent toujours garder en vue les objectifs d'une Afrique de l'Ouest fédérée, précurseur des Etats-Unis d'Afrique.

L'Afrique ne doit pas répéter les erreurs fatales d'une Europe désunie lors de la guerre.

Ensuite, Padmore fit la liste des exigences imposées à ceux qui assumaient la direction politique : la résistance aux tentations matérielles [et aux] ruses des britanniques, [et ne doivent pas] divorcer d'avec les masses populaires… Les leaders sont les serviteurs de leur peuple, non leurs maîtres… Toute distanciation de cette relation entre les leaders et le peuple ouvre les portes à la dictature… les leaders politiques africains doivent chercher à créer un nouvel ordre social… une société plus égalitaire, humaniste et juste.

Puis, il continua en avertissant qu'« il y a, à l'heure actuelle, le grand danger d'une pleine acceptation des valeurs matérielles de l'Europe et de l'Amérique », et utilisa les convictions et les politiques du Mahatma Gandhi pour démontrer que l'ostentation n'était pas une condition nécessaire pour l'exercice du pouvoir. « Les leaders des partis politiques ouest-africains doivent faire de gros efforts pour réduire les inégalités sociales entre les leaders et le peuple, entre les nantis et les démunis. C'est uniquement ainsi que le trafic d'influence et la corruption seront purgés du corps politique ».

L'assistance était clairsemée : le Nigéria était bien représenté par Olufunmilayo Ransome-Kuti,[29] Nnamdi Azikiwe (NCNC),[30] H.O. Davies (alors membre du Congrès Populaire Nigérian),[31] autant de figures politiques bien connues, et

Mallam Aminu Kano, du Congrès Populaire du Nord, qui assista également au AAPC en 1958. W.F. Conton, un sierra-léonais vivant en Côte d'or et Lloyd Wishnant, le consul du Libéria à Accra, étaient les seuls représentants non originaires de la Gold Coast.[32] A cause de cette assistance peu nombreuse, W. Mangwende qualifia malencontreusement la rencontre de « fiasco ».

Bien que ce fût clairement une rencontre peu représentative, à la fois en ce qui concerne les pays (colonies) et les activistes politiques, on arriva à un accord vers la nécessité de former un Congrès National permanent de l'Afrique de l'Ouest. Cela devait aider à travailler à « amorcer l'émancipation politique, économique et sociale de l'Afrique de l'Ouest, de l'Afrique entière et des personnes d'origine africaine, et à poser les fondations d'une fédération de l'Afrique de l'Ouest, et du Panafricanisme ». L'État Fédéral « devrait être une démocratie parlementaire suivant le modèle du Commonwealth des Nations ». Ce devrait être un « vrai état fédéral fort, capable de se protéger de l'invasion extérieure et de préserver la sécurité intérieure ». L'adhésion serait ouverte aux représentants de partis politiques et les individus seraient invités en tant que membres compagnons et observateurs.

« Les quartiers généraux se situeraient en Gold Coast et, selon les termes de la Conférence, la fédération » engloberait toutes les catégories d'Africains et d'individus d'origine africaine ». Nkrumah insista sur le fait que la conférence était « un pas vers la libération de l'Afrique toute entière ». Il fut décidé que le Congrès se réunirait en 1954 pour réfléchir aux façons de réaliser la Fédération.[33]

Selon Philippe Decraene (1963:34), jusqu'à ce que Padmore arrive sur la scène, les résultats de la Conférence étaient « léthargiques ». Cependant, le contact était maintenu avec Nnamdi Azikiwe et Léopold Senghor, ainsi que Sourou Migan Apithy, qui avaient assisté à la Conférence du WANS à Londres six années auparavant.

Le message de George Padmore s'acheva avec les espoirs que les leçons apprises à la Conférence « bénéficieront… à l'avancée commune vers l'auto-détermination et la réalisation ultime de la Fédération ouest-africaine ».[34]

Le journal *West Africa*, basé à Londres mais largement lu, montra le 19 décembre qu'il n'y avait pas de représentation de la Gambie, où il y avait quelque opposition récente à la fédération, ou du Congrès Populaire du Nord de Nigéria. L'opposition contre Nkrumah en Côte de l'or n'était pas représentée non plus. L'auteur anonyme compara la conférence au Congrès National de l'Afrique de l'Ouest Britannique d'il y a presque trente ans et recommanda qu' « une coopération entre les territoires aujourd'hui » aiderait à réaliser la fédération politique envisagée, mais il croyait que cela était aussi invraisemblable qu'une fédération de l'Europe de l'Ouest. Mais le *Daily Telegraph* du 4 décembre avait expliqué pourquoi il n'y avait pas de représentants de la Sierra Leone et de la Gambie : l'organe législatif était en séance, donc aucun activiste ne pouvait partir.

Il y eut aussi des rapports aux Etats-Unis. Le *New York Times* (18 janvier 1954, p.4), posa une question très pertinente : « Avec la Gold Coast allant rapidement vers l'indépendance… qu'est-ce que la Grande-Bretagne espère sauver là-bas une fois que sa tutelle sera levée ? » Les journaux africains-américains relatèrent l'événement historique : le *Chicago Defender* (du 26 décembre 1953, p.1), commentait que « l'aspect significatif de la proposition de Nkrumah… est l'intention de fissurer le rideau de fer autour du Congo Belge… Toute l'Afrique de l'Ouest est sensible au nouveau nationa- lisme ». *Le Pittsburg Courier* (26 décembre 1953, p.8) argua que les délégués ne pensaient qu'aux affaires (business). A moins qu'il n'y ait coopération entre « Blancs et Noirs… dans une atmosphère de respect mutuel et de compréhension le continent sera livré aux dissensions », croyait le journaliste anonyme.

Conférence régionale de l'Afrique de la Confédération internationale des syndicats libres

Cependant, alors que Kwame Nkrumah devait gérer les défis des politiques intérieures antérieurs à l'indépendance, cette rencontre proposée n'a pu être tenue qu'après la libération du joug colonial en 1957.[35]

Mais Nkrumah n'avait pas tout à fait mis son Panafricanisme de côté : le 14 janvier 1957, la conférence inaugurale de la Conférence régionale de la Confédération des Syndicats libres d'Afrique (ICFTU/CISL) se tint à Accra. La conférence, à laquelle assistèrent les délégués de dix-sept territoires, fut présidée par le Président du Congrès des Syndicats du Ghana (Trade Union's Congress), John Tettegah.

Les préparatifs pour la conférence avaient commencé en juin, pendant une conférence de l'Organisation internationale du travail (OIT) à Genève, à laquelle assista Tom Mboya. Tom Mboya était le leader de la Fédération Kenyane des Syndicats au Registre (Kenyan Federation of Registered Trade Unions), qui étaient devenue membre de la CISL en 1952 (Goldsworthy 1982 : Parties 1 et 2). La CISL avait une grande estime pour Tom Mboya : il avait été envoyé pour aider les syndicats dans d'autres colonies africaines (dans l'ex-Tanganyika et en Ouganda) et aussi à des séminaires et des stages de la CISL à l'étranger (ex. Inde et Pakistan). En septembre 1955, Tom Mboya arriva au bureau de Bruxelles pour une courte visite à la CISL : il était en route pour assister à un cours au Ruskin College à Oxford, soutenu par le Congrès des Syndicats Britanniques.[36] En juillet 1956, Tom Mboya retourna à Bruxelles pour aider à préparer la « documentation quant aux questions économiques et sociales » pour la conférence africaine programmée. Il s'est avéré qu'il fut incapable d'assister à la conférence puisqu'il décida de se présenter aux élections au Kenya (Goldsworthy 1982 : Parties 1 et 2).[37]

Il est notoire que Nkrumah coopérait avec la CISL et non avec la Fédération syndicale mondiale (FSM), qui était l'équivalent communiste. C'est peut-être particulièrement surprenant alors que Sékou Touré, avec qui Nkrumah était sur le point de former une alliance, avait été un supporter loyal de la FSM. Cependant, comme à l'AACP à venir (cf. ci-dessous) il fut décidé d'établir la Fédération des Syndicat de l'Afrique, pourrait-on affirmer que Nkrumah devait apaiser – ou tenir à distance – les deux parties pendant cette période de Guerre Froide ? Le 5 novembre 1959 dans son discours à la rencontre inaugurale de la Fédération panafricaine des Syndicats (All-African Trade Union Federation) à Accra, il vit cette nouvelle organisation comme « une organisation de l'Afrique unie et indépendante, affiliée ni à la FSM ni à la CISL, une fédération purement neutre, amicale avec toutes les organisations internationales mais ne faisant allégeance à aucune, excepté à la Mère Afrique ». Tom Mboya du Kenya (cf. ci-dessous) s'opposa à cette proposition.[38]

Conférence des Etats indépendants africains, Accra, Avril 1958

Selon Rukudzo Murapa, lors des célébrations de l'indépendance du Ghana en 1957, Kwame Nkrumah discuta de la possibilité d'organiser une conférence des États indépendants avec les délégations africaines de passage et George Padmore.[39]

Nkrumah – ou était-ce George Padmore ? – établit une « commission » à Londres pour travailler sur les préparatifs de cette conférence. Dès le mois d'août 1957, des représentants de tous les pays invités s'étaient rencontrés à l'ambassade du Libéria à Londres. Le Ghana était représenté par Alex Quaison-Sackey, alors Secrétaire à la Haute Commission à Londres ; il fut nommé représentant du Ghana aux Nations Unies en 1959. Le journal londonien *West Africa* rapporta qu'ils abordèrent des questions relatives à la politique étrangère, au futur des territoires toujours sous tutelle, à la paix internationale et à l'échange de missions. Il y avait eu peu de contact entre ces nations auparavant, remarqua l'hebdomadaire, et les relations n'étaient « pas toujours amicales ». Le journal suggéra que cela devait certainement être dû en partie au fait que cinq des Etats étaient musulmans et deux des monarchies.[40] Du reste, comme se le demandait *Foreign Affairs*, qu'y avait-il pour réunir ces pays, excepté leur récente sortie du colonialisme et le fait qu'ils étaient situés sur le même continent, quoique vaste, et avec presqu'aucune histoire récente de communication entre eux ?[41]

Selon Kwame Nkrumah, « deux missions du Ghana se rendirent au Caire pour consulter le gouvernement égyptien » (Nkrumah 1962:125 ; 126-131). Ensuite, George Padmore, accompagné d'Ako Adjei et Kofi Baako (respectivement, Ministres de la Justice et des Affaires Etrangères) se rendirent dans tous les pays invités.[42] Dorothy Padmore relatait que George Padmore « tira une grande satisfaction personnelle de cette tournée, car tous les chefs d'Etat le connaissaient, même l'Empereur Hailé Sélassié, et avaient son livre *Panafricanisme ou communisme* à leur chevet ».[43]

Le Président Tubman du Libéria, le Prince Sahle Hailé Sélassié d'Ethiopie accompagné par Ato Abebe Reta, Ahmed Balafrej , Premier Ministre du Maroc,

Dr Wahbi El-Boury, Mahgoub, Dr. Sadok Mokaddem et Dr Mahmoud Fawzy, respectivement ministres des Affaires Etrangères de Libye, du Soudan, de Tunisie et de la République arabe unie, y assistèrent. Tandis que Nkrumah regrettait que seules les nations déjà indépendantes puissent assister, selon West Africa, le Docteur Félix Moumié, président du parti de l'Union des Populations du Cameroun (UPC), hors la loi au Cameroun francophone, et des représentants du Front de Libération National algérien étaient aussi présents[44] (Nkrumah 1962:125 ; 126-131).

Au niveau international, la Conférence eut un retentissement. Des remerciements furent envoyés, par exemple, par : l'Indonésie, la Corée du Nord, le Vietnam ; Abubakar Tafawa Balewa, le Premier Ministre du Nigéria ainsi que Nnamdi Azikiwe, le Premier Ministre de l'Est du Nigéria ; la CISL ; Moulay Merbah, Secrétaire Général du Mouvement National Algérien, et les unions des étudiants africains du monde entier. John Foster Dulles, Secrétaire d'Etat des Etats-Unis écrivit à l'assemblée que les Etats-Unis étaient « prêts à soutenir les efforts constructifs pour créer une communauté stable et prospère… dédiée aux principes de la Charte des Nations Unies. K. Voroshilov, Président du Presidium de l'Union des Républiques Socialistes Soviétiques (URSS), pensait qu' « aucune force ne peut contrôler les aspirations des peuples d'Afrique à accéder à l'indépendance ». Chou En-Lai, Premier Ministre de Chine, souhaita à la conférence « du succès pour la cause de l'opposition au colonialisme, la lutte pour l'indépendance nationale, l'opposition contre la discrimination raciale promouvant la coopération amicale entre les peuples africains et la sauvegarde de la paix dans le monde ».[45]

On doit noter le grand intérêt des pays engagés alors dans la Guerre froide. Leur intérêt pour l'Afrique, dits en termes favorables, ou l'accès exclusif aux minéraux de l'Afrique, etc... doit être souligné et les historiens doivent y lire « une clause dans leurs analyses de l'Afrique et du pouvoir en Afrique pendant cette période ».

Comme seules les sessions d'ouverture et de clôture étaient accessibles au public, les 50 à 60 journalistes devaient se contenter de dossiers de presse. La conférence souligna qu'une nouvelle perspective de l'identité africaine était nécessaire – le slogan de Kwame Nkrumah selon lequel « le Sahara ne nous divise plus, il nous unit », fut proclamé.[46] Le Prince Sahle Sélassié avança l'idée que : « Les Africains commencent à découvrir l'Afrique ».

Les Déclarations et les Résolutions confirmèrent la loyauté à la charte des Nations Unies, la Déclaration des Droits de l'Homme et aux principes de Bandung sur les droits de l'homme, l'auto-détermination et ses avertissements sur le « colonialisme dans ses nouveaux atours de modernité, sous la forme du contrôle économique, du contrôle intellectuel et du contrôle physique réel » (Arthur 1961:57).[47] Il était évidemment difficile d'arriver à un accord sur certaines questions puisqu'« une unité fondamentale de perspectives » est, dans une certaine mesure, contredite par la résolution de ne mener aucune « action qui pourrait empêtrer nos pays au détriment de nos intérêts et de notre liberté », ainsi qu' « une abstention de quelque pays que ce soit à exercer une pression sur les autres pays », tandis que l'Algérie pourrait être soutenue par « toutes les nations pacifistes exerçant une pression sur la France ». « Toute l'assistance possible » devrait être offerte aux luttes d'indépendance et « des infrastructures de formation » devraient être fournies. La résistance passive était le meilleur moyen d'aboutir à l'autonomie. Il y avait beaucoup de discussion sur la violente lutte de libération en cours en Algérie : la France fut pressée d'accorder l'indépendance dans les cinq prochaines années ou presque, et de retirer ses troupes ; un soutien non défini avec précision devait être offert. On demanda aux alliés de ne pas apporter de soutien à la France.

On arriva à un accord pour la coordination de plans de développement, de communication, de transport et d'un commerce intra-africain et sur des questions culturelles et éducatives. L'usage des armes nucléaires fut condamné. « Des mesures drastiques » devraient être prises pour éradiquer la discrimination raciale et la ségrégation. Afin d'éviter la confusion avec l'organisation panafricaine basée au Caire, il n'y eut aucune annonce quant à la nécessité ou non d'avoir un siège social pour cette organisation naissante ni où elle devait être basée.[48] Cependant, l'offre de la délégation éthiopienne de tenir la prochaine rencontre à Addis-Abeba dans un intervalle de deux ans, fut acceptée.[49]

Certains des discours de clôture furent publiés par le gouvernement du Ghana. Le Prince Sahle Sélassié remarqua : « au début, nous ne nous connaissions pas ; l'Afrique entre dans une ère… au cours de laquelle tous les Africains marcheront vers l'atteinte de la liberté et de l'indépendance, et la copération L'Afrique a parlé, c'est au reste du monde d'y répondre maintenant ». Wahbi El-Boury, le chef de la délégation libyenne avisa que ce n'était pas suffisant de promulguer des résolutions : « les peuples demandent… comment nous allons donner une expression concrète à ces résolutions ». Mohammed Diouri du Maroc[50] se réjouit que « ce dernier jour de notre conférence, l'Afrique est née. Nos liens ont été d'autant renforcés et notre solidarité tissée plus étroitement ». Il espérait qu'il y aurait une assistance plus importante lors de la prochaine conférence. Le Dr Mahgoub rapporta : « [nous avons] discuté de nos problèmes librement et sans peur… ; nous nous efforcions d'aller vers le même but, une Afrique libre et unie… nous sommes les précurseurs qui guiderons nos frères ».

Le porte-parole de la Tunisie, qui n'est pas nommé, remarqua également que « malgré la nature diverse et variée de nos convictions politiques, nous sommes parvenus à une unanimité de point de vues sur les questions fondamentales... Notre unique objectif est l'inauguration d'une nouvelle ère de justice, de liberté et de paix ».

Le Dr Fawzy Mahmoud affirma que la Conférence « annonce de manière formelle la naissance d'un Africanisme ouvert sur le monde, un Africanisme constructif, ambitieux, une entente pleinement consciente, et pleine de santé et de vigueur ». Kwame Nkrumah pensait que les buts de la Conférence avaient été atteints. « Nous sommes un… une entité symbolisée par notre Personnalité Africaine… Aujourd'hui, le Sahara est un pont qui nous unit… Je suis un partisan de l'Action Positive [comme] je pense que nous avons trop de mots et trop peu d'actions ». Il déclara que le 15 avril devait être célébré, chaque année, la Journée de la Liberté Africaine.[51]

L'historien nigérian Adekunle Ajala estima que « la conférence démontrait que le Panafricanisme avait émergé d'un idéalisme dans le champ politique. Il avait aussi clairement montré que les leaders africains étaient déterminés à voir l'Afrique non seulement libre mais aussi unie ».

Kwame Arhin, Directeur de l'Institut des Etudes Africaines de l'Université du Ghana (*Institute of African Studies at the University of Ghana*) écrivit que « le point significatif, peut-être, est qu'il avait été conclu que la conférence devrait être tenue de manière périodique. La décision assura la continuité de la conférence [Finalement] à Addis Abeba en mai 1963, la Charte de l'Organisation de l'Unité Africaine fut signée » (Ajala 1980:43) ; (Birmingham 1998) ; (Arhin 2000).

En Grande-Bretagne, la conférence fut comprise quelque peu différemment. *The Economist* relatait que la Conférence avait notifié aux puissances coloniales que quelqu'un d'autre écrivait un agenda pour l'indépendance africaine : ce sont les absents, les Africains que le Dr Nkrumah n'a pas invités, qui ont plus à gagner de la conférence et qui, une fois qu'ils auront pris leur place dans un nouveau système étatique africain pourront dominer les affaires du continent (*The Economist* 1958).

Diallo Telli, qui devait devenir le Secrétaire Général de l'OUA en 1965, analysa la Conférence :

> Le Panafricanisme, qui émergea comme un mouvement en quête d'identité parmi les personnes de couleur à l'étranger, et qui fut, plus tard, utilisé par les nationalistes africains comme une force pour inspirer leurs luttes pour l'indépendance, était maintenant élevé au niveau des relations étatiques parmi les pays africains… [C'était] un événement important qui mène à un point décisif dans le développement du Panafricanisme… la décision la plus significative fut la création aux Nations Unies du Groupe Africain, distinct du Groupe Afro-Asiatique, de manière formelle pour assurer les objectifs de consultation et de coordination des politiques.[52]

Presqu'immédiatement après la Conférence, Nkrumah partit rendre visite aux sept États qui y avaient assisté. Pour ce voyage avec le Premier Ministre, il y avait George Padmore, son conseiller pour les Affaires Africaines, et huit officiels du gouvernement. Sans surprise, Nkrumah passa la plus grande partie de son séjour en République Arabe Unie. A son retour, Nkrumah diffusa un compte-rendu de ses visites, s'y référant comme une réussite exceptionnelle : « Je fus capable de discuter des voies et moyens de renforcer encore plus les liens d'amitié et d'améliorer les relations économiques et culturelle ; la tournée nous a donné l'opportunité de discute d'un problème très cher à mon cœur, la libération anticipée de tous les territoires dépendants en Afrique. L'indépendance du Ghana n'aurait pas de sens si elle n'était liée à la libération totale du continent africain tout entier. Mais afin de pouvoir assister ceux qui nous regardent comme une source d'inspiration et de leadership, nous devons jalousement préserver notre indépendance, durement acquise, notre intégrité territoriale et notre souveraineté... Nous devons adopter tous les moyens nécessaires pour sauvegarder ceux-ci, contre les machinations et les intrigues de ceux qui, ouvertement ou de manière subversive, essaient de mettre à mal notre unité nationale et de nous voler notre indépendance ».[53]

Kwame Nkrumah voulait connaître les pays, bâtir des relations et il tenait beaucoup à empêcher les États indépendants de retomber dans des situations nationales étriquées. Nkrumah voulait accélérer du processus de libération et aussi le processus d'unification... [Le voyage] était une réussite politique en ce qu'il aida à l'établissement d'un précédent, celui des rencontres entre Chefs d'États indépendants . Cela promut le début d'une période de l'histoire africaine, de changement rapide et dynamique.[54]

Presque simultanément une mission de bons offices de cinq personnes venant d'Egypte arriva à Accra.[55]

L'Union Ghana-Guinée, Novembre 1958

La première alliance entre deux États indépendants africains fut formée durant cette année capitale. La Guinée sous le commandement de Sékou Touré rejeta ce qui était vu comme une phagocytose par les nouvelles politiques de la France et vota pour une indépendance totale. En novembre 1958, Sékou Touré et Nkrumah annoncèrent une alliance dont ils espéraient qu'elle « initierait le processus d'unification en mettant en place une organisation embryonnaire que d'autres États pourraient rejoindre comme et quand ils le voudraient ». Les deux Etats devaient être « le noyau d'une Union des Etats Ouest-Africains ». Des ministres devaient être changés, qui seraient « reconnus comme membres des deux gouvernements ». Des politiques, spécialement dans les « domaines de la défense, des affaires étrangères et de l'économie » devraient être harmonisées.

On demanda aux Assemblées nationales de ratifier la décision de leurs présidents. La « formulation d'une Constitution pour l'établissement d'une Union » devait être la prochaine étape.[56] Le Ghana offrit un prêt de 10 millions de livres nécessaires car les Français avaient supprimé et/ou détruit une grande partie des infrastructures de la Guinée en représailles au fait de n'avoir pas voté en faveur des politiques assimilationnistes de la France.[57] En Grande-Bretagne, la WASU célébra cette union, tandis que certains protestaient contre le fait que Nkrumah emmène un « étranger dans le Commonwealth ».[58]

Mais alors que cela laissait une grande partie de l'Afrique hors de la carte, toujours en lutte contre le colonialisme, Nkrumah décida de convoquer une autre conférence.

La Conférence panafricaine des Peuples (All-African Peoples' Conference), Accra, décembre 1958

Le 9 septembre, *West Africa* rapporta que cette seconde conférence se tiendrait du 5 au 12 décembre. Mais autant que je sache actuellement, ce n'était pas à la une des informations qui firent l'actualité à Accra jusqu'au *Evening News* du 7 novembre. Il fut demandé à des organisations du Royaume-Uni, de France, de Suisse et des Etats-Unis d'envoyer des « délégués sympathisants ». Parmi les invités spéciaux étaient Paul Robeson, Louis Armstrong et Fenner Brockway.[59] Un Comité préparatoire de 36 organisations politiques et travaillistes avait été mis en place en juin, mais il fut placé sous les auspices du Secrétariat Africain, dirigé par George Padmore. Pour atteindre une plus grande efficacité, Padmore[60] établit une Comité directeur dirigé par Kojo Botsio. La semaine précédant la Conférence, des représentants du Nigéria, du Libéria, du Congo Belge, de la Guinée, du Kenya, de l'Ethiopie, de la République Arabe unie, de la Rhodésie du Sud, du Basutoland, et Tom Mboya, nommé à la présidence de la conférence, rejoignirent ce Comité.[61]

Leur tâche était immense : organiser le transport et le logement pour les quelques 500 invités.[62] Ceux-ci incluaient des douzaines de journalistes et d'observateurs venant du monde entier, dont sept de l'URSS et six du Conseil de Solidarité Populaire Afro-Asiatique, dont un représentant chinois. Il y avait des représentants francophones et un nombre de journalistes rapportèrent des problèmes de traduction.[63]

L'affiche de la Conférence, comportant une carte de l'Afrique surmontée par un Africain brisant ses chaînes, commençait avec un « Appel à l'indépendance ! Ne touchez pas à l'Afrique ! L'Afrique doit être libre ! La conférence affirmera et proclamera notre Personnalité Africaine sur la base de la philosophie du Socialisme panafricain en tant qu'idéologie de la Révolution Africaine non violente ».

Par la même notre slogan sera :

> Peuples de l'Afrique, Unissez-vous ! Vous n'avez rien à perdre excepté vos chaînes ! Vous avez un continent à reconquérir ! Vous avez la liberté et la dignité humaine à atteindre !

Et aux colonialistes nous disons

> « Ne touchez pas à l'Afrique ! L'Afrique doit être libre ! »

Les buts et objectifs listés devaient « formuler des plans concrets et mettre en pratique les tactiques gandhiennes et la stratégie de la Révolution non violente Africaine en relation avec :

- le colonialisme et l'Impérialisme ;
- le « racialisme » et les lois et pratiques discriminatoires ;
- le tribalisme et le séparatisme religieux ;
- le problème de la chefferie sous l'ordre colonial ;
- une société démocratique libre.

La conférence visait également à examiner la « question de l'irrédentisme et à discuter de plans pour le regroupement des Etats Africains Indépendants sur la base de :

- un ajustement des frontières artificielles existantes ;
- une fusion ou une fédération des territoires au niveau régional ;
- la fédération ou la confédération progressive de regroupements géographiques régionaux d'Etats dans un ultime Commonwealth des États de l'Afrique Unie Libre et Indépendante.

En décembre 1958, les représentants de 62 mouvements de libérations et partis politiques de 28 pays ainsi que nombres de « délégués sympathisants » (y compris 6 en provenance de l'URSS et beaucoup des Etats-Unis) ont convergé vers Accra.[64]

Parmi les présents, on comptait Kenneth Kaunda (premier président de la Zambie indépendante, 1964) ; du Kenya, Oginga Odinga (Vice-Président du Kenya, 1964) et Mbiyu Koinange (alors représentant de l'Union nationale africaine du Kenya en Europe, la KANU ; Ministre des Affaires Panafricaines pour le Kenya indépendant, 1963) ; Jaja Wachuku (Nigéria – un des leaders NCNC) ; Joshua Nkomo (Congrès National Africain de la Rhodésie du Sud ; combattant de la libération emprisonné pendant des années et qui perdit les premières élections de 1980 face à Robert Mugabe) ; Milton Obote (premier Premier Ministre de l'Ouganda indépendant, 1962) ; Félix Moumié (UPC, Cameroun, assassiné en 1960) ; Julius Nyerere (futur Premier Ministre du Tanganyika indépendant en 1961)[65] ; du Nyassaland/Malawi, Dr. Hastings Banda K. (Premier Ministre à l'indépendance, 1964) et Kanyama Chiume (Congrès National Africain du Nyassaland) ; Léopold Sédar Senghor (Premier Président du Sénégal, 1962 ; un des fondateurs de l'OUA) ; Madame Sékou Touré (Guinée) ; Ezekiel Mphalele (Afrique du Sud, Congrès National Africain ; auteur connu) et Patrice Lumumba (Premier Ministre du Congo Indépendant, 1960, assassiné en 1961)[66] ; Joseph Ki-Zerbo (Haute Volta ; enseignant alors en Guinée) [67] ; le chef Anthony Anahoro, leader du Groupe d'Action du Nigéria qualifia la liste des participants de « liste d'appel de soldats de la liberté sans équivalent dans l'histoire de l'Afrique, ou en fait dans aucun autre continent » (Enahoro 1965).

Peut-être la délégation qui reçut le plus d'honneurs fut celle de l'Algérie, menée par Frantz Fanon. Comme il le raconta, un de nous a été dans le Comité Directeur du Congrès et tous les autres ont été élus par nomination à la présidence ou la vice-présidence des divers comités. La délégation algérienne présenta très clairement le problème de la lutte armée aux congressistes. La guerre d'Algérie a eu un impact décisif sur ce Congrès. On réalisa qu'un pouvoir colonial fomentant la guerre était incapable de vaincre. Chaque délégué algérien fut reçu comme un de ceux qui extirpaient la peur, le tremblement, le complexe d'infériorité de la chair du colonisé. Il y avait la détermination à utiliser tous les moyens existants pour bannir le colonialisme du continent africain. Le Chef d'Etat ghanéen a promis le soutien et la solidarité active du peuple du Ghana et de son gouvernement avec la lutte du peuple algérien. Le futur du colonialisme n'a jamais été aussi sombre qu'au lendemain de la Conférence à Accra proclama-t-il (Fanon 1967:150-157).

Il y avait environ 200 délégués et observateurs officiels, et 80 sympathisants.[68] Les principaux partis politiques de l'Afrique francophone (excepté le Cameroun) étaient représentés et il n'y avait aucun représentant des colonies espagnoles.[69] L'Espagne, comme le Portugal, avaient peut-être empêché quiconque d'y assister. La Présidence fut assumée par Tom Mboya, alors responsable de la Fédération Travailliste du Kenya.[70] Derrière le hall de conférence, le Centre Communautaire d'Accra, « il y avait un grande carte de l'Afrique [sur laquelle était superposé] un homme noir puissant brisant ses chaînes. Sous cette carte, ils avaient paraphrasé Marx et Engels, « Vous n'avez rien à perdre excepté vos chaînes. Vous avez un continent à reconquérir ».[71] « D'autres slogans sur le mur disaient : nous préférons l'indépendance dans la pauvreté que la servitude dans l'opulence ; et nous préférons l'indépendance avec le danger à la servitude dans la tranquillité » (Mphahlele 1960).

Le texte ci-dessus, avec un développement sur tous les points abordés était distribué à tous les délégués, divisés en cinq comités pour discuter et clarifier certaines questions. Précédemment, les chefs de délégations s'étaient rencontrés dans le bureau de Nkrumah pour discuter des procédures et des détails de l'ordre du jour. Là le chef égyptien, le Dr Fouad Galal réussit à persuader les autres de ne pas insister sur la résistance passive de Gandhi comme étant la seule manière de mettre à bas les régimes coloniaux. Cette question allait devenir litigieuse (Mphahlele 1960).

Que la question raciale ne dusse pas devenir un facteur [de dissension] fut affirmée par Nkrumah lors de la cérémonie d'ouverture : « nous accueillons parmi nous des personnes de toutes les autres races, des autres nations, des autres communautés » dit-il. Tom Mboya soulignait qu'ils ne devraient pas pratiquer « un racisme inversé ». Tous ceux qui vivaient dans des pays africains devraient accepter « la citoyenneté africaine », ajoutait un nouveau représentant kenyan, Dr Gikonyu Kiano (McKay 1963:95).

Malgré certains désaccords, des problèmes linguistiques, l'inexpérience dans le travail en comité, il y eut progrès et finalement accord. Les cinq comités travaillèrent sur :

- l'Impérialisme ;
- le racialisme ;
- les frontières et la fédération ;

- le tribalisme et les institutions traditionnelles ;
- une union continentale ;
- l'établissement d'une organisation permanente.

Des hommes politiques expérimentés présidèrent les comités : par exemple, le Chef Anthony Enahoro présida le comité qui examina les questions liées au Panafricanisme, aux groupements régionaux et aux frontières. Le consensus fut atteint sur toutes les questions excepté celle de la non-violence, qui s'est avérée plus problématique.

Il y eut dix résolutions, comprenant soixante-deux (62) décisions et recommandations.[72]

La résolution sur la question de la violence que si « les moyens pacifiques de non-violence et de désobéissance civile » ne réalisait pas l'indépendance, alors ceux qui étaient « forcés de riposter contre la violence » par la violence recevraient un soutien équivalent. Un Fond pour la Liberté devait être constitué ; un Comité Directeur devait se rencontrer tous les six mois ; un Secrétariat Permanent devait être établi, et basé à Accra ; les marchandises Sud-Africaines devaient être boycottés ; un Comité des Droits de l'Homme serait mis en place pour enquêter sur les plaintes, et une Légion Africaine « devrait être mise en place » pour défendre la liberté des peuples africains ». « Pas plus d'emphase ou de commentaire sur ce point », nota un journaliste avec attention (Hoskyns 1959:72-76).[73]

L'organisation permanente devait :

- promouvoir la compréhension et l'unité entre les peuples d'Afrique ;
- accélérer la libération du Continent ;
- mobiliser l'opinion publique contre le déni des droits humains fondamentaux et des droits politiques aux Africains ;
- développer le sentiment d'appartenance communautaire entre les peuples d'Afrique avec pour objectif l'émergence des Etats-Unis d'Afrique (Johnson 1962).

Selon l'historien Panford, la déclaration de la Conférence « faisait écho au radicalisme et à la militarisation du Cinquième Congrès Panafricain, qu'ils essayèrent de suivre de très près à la fois quant à la forme et quant à l'esprit (Panford 1993). Mais ce Congrès n'avait pas eu à s'occuper des problèmes d'unité mais peut-être éclairé par l'existence même du Groupe de Solidarité Afro-Asiatique, qui tenait une Conférence économique au Caire au même moment que la Conférence à Accra.[74] En outre l'AACP dut gérer la période de la Guerre Froide.[75]

Que l'AACP eut un puissant effet sur beaucoup de ceux qui y assistaient peut être noté dans certains de leurs rapports. Par exemple, Kanyama Chiume écrivit : « nous en sommes revenus à intensifier la lutte pour la liberté… avec la conviction, à la lumière de l'esprit de la Conférence d'Accra, que le Nyassaland indépendant, comme le Ghana, sera dans une position plus avantageuse pour aider à la libération de l'Afrique.[76] Après avoir noté les nombreuses différences linguistiques et culturelles entre les participants, le Chef Anthony Enahoro sentit qu' « à titre d'expérience de consolidation, la valeur de la conférence pour les groupes participants était inestimable… La conférence, dit-il était l'une des expériences émouvantes de ma vie, et alors que salle de conférence se vidait pour la dernière fois je me rappelais les célèbres lignes de Kipling : « Le tumulte et les cris meurent ; Les Capitaines et les Rois s'en vont » – certains pour être chefs d'Etat ou ministres, d'autres pour être des leaders de l'opposition ; certains pour le pouvoir, d'autres pour la prison et la détention, l'exil ou même la mort, tout ceci aux mains des impérialistes comme sous les ordres de leurs frères d'armes d'autrefois. Ezekiel Mphalele exprima aussi ses sentiments : « juste l'idée… d'être là en tant qu'Africain, à partager notre africanité ensemble, provoqua un sentiment d'euphorie… procura le sentiment d'un engagement commun pour le destin glorieux de l'Afrique qui était inégalé quant à sa force ».[77]

L'importance de l'AACP fut résumée par Kwame Nkrumah :

> Il y a beaucoup de personnes à l'intérieur et à l'extérieur de l'Afrique qui attribuent les récents troubles au Nyassaland, au Congo et dans d'autres territoires d'Afrique, directement aux délibérations qui se sont tenues à la Conférence des Peuples d'Afrique (*All-African Peoples' Conference*). De telles personnes pensent que le Ghana est devenu le centre des forces anticoloniales et de l'agitation politique pour l'indépendance en Afrique. Ils voient le Ghana et le développement du nationalisme dans l'Afrique moderne avec inquiétude et une appréhension croissante.
> De notre côté, je souhaite dire que cette accusation est peut-être le plus grand tribut que les ennemis de la liberté de l'Afrique rendent au Ghana. Si l'assistance à [la Conférence]… a fourni l'étincelle d'inspiration de l'action nationaliste dans plusieurs territoires africains, alors… nous pouvons justement être fiers… laissez-moi le rappeler, que nos politiques ont été dirigées vers la libération totale de l'Afrique de la domination étrangère.[78]

Cependant, les divisions au sujet de la proposition d'établir une Fédération des Syndicats Africains (*All African Trade Union Federation*) préfiguraient les divisions qui allaient assaillir le Panafricanisme. Tandis que John Tettegah du Congrès syndical du Ghana (Ghana Trade Union Congress) argua que cette Fédération devrait être indépendante à la fois de la CISL et de la FSM, Tom Mboya fit pression pour une affiliation à la CISL soutenue en cela par le Royaume-Uni et les Etats-Unis.[79]

Juste quelques années après la Conférence, Mboya dans son autobiographie suggéra que « l'AACP n'avait pas fonctionné de manière aussi satisfaisante qu'on l'aurait espéré . La principale raison de cet échec fut le conflit ou l'incompréhension de ce qu'étaient les droits organisationnels des partis politiques et des syndicats formant l'AACP et les droits des divers gouvernements africains. Nous sentons maintenant que son secrétariat devrait être mis en place et dirigé indépendamment du pays dans lequel il était situé. Nous passons maintenant à l'étape où la place de l'AACP sera définie par les réunions des États africains indépendants. Les choses sont comme elles devraient être. C'est ce qui fut décidé à la Conférence des Chefs d'Etats d'Addis Abeba, en signant la Charte de l'Unité africaine (Mboya 1963) ».[80]

L'idée que le progrès serait difficile était aussi indiquée dans *The Autobiography of Chief Obafemi Awolowo* publiée en 1960, et ainsi probablement écrit en 1958/59.[81] Awo, comme il était habituellement appelé, était le leader du *Party Action Group* au Nigéria. Il argua que « personne n'avait encore défini ce que signifiait le Panafricanisme ». Il était fortement « convaincu que la bonne vision consiste a travailler, aujourd'hui et pour de nombreuses années à venir à l'émergence des États-Unis d'Afrique, ou même de la coopération économique entre tous les pays d'Afrique. Il est irréaliste dans l'absolu d'attendre que les nations africaines, qui ont seulement récemment gagné leur indépendance de la puissance étrangère, désirent abandonner voire diminuer leur souveraineté en poursuivant ce qui n'est tout simplement qu'un *ignis fatuus*… Toute tentative sérieuse d'amener l'union politique entre les États d'Afrique est certaine d'engendrer la suspicion, la méfiance et la mésentente entre les États actuels ».

Ainsi cet essai finit-il au summum d'un certain anti-optimisme.

Notes

1. Nkrumah, 'F.N.K., Education and nationalism in Africa', *Education Outlook*, Novembre 1943, p. 9. C'est après son arrivée à Londres que Nkrumah se débarrassa de « Francis » et se fit appeler « Kwame ». Sur ses années américaines et britanniques, lire Marika Sherwood, *Kwame Nkrumah: The years abroad*, Legon: Freedom Publications 1996.
2. PRAAD, Accra: SC21/1/43, Nkrumah Papers: Nkrumah to Jones-Quartey in Brooklyn, New York, 1 July 1942; SC1/120: note non datée. Dans le SC21/1/125 il y a des « Notes pour proposer une Ligue d'Indépendance Ouest-Africaine avec un secrétariat permanent ».
3. Ceci indique, évidemment, qu'il a ou ils ont eu des discussions sur le sujet avant les réunions de février, alors quand le PAF a-t-il été établi ? Le WTFU était soutenu par les communistes.
4. Pourquoi Padmore et les autres parlèrent de 5e Congrès alors qu'il s'agissait en fait du 6e demeure un mystère pour moi. Le père de Padmore a été membre de la Pan African Association fondée par Henry Sylvester Williams -président de la première Conférence de 1900– durant son voyage à Trinidad, son pays, en 1901. Ainsi Padmore aurait été bien au courant de la Conférence de 1900. En faisant cela il approuve le fait que Du Bois exclue la Conférence de 1900 de l'Histoire des Congrès Pan Africains et appelle la première organisée par lui-même la Première. [NB : en 1900 il s'agit précisément d'une Conférence et non d'un Congrès-NdE].
5. Pour un rapport complet des contributions au Congrès, pour les réminiscences, biographies des délégués et organisations et l'exposé complet de Padmore, voir Adi & Sherwood (1995) ainsi que Sherwood (1995)
6. L'ANC d'Afrique du Sud avait été invitée à envoyer des délégués, mais n'avait pu obtenir de passeports. (Adi & Sherwood, 1995 : 114)

7. Le LCP, probablement pour exprimer son mécontentement de l'abandon des plans dont la discussion était en cours avec Du Bois, n'envoya pas de représentant et sa newsletter ne parla pas du Congrès.
8. Sur les relations d'Ashie-Nikoi avec Padmore et Nkrumah, voir S.K.B. Asante, 'The Aborigines Society, Kwame Nkrumah and the 1945 Pan-African Congress', *Research Review*, 7/2 1971.
9. Cf. cette référence pour les résolutions complètes (et Ki-Zerbo L. 2013 : 187-194)
10. Declaration de Nkrumah en 1962.
11. Étudiant à Oxford, Botsio rentra en Gold Coast en même temps que Nkrumah pour occuper le poste de directeur adjoint du Akim Abuakwa State College. Il devint Secrétaire Général du CPP, le parti politique créé par Nkrumah. Il fut élu à l'Assemblée Législative et exerça un bon nombre de fonctions ministérielles.
12. Awoonor-Renner avait étudié aux Etats-Unis et en URSS; il devint président de la très militante West African Youth League (Ligue Ouest Africaine des Jeunes) qu'il avait cofondée avec Wallace Johnson. En 1945 il étudiait le droit en Grande-Bretagne. Renner avait soutenu la création d' « un État Fédéré d'Afrique occidentale… fort et indépendant, libéré du féodalisme depuis 1937 ». (S.K.B. Asante, 'Kwame Nkrumah and Pan- Africanism: the Early Phase 1945 – 1961, *Universitas,* 3/1 1973, p.39). Dans son *West African Soviet Union* (London 1946, p.7) Renner avait appelé à « un État Fédéré d'Afrique occidentale… fort et indépendant, libéré du féodalisme ». Pendant un certain temps il fut un des leaders du CPP.
13. G. Ashie Nikoi était un membre fondateur et secrétaire exécutif de l'Association des Fermiers militants (militant Farmers' Association) au Ghana. Sur une mission du Gouvernement britannique pour le compte de la Société de Protections des Droits des Aborigènes de Côte D'or (Gold Coast Aborigines' Rights Protections Society), il fut délégué pour la représenter au Congrès. Ashie Nikoi fut membre du comité du CPP de Nkrumah jusqu'en 1952.
14. ITA Wallace Johnson (parfois son nom prend un trait d'union) est né en Sierra Leone, a travaillé au Lagos *Daily Times ;* il a assisté à la Conférence du Syndicat International des Travailleurs noirs à Hambourg en 1930, étudia brièvement à Moscou, rentra à Lagos puis émigra en Côte de l'Or, travaillant à nouveau pour des journaux ; il y fonda la radicale Ligue Ouest Africaine des Jeunes en 1936 avec Bankole Awoonor-Renner, ayant pour but d' « unir la jeunesse, défendre les droits constitutionnels et renverser le pouvoir des chefs et le gouvernement ». Francis Agbodeka, *Ghana in the Twentieth Century*, Accra: Ghana Universities Press1972, pp.129-130). Après deux ans en Grande-Bretagne il rentra en Sierra Leone où il fut emprisonné par les Britanniques pour toute la durée de la Deuxième Guerre mondiale. Il retourna en Grande-Bretagne et travailla à nouveau avec Padmore pour organiser le Congrès Panafricain de 1945. Voir Nike L. Edun Adebiyi, Radical Nationalism in British West Africa 1945 – 1960, PhD Dissertation, University of Michigan, 2008, pp.74-81.
15. Akpata était membre du Parti Communiste ; il travailla comme assistant, puis secrétaire du WANS. Lorsque celui-ci tomba, Akpata accepta une bourse offerte par la Charles University de Prague, pour préparer un Master puis un Doctorat. Il rentra au Nigeria en 1955.

16. Voir Sherwood (1996), chapitre 9; S.K.B. Asante, 'Kwame Nkrumah and Pan-Africanism: the early phase, 1945 – 1961', *Universitas* 3/1 October 1973, pp.36-49. Ceci amplifie quelque peu la contribution de Nkrumah au Congrès de 1945.
17. Il y a une copie des Buts et Objectifs dans PRAAD: SC21/2/84 Archives de Nkrumah.
18. Le WANS a-t-il reçu un parrainage du Parti Communiste Britannique? Après tout, il comptait un certain nombre de membres du Parti. Pour l'antipathie causée par l'asso- ciation de Nkrumah avec le communisme en ce temps (Makonnen, 1973 : 262-263).
19. *The Autobiography of Kwame Nkrumah*, Edinburgh: Thomas Nelson & Sons, 1965, p.57.
20. *Socialist Leader*, 21 Sept. 1946; *West Africa*, 14 Septembre 1946, p.845. Pour les détails des activités du WANS, voir Sherwood (1996).
21. Tiré de la réimpression de 1962 par Heinemann; p43.
22. *Ashanti Pioneer*, 8 Novembre 1947; l'article comportait une photographie de Nkrumah; *Pioneer*, 2 Février 1948. Un meeting du WANS s'était tenu en mars à Londres, au cours duquel Mbadiwe et Padmore s'exprimèrent et Awoonor-Renner présidait, appelant à l'unité. (*Pioneer*, 9 Mars 1948. Des articles de Padmore étaient régulièrement publiés dans le *Pioneer*.)
23. Asante (1973), p.43.
24. Noté par Asante (1973, p.44, fn44)
25. Pour une critique de l'approche du Panafricanisme de Nkrumah, voir Dominic Kofi Agyman, 'Social and Political Outlook', (Arhin [ed] 1991:152 – 161).
26. Pourquoi Nkrumah tient-il cette conférence à Kumasi, alors qu'il rencontrait une vive opposition des Ashantis ? Je n'ai pas trouvé de réponse à cette importante question. Il n'y a pas de rapports politiques des Officiers de District ou du Gouverneur dans les Archives Nationales du Ghana ou celles de Grande-Bretagne.
27. *West Africa*, 11 Avril 1953, p.325.
28. *West Africa*, 12 Décembre 1953, p.465; *Daily Graphic*, 8 Décembre, p.1 ; *Socialist Leader*, 19 Décembre, citation dans Rukudzo Murapa, Padmore's Role in the African Liberation Movement, PhD Dissertation, Northern Illinois University, 1974, p.p.224.
29. Ms Ransome Kuti était enseignante, syndicaliste active et fondatrice de l'Union des Femmes d'Abeokuta (Abeokuta Women's Union) qui luttait pour l'égalité pour toutes les femmes et militait contre l'impôt de capitation sur les femmes et pour l'inclusion de celles-ci dans le Conseil Egba dirigeant. L'Union se développa finalement dans l'Union des Femmes Nigérianes (Nigerian Women's Union) puis la Fédération des Sociétés de Femmes (Federation of Women's societies), toutes les deux sous sa présidence. Elle représenta Abeokuta à la Conférence Provinciale pour la nouvelle constitution de 1948- 51 et travailla au Egba Council de 1949 à 1960. Elle a collaboré avec Nnamdi Azikiwe pour la création du Conseil National du Nigéria et du Cameroun (NCNC) en 1949. Elle déclara avoir « admiré Kwame Nkrumah avec qui elle avait des contacts personnels. Elle discutait souvent avec Nkrumah de l'idée d'une organisation continentale de femmes africaines ». Lire Nina E. Mbna, 'Olufunmilayo Ransome-Kuti' (Awe 1991 : 122-149); la citation vient de la p.146.

30. Nnamdi Azikiwe était alors le dirigeant du NCNC. Il envisageait un « Concert des États Africains similaire en structure à l'Organisation des Nations Unies…avec un Parlement continental, une Cour Internationale de Justice et un Secrétariat pour gérer l'administration des affaires quotidiennes de ce Léviathan africain ». P. Olisanwuche, 'Zik and The Pan-Africanist Movement', (Olisa M.S.O & Ikejiani-Clark O.D, 1989: 107).
31. Davies avait assisté au Congrès Panafricain de1945; en 1944 il avait rejoint le NCNC.
32. Nkrumah avait rendu visite au Président Tubman en Janvier ; avant son départ le CPP sous sa présidence avait recommandé que les « représentations » exigent de la Grande- Bretagne « une autonomie et une indépendance immédiates ». (*The Times*, 14 Janvier1953, p.5; 17 Janvier 1953, p.4)
33. *Daily Graphic*, 4 Décembre 1953, pp.1, 12 et 8 Décembre, p.1; *Spectator Daily*, 8 Décembre 1953, p.1; *The Times*, 8 Décembre 1953, p.6. Le *West Africa* commenta : « On espère que l'initiative portera un jour du fruit, bien qu'une fédération politique des Territoires Ouest Africains semble actuellement aussi peu probable qu'une fédération d'Europe occidentale ». (19 Décembre 1953, p.1177-78)
34. *The Ashanti Sentinel*, 10, 11 et 12 Décembre 1953.
35. Les analyses du Panafricanisme sont nombreuses; voir par ex Asante (1973).
36. Il faut noter ici que Mboya était proche du gouvernement colonial britannique et s'opposait à la campagne du Land and Freedom Army (« Mau Mau ») pour l'indépendance.
37. (Goldsworthy 1982:61). Mobya partit en tournée en Amérique, sponsorisé par le Comité Américain sur l'Afrique (American Committee on Africa) ; il reçut une contribution de 35 000 £ de l'AFL-CIO des Etats-Unis. (p.62).
38. Osagyefo Kwame Nkrumah, *Hands Off Africa!!!*, Accra: Kwabena Owusu-Akyem, nd (c.1961), p.53 ; St.Clair Drake, 'Mbiyu Koinange and the Pan-African Movement', in Robert A. Hill R.A (ed), 1987:161-208; Drake mentionne que Mboya était suspecté d'être un « agent américain » (p.198).
39. Murapa (1974), p.226.
40. *West Africa,* 22 Février1958, p.189; 29 Mars, p.285 ; 12 Avril, p.337.
41. *Foreign Affairs*, Mai-Juin 1958, pp.6-12.
42. Padmore est arrivé au Ghana le 8 Décembre 1957 pour prendre ses fonctions de Conseiller aux Affaires Africaines de Nkrumah.
43. *West Africa*, 22 Février 1958, p.189; Yale University: JWJ Mss 3, Série II, Box 103, folder 1522, archives de Richard Wright : Dorothy Padmore à Ellen Wright, 19 Mars 1958. Dorothy ajoute que George a été décoré par le Président Nasser « seconde classe du Cordon de la République, et par Tubman d'un honneur Libérien ». (Mes remerciements à Dorothy Pizer pour la copie de cette lettre.) *West Africa* note (26 April 1958, p.387) que « Padmore a joué un rôle important en coulisse ».
44. Nkrumah (1962), p.126 ; *West Africa,* 19 Avril 1958, p.375 ; Moumié était également à la AAPC en 1958. Il fut assassiné à Genève en 1960 soit par les services secrets français ou par des organisations secrètes françaises œuvrant contre les Algériens et autres coloniaux français luttant pour leur indépendance.
45. PRAAD: ADM16/4, *Greetings from World Statesmen*, Accra: Government Printer, nd; ADM16/5 *Discours Prononcés à la Séance D'Ouverture de la Conférence des*

Etats Africains Indépendants, Accra, nd. (en Français et en Anglais). Des salutations amicales furent également adressées par I.M. Garba Jahumpa de la Gambie, qui avait connu Nkrumah à Londres et assisté aux célébrations du 1er anniversaire de l'Indépendance. Il avait aussi demandé un prêt à Nkrumah, qui lui fut refusé. (PRAAD: RG17/2/533, Letter from Garba Jahumpa, Ministère de l'Agriculture, Bathurst, Gambie, 10 Mars 1958).

46. George Shepperson et St-Clair Drake, 'The Fifth Pan-African Conference, 1945 et le All African People's Congress, 1958', *Contributions to Black Studies*, 8, 1986-7, pp. 35-66; la citation vient de la p.49 ; (Hooker J.R , 1967:135 – mais cet ouvrage doit être lu avec beaucoup de précaution).
47. Arthur 1961:57. Ce livre contient également un message de l'Empereur d'Ethiopie, le discours du Président Tubman et la Déclaration finale de la Conférence.
48. *West Africa,* 26 April 1958, pp. 385-7.
49. Correspondant ouest africain, 'The Accra Conference', *Foreign Affairs*, Mai-Juin 1958, pp.6-12.
50. Pas dans la liste de participants ci-dessus. Combien d'autres ont été omis ? Je me le demande. Comme il s'agissait d'une conférence d'Etats indépendants, il n'aurait pas été conforme aux règles de la diplomatie d'inclure publiquement des représentants d'Etats luttant encore pour leur liberté.
51. *Conference of Independent African States, Speeches delivered at the Close of Conference, 22 Avril, 1958*, Accra, nd.
52. Diallo Telli, 'The Organization of African Unity in Historical Perspective', *African Forum*, 1/2 1965, 7-28 ; citations des pp.16, 18. Le groupe Afro Asiatique a été formé après la Conférence de Bandung des 29 pays non-alignés, dont je n'ai pas parlé. Pour un récit plus personnel, voir Richard Wright. Pour les Nations Unies : Hovet T, 1963.
53. Extrait de Nkrumah (Nkrumah, 1961: 132-3) and PRAAD: ADM16/4, *Greetings from World Statesmen*, Accra: Government Printer, nd. Nkrumah utilisait-il délibérément la célèbre phrase de Malcolm X?
54. Panaf (1974), pp.121-2.
55. *West Africa,* 28 Juin 1958, p.603. Selon *West Africa* (6 Septembre 1958, p.861), la Conférence « a proposé de visiter des pays d'Amérique centrale et du Sud afin d'obtenir le soutien pour un règlement juste du conflit en Algérie », mais je n'ai vu cela mentionné nulle part ailleurs.
56. Panaf, 1974: 123-4, citant l'ouvrage de Nkrumah, *Revolutionary Path*, p.135; Arthur 1961: 65-67.
57. *West Africa*, 20 Novembre 1958, p.1130. L'Algérie avait également répudié la France; ce qui conduisit à une guerre d'indépendance longue et sanglante qui dura jusqu'en 1962.
58. *West Africa*, 29 Novembre 1958, p.1130; 6 Décembre 1958, p.1173.
59. Paul Robeson, chanteur et activiste politique de gauche a très bien pu rencontrer Nkrumah durant les années britanniques de ce dernier; il est le cofondateur du Conseil des Affaires Africaines, ainsi que son épouse aussi active que lui, Eslanda. Elle avait assisté à la conférence, Paul non. Fenner Brockway, un activiste de gauche anticolonialiste britannique blanc, rencontra Nkrumah durant ses années

londoniennes. Il visita le Ghana en 1956 à l'invitation de Nkrumah, puis de nouveau en 1959 mais n'assista pas à la Conférence. Louis Armstrong, qui y avait joué en 1954, n'y retourna apparemment pas.

60. Lorsque Nkrumah abandonna la direction du Ministère des Affaires Étrangères, il conserva le bureau de Padmore sous son propre contrôle. Ceci bien entendu ne fut pas apprécié du nouveau Ministre ; il y avait également un certain ressentiment des Ghanéens au sujet de la proximité de Padmore avec Nkrumah et son rôle dans le gouvernement. D'après tous les témoignages, Padmore resta très en retrait pendant la Conférence. Sur la relation de Padmore et Nkrumah, lire Marika Sherwood, mais cet essai est beaucoup plus une ébauche d'évaluation.
61. Le Accra *Evening News* du 25 Novembre 1958, p.8, énumère également des représentants du Cameroun, du Maroc et du Somaliland.
62. *West Africa*, 6 Décembre 1958, p.1167.
63. *Africa Special Report*, 4/2 Février 1959, pp.3-9.
64. Il y avait une réunion préparatoire à Conakry le 15 avril et une autre « peu fréquentée » à Tunis, où il y eut quelques « confusions ». Voir par exemple *West Africa*, 6 Juin 1959, p.543. Sur l'énorme organisation à mettre en place pour loger et nourrir les centaines de visiteurs, voir Makonnen 1973 : 213-215.
65. En Septembre 1958, le Mouvement Panafricain pour la Liberté de l'Afrique de l'Est et Centrale (PAFMECA) avait été formé par, entre autres, Nyerere, Mboya et Kanyama Chiume du Nyassaland. En 1962 Mbiyu Koinange devient secrétaire général du PAFMECA. (Voir par exemple Cox, 1964)
66. Kasavubu, également à la Conférence et Lumumba s'unirent suffisamment longtemps pour forcer la Belgique à donner l'indépendance en 1960 ; Kasavubu devint président; le premier ministre Lumumba était bientôt assassiné en 1961, un mois après avoir signé un accord avec Nkrumah pour rejoindre l'Union des États Africains, c'est-à-dire l'Union Ghana-Guinée. (Smertin Y., 1987 : 164-5) Sur le meurtre de Lumumba, voir Ludo de Witte (Witte L. de, 2001).
67. Ki-Zerbo avait récemment formé le Mouvement de Libération Nationale (MLN), avec pour but l'indépendance immédiate pour les Africains; le socialisme et la création des États Unis d'Afrique. Il fit campagne pour que les colonies françaises votent Non au référendum sur les principes assimilationnistes proposées par la France. Ki-Zerbo devint directeur du Département d'Histoire à l'Université de Ouagadougou, et demeura toute sa vie un activiste politique, ce qui lui valut quelques années d'exil. Tous ceux cités dans les différents rapports de la Conférence n'apparaissent pas forcément dans le Bulletin d'Information sur les affaires Africaines: « Délégués Officiels présents le 6 Décembre, 1958 ». Il est possible que certains n'aient pas souhaité que leur véritable nom soit mentionné et que d'autres risquaient une tentative d'assassinat en publiant leur présence. Makonnen raconte que la publication du nom d'un délégué du Congo avait entrainé sa détention par les Belges. Voir son livre également pour un compte rendu « vu de l'intérieur » de certains événements de la Conférence. (Makonnen [1973], p.216; 213-221 & 269-70).
68. L'estimation du nombre total de participants varie d'un auteur à l'autre ; par exemple Arthur (1961) dit qu'ils étaient 500. (p.76)
69. *West Africa*, 13 Décembre 1958, p.1177.

70. Mboya était-il un agent de la CIA ? Aleme Eshete dans son « The CIA in Africa », dans Ethiopia : tecola Hacos, 24 Décembre 2008, affirme qu'il l'était (http:// ethiopiansemay. blogspot.fr/2011/06/cia-in-africa-by-professor-aleme-eshete.html, consulté le 28 juillet 2015 NdE) ; cependant que selon Ray (Ray 1980:59) il est dit que « Mboya était idéal pour les buts de la CIA ». L'Ambassadeur américain William Attwood (Attwood 1967:152-241) raconte que la CIA l'a briefé avant son départ pour le Kenya et que Mboya « recevait de l'aide de AFL-CIO » (les syndicats américains). Mboya fut assassiné en 1969.
71. Shepperson et Drake (1986-7), p.50. L'image est tirée de la couverture du *Negro Worker*. Drake avait connu Padmore en Grande-Bretagne et enseignait à présent à l'université de Legon (Accra); il avait assisté à certaines séances de la Conférence.
72. Enahoro (1965), p.145, ils sont tous cités dans Arthur (1961), pp.77-80.
73. Catherine Hoskyns, 'Pan-Africanism at Accra', *Africa South*, 3/41959, pp.72-76. Elle conclut son article par « le Panafricanisme dépendra largement des aptitudes et de l'imagination de ceux qui sont en permanence à Accra. George Padmore ne suffit pas ».
74. « 40 nations présentes et presque 500 délégués, incluant la Russie, l'Inde, le Soudan Français, l'Algérie et le Ghana. Il y eut des discussions houleuses concernant l'adhésion de l'URSS. Il avait été décidé d'établir un Conseil de Solidarité Afro Asiatique basé au Caire, pour la coopération économique. De nouveau, l'Algérie était le problème le plus urgent ». *West Africa*, 11 Janvier 1959, p.47 ; *Africa Special Report*, 4/1 Janvier 1959. Après la Conférence, l'AAAPC s'est mise à publier un Bulletin d'informations. A quelle fréquence et quel tirage, nul ne sait.
75. Pour une analyse des intérêts et interactions américains au sein de l'AAPC (Gaines 2006 : 94-103).
76. Murapa (1974), p.239, citation du *Evening News*, 7 Septembre 1959.
77. Enahoro (1065), p.146, Mphalele cité dans W. Ofuatey-Kodjoe (1986), p.3.
78. Nkrumah (1961), p.198. Le discours à l'Assemblée Nationale du Ghana, Décembre 1959. (Enahoro (1965), p.145. Après la Conférence, l'AAAPC s'est mise à publier un Bulletin d'informations. A quelle fréquence et quel tirage, on l'ignore.
79. Goldsworthy (1982), p.160.
80. (Mboya 1963:217-8). L'historien David Goldsworthy a évalué la situation de façon quelque peu similaire : [La] conférence a galvanisé les leaders nationaux individuellement, mais n'a pas avancé la cause de l'Unité Africaine de façon significative. Les nouveaux hommes d'état étaient très divisés sur la question de la coopération après l'indépendance… Certains plaidaient pour l'intégration régionale… D'autres soutenaient la collaboration économique Quelques-uns étaient préparés à renoncer à leur liberté durement gagnée pour l'intérêt supérieur de tout le Continent, mais la plupart étaient jaloux de leur nouveau statut présidentiel. (Birmingham D., 1998:99-100).
81. Bien qu'il soit étudiant en Grande-Bretagne à ce moment-là, Awo n'a pas participé au Congrès Panafricain de 1945.

Bibliographie

Ajala, A., 1980, '*The Rising* Tide of Pan-Africanism , 1924-1963', *Tarikh* 6/3, nd, pp. 35-46;

Adi, H. and Sherwood M., 1995, The 1945 *Manchester Pan-African congress revisited.* London: New Beacon Books.

Amate, C.O.C., 1986, *Inside the OAU: Pan-Africanism in Practice*, St. Martin's, New York

Arhin K. (ed), 1991, *The Life and Work of Kwame Nkrumah*, Sedco, Accra.

Arhin K., 2000(1990), A View of Kwame Nkrumah 1909-1972, Sedco, Accra.

Arthur J., 1961, *Freedom for Africa*, Accra.

Attwood W., 1967, *The Reds and the Blacks*, Harper Row New York.

Awe B., 1991, *Nigerian Women in Historical Perspective*, Sankore Publishers Lagos.

Birmingham, D., 1998, *Kwame Nkrumah: the Father of African Nationalism*, Athens: Ohio Univ. Press.

Catherine, H., 'Pan-Africanism at Accra', *Africa South*, 3/41959, pp.72-76.

Cox R., 1964, *Pan-Africanism in Practice: PAFMECSA 1958* – 1964, OOUP, London.

Decraene P., 1963, *Le Panafricanisme*, Paris, Presses Universitaires de France.

Enahoro, Chief Anthony, 1965, *Fugitive Offender : The Story of a Political Prison,* London; Cassell.

Ezekiel Mphahlele, 'The All African Peoples' Conference' (Hughes L., 1960).

Fanon F., 1967, *Toward the African Revolution*, Grove Press, New York,

(Cf., Fanon F., 2006, *Pour la Révolution africaine*, Ed. La Découverte, Paris – NdE).

Gaines K., 2006, *American Africans in Ghana*, University of North Carolina Press, Chapel Hill.

Goldsworthy D., 1982, *Tom Mboya: The Man Kenya Wanted to Forget*, Heinemann, Nairobi.

Hill R.A (ed), 1987, *Pan-African Biography*, Los Angeles, African Studies Center.

Hooker J.R , 1967, *Black Revolutionary*, Pall Mall Press, Londres.

Hovet T., 1963, *Africa in the United Nations*, Faber & Faber, London.

Ki-Zerbo L., 2013, « Le Mouvement panafricaniste au vingtième siècle », OIF/ www.francophonie.org, Paris, 637 p.

Kwamine, P., *The Panafrican Roots of the OAU*, Boston University: Working paper in African Studies, #178. 1993.

L'ANC d'Afrique du Sud avait été invitée à envoyer des délégués, mais n'avait pu obtenir de passeports. (Adi & Sherwood, 1995 : 114)

Langston H. (ed), 1960, An African Treasury, New York, Crown Publishers.

Makonnen R., 1973, *Pan-Africanism from Within*, Oxford University Press, Oxford.

Mboya T., 1963, *Freedom and After*, André Deutsch 1963, London.

McKay V., 1963, *Africa in World Politics*, Harper & Row, New York.

Milne J, 2000, Kwame Nkrumah: a biography, Panaf, London.

El-Din, M. S., 2001, 'Pan-African Odyssey', *Al-Ahram Weekly Online*, 19-25 July.

Nkrumah K., 1962, *I Speak of Freedom*, Mercury Books: London.

Nkrumah K., *I Speak of Freedom*, London: Mercury Books, 1962.

Nkrumah O.K., 1961, *Hands Off Africa!!!*, Kwabena Owusu-Akyem, Accra.

Kwame A., *A View of Kwame Nkrumah 1909-1972*, Accra: Sedco (1990) 2000.

Ofuatey-Kodjoe, W., 1986, 'Pan-Africanism in Crisis: The Need for a Redefinition', *Pan-Africanism: New Directions in Strategy*, Lanham MD: University Press of America.

Olisa M.S.O., & Ikejiani-Clark O.D, 1989, *Azikiwe and the African Revolution*, Africana-FEP Publishers Onitsha.

Padmore G., 1972, *Pan-Africanism or Communism? The coming Struggle for Africa (1956)*, Anchor Books, New York.

Panaf, 1974, *Kwame Nkrumah*, Panaf, London.

Panford K., *The Pan-African Roots of the OAU*, Boston University: Working paper in African Studies, #178, Boston.

Ray E., 1980, (ed) *Dirty Work 2: The CIA and Africa*, Lyle & Stuart, Secaucus.

Sherwood M., 1995, *Manchester and the 1945 Pan-African Congress*, Savannah Press, London.

Smertin, Y., 1987 *Kwame Nkrumah*, Moscow: Progress Publishers. *The Economist*, 26 Avril 1958, cité dans Murapa (1974), p.230.

Thomson,V. B., 1969, Africa and Unity, London : Longmans.

Thomson,V. B.,, *Africa and Unity*, London: Longmans 1969.

Witte L. de, 2001, The Assasination of Lumumba, Verso, London.

Wright R., 1956, The Colour Curtain: a report on the Bandung Conference, Dennis Dobson, London.

10

La Tanzanie : un modèle et un État panafricains sous Nyerere (1962-1985) ?

Boye Ndiaye

Les années 1960 sont une période charnière pour l'Afrique. En effet, la plupart de ses territoires accèdent au « Soleil des indépendances[1] » au détriment des puissances européennes qui les ont gouvernés durant quelques huit décennies. Il est tout à fait naturel, vu l'ampleur du changement que représente un tel phénomène sans précédent dans l'Histoire de l'Afrique de se poser la question suivante : « Quels sont les facteurs qui ont permis à ces peuples Africains de recouvrir enfin leur liberté ? ».

L'une des raisons est indubitablement le Panafricanisme politique qui consiste à revendiquer et à œuvrer pour la réalisation d'un Gouvernement des Africains, par les Africains, pour les Africains selon la formule de l'un des pères-fondateurs, Georges Padmore. En fait, il s'agit d'un mouvement qui considère l'Afrique, les Africains et sa diaspora aux quatre coins du monde comme un ensemble solidaire devant être régénéré et unifié. Il vise aussi à encourager ce sentiment de solidarité entre les populations du monde africain. Il glorifie le passé de l'Afrique et inculque la fierté raciale par la célébration des valeurs africaines.

Née au fond des cales des navires négriers pendant la traite transatlantique, cette idéologie a été formulée par les descendants d'Africains aux Amériques. Forgée et mûrie, cette pensée a été ensuite importée en Afrique au début du XXe, lorsque des intellectuels africains (ayant étudié en Amérique et en Europe) décident de rentrer chez eux. A l'instar de Kwame Nkrumah (1909-1972) de la Gold Coast, ou de Julius K. Nyerere (1922-1999) du Tanganyika, ils s'engagent dans la vie politique locale afin d'affronter l'autorité coloniale pour accéder à l'indépendance de leur terre natale. Ils appartiennent à cette génération d'hommes politiques africains panafricanistes qui ont lutté pour la libération de l'Afrique.

Dans cet article, mon propos est de montrer que le Panafricanisme n'a pas été seulement un élément catalyseur pour obtenir les indépendances. Il a été également un moteur et un pilier de la politique de certains chefs d'État africains postcoloniaux. Je me limiterai au cas exemplaire du Tanganyika (future Tanzanie) sous Nyerere. En effet, ce dernier se considère non seulement comme un non-aligné durant cette période de Guerre Froide mais aussi comme un panafricain. Il consacre toute sa carrière politique à tenter de régler les problèmes du continent africain tout en élaborant et en mettant en place des projets pour développer la Tanzanie qu'il dirige de 1961 à 1985. A l'échelle continentale, il s'obstine à trouver des solutions pour libérer les territoires encore sous domination étrangère. Il est persuadé qu'il faut constituer une Union africaine pour que le continent s'émancipe et se protège de toute autre forme d'impérialisme et d'invasion.

En fait, c'est l'une des rares illustrations d'un État africain ayant formellement adopté et mis en œuvre une politique à l'échelle panafricaine. C'est pourquoi cette étude mettra en exergue la vision originale et les réalisations de la politique panafricaine de l'État tanzanien sous la présidence du *Mwalimu* Nyerere. Dans ce sens, je m'appuierai alors sur quelques orientations et décisions marquantes de la politique panafricaine qui y fut menée entre 1961 et 1985.

Ainsi, je tenterai dans une première approche, d'aborder certains points du programme de développement proposé par le parti de Nyerere au peuple tanzanien, et dans une moindre mesure à la sous-région dite de l'Afrique orientale, Puis j'insisterai sur les apports de la politique de Nyerere à l'échelle continentale.

La politique nationale et régionale de Nyerere : débarrasser la société tanzanienne de l'héritage colonial…

Au lendemain de l'indépendance du Tanganyika (future Tanzanie), Nyerere et son gouvernement instaurent la politique de l'*Ujaama*[2]. Celle-ci, basée sur des valeurs africaines, a pour objectif d'élever le niveau de vie de ses concitoyens et de développer le pays, alors au bord de la banqueroute.[3] Dès 1961, le gouvernement de la *Tanganyika African National Union* (TANU) révise et modifie plusieurs structures inefficaces léguées par l'administration britannique. Celle-ci laisse aux dirigeants un pays pauvre et des pratiques coloniales ne permettant pas l'épanouissement des Tanzaniens. Nyerere, habile homme politique et fin penseur, est convaincu qu'il faut abandonner l'ancien système au profit d'un socialisme africain : l'*Ujamaa*. En effet, le parti de la TANU souhaite instaurer une société égalitaire non divorcée du système capitaliste.

Pour cela, il s'inspire des modes d'organisation propres aux sociétés africaines pré-coloniales. Celles-ci partageaient par exemple des principes de solidarité, d'entraide et de droit d'aînesse. Le texte fondateur qui cristallise et met en avant ce programme politique est la Déclaration d'Arusha (parue en 1967). Il revendique les idéaux auxquels la TANU adhère. A côté de ce texte de référence en matière d'orientation politique, Nyerere épilogue sur la même idée en écrivant de nombreux textes pour expliquer le choix de ses projets politiques à ses concitoyens (Nyerere 1970:22) :

> Comme je l'ai dit, nous devons retrouver notre mentalité première- notre socialisme africain traditionnel – et le mettre en application dans les nouvelles sociétés que nous sommes en train de bâtir aujourd'hui. La TANU s'est engagée à faire du socialisme le fondement de sa politique en tout… De même que, dans notre société traditionnelle, le vieillard était respecté pour son âge et les services qu'il avait rendu à la communauté, de même, dans notre société moderne, ce respect pour l'âge et pour les services rendus sera préservé...

Nyerere invite ses concitoyens à vivre au sein d'une communauté villageoise dite (aussi) *ujaama* dotée d'institutions démocratiques où les habitants prennent les décisions pertinentes à leur bien-être. En fait, elle est calquée et inspirée par les anciens modes de vie africains. Selon Nyerere, les nations anciennement colonisées doivent absolument recourir et s'inspirer de leur propre culture pour diriger leur pays. C'est le seul moyen pour s'affranchir définitivement du colonialisme et de toute forme de domination allogène.

Ces mesures politiques prises en 1967 permettent aux pauvres paysans (qui forment la majorité de la population tanzanienne) de travailler en groupe et de s'entraider mutuellement pour améliorer leur quotidien. Il s'agit, en réalité, d'un programme politique, économique et social d'auto-approvisionnement national pour développer la Tanzanie et limiter sa dépendance vers l'extérieur.

Pour atteindre cet objectif, la TANU nationalisa les succursales des filiales étrangères et le secteur de l'agriculture. En effet, les habitants de ces villages furent encouragés non seulement à exploiter la terre en communauté mais aussi à travailler au sein de petites entreprises. Les secteurs privilégiés restèrent bien entendu en rapport avec l'agriculture. Des ateliers furent créés pour la fabrication et la réparation des instruments agricoles. Aussi, dans les domaines de la menuiserie, la maçonnerie, l'industrie du textile et le commerce ont vit les habitants s'investir. La TANU prôna le développement par l'autosubsistance et les infrastructures (écoles, dispensaires, adduction d'eau, etc.). La formation technique des habitants ne fut pas négligée. Le Small Industries Development Organization (SIDO) et la Banque du Développement Rural sont chargés d'organiser et de mettre en œuvre des séances d'apprentissage.

Ce faisant, tous ces efforts et campagnes n'ont pas suffi pour convaincre les Tanzaniens d'obéir aux directives du gouvernement ou à coopérer avec celui-ci. Une partie des tanzaniens alors dispersés sur une grande superficie n'adhéra pas au bien-fondé de ce projet politique. Récalcitrants, certains refusèrent catégoriquement de se regrouper en communautés villageoises comme le prescrivit la TANU. Nyerere soutenait que la création de nouvelles communautés d'*ujamaa* se réalisera par une mobilisation volontaire de paysans. Il accepta d'autoriser le gouvernement à agir pour accélérer le processus de villagisation (rendu obligatoire dès 1973). Selon l'observateur Sylvain Urfer (Urfer 1976:75), les autorités eurent recours en août et novembre 1974 à la violence face aux dissidents qui n'entendaient aucunement obéir aux instructions et être transférés dans ces zones agricoles collectives. Ainsi, le nombre de villages en Tanzanie augmenta spectaculairement. On compta pour les années 1968, 1973 et 1979 respectivement 180, 5 631 et 8 200 villages. Mais l'usage de la force discrédita le gouvernement et montra les limites de ce projet.

Par ailleurs, Nyerere et son gouvernement conclurent qu'utiliser la langue de l'ancien dominant ne permet pas de combattre le colonialisme mental qui est toujours une des formes dominantes et latentes de l'impérialisme en Afrique. C'est pourquoi, ils décidèrent de promouvoir une langue africaine ; le swahili/kiswahili (dès 1961), pour que celle-ci prenne un statut de langue nationale et contribue à consolider l'unité du pays. La Tanzanie compte plus d'une centaine de langues parlées.[4] Pour mener à bien ce projet, plusieurs dispositifs sont pris par les autorités qui swahilisent les secteurs publics au détriment de l'anglais qui, jadis, était la langue de l'administration coloniale britannique.[5] Le swahili supplanta donc petit à petit cette langue et fut enseignée dans différents services. Le 8 décembre 1962, soit un an après l'indépendance du Tanganyika, il devient la langue de travail à l'Assemblée Nationale. Julius Nyerere, qui est un des acteurs de cette politique, s'est alors adressé aux parlementaires dans cette langue, en ce jour symbolique. Ses discours destinés à ses concitoyens sont également prononcés en swahili pour toucher un large public et unifier linguistiquement le pays. En fait, les autorités recommandent son utilisation, dès 1967, dans toutes les communications interministérielles lorsqu'on peut se passer de l'anglais qui demeure une langue d'élite.

Après la diffusion de la Déclaration d'Arusha, une campagne d'alphabétisation[6] connue sous le nom de *Universal Primary Education* (UPE) est aussitôt lancée dans le pays. Elle consiste à étendre une éducation de base à tous les Tanzaniens pour relever le niveau de vie. Pour en faciliter la tâche, le kiswahili devient la langue d'enseignement et d'alphabétisation pour le niveau primaire. Les autorités avancent que l'utilisation de cet idiome comme langue d'enseignement accélère le processus de transmission des savoirs. Les Tanzaniens n'apprennent l'anglais que dans les classes les plus avancées. Grâce à de tels dispositifs, le gouvernement des années 1960 et 1970 a non seulement su fabriquer et cristalliser une identité tanzanienne fière de sa culture mais aussi noter des succès incontestables dans le domaine de l'éducation, qui resta une des préoccupations prioritaires du Chef d'État.[7] Celui-ci mène alors une campagne sérieuse et assidue contre l'analphabétisme. On passe entre 1970 et 1980 à un taux d'inscription scolaire de 34 à 93 pour cent (UNESCO 1985). En 1981, on ne recense que 21 pour cent (Eurostat 1988:25) de la population âgée de 15 ans et plus qui est analphabète. Ce qui est remarquable et peu anodin pour un pays sous-développé à l'époque. Seule une infime couche élitiste continue de réclamer la diffusion de l'anglais pour s'instruire.

Aussi, ces mesures de swahilisation ont permis à cette *lingua franca* de rayonner et d'être reconnue sur le plan international. L'Organisation de l'Unité Africaine (OUA) l'a adopté comme langue officielle et langue de travail tandis que Jomo Kenyatta la déclare langue nationale au Kenya en 1974. L'Ouganda suivit la même voie. Dans l'aire non swahilophone africaine, cet idiome est enseigné dans le supérieur. Par exemple, des cours de swahili et de sa civilisation sont dispensés dans les universités et instituts ghanéens et nigérians.

Dès lors, on note que les réformes nationales de Nyerere (de 1961 à 1985) ont permis à la Tanzanie de se détacher et de se débarrasser de quelques legs de l'ancien système colonial. En fait, les plans politiques de cet homme d'État sont tellement révolutionnaires que le République Unie se distingue des autres nations africaines fraîchement souveraines bien que certains de ces objectifs se soient soldés par des échecs. Pourtant, cela n'a pas empêché ce dirigeant d'adopter une politique d'ouverture en Afrique orientale.

La dimension régionale de la politique tanzanienne

Alors que des États africains se plient sur eux-mêmes, la Tanzanie sous Nyerere a ouvert ses frontières en optant pour une coopération économique avec les pays voisins. Ses associés privilégiés sont de loin l'Ouganda et le Kenya pour des raisons géographiques et historiques. En effet, le Tanganyika colonisé a eu des échanges économiques privilégiés anciens. Sous la domination britannique, des échanges (douaniers, logistiques, universitaires) furent développés. Par exemple, les autorités avaient créé une monnaie commune : l'*East African Shilling*. En 1948, ces territoires étaient rassemblés dans le cadre de l'EAHC (*East African High Commission*) ; future *East African Common Services Organization* (1961). Mais il faut reconnaître que ces échanges ont plutôt profité au Kenya qui bénéficiait le plus d'infrastructures et de services coloniaux de haute qualité. C'était donc le territoire le plus avancé et industrialisé de l'ensemble.

Une fois les indépendances gagnées,[8] les pères des Indépendances de ces trois nouveaux États (Nyerere pour le Tanganyika, Kenyatta pour le Kenya et Obote pour l'Ouganda), tous d'obédience panafricaine signent en janvier 1967 l'Accord de Kampala. Le but est d'aider la Tanzanie et l'Ouganda à rattraper le retard sur le Kenya. Mais très vite, le Kenya change d'avis pour des raisons évidentes : il n'y trouve pas son intérêt.

Pourtant, cet échec ne décourage pas ces chefs d'État qui créent la Communauté Est-Africaine (*East African Community*), après avoir élaboré un nouveau traité de coopération signé à Arusha, en juin 1967. Ce nouveau marché commun a pour principal objectif de favoriser un rapprochement économique en appliquant et adoptant les mêmes réglementations douanières, en supprimant les taxes, etc.

Ce partenariat a, par la même occasion, permis aux trois États de créer plusieurs services communs répartis dans différentes villes de ces trois pays. La Tanzanie abrite non seulement le siège social de ladite communauté à Arusha mais aussi d'autres structures à l'instar de la Corporation Portuaire (Harbours Corporation). Quant au Kenya et à l'Ouganda, ils accueillent chacun plusieurs succursales qui dépendent de la même communauté. Par exemple, les bureaux de la compagnie aérienne East African Airways et de la Banque de Développement sont implantés dans le premier pays tandis que le second abrite le siège de la Corporation des Postes et Télécommunication.

Cette communauté apparaît, alors, aux yeux de quelques observateurs comme l'une des plus efficaces sur le continent africain à cette période. Elle ratifie un certain nombre d'accords avec la Communauté Economique Européenne. A titre d'information, les représentants de ces deux regroupements économiques signent des accords de coopération à Arusha le 26 juillet 1968[9]. Les dirigeants de ces États membres de la Communauté Est-Africaine comprennent bien que leur coopération leur donne plus de moyens et de poids pour obtenir des clauses en leur faveur face aux pays industrialisés.

Mais très vite cet ensemble se désagrège au grand dam de Nyerere (Nyerere 1978a:29-31) à cause des orientations et divergences politiques des chefs d'États-membres. La dislocation est alors inévitable dès juillet 1977 pour ce groupe qui ne trouve plus de terrain d'entente. Les causes sont multiples mais la principale est l'éviction d'Obote de la scène politique ougandaise sans doute. Il est victime d'un putsch en 1971. Son successeur est le maréchal Amin Dada aux mœurs peu panafricaines. Ce dernier a préféré engager une entreprise belliqueuse (1978-1980) contre la Tanzanie[10] plutôt qu'une politique fédérale pour s'emparer de la région de Kagera. De plus, certains observateurs reconnaissent que le Kenya, qui a adopté une économie de type capitaliste, ne s'est jamais réellement engagé dans cette aventure. Il n'y a pas trouvé tous ses intérêts puisque les investisseurs dans ce pays sont quasiment tous des étrangers.

Quant à la Tanzanie, on l'accuse d'avoir adopté une économie de type socialiste. L'État nationalise et contrôle tout. Il est donc impossible qu'une intégration régionale viable se réalise d'après Ali Mazrui.[11] Pourtant, Nyerere, qui a fermé les frontières entre le Kenya et son pays, cherche, dès janvier 1980, à relancer les débats et remettre sur pied l'organisation avortée. Aussi, il annonce plus tard qu'il souhaite rétablir les relations avec le Kenya, à condition que les divergences qui ont provoqué la dissolution de l'EAC soient réglées.[12] Les frontières entre ces deux entités étatiques sont alors ouvertes en 1984 permettant ainsi une libre circulation des marchandises et des personnes.

Parallèlement, Nyerere a œuvré pour une fédération politique plus large pour regrouper les États voisins en vue de régler les problèmes de la région. Ainsi, il participe activement à la création du PAFMECA (Mouvement Panafricain pour l'Afrique Orientale et l'Afrique Centrale) avant même que le Tanganyika, future Tanzanie, obtienne son indépendance. Cette organisation est née en septembre 1958 à Mwanza (Tanganyika) et réunit des mouvements nationalistes du Tanganyika, du Kenya, de l'Ouganda, et de Zanzibar, initialement afin de se soutenir mutuellement dans la lutte pour les indépendances. Elle permet aussi de donner la parole aux partis-membres qui exposent les difficultés rencontrées pour obtenir la souveraineté des territoires encore sous domination coloniale. Selon Nyerere,[13] cette organisation a vu le jour suite à une rencontre entre des représentants africains qui souhaitent discuter de leurs problèmes avant le rassemblement de l'African Peoples Conference préparé par le Ghana. Selon Hossein Elahi (Elahi 1979:87), la TANU a eu un rôle déterminant au sein de cette organisation. Celle-ci a beaucoup d'influence puisqu'elle dirige le Secrétariat Général et le travail administratif. Par la suite, ce mouvement s'élargit avec le Nyassaland (futur Malawi), la Rhodésie du Nord (future Zambie) et la Rhodésie du Sud (futur Zimbabwe). Des représentants de l'Afrique du Sud, de la République du Congo et du Rwanda, ainsi que du Royaume Burundi sont invités à certaines des conférences organisées par ce jeune mouvement panafricain.

En février 1962, les États membres de cette fédération régionale voient le nombre des États ou partis membres augmenter aux quatrièmes Assises d'Addis-Abeba avec l'adhésion de la Somalie et de l'Ethiopie. De même, on accepte l'affiliation de mouvements nationalistes de la République sud-africaine et du Sud-Ouest africain (future Namibie). Cet élargissement entraîne les dirigeants à changer de sigle. Désor mais, on ne parle plus PAFMECA mais du PAFMESCA (Mouvement Panafricain de l'Afrique Orientale, de l'Afrique Centrale et de l'Afrique Australe). Mais avec la naissance de l'Organisation de l'Unité Africaine en mai 1963, cette fédération régionale s'est affaiblie. Nyerere, qui est un panafricaniste gradualiste, préconise (dès la création de cette nouvelle organisation supranationale) que le PAFMESCA n'a plus raison d'être tout comme les groupes de Monrovia et de Casablanca. Selon lui, conserver le PAFMESCA tel qu'il a été conçu et sans réformes ultérieures risque d'encourager un esprit de compétition entre ces deux institutions qui remplissent la même fonction. Ce qui est donc un obstacle pour l'Unité du continent.

Jusqu'ici, je me suis intéressée à la politique de Nyerere mais sur un espace restreint : l'État tanzanien et l'Afrique orientale. Pourtant Nyerere s'est soucié aussi du sort des ressortissants africains des autres régions. A travers ses discours et écrits, il prône la libération et l'unité de l'Afrique qui sont bel et bien des leitmotivs du Panafricanisme politique à l'époque qui nous intéresse.

La politique africaine de Nyerere à l'échelle continentale : la Tanzanie terre d'asile et de l'anticolonialisme panafricain

Nyerere incarne le rôle d'un État qui veut à tout prix libérer l'Afrique du joug colonial et ses propos vont dans ce sens. Selon lui, la libération du continent est la condition *sine qua non* pour que les Africains sortent du marasme comme en témoigne son allocution au sommet de l'OUA en mai 1963 :

> Sa Majesté Impériale et ceux de mes frères qui m'ont précédé à cette tribune l'ont expliqué mieux que moi. Les souffrances de nos peuples, le sang qu'ils ont versé et que continuent de verser ceux qui sont victimes de leurs oppresseurs, les millions d'Africains qui sont morts lors des rafles d'esclaves qui furent organisées... Actuellement, non pas parce que nous sommes plus attachés que d'autres à la liberté de l'Afrique, mais simplement en raison de notre proximité avec la partie d'Afrique qui n'est pas indépendante, nous contribuons déjà humblement à la libération d'Afrique du Sud mais nous sommes prêts à faire davantage [...] Je tiens à assurer notre valeureux frère d'Algérie, Ben Bellah, que nous sommes prêts à mourir un peu pour l'extirpation définitive, hors du sol africain, de l'humiliation infligée par le colonialisme (Présence Africaine 1964:222-224).

De plus, la Tanzanie devient une terre d'accueil pour les mouvements de libération qui y trouvent refuge et soutien auprès de la TANU. Les dirigeants du pays ont fait de la décolonisation une ligne directrice de leur politique en soutenant ouvertement les mouvements de libération en Afrique,[14] venant en aide aux combattants de la liberté des Comores, du Mozambique,[15] de l'Angola, du Zimbabwe, du Sud-Ouest africain et de l'Afrique du Sud. Ils leur pourvoient des moyens logistiques ou leur concèdent des terrains pour construire des camps d'entraînement, leur fournirent des logements, etc. En effet, le gouvernement tanzanien offre en 1979 une étendue de terrain de 1000 hectares au village de Mazimbu à l'African National Congress (ANC)[16]. Ce mouvement décide d'y édifier un complexe scolaire (qui deviendra le *Solomon Mahlangu Freedom College*) pour éduquer les jeunes qui fuient le pays massivement depuis le soulèvement de Soweto déclenché le 16 juin 1976. Des sièges et bureaux de moindre importance appartenant à ces mouvements de libération[17] sont également ouverts à Dar-es-Salaam[18] qui, de plus, abrite le Comité de Coordination pour la libération de l'Afrique. Il s'agit d'un organe de l'OUA créé en 1963 qui subventionne ces mouvements. Selon Richard Cox (Cox 1964:47), deux raisons poussent ces mouvements à s'implanter dans ce pays. La première raison est que l'État tanzanien est à proximité des pays à libérer et devient, par conséquent, un territoire stratégique dans la mesure où il leur sert de base arrière. Le deuxième motif est que Nyerere, à la tête de la TANU, est un panafricain très engagé contre le colonialisme, désintéressé.

Grâce à sa mobilisation infaillible contre le colonialisme, il est choisi comme porte-parole des États de la ligne de Front de 1975 à 1985. Cet ensemble comprend l'Angola, le Botswana, le Mozambique, la Tanzanie et la Zambie en lutte contre l'impérialisme des minorités blanches dans cette région. C'est ainsi qu'il est invité par le président américain Jimmy Earl Carter, à Washington en août 1977 pour discuter des problèmes (Nyerere 1978) de cette sous-région secouée par les conflits qui opposent les mouvements de luttes de libération et les armées des régimes racistes.

La Tanzanie endosse radicalement le rôle de nation protectrice. Plusieurs réfugiés issus de pays voisins indépendants, en situation de guerre ou de famine, convergent vers ce pays pour y rechercher la sécurité. A titre d'information, elle a protégé les réfugiés du Rwanda, du Congo (Haut Commissariat des Réfugiés 1966:45-53) en crise, de l'Ouganda sous le régime militaire d'Amin Dada (1971-1979) ou du Burundi alors pris dans une guerre interethnique en 1972. Ainsi, on compte environ 207 000 réfugiés officiels à la fin de l'année 1985 d'après une étude de l'Office statistique des Communautés européennes[19] (Eurostat 1988:21). En fait, la Tanzanie, stable politiquement, a su organiser et aménager des espaces dans quelques districts (Kigoma Ngara, Karagwe, Kibondo…) pour accueillir les exilés selon le principe intangible d'hospitalité militante. Par exemple, au cours de l'été 1972, des moyens logistiques sont été déployés par la TANU qui constate l'affluence des réfugiés burundais sur son territoire. Ce parti leur attribue un site d'installation : Ulyankulu (près de Tabora) qui doit accueillir environ 18 000 réfugiés. La situation politique ne s'améliorant pas au Burundi, ce site continua d'accueillir plus de réfugiés. Il hébergea jusqu'à 54 000 exilés burundais en 1975. Aussi, l'administration tanzanienne a su accorder la nationalité tanzanienne à un bon nombre d'apatrides lorsque ceux-ci sont contraints de prolonger leur durée de séjour sur son territoire. Selon Hanne Christensen[20] (1988:83), les réfugiés burundais peuvent être naturalisés tanzaniens après sept années de résidence dans le pays.

Il est inutile de mentionner qu'une telle affluence vers la Tanzanie ne s'explique aucunement par un niveau de vie et de développement supérieurs à ceux de ses voisins. En effet, c'est l'engagement de son gouvernement qui incite ces expatriés à s'installer dans ce pays. Face à une généralisation de la violence contre les civils africains qui s'exilent et à une violation de leurs libertés fondamentales, la Tanzanie réagit en se préoccupant davantage du respect des Droits de l'Homme sur le continent. Pour cela, elle ne cesse d'organiser des rencontres sur son territoire pour discuter de ce problème qui touche autant les territoires occupés qu'indépendants[21] de l'Afrique. En fait, l'État tanzanien se donne le devoir de faire rappeler aux autorités africaines leurs obligations et responsabilités. Il s'agit donc d'un des rares pays africains à se soucier du sort de ces apatrides en organisant des manifestations spéciales. Par exemple, un séminaire (Nations-Unies 1973) est organisé par la TANU en coopération avec la Division des Droits de l'Homme des Nations-Unies à Dar-es-Salaam du 23 octobre au 5 novembre 1973. Parmi les invités, on compte des délégations de vingt- quatre pays africains[22] indépendants, des représentants d'institutions spécialisés des Nations-Unies (Haut Commissariat des Réfugiés etc...) et des organisations intergouvernementales (Organisation de Unité Africaine, Ligue Arabe, Conseil de l'Europe, Organisation des États américains), des organisations non-gouvernementales, mais aussi des représentants de sept mouvements de libération africains. Plusieurs thématiques et points concernant les droits universels, notamment la protection des réfugiés par les Etats hôtes, ont été abordés durant ces séances.

De plus, Nyerere[23] admet, à l'occasion de sa déclaration inaugurale à la Conférence panafricaine sur la situation des réfugiés tenue à Arusha mai 1979,[24] que les raisons qui poussent la Tanzanie à protéger les réfugiés sont dictées par des sentiments de fraternité et une conscience de l'Unité de l'Afrique partagée par son gouvernement.

Principal objectif : créer les États-Unis d'Afrique

En effet, unir l'Afrique est indubitablement le rêve panafricain qui est le plus cher à Nyerere. Pour lui, regrouper les nations africaines dans une sorte de confédération d'États est plus que nécessaire. Il exprime cette idée qui ne l'a jamais quitté dans un de ses textes politiques (Nyerere 1963,1970:68-69) :

> Dans l'intérêt de tous les États africains, grands ou petits, l'Unité africaine doit se réaliser et être une unité réelle. Notre objectif doit être de créer des États-Unis d'Afrique. C'est cela seule qui peut vraiment donner à l'Afrique l'avenir que ses populations méritent après des siècles d'incertitudes économiques et d'oppression sociale. Cet objectif doit être atteint, peu importe que ce soit en une seule ou en plusieurs « étapes », ou qu'on emprunte pour cela la voie du développement économique, du développement politique ou de développement social. La seule chose qui devrait nous importer à l'heure actuelle, c'est comment réaliser l'Unité africaine le plus tôt possible [...] Notre manque d'unité et la domination étrangère que nous avons connue ont fait sentir la nécessité d'être unis, et ont développé en nous un sentiment de sympathie panafricaine qui se mêle aux liens très étroits qui nous attachent à notre propre village.

Pourtant celui-ci a paradoxalement négocié auprès des autorités britanniques pour retarder la date d'accès à l'indépendance du Tanganyika. Cette initiative a été prise par ce représentant pour que le Tanganyika obtienne sa souveraineté en même temps que ses voisins (Kenya et Ouganda). Mais les Britanniques ne lui ont pas donné cette opportunité puisque le Tanganyika est indépendant en décembre 1961. L'Ouganda et le Kenya doivent attendre respectivement le 9 octobre 1962 et le 12 décembre 1963 pour que ce nouveau statut leur soit accordé. En fait la Grande-Bretagne qui craint de voir son influence et ses intérêts diminués dans une telle fédération politique proposée par ce panafricain, a préféré octroyer séparément leur indépendance conformément au principe machiavélique bien connu : *Divide et impera*. Ce plan tragique a réussi son dessein puisque ces trois territoires n'ont pas su sacrifier leur souveraineté individuelle pour une fédération politique efficace.

Toutefois, Nyerere réalise dans une certaine mesure son idéal panafricain lorsque les îles de l'archipel Zanzibar et l'État du Tanganyika fusionnent en signant un traité d'union le 26 avril 1964. La République Unie de la Tanzanie[25] est alors portée sur les fonds baptismaux. Lors de son discours de ratification, il déclare que cette réunification a été décidée dans l'intérêt de l'Afrique et de l'unité africaine. Les dirigeants de ces deux territoires montrent en quelque sorte la voie à suivre aux autres États africains qui malgré des efforts fournis ne trouvent pas d'issue pour des unions viables.[26] La plupart sont satisfaits de cette décision politique et considère cette action politique comme un pas vers une future fédération plus large. Ainsi, Kenyatta et Obote, respectivement premiers ministres du Kenya et de l'Ouganda approuvent cette décision et diffusent un communiqué de Nairobi pour annoncer qu'ils accueillent favorablement l'union du Tanganyika et de Zanzibar qu'ils considèrent comme un pas important vers l'objectif final de l'unité africaine.[27]

Malgré cet enthousiasme général sur le continent, les Chefs d'État ne suivent pas tous l'exemple de la Tanzanie. Certains dirigeants ralentissent et vont même à l'encontre du processus d'unification en contestant, de façon ostentatoire, les tracées de frontières léguées par les autorités coloniales. Ils convoitent une région octroyée à un pays voisin qui s'oppose à rétrocéder une partie de son territoire. L'exemple de l'Ogaden, région orientale de l'Ethiopie réclamée par la Somalie en est une parfaite illustration. Suite à l'invasion des troupes somaliennes dans cette région, une guerre a opposé ces deux États de 1977 à 1978, pourtant membres de l'Organisation de l'Unité africaine qui a pour principe l'intangibilité des frontières.

Pour éviter de telles querelles et affrontements Nyerere est toujours resté intransigeant. Il est contre toute réclamation territoriale d'un État à un autre. Dès 1963, il propose une résolution stipulant le respect des frontières nationales telles qu'elles ont été léguées par les puissances coloniales. Selon lui, cela entraîne des conflits et, par conséquent, envenime davantage l'Afrique qui doit se construire dans une politique unitaire et progressive.[28] Toujours fidèle à ses principes panafricains, Nyerere n'a pas pris part aux clivages politiques entre les groupes de Monrovia et de Casablanca[29] au sein de l'OUA. Pour lui, ces divisions retardent l'Unité Africaine. De tels comportements sont contraires aux intérêts de l'Afrique. Ces propos reflètent bien sa pensée :

> Les frontières qui séparent les États africains ont été tracées en dépit de tout bon sens, à tel point que, malgré notre sentiment d'unité, ces frontières constitueraient une cause de friction… Et pourtant commencer à faire des revendications territoriales les uns les autres serait prêter le flanc à ceux qui veulent maintenir l'Afrique dans sa faiblesse pour accroître, eux, leur force à venir ; et cela pourrait nous conduire à cette triste absurdité de dépenser notre argent en armements alors que nos populations meurent faute de soins médicaux ou crèvent par manque d'instruction (Nyerere1970:67-76).

Enfin, il est important de mentionner que Nyerere est élu à la Présidence de l'OUA le 12 novembre 1984. Alors que cette organisation supranationale a pour principal objectif d'unir l'Afrique, la séance de l'élection de Nyerere est marquée par la défection du Maroc en son sein. En effet, ce royaume convoite le Sahara Occidental qu'il considère comme partie intégrante de son territoire. Depuis 1975 une guerre entre l'armée marocaine et les nationalistes sahraouis alors soutenus par l'armée algérienne, fait régulièrement objet de débats parmi les États- membres de ladite organisation. Cette institution panafricaine donne enfin son verdict en ce jour d'investiture de Nyerere en reconnaissant le Sahara comme un État souverain et indépendant du Maroc. Ce pays se retire alors de l'OUA lors de son vingtième sommet. Pour se justifier, un discours du roi Hassan II (alors absent) est prononcé par son porte-parole qui conclut par ces mots.[30] « Voilà, et je le déplore, l'heure de nous séparer [...] L'absolu est à Dieu. En attendant des jours plus sages nous vous disons adieu et nous vous souhaitons bonne route avec votre nouveau partenaire [...] Un jour l'histoire mettra sa montre à l'heure. »

Cette décision, pourtant prévisible, est accueillie amèrement par les autres États africains, à l'exception du Zaïre (devenu la République Démocratique du Congo depuis mai 1997) qui, au contraire approuve l'attitude de cet État. Il ne reconnaît pas non plus le Sahara Occidental et par principe de solidarité avec le Maroc suspend sa participation tout en restant membre de l'OUA. Nyerere qui occupe cette fonction jusqu'au 18 juillet 1985 n'a pas su résoudre avec ses pairs ce problème épineux qui a menacé l'existence même de l'Organisation. Au terme de son mandat, le Maroc et le Zaïre sont encore absents de l'Africa Hall[31] à Addis-Abeba alors que le continent a véritablement besoin de consolider son unité pour faire face à ses nombreuses crises. L'Afrique est, effectivement, en grande difficulté face à la famine qui ravage plusieurs États à l'instar de l'Ethiopie. De plus, elle subit le poids de la dette qui est un des points du vingt-et-unième sommet de l'OUA.[32] Il s'agit donc d'un échec personnel et politique pour ce dirigeant qui a toujours prôné les États-Unis d'Afrique pendant toute sa carrière.

Conclusion

La Tanzanie est considérée comme un État panafricain sur le continent à l'époque étudiée. Nyerere qui a dirigé le pays y a beaucoup contribué en instaurant un modèle politique unique en Afrique à cette période : l'*Ujamaa*. Pour les panafricains convaincus du continent et de la diaspora, la politique intérieure de cet État devient à leurs yeux un exemple à suivre bien que les dirigeants africains, à grande majorité partisans de l'unité, ne s'en inspirent pas vraiment pour diriger leur pays. Grâce à sa position panafricaine, Nyerere a su faire rayonner l'État tanzanien sur la scène politique africaine à tel point que plusieurs manifestations promouvant l'Unité de l'Afrique ou les valeurs africaines y prennent place. Ainsi, Dar-es-Salam reçoit en juin 1974 cinquante-deux délégations pour le sixième congrès panafricain. Elles sont venues essentiellement d'Afrique, des Caraïbes, des États unis d'Amérique du Sud, du Pacifique et de la Grande-Bretagne (Clary 2002:131-150).

Toutefois, la politique de l'*Ujaama* est très critiquée par les États qui ont adopté une économie de type capitaliste. Plusieurs experts occidentaux avancent dans leurs travaux que ce modèle politique et économique n'est pas viable et trouvent suspect que cet État se rapproche des pays communistes en cette période de Guerre Froide. Par exemple, Nyerere et son gouvernement reconnaissent la République Populaire de Chine avec laquelle des échanges de plus en plus étroits sont effectués. En effet, des coopérations économiques et militaires sont établies entre ces deux nations pour développer la Tanzanie[33] qui, je le rappelle, n'a pas hérité de bonnes infrastructures pendant l'ère coloniale.

Pour sanctionner cet État qui s'associe avec les pays du bloc de l'Est, les autorités occidentales choisissent de rompre les relations diplomatiques ou économiques avec son gouvernement. A titre d'information, l'Allemagne de l'Ouest met un terme à sa coopération en 1964 avec ce pays. Elle ne tolère pas qu'il ait des liens avec l'Allemagne de l'Est alors communiste. En fait, plusieurs États-créanciers n'hésitent pas à retirer leurs investissements de la Tanzanie au détriment de sa politique de développement. Pourtant, Nyerere ne cesse de discourir qu'il a adopté une attitude neutre. Et pour cause, il refuse de s'immiscer dans les querelles de puissants États en tant que représentant d'un jeune pays africain qui a pour priorité son développement et la consolidation, ou voire la construction, de l'Unité de l'Afrique. Mais ces justifications ne suffisent pas pour rassurer les pays capitalistes. De plus, les multinationales de ces pays préfèrent investir ailleurs qu'en Tanzanie. Celle-ci est marginalisée puisqu'elle soutient les mouvements de libération (en Afrique australe) qui ébranlent la vie politique et économique dans cette région où ses filiales ont des intérêts à défendre.

En fait, la politique panafricaine de Nyerere et son neutralisme dans le clash Est/Ouest portent beaucoup de torts à la Tanzanie sur la scène politique internationale. Ce pays qui a tant œuvré pour rattraper son retard économique sombre alors dans la pauvreté[34] lorsque Nyerere, qui admet ses erreurs, quitte la présidence de l'État le 2 novembre 1985. Son successeur, Ali Hassan Mwinyi, abandonne le système de développement de l'*Ujamaa*. Dès 1986, la Tanzanie signe un accord avec le Fonds Monétaire International l'engageant à rentrer dans le système capitaliste.

Notes

1. Terme emprunté à l'écrivain ivoirien Ahmadou Kourouma (1927-2003) pour désigner les années de la décolonisation en Afrique. Lire Kourouma, Ahmadou, 1970, *Les Soleils des indépendances*, Paris, Éditions du Seuil,
2. Signifie village en swahili. Ce mot est souvent traduit en français par les termes de socialisme africain / tanzanien.
3. Selon L. S. Kurtz, 1972, (auteur de l'ouvrage An African Education, The Social Revolution in Tanzania, Brooklyn, N.Y.: Pageant-Poseidon) peu de postes importants ont été confiés à la population africaine du Tanganyika sous la domination britannique. En 1960, à la veille de l'indépendance, cette colonie ne compte que 116 professeurs certifiés.

4. Notons qu'il s'agit d'une approximation. Les auteurs ne sont pas tous d'accord sur le nombre exact de langues vernaculaires parlées dans ce pays. A titre d'information, Hassan El Rayyah Youssif El Badawi, auteur de la thèse La politique linguistique en Tanzanie, sous dir. de Jacques Calvet, Université Paris V, 1987, avance qu'il y a plus de 150 langues parlées. Quant à Herman Batibo, il écrit qu'il n'y a que 126 langues. Voir Batibo, H. et Martin, D., 1989, Tanzanie. L'ujaama, face aux réalités, Paris, Editions Recherche sur les Civilisations, p. 52.
5. Pour la Tanzanie, on peut distinguer deux périodes de colonisation européenne. La première est allemande et dure de 1885 à 1914. Suite à la défaite de l'Allemagne dans le conflit de la Première Guerre Mondiale, le territoire est placé sous le mandat de la Société des Nations et son administration est confiée à la Grande-Bretagne de 1919 à 1961.
6. Au lendemain de l'indépendance, le nouveau gouvernement note que le taux d'alphabétisation est dérisoire. Une campagne de sensibilisation est donc lancée par le gouvernement du Mwalimu (Nyerere) pour rehausser le niveau de vie des Tanzaniens. A ce titre lire Julius K. Nyerere Indépendance et Education, Editions CLE, Yaoundé, 1972.
7. A titre d'exemple, lire Nyerere Julius K,1975, « L'Education pour la libération de l'Afrique » in Perspectives, vol. 5, n°1. Il est aussi important de souligner que Nyerere a été enseignant avant de s'engager dans la vie politique. Il est également appelé Mwalimu, (c'est-à-dire maître d'école en swahili) par ses concitoyens.
8. Bien que Nyerere ait défendu une indépendance unitaire pour ces trois territoires auprès des Britanniques, chaque colonie a accédé à sa souveraineté à des dates différentes : Tanganyika (1961), Ouganda (1962) et Kenya (1963).
9. Pour plus d'informations sur ces accords, lire Communautés européennes, Accord créant une association entre la Communauté économique européenne et la République Unie de Tanzanie, la République de l'Ouganda et la République du Kenya et documents annexes, Conseil des Communautés européennes, Bruxelles, 1968.
10. Celle-ci contre-attaque en empiétant sur le territoire ougandais jusqu'à Kampala. En effet, Nyerere a accueilli son président déchu (Obote) dans son pays et refuse de reconnaître le gouvernement d'Amin Dada qu'il qualifie de fasciste. Il est convaincu qu'il faut évincer ce dirigeant pour libérer le peuple ougandais de l'oppression et pour instaurer une stabilité politique dans la sous-région. Cette agression est donc une occasion pour chasser le maréchal du pouvoir. Ce dernier trouve refuge en Libye après la défaite de son armée.
11. Ali Mazrui, universitaire kenyan qui a beaucoup écrit sur les questions linguistiques et politiques africaines.
12. Entre temps, une confédération économique est fondée à Arusha en 1979 par les dirigeants des Etats voisins de la Tanzanie : l'Angola, le Botswana, le Mozambique, la Zambie le Zimbabwe, le Lesotho,le Swaziland et enfin le Malawi. Ils forment la Southern Africa Development Coordination Conference (SADCC). Ils se sont alliés pour réagir et réduire leur dépendance vis-à-vis de l'Afrique du Sud ségrégationniste. Tous ont noté que celle-ci accroît son commerce rapidement en étendant ses liens économiques dans toute l'Afrique australe qui est sa zone et sphère d'influence. Elle a l'intention de la transformer en une sorte de fief néocolonial. Pour l'éviter, ils ont

entrepris conjointement des projets de développement leur permettant d'assurer l'indépendance des pays de ladite région. En terme d'organisation, ils ont décidé que le Secrétariat général ait son siège à Gaborone (Botswana) et qu'il y ait un sommet annuel des chefs d'Etat pour fixer les objectifs. Quant au Conseil des ministres, il a lieu tous les trois ans. L'originalité de cette confédération est qu'elle fonctionne et s'organise sur des programmes de développement sectoriels. Chaque pays est en charge d'un domaine. Par exemple, le Lesotho s'occupe des études et de l'amélioration de l'Occupation et Conservation des sols, la Tanzanie est chargée des Industries et du Commerce.

13. Lire Ghanaian Times, 5 mars 1997, Nyerere : Ghana Inspired the Rest of Africa, p. 6.
14. Nyerere aime à le rappeler dans ses textes et allocutions. Dans un de ses ouvrages (1978), il écrit (La Déclaration d'Arusha, dix ans après, bilan et perspectives, Paris, L'Harmattan) : « Cinquièmement enfin, nous avons en tant que nation, continué à apporter une certaine contribution à la lutte de libération en Afrique, affermissant ainsi notre liberté. A travers tout le pays, des individus et des groupes ont apporté des contributions financières bénévoles aux luttes engagées par nos frères et sœurs de la Tanzanie. En tant que nation nous avons agi politiquement et diplomatiquement pour soutenir la liberté en Afrique du Sud. Et nous avons fourni des terrains d'entraînement et des bases-arrière, quand la lutte politique pour la liberté a dû se convertir en guerre de libération ».
15. Voir Mwakikagile, Godfrey, 2002, Nyerere and Africa: end of an era, Atlanta, Protea Publishing.
16. Mouvement de libération de Nelson Mandela (incarcéré de 1962 à 1990). Un certain nombre de militants politiques qui ont pu fuir le système de l'apartheid en République d'Afrique du Sud ont été reçus en Tanzanie dès l'interdiction des mouvements African National Congress et Panafrican Congress en 1960.
17. On note qu'en 1973, l'African National Congress, le Panafrican Congress of Azania (Afrique du Sud), le Frente de Libertaçao de Moçambique (Mozambique) le Mouvement de libération nationale des Comores (Comores), le South West African People's Organization (Namibie), le Zimbabwe African National Union et enfin le Zimbabwe African People's Union (Zimbabwe) ont tous des adresses postales et sont installés à Dar-es-Salaam. Pour connaître les adresses exactes, voir dans les annexes du document Nations-Unies, 1973, Séminaire sur l'étude de nouveaux moyens de promouvoir les Droits de l'Homme compte tenu en particulier des problèmes et des besoins de l'Afrique, New-York, Nations-Unies, p. 3-4.
18. Cette ville est la capitale de la République Unie de Tanzanie jusqu'en 1973. Depuis cette date, c'est Dodoma qui remplit cette fonction.
19. Ces chiffres sont approximatifs et ne rendent pas compte des réfugiés clandestins. Parmi eux, certains se fondent facilement dans la population tanzanienne en trouvant refuge chez des parents installés dans ce pays.
20. Sociologue danoise qui a mené et publié beaucoup d'enquêtes sur la question des réfugiés.
21. Plusieurs Etats souverains sont dirigés par des dictateurs qui oppriment leurs concitoyens africains. A titre d'exemple, on peut citer le Zaire, l'Ouganda ou encore la Centrafrique qui connaissent tous des régimes militaires sanguinaires sous Mobutu, Amin Dada et Bokassa.

22. Il s'agit du Burundi, Cameroun, Tchad, Congo, Egypte, Gambie, Ghana, Kenya, Madagascar, Maurice, Maroc, Niger, Rwanda, Sénégal, Sierra Leone, Soudan, Togo, Ouganda, République Unie de Tanzanie, Haute-Volta, Zaïre et Zambie.
23. Devenu une emblème de la défense de la cause des réfugiés, il est récompensé par le prix Nansen à l'issue d'un sommet tenu à Arusha le 11 novembre 1983 dont le but est de redonner vie à la défunte Communauté de l'Est-africain.
24. Elle a eu lieu précisément du 7 au 17 mai et est communément appelée Conférence d'Arusha. Notons que cette ville devient au fil des années un centre où l'on vient de toutes les régions du monde pour se réunir et échanger des idées.
25. A vrai dire, il faut attendre le 29 octobre 1964 pour que ce nouvel Etat adopte ce nom. Entre temps, il est communément appelé République unie de Tanganyika et de Zanzibar.
26. A titre d'exemple, l'éphémère Union Ghana- Guinée (née en 1958) qui est dissoute quelques mois après sa création. Le cas de la Confédération de Sénégambie est aussi une illustration de ces échecs. Fondée en 1981, elle est suspendue en septembre 1989.
27. Voir « La fusion du Tanganyika et de Zanzibar est entrée en vigueur et MM. Kenyatta et Obote accueillent favorablement la décision », in Le Monde, 28 avril 1964, p. 5.
28. Comme il a été évoqué plus haut, Nyerere est l'un des fondateurs du PAFMECA (futur PAFMESCA). Par conséquent, il défend une unité africaine graduelle contrairement à son contemporain Nkrumah, (homme politique panafricain et premier président de la République du Ghana).Ce dernier a privilégié une unité politique immédiate de l'Afrique et se prononce contre les organisations régionales qui, selon lui, balkanisent le continent. Son discours prononcé à la création de l'Organisation de l'Unité Africaine est très significatif.
29. Il s'agit de deux blocs d'Etats africains divergents sur les questions de l'Unité Africaine. Le groupe de Casablanca est connu pour ses positions révolutionnaires et radicales tandis que celui de Monrovia rassemble des dirigeants modérés. Le sommet d'Addis- Abeba en mai 1963 a tenté de rapprocher les deux blocs pour mettre fin à ces divisions intra-africaines.
30. Lire De Barrin, Jacques, 4 novembre 1985, « Le Maroc quitte l'OUA pour protester contre l'entrée de la République saharouie », in Le Monde.
31. Siège où sont tenus les sommets de l'OUA.
32. Lire Zecchini, Laurent, 18 juillet 1985, L'OUA confrontée au drame de la faim, in Le Monde. Selon l'auteur, la dette extérieure de l'Afrique atteint 170 milliards de dollars à la fin de l'année 1985.
33. Elle reçoit des aides de la République Populaire de Chine pour construire la voie ferrée du Tanzam (connue sous le nom de Uhuru, c'est-à-dire Liberté) qui relie la Zambie à la Tanzanie.
34. Voir De Barrin, Jacques, 26 octobre 1985, « Le président Nyerere règle sa succession » in Le Monde, p.5.

Bibliographie

Ouvrages et études généraux

Haut Commissariat pour les réfugiés, 1966, *Les réfugiés en Afrique*, Genève Service d'Information du HCR.

Mazrui, Ali Al Amin et Wondji, Christophe, 1998, *Histoire générale de l'Afrique, l'Afrique depuis 1935*, Paris, tome VIII, Unesco.

Nations-Unies, 1973, Séminaire sur l'étude de nouveaux moyens de promouvoir les Droits de l'Homme compte tenu en particulier des problèmes et des besoins de l'Afrique, New-York, Nations-Unies.

Unesco, 1985 *Annuaire statistique* 1985, London, Unesco.

Ouvrages et travaux sur le Panafricanisme

Clary, F., 2002, « La structure unitaire panafricaine face à l'éclatement de la diaspora noire », in Nedeljkovic, M., *Les pays du Pacifique en crise : à la recherche de l'unité dans la multiplicité*, Paris, L'Harmattan.

Cox,R., 1964, *Pan-Africanism in Practice*, PAFMESCA, 1958-1964, London,Oxford University Press.

Legum, C., 1965, *Le Panafricanisme à l'épreuve des indépendances*, Paris, Les Editions Saint-Paul.

Mwakikagile, Godfrey, 2002, *Nyerere and Africa: End of an Era*, Atlanta, Protea Publishing.

N'Diaye, B., 2008, *Le Panafricanisme en Afrique du Sud : une des répliques à l'apartheid (1960-1994)*?, Paris, mémoire de master II, Université de Paris Diderot. Présence Africaine, 1964, *Conférence au sommet des pays indépendants – Addis-Abeba, mai 1963*, Paris, Présence Africaine.

Ouvrages sur la Tanzanie

Christensen, H., 1988, *Réfugiés et pionniers, installation de réfugiés burundais en Tanzanie*, Genève, Editions L'Harmattan et UNRISD.

Communautés européennes, 1968, Accord créant une association entre la Communauté économique européenne et la République Unie de Tanzanie, la République de l'Ouganda et la République du Kenya et documents annexes [signé à Arusha le 26 juillet 1968], Bruxelles, Conseil des Communautés européennes.

Elahi, H. (dir. de thèse, Raison, F.) 1979, *La Déclaration d'Arusha et son application dans les domaines économique et politique*, Paris, Université Paris VII.

Eurostat, 1988, *Rapports sur les pays ACP, Tanzanie Luxembourg*, Office des publications officielles des Communautés européennes.

Hassan El Rayya Youssif El Badawi (dir. de thèse Jacques Calvet), 1987, La politique linguistique en Tanzanie, Paris, Université Paris V.

Martin, D-C., 1988, *Tanzanie : l'invention d'une culture politique*, Paris, Karthala. Mwakikagile, G., 2002, *Nyerere and Africa: End of an Era*, Atlanta, Protea Publishing. Urfer, S., 1976, *Une Afrique socialiste, la Tanzanie*, Paris, Les Editions ouvrières.

Urfer, S., 1973, *La République Unie de Tanzanie*, Paris, Berger-Levrault.

Urfer, S. et Pepy, D., 1971, *Ujamaa : espoir du socialisme africain en Tanzanie*, Paris, Aubier Montaigne.

Ecrits de Julius Kambarage Nyerere

Nyerere, J.K., 1978, *La Déclaration d'Arusha, dix ans après, bilan et perspectives*, Paris L'Harmattan. Nyerere, J. K., 1978, *Crusade for Liberation*, Dar-es-Salaam, Oxford University Press. Nyerere, J.K., 1975, *L'Éducation pour la libération de l'Afrique* in *Perspective* : revue trimestrielle d'éducation comparée, vol V, n°1, Paris, Unesco.

Nyerere, J. K., 1972, *Indépendance et Education*, Yaoundé, Editions CLE.

Nyerere, J. K., 1970, *Socialisme, démocratie et unité africaine*, Paris, Présence Africaine. Nyerere, J.K, 1963, *A United States of Africa* in *Journal of Modern African Studies*, vol1, n°1, London, Cambridge University Press.

11

Le Panafricanisme et le droit à l'auto-détermination des nations ethniques en Afrique

Richard Glen

Lugard et Blyden face à la différenciation ethnique

Dans la pensée occidentale raciste, un des traits qui est mis en avant pour prouver le caractère primitif et arriéré de l'Afrique est la présence de divisions tribales parmi les populations du continent. En effet, les termes « primitifs/arriérés » et « tribal » sont souvent associés dans les écrits des administrateurs européens et des voyageurs visitant l'Afrique au XIXe siècle et au début du XXe siècle.

Un des principaux travaux portant sur l'administration coloniale au début du XXe siècle, *The Dual Mandate on British Tropical Africa* [*Le Double mandat en Afrique tropicale britannique*] écrit par Lord Frederick Lugard et publié en 1922, fournit un exemple patent de cette tendance. En classifiant les « tribus primitives » d'Afrique tropicale dans une nomenclature mettant en avant le progrès social, Lugard observa :

> Ces tribus primitives varient en termes de statut social, allant de celles qui ne reconnaissent pas de chef et sont encore au stade du patriarcat, n'ayant aucune organisation communautaire si ce n'est des plus rudimentaires ; jusqu'à celles qui ont des institutions tribales bien définies pour s'élever jusqu'à la seconde catégorie des sociétés les plus avancées. Parmi celles qui ont atteint le statut tribal incluant la reconnaissance de leaders et un certain degré de cohésion à des fins d'attaque et de défense, un petit nombre possède des systèmes de gouvernement plus ou moins efficaces sous la houlette de chefs suprêmes, un partage sophistiqué de l'autorité et des procédures protocolaires. Cependant, même ces dernières n'ont pas été capables de développer un système d'écriture ou rien qui évoque la culture.[1]

Lugard distinguait les sociétés africaines avancées en fonction de leurs contacts avec l'Islam, leur adoption de l'écriture arabe, et leur développement au-delà de structures sociales tribales, vers des structures étatiques dotées d'un « gouvernement central, de systèmes de taxation et de tribunaux…[2] » Il est étonnant de voir que dans leur approche d'un système administratif colonial adapté aux Africains, Lord Lugard soit formellement plus respectueux des modes de gouvernance traditionnels que ne le seront les nouveaux leaders nationalistes africains et panafricanistes. Lorsqu'il élabora un système de gouvernement pour les colonies britanniques d'Afrique, Lugard recommanda un régime colonial basé sur les chefs tribaux coopératifs et la prise en compte des structures de gouvernement traditionnelles existantes. Il insista sur le fait qu'

> Il n'y avait aucune intention d'imposer au peuple une quelconque forme théorique de gouvernement supposée appropriée mais plutôt d'évoluer à partir de leurs propres institutions, fondées sur leurs propres modes de pensée, préjudices et coutumes, vers la forme de gouvernance qui leur soit la mieux adaptée, et susceptibles de répondre au nouveau contexte.[3]

Les conclusions racistes relatives aux cultures traditionnelles africaines qui furent tirées des interactions entre le colonisateur européen et l'Afrique, distillées par la science occidentale ont systématiquement imprégné les attitudes et les systèmes de valeurs des penseurs panafricanistes de la diaspora, tout autant que ceux du Continent. Ceux-ci ont été formés selon les canons des institutions académiques occidentales et habitués à se considérer comme des individus « modernes » à qui incombait la mission de faire convertir, d'éradiquer les croyances et coutumes primitives et dépassées qui maintenaient l'Afrique et les Africains en arrière. Les penseurs et idéologues du panafricanisme ont tous critiqué et combattu toute tentative de différencier les peuples africains du le plan tribal ou ethnique. Cela est vrai des deux grandes branches de la pensée panafricaniste, dites respectivement « pan-négrisme » ou panafricanisme « racial » d'une part, et le panafricanisme « continental » d'autre part.

On notera cependant une exception remarquable à cet état de fait dans la vie et l'œuvre d'Edward Blyden, tête de file et activiste de la pensé panafricaniste au XIXe siècle, souvent considéré par ailleurs comme un des pères fondateurs du pan-négrisme ou panafricanisme racial. À l'opposé d'autres figures éminentes du panafricanisme de la fin du XIXe siècle telles que Henry Highland Garnet, le révérend Alexander Crummel et l'évêque Henry Turner, qui croyaient que l'Afrique et les Africains étaient primitifs et en mal de chrétienté et de civilisation, Blyden porta un regard positif sur les systèmes sociaux et les cultures traditionnelles. Dans un de ses célèbres traités sur l'Afrique, *African Life and Customs* [*Modes de vie et coutumes africains*], publié en 1908, il fit l'éloge des modes d'organisation tribaux des peuples africains en les qualifiant de « communautaristes et non coopératifs ».

Il qualifia les systèmes sociaux de structures dans lesquelles « chacun travaille pour tous et tous pour chacun ».[4] Faisant des comparaisons élogieuses et idéalistes pour les sociétés africaines diront certains, avec leurs équivalents occidentaux de l'époque, Blyden remarqua que « par son approche socialiste et coopérative de la gestion des biens matériels, le système social africain évite la propagation de tout ceci (les fléaux du système européen tel que la faim, l'isolement social, la prostitution, etc. etc.). Le but principal d'une tribu (avec la coopération de toutes les familles) est de garantir l'approvisionnement suffisant en nourriture, habillement, habitat, espace, et toute autre condition utile à une existence décente pour tous, y compris les esclaves, qui sont véritablement des employés domestiques et partie intégrante de la progéniture ».[5]

Blyden reconnut néanmoins que le progrès social en Afrique la plaçait derrière l'Europe, et que l'Afrique avait besoin des progrès intellectuels et technologiques européens, et pouvait tirer avantage de l'assistance de nations européennes plus avancées. Il ne se privera pas de préciser toutefois que « si l'Europe veut aider l'Afrique, – et elle devrait, dans son intérêt propre, être encline à aider l'Afrique – elle ne saurait le faire efficacement qu'en l'aidant à reproduire à ses propres systèmes sociaux. »[6] Ainsi, Blyden considérait que le développement social de l'Afrique devait continuer sur la voie tracée par ses propres structures sociales et traditions, y compris le système tribal.

Le panafricanisme aveugle à la différenciation ethnique au nom de l'unité africaine et de la construction nationale

Marcus Garvey, l'autre personnalité dominante du « panafricanisme racial » ne fit aucune mention des divisions tribales et ethniques en Afrique et décrivait systématiquement les Africains comme un seul peuple. Se référant au rôle de la Traite Atlantique des esclaves dans la formation de la diaspora africaine, il concluait ainsi :

> Nous les Nègres de l'hémisphère occidental sommes les descendants de ces Africains qui furent mis en esclavage et transportés sur ces rivages où ils souffrirent, furent saignés et moururent pour enfanter ce que nous sommes aujourd'hui : des hommes libres, chrétiens, civilisés. Pourquoi alors ne pas tourner nos regards vers l'Afrique, notre terre ancestrale et la libérer de la servitude, de l'oppression et de l'exploitation étrangère ?[7]

La présentation des Africains comme un seul peuple et des Afrodescendants en Occident comme héritiers d'une terre ancestrale unique constitue un fondement théorique essentiel de l'idée d'établir une « nation centrale pour la race » : la République d'Afrique. Garvey ne prit jamais la mesure de l'impact probable de la diversité ethnique en Afrique, sur le projet de création d'une nation centrale sur le continent africain. Il ignora tout simplement la question.

Cependant, les principaux chefs de file du Panafricanisme continental furent quand à eux uniformément critiques de la présence des divisions ethniques dans la société africaine et étaient opposés à tout effort pour envisager la mobilisation politique sur la base de ces divisions. Formés à l'école occidentale, ils acceptaient la conception occidentale de l'histoire du monde qui concevait l'humanité comme évoluant à partir de communautés simples empreintes de systèmes associatifs claniques et tribaux vers des structures plus complexes culminant dans l'État-nation. Qu'ils fussent libéraux ou marxistes, les « panafricanistes continentaux » considéraient les divisions ethniques et le tribalisme en Afrique comme l'évidence même d'un état arriéré des peuples du continent et, influencés par les concepts occidentaux de modernité, concevaient leur tâche principale comme la création d'États-nations fonctionnels en Afrique. Ces derniers devraient ensuite s'engager à coopérer à l'échelle continentale ou s'unir dans des fédérations plus larges pour *in fine,* se fondre en un État africain unique. W. E. B. Du Bois, professeur formé à l'Université de Harvard, se consacra très peu à la question des différenciations ethniques en Afrique. Dans un récit poétique du passé africain, il écrivait ceci :

> Nous pouvons établir ces fondations si nous gardons à l'esprit que l'histoire sociale du Nègre n'a pas commencé en Amérique. Le Nègre fut pris dans un environnement social bien défini : la société clanique polygame placée sous la direction du chef et la puissante influence du shaman. Sa religion était un culte de la nature, avec une croyance profonde en des forces invisibles bienveillantes et malveillantes, omniprésentes. Ses cultes religieux étaient basés sur l'incantation et le sacrifice. Le premier changement traumatique de son existence intervint avec le bateau négrier et les plantations de [canne à] sucre des Caraïbes. Le système de la plantation remplaça le clan et la tribu. Le maître blanc assumant des pouvoirs bien plus étendus et bien plus despotiques remplaça le chef. Le travail forcé incessant devint le principe central de l'existence. Les liens sanguins ancestraux et la parenté disparurent pour laisser place à une nouvelle forme de polygamie et de polyandrie qui dans un dans certaines circonstances étaient comparables à la promiscuité sexuelle.[8]

La description que Du Bois fait du système tribal en Afrique ne semble neutre et sans a priori négatif que si l'on la regarde isolément et que l'on ne pas associé avec la description subséquente qu'il fait du rôle des pratiques religieuses et systèmes de croyances africains, dans la transformation de l'expérience des esclaves africains et de leur descendance dans les Amériques. De l'avis de Du Bois :

> Doué d'une imagination tropicale débordante (sic), l'Africain transplanté vit dans un univers peuplé de divinités et d'esprits maléfiques, de lutins et de sorcières, plein d'influences étranges… Il invoquait toutes les ressources du paganisme pour venir à son aide : l'exorcisme et la sorcellerie, le mystérieux culte obi et ses rites barbares, les mauvais sorts et les sacrifices requérant du sang frais, et même à l'occasion des sacrifices humains. Des orgies bizarres au creux de la nuit et des incantations mystiques proférées pour conjurer le mauvais sort, la guérisseuse et le prêtre vaudou devinrent le centre de la vie communautaire des Nègres ; et cette veine de vagues superstitions, qui caractérise le Nègre inculte jusqu'à nos jours, prit racine solidement et fut renforcée.[9]

La différenciation ethnique en Afrique était pour Du Bois simplement une des fonctions « païennes » qui devrait disparaître avec le progrès social. Les différences ethniques ne retinrent pas l'attention dans les premières années du « panafricanisme continental » quand le centre de l'attention reposait sur la fin du règne colonial. Il n'est donc pas surprenant que les congrès panafricains auxquels Du Bois participa ou qu'il organisa firent peu de cas de la menace que les divisions ethniques posaient pour l'unité africaine.[10] En fait, les premiers congrès panafricanistes semblent plus tolérants pour les systèmes d'organisation et institutions tribaux que ne le seront les rencontres et institutions panafricaines ultérieures. Une résolution sur la question du gouvernement passée au Congrès panafricain de Paris en 1919 recommanda que :

> Les autochtones d'Afrique doivent avoir le droit de participer au gouvernement aussi vite que le développement le permettra, en conformité avec le principe selon lequel le gouvernement existe pour l'autochtone et non l'autochtone pour le gouvernement. Ils doivent être admis à participer aux structures de gouvernance locales et tribales selon les coutumes anciennes, et leur participation doit s'étendre, graduellement, en fonction du degré d'instruction et de l'expérience acquise, jusque dans les plus hautes strates de l'administration, afin qu'à terme, l'Afrique soit dirigée selon la volonté des Africains.[11]

Du Bois et les autres participants à la conférence considéraient certainement les systèmes de gouvernements tribaux comme des formes d'administration inférieures qui s'imposaient du fait du manque d'éducation de la part des populations africaines. Il n'y avait pas de doute sur le fait que l'évolution du progrès social et de l'éducation éliminerait de telles formes de gouvernement dans le futur.

Avec l'approche des indépendances africaines dans les années 1950 et 1960, quand l'unité panafricaine devint une possibilité pratique, l'opposition explicite au tribalisme et à la différenciation ethnique apparut dans l'idéologie du panafricanisme continental. Georges Padmore, l'un des défenseurs le plus influents des thèses panafricanistes devint le plus grand idéologue de l'anti-tribalisme. Dans son œuvre maîtresse *Panafricanisme ou communisme ?* il présenta l'avènement des manœuvres politiciennes ethniques au Nigéria comme un des obstacles principaux à l'indépendance et à l'unité de l'Afrique en affirmant :

> Les nations fédérales telles que l'Australie et les États-Unis ont des sphères dirigeantes anglo-saxonne bien ancrées, plus ou moins homogènes en matière de religion et de culture, issus de l'Europe, mais le Nigéria n'est jusqu'à présent qu'un fatras de tribus se situant à tous niveaux de développement social, et attachées à des religions différentes : le christianisme, l'islam, l'animisme. Un tel pays a besoin en priorité d'un gouvernement unitaire fort et stable, capable de fondre les différentes communautés tribales dans un ensemble national solidaire. Un tel gouvernement central, élu par les Nigérians et responsable devant eux, ne peut voir le jour que sous la houlette d'un parti dont la base couvre la nation entière et

> est capable de parler d'une seule voix, au nom de l'ensemble du pays, au mépris de la loyauté envers la tribu ou l'obédience religieuse.[12]

Dans une dénonciation sans ambages quoi que sélective du « tribalisme » en Afrique Padmore déclara que, hormis les systèmes fonciers et collectivistes et les formes communautaires de partage du travail dans les villages, les mœurs tribales et les coutumes des sociétés africaines sont trop statiques pour générer par elles-mêmes le dynamisme nécessaire à la modernisation et au progrès.[13]

[Il dénonça] la politique « tribaliste » comme un effort patent des « traditionalistes » pour préserver leur pouvoir autocratique « souvent avec le soutien des 'sympathisants du parti conservateur Tory », résolus à continuer les politiques du diviser pour régner conçues pour retarder les indépendances africaines.

L'accession à l'indépendance signifiait que la direction du « panafricanisme continental » était assumée par des nouveaux leaders politiques africains, résolus à promouvoir la coopération entre les États nouvellement indépendants sur le continent, ainsi que d'autres formes d'unité africaine. Kwame Nkrumah, la personnalité dominante de cette nouvelle génération de panafricanistes nés en Afrique, adopta l'approche politique de son mentor Georges Padmore. Son expérience personnelle comme Premier Ministre du Ghana renforça son opposition au « tribalisme » et dans son livre exhortant à l'unité africaine *Africa Must Unite*, il fournit la justification de sa réaction à la politique ethniciste au Ghana en ces termes :

> En période d'état d'urgence, les démocraties occidentales ont dû limiter les libertés de leurs citoyens. Nous étions confrontés à un état d'urgence national. Nous étions virtuellement engagés dans une guerre ; une guerre contre la pauvreté et la maladie, contre l'ignorance, contre le tribalisme et la désunion.[14]

Kwame Nkrumah proposa un argumentaire théorique des origines et de la nature du tribalisme dans son ouvrage intitulé *Class Struggle in Africa* [*La lutte des classes en Afrique*] où il soutient que :

> La formule tribale est souvent mise à profit pour masquer les tensions de classes créées dans la société africaine par le Colonialisme. Dans de nombreuses régions, un développement économique inégal sous le régime colonial a conduit à une différenciation des fonctions économiques selon des critères ethniques. Cette tendance est exploitée au profit du capitalisme international. Il faut faire la distinction entre les tribus et le tribalisme. Le clan constitue la famille étendue et la tribu est le clan étendu partageant la même langue sur un même territoire. Il y avait des tribus en Afrique avant la pénétration impérialiste, mais il n'y avait pas de 'tribalisme' au sens moderne du terme. Le tribalisme s'est déclaré par le Colonialisme qui a exploité les survivances féodales et tribales pour combattre l'essor des mouvements de libération nationale.[15]

Les premières assises continentales des États africains indépendants ne font pas de dénonciations explicites du tribalisme ou de la politique ethniciste. La déclaration de la première Conférence des États indépendants d'Afrique en 1958 déclara simplement qu'il fallait « sauvergarder notre indépendance acquise à grand prix, notre souveraineté et notre intégrité territoriale ».[16]

Lors de la seconde Conférence des États indépendants d'Afrique qui se tint deux ans plus tard, les participants passèrent une résolution particulière invitant les « leaders des pays non-indépendants à résister à toutes tentatives de balkanisation qui soient préjudiciables au but final de l'unité africaine ». En 1964, [à la Conférence des Chefs d'Etat du Caire] une résolution passée par l'Organisation de l'Unité Africaine nouvellement formée sur « l'intangibilité des frontières » proclama que « les frontières des États africains, au jour de l'indépendance, constituent une réalité intangible… Tous les Etats-membres s'engagent à respecter les frontières existantes au moment de l'accession à l'indépendance nationale ».[17]

Conclusion : pour une réévaluation de la gouvernance démocratique postcoloniale

L'enracinement du principe de « l'intégrité territoriale » des États africains à l'intérieur des frontières établies au moment de l'indépendance, du fait de la décision de l'OUA, mettait en opposition le panafricanisme et le nationalisme africain d'une part et le nationalisme ethnique d'autre part. Le nationalisme ethnique ou « tribalisme » a été considéré comme arriéré, comme une survivance, un atavisme du passé africain et un obstacle au développement social et au progrès de l'Afrique. Cette position politique est essentiellement issue de la conception occidentale du progrès qui a été adoptée par la quasi-totalité des panafricanistes éduqués dans le système culturel occidental qu'il soit, d'obédience politique conservatrice ou progressiste. Des chercheurs occidentaux tels que J. D. Fage ont fait l'éloge de la Traite des Esclaves atlantique pour le rôle qu'elle a joué dans la destruction des sociétés fragmentées ou basées sur la parenté pour les remplacer par des structures étatiques plus larges selon des axes de développement politique institués en Europe.[18] L'acceptation des conclusions élaborées par l'Occident sur la culture africaine par des intellectuels nés en Afrique et qui se réclament de l'Afrique les a empêchés de poser un regard objectif sur leur propre réalité culturelle. Le renforcement, plutôt qu'un affaiblissement, du réflexe d'identification ethnique en Afrique aujourd'hui prouve que l'identité ethnique joue un rôle très important dans l'existence quotidienne des Africains. Le Panafricanisme et le nationalisme africain doivent se réconcilier avec les fonctions de l'identité ethnique.

Il s'est avéré que la défense aveugle du maintien des frontières tracées par les pouvoirs coloniaux européens avait plus à voir avec la préservation de certains pouvoirs politiques et militaires d'une élite africaine dirigeante, que la préservation de l'unité africaine.

En outre, cet état d'esprit traduit aussi l'emprise des systèmes de valeurs occidentaux sur les intellectuels africains formés en Occident. L'opposition au nationalisme ethnique a souvent été promue au nom de la défense de l'idéal démocratique, le droit pour la majorité de gouverner. Elle ignore une des libertés démocratiques les plus importantes : la liberté d'association. La montée du nationalisme ethnique dans la période postcoloniale en Afrique, aussi bien qu'en Amérique du Sud et en Europe de l'Est, exige une réévaluation des modèles de gouvernance politique et de l'État dans la pensée panafricaine, autant que dans la réalité objective de la politique africaine, et globale.

Notes

1. Lord Lugard, *The Dual Mandate in British Tropical Africa* (London: Frank Cass& Co., 1965) p.75.
2. Ibid, p. 79.
3. Ibid, p. 219.
4. Cité in Hollis Lynch, *Black Spokesman: Selected Published Writings of Edward Wilmot Blyden* (London: Frank Cass & Co., Ltd., 1971) p. 163.
5. Ibid, p. 167.
6. Ibid, p. 168.
7. Amy Jacques-Garvey, *Philosophy & Opinions of Marcus Garvey* Volumes 1 & 2 (New York: Atheneum, 1977) p. 46.
8. W.E.B. Du Bois, *The Souls of Black Folk* (New York: The Modern Library, 1996 [publication originale : 1903]) pp. 196-197.
9. W. E. B. Du Bois, *The Souls of Black Folk*. op. cit., p. 199
10. Cf. Organisation international de la Francophonie, *Le Mouvement panafricaniste au vingtième siècle*, Paris, 2013
11. Colin Legum, *Pan-Africanism: A Short Political Guide* (New York: Frederick A. Praeger Inc., 1962) pp. 133-134.
12. George Padmore, *Pan-Africanism or Communism* (New York: Anchor Books, 1972) pp. 257-258 ; traduction en français par T. Diop: *Panafricanisme ou communisme? La prochaine lutte pour l'Afrique ?*, Présence africaine, Paris, 1960
13. Ibid, p. 350.
14. Kwame Nkrumah, *Africa Must Unite* (London: Heinemann Educational Books, 1963) p. 74; traduction en français par L. Jospin, *L'Afrique doit s'unir*, Ed. Présence africaine, Paris, 1964
15. Kwame Nkrumah, *Class Struggle in Africa* (London: Panaf Books Ltd., 1970) p. 59 ; traduction en français par M.-A Bah-Diop : *La lutte des classes en Afrique*, Ed. Présence africaine, Paris, 1972
16. «The First Conference of Independent African States, Accra, April 15-22, 1958: Declaration» in Colin Legum, *Pan-Africanism: A Short Political Guide* (New York: Frederick A. Praeger Inc., 1962) p. 139.
17. W. Breytenbach, «The History and Destiny of National Minorities in the African Renaissance: The Case for Better Boundaries» in M. W. Makgopu, *The African Renaissance: The New Struggle* (Capetown: Mafube Publishing & Tafelberg Publishers, 1999) p. 95.
18. Cf. J.D. Fage, «African Societies and the Atlantic Slave Trade» *Past & Present* (November, 1989), pp. 97-115

12

Un idéal sans leadership ?

Joseph Cihunda Hengelela

Introduction

L'Afrique est à un moment de l'histoire où elle doit relever bien des défis auxquels elle est confrontée pour sortir de sa périphéricité. Pour ce faire, l'Afrique a non seulement besoin des solutions théoriques mais aussi et surtout des acteurs capables de transformer l'idéal panafricaniste en réalité. Tout en retraçant la trajectoire institutionnelle récente de l'Union Africaine, le présent article voudrait mettre l'accent sur le rôle des acteurs de la renaissance africaine, la principale thèse étant que la résolution de l'équation panafricaine nécessite la conjonction de la capacité des acteurs à affronter les enjeux et défis structurels de l'Afrique contemporaine.

L'idée des États-Unis d'Afrique avait été relancée en septembre 1999 lors du quatrième Sommet extraordinaire de l'OUA à Syrte en Libye. Les débats autour de ce vieux projet l'ont édulcoré pour aboutir à une forme qui fasse l'unanimité des chefs d'États africains. C'est dans ce contexte qu'est née l'Union Africaine dont l'acte constitutif a été adopté à Lomé le 11 juillet 2000.

Une décennie plus tard, le bilan de l'UA reste mitigé. Les conflits armés, notamment au Darfour et en Somalie (Cihunda 2007), la pauvreté, les maladies et autres maux continuent d'endeuiller l'Afrique. C'est cette situation qui semble avoir milité en faveur de la création immédiate des États-Unis d'Afrique, l'un des premiers fruits devant être la paix. Comme par le passé, l'on a donc assisté en 2007, au cours des discussions, à des oppositions des camps et des visions autour des options bien connues du Gouvernement Continental immédiat ou de la démarche progressive, sans déboucher sur des solutions concrètes susceptibles de sortir l'Afrique de sa situation de marginalisation.

L'enjeu de la bipolarisation du Grand Débat d'Accra 2007 paraissait être la quête du leadership. En effet, dans l'histoire du Panafricanisme la lutte pour le leadership existe dès les origines. Dans les années 1920, alors que se tenait le quatrième Congrès panafricain de 1927 à New York, les divergences profondes entre W.E.B. Du Bois de la NAACP et Marcus Garvey de l'UNIA étaient de notoriété publique. De même, en 1961, les États africains indépendants s'étaient divisés en deux camps opposés autour de la forme de l'unité continentale. Il y a lieu de rappeler à ce stade les dissensions entre les États du groupe de Casablanca (Rassemblement des Progressistes) et ceux du groupe de Monrovia (États modérés). Le consensus minimum qui naîtra de ces oppositions donnera naissance à l'Organisation de l'Unité Africaine (OUA), considérée comme une manifestation minimale de l'idéal originaire du Panafricanisme.

En 2000, c'est donc quasiment le même scenario ou presque qui s'est reproduit. L'Acte Constitutif de l'UA n'avait en effet été adopté qu'après plusieurs réunions à huis clos. Les divergences internes des dirigeants africains ont conduit à l'adoption d'un texte restant en deçà des espérances de la vision de Kadhafi, celle-ci consistant en la création des États-Unis d'Afrique revendiquée dans les années cinquante par le Panafricanisme révolutionnaire.

En 2007, en dépit de la symbolique que représentait à la fois et le lieu et l'événement, la 9e session ordinaire de la Conférence des Chefs d'États et de gouvernement de l'UA s'est achevée sur une note d'échec. A en croire Simon-Pierre Metena, ce sommet a donné l'impression d'une tragique désespérance (2008:421). Les discussions, tout comme le Grand Débat qui s'en était suivi, n'ont pu dégager aucun accord constructif. Les interventions des Chefs d'États et de gouvernement ont offert à l'opinion publique le spectacle des rivalités séculaires incarnées par des leaders et des visions qui ne semblent différer qu'en ce qui concerne les approches.

Pour les Africains attentifs à l'actualité du continent et soucieux de le voir amorcer un nouveau tournant, ce constat suscite plusieurs interrogations quant aux dirigeants. Ceux-ci ne se sont-ils pas montrés incapables d'inventer une nouvelle Afrique ? Quel type de dirigeants faut-il pour la renaissance de l'Afrique ? De manière générale, quels types d'acteurs faut-il pour le Panafricanisme contemporain ? Peut-on en effet laisser l'avenir du continent aux seuls Chefs d'États ? Quelle est la place des acteurs privés dans la construction de l'Afrique ? Comment impliquer les peuples africains dans le sauvetage du continent ? Autant de questions dont les réponses seraient déterminantes pour l'avenir du Continent.

Dans cette recherche des réponses aux interrogations sur la crise africaine, il convient d'abord de chercher les causes à la base de la stagnation des initiatives jusque là amorcées mais sans incidence réelle. La dispute autour du leadership, les luttes intestines des dirigeants africains, l'allégeance aux puissances étrangères, l'absence de vision alternative sont autant d'obstacles pour le décollage de l'Afrique. Pour ce faire, il y a lieu d'inventer un nouveau leadership dans le traitement des problèmes africains. Ce mécanisme pourrait instaurer une place importante aux acteurs privés pour une coresponsabilité partagée et assumée par tous les peuples africains et ceux qui sont censés les représenter.

L'intérêt que suscite cette étude sur le plan théorique est celui de contribuer au débat sur l'avenir de l'Afrique eu égard à l'incapacité des dirigeants africains à trouver des solutions aux défis du temps. Cette réflexion voudrait faire l'esquisse d'un leadership dont l'Afrique a besoin pour son intégration et son développement. Ce nouveau leadership doit répondre à l'équation panafricaine dont la résolution requiert la combinaison de la capacité des acteurs à relever les défis propres au XXIe siècle.

L'étude sur le Panafricanisme contemporain, en tant que mouvement sociopolitique, peut adopter plusieurs approches explicatives. Dans le cas de cette réflexion, la perspective historique semble la mieux appropriée pour rendre compte de l'évolution de ce mouvement et de ses orientations actuelles. Cette approche sera complétée par l'analyse stratégique. Ce cadre complémentaire, exigence de l'interdisciplinarité, permet de comprendre les comportements des dirigeants et leur responsabilité dans le dysfonctionnement des institutions panafricaines. Il aurait fallu ajouter à ces approches, le cadre juridique qui a le mérite de renseigner sur les mécanismes institutionnels d'élaboration des décisions sur l'avenir du continent et de sa mise en œuvre, mais ce ne sera pas le cas ici.

Ainsi, cette réflexion aborde les points essentiels suivants : le premier traite de fondements historiques du Panafricanisme, puis le deuxième des enjeux et défis. Le troisième est consacré à l'étude des acteurs du Panafricanisme et enfin l'esquisse d'un leadership responsable constitue le quatrième et dernier point.

Fondements historiques et évolution du Panafricanisme dans l'Afrique postcoloniale

Est-il possible de réfléchir sur l'avenir de l'Afrique sans revisiter son histoire ? La réponse à cette question n'est pas positive. Toute réflexion sur la situation actuelle de l'Afrique et pour son avenir, impose un regard rétrospectif sur l'histoire du mouvement panafricaniste.

Fondements historiques du Panafricanisme

La recherche des origines du Panafricanisme nous ramène aux siècles de la relégation des Noirs au statut d'esclaves. C'est précisément la prise de conscience de l'état d'infériorisation et de la chosification de la dignité de l'homme noir qui se trouve être le fondement culturel du mouvement panafricaniste.[1] Cette thèse est bien rendue dans le Recueil de textes sur *Le Mouvement panafricaniste au vingtième siècle* (2004:26) :

> le Panafricanisme est issu d'abord d'un refus de la traite des Noirs, de l'esclavage et de toutes les conséquences sur le statut juridique des Noirs, sur l'image de l'Afrique dans le monde et sur le destin que les grandes puissances de l'époque réservaient aux Africains et à leur continent. C'est en rejetant le système négrier que les Africains d'Afrique et de la diaspora ont affirmé l'égalité des peuples et le droit des Africains à vivre dans la liberté et la dignité comme les autres êtres humains.

De la revendication du respect des Noirs, il s'ensuivra que le droit à l'égalité ne pouvait devenir effectif que s'il s'accompagne d'autres droits notamment politiques et économiques. D'où le mouvement d'affirmation de la personnalité africaine culminant dans la revendication des indépendances de pays africains sous le joug colonial. Or, en dépit du fossé créé par l'accession à la souveraineté internationale, il y a, à quelques différences près, une similitude de situation entre la condition subalterne de nombreux États d'Afrique et la condition coloniale du XIXe siècle.

Toutes les revendications anticoloniales avaient été formulées lors des congrès panafricanistes tenus en Europe et en Amérique. La littérature renseigne sur le fait qu'un Congrès catholique noir se tint dès 1893 à Chicago.[2] La Conférence panafricaine de Londres de 1900 eut le mérite de réunir une trentaine de délégués des États-Unis, d'Angleterre et des Antilles. Le congrès de Paris de 1919, sur l'instigation de W.E.B Du Bois soutenu par le député Blaise Diagne, connut la participation d'une soixantaine de délégués d'Afrique, d'Amérique du Nord et des Antilles. L'année 1921 connaîtra deux congrès organisés respectivement à Londres et à Bruxelles avec plus d'une centaine de délégués dont une quarantaine d'Africains. En 1923, deux autres congrès seront tenus dans deux capitales européennes. A Londres tout comme à Lisbonne, les congressistes posaient, face à l'indigénat, la question cruciale de la justice sociale en Afrique. La décennie 1920-1930 se termina avec le congrès de New York de 1927 qui rassembla deux cent huit délégués (Bula-Bula 2002:48).

En 1935, il naît par Aimé Césaire, Léopold Sédar Senghor, Léon Gontran Damas et Birago Diop notamment un mouvement littéraire du nom « Négritude ». Ce mouvement est considéré comme la manifestation culturelle du Panafricanisme. Cette conviction se fonde sur le fait que l'apport spécifique de la négritude à l'émancipation des Noirs et à l'autodétermination des pays africains est indéniable.

Voici ce qu'écrit Césaire à propos de la négritude :

> En fait, la Négritude n'est pas essentiellement de l'ordre du biologique. De toute évidence, par-delà le biologique immédiat, elle fait référence à quelque chose de plus profond, très exactement à une somme d'expériences vécues qui ont fini par définir et caractériser une des formes de l'humaine destinée telle que l'histoire l'a faite : c'est une des formes historiques de la condition faite à l'homme. En effet,

il suffit de s'interroger sur le commun dénominateur qui réunit, ici à Miami, les participants à ce congrès pour s'apercevoir que ce qu'ils ont en commun, c'est non pas forcément une couleur de peau, mais le fait qu'ils se rattachent d'une manière ou d'autre à des groupes humains qui ont subi les pires violences de l'histoire, des groupes qui ont souffert et souvent souffrent encore d'être marginalisés et opprimés » (Césaire 2004:80-81).

Contrairement à l'opinion du Professeur Sayman Bula-Bula (2002:48), la période de 1927 à 1945 n'était pas un temps d'hibernation. A cet inter valle, le Panafricanisme s'est dévoilé dans les œuvres littéraires et musicales. En ce qui concerne la littérature, on cite avec révérence le *Cahier d'un retour au pays natal* de Césaire (Cnockaert 2008:525) dans lequel ce célèbre poète décrivait les circonstances qui ont entouré le bannissement de la dignité des Noirs (Césaire 1983:59-60) :

> Les Blancs disent que c'était un bon Nègre, un vrai bon Nègre, le bon Nègre à son bon maître.
> Je dis hurrah !
> C'était un très bon Nègre,
> La misère lui avait blessé poitrine et dos et on avait fourré dans sa pauvre cervelle qu'une fatalité pesait sur lui qu'on ne prend pas au collet ; qu'il n'avait pas puissance sur son propre destin ; qu'un Seigneur méchant avait de toute éternité écrit des lois d'interdiction en sa nature pelvienne ; et d'être le bon Nègre ; de croire honnêtement à son indignité, sans curiosité perverse de vérifier jamais les hiéroglyphes fatidiques.

Il y a lieu de constater également la contribution de la littérature négro-africaine (Ngandu 1972:237-250) au mouvement panafricaniste par la présence des écrivains qui l'ont incarnée parmi les leaders panafricanistes. Il s'agit de figures telles que Césaire, Senghor ou encore Peter Abrahams. Pour le chant, il faut prendre en compte le développement de la musique d'essence révolutionnaire dans les ghettos noirs en Amérique et aux Antilles. Cette forme de musique a participé de manière substantielle à la transmission de la mémoire collective et à l'éveil des consciences des Africains. Des travaux récents mettent en lumière le rôle de l'art dans la longue résistance panafricaine.

L'année 1945 a vu s'organiser à Manchester un congrès considéré comme le plus déterminant car marqué par la présence de leaders nationalistes du Continent, alors que le mouvement avait jusqu'alors été dominé par la diaspora. Son importance tient d'abord au contexte international dominé par la fin de la Deuxième Guerre mondiale, la naissance de l'ONU et l'émergence du nationalisme asiatique avec l'Inde (1947) et la Chine (1949). Ce Congrès, suivi de la naissance du Rassemblement démocratique africain en Afrique francophone (1946), marqua un tournant dans la lutte pour la libération nationale en Afrique (Bula-Bula 2002:48).

La Conférence de Bandung de 1955[3] en Indonésie se constitua en un ingrédient significatif au développement du mouvement panafricaniste. Elle se situait en effet dans la droite ligne des libérations des peuples sous domination occidentale entamée avec l'indépendance de l'Inde et du Pakistan en 1947.

L'année 1957 a eu une double signification dans l'histoire du Panafricanisme. D'une part, cette année est celle marquant l'indépendance du Ghana ; et d'autre part, elle inaugure également l'implantation du mouvement panafricaniste sur la patrie-mère, l'Afrique. Pour cristalliser cette implantation, une conférence panafricaine a été organisée à Accra. L'indépendance du Ghana et la conférence panafricaine d'Accra qui suivit une année après serviront de sève aux mouvements nationalistes qui revendiquaient l'indépendance pour leurs pays respectifs.

Évolution du Panafricanisme dans l'Afrique post-indépendante

On peut décrypter cette évolution à travers l'appel lancé par Nkrumah, un an après l'indépendance du Ghana (1957), aux leaders africains pour l'unité politique et économique du continent, en 1958. En effet de 1958 à 1960, la majeure partie des pays africains sont indépendants et, c'est là le résultat probant de la contribution du mouvement panafricaniste à l'émancipation de la cause des peuples noirs.

Une fois les indépendances acquises, de nouveaux combats seront lancés pour mettre fin au néocolonialisme et à l'apartheid, pour accélérer le développement de l'Afrique qui requérait une plus grande unité des peuples d'Afrique dans le cadre de ce que Kwame Nkrumah appelait les États-Unis d'Afrique. D'où sa déclaration de 1961 : « Divisés, nous sommes faibles. Unis, l'Afrique pourrait devenir, et pour de bon, une des plus grandes forces de ce monde ». La première tentative de l'unification du continent est celle qui aboutit en 1963 à la création de l'OUA en dépit des nombreuses divergences.

A l'occasion du dixième anniversaire de l'OUA en 1973, les Chefs d'États et de gouvernement africains constatent l'échec du développement économique du continent. Ils adoptent à cet effet une résolution imputant cet échec aux programmes économiques ou décennies de développement de l'ONU. C'est dans ce sens qu'un certain nombre d'initiatives seront prises en s'étendant entre deux décennies.

La décennie 1980 coïncide avec l'adoption du Plan d'action de Lagos (PAL) et de l'Acte Final de Lagos (AFL) qui définissaient les programmes et les stratégies visant à promouvoir un développement auto-entretenu et la coopération entre les pays africains. L'an 1981 est celui de l'adoption de la Charte africaine des droits de l'homme et des peuples. Il faut ajouter à cet événement la création de la Commission des Droits de l'Homme et des Peuples, dont le siège est Banjul (Gambie) et la Déclaration et le plan d'action de Grand-Baie, deux instruments adoptés par l'OUA pour promouvoir les droits de l'homme et des peuples sur le continent.

L'année 1985 coïncide avec l'adoption du Programme Prioritaire de Redressement Économique en Afrique (PPREA). Ce programme était conçu pour être un programme d'urgence visant à faire face à la crise des années 1980 dans le domaine du développement, à la suite de la longue période de sécheresse et de famine qui avait sévi sur le continent et de l'effet paralysant de la dette extérieure africaine.

La décennie 1990 voit un vent nouveau souffler sur le continent. Habitués aux déclarations sans effet de leurs dirigeants, les peuples d'Afrique assisteront à la Déclaration de l'OUA sur la situation politique et socio-économique en Afrique et les changements fondamentaux qui se produisent dans le monde. Cette Déclaration adoptée en 1990 soulignait la détermination de l'Afrique à se prendre en charge, à façonner son propre destin et à relever les défis de la paix, de la démocratie et de la sécurité. La même année, les Chefs d'État et de gouvernement africains membres de l'OUA adoptèrent à Arusha (Tanzanie) la Charte de la participation populaire au développement. L'avènement de cet instrument renouvelait la détermination de l'OUA à tout mettre en œuvre pour placer le citoyen africain au centre des processus de développement et de prise des décisions.

L'année 1991 est celle de l'adoption du Traité instituant la Communauté Economique Africaine (CEA), autrement appelé Traité d'Abuja. Le but de cet instrument est la mise en place, en six étapes, d'un marché commun africain. Ce marché commun se base sur des piliers constitués par les Communautés économiques régionales (il s'agit de l'UMA pour l'Afrique du Nord, de la CEDEAO pour l'Afrique de l'Ouest, de la CEMAC et de la CEEAC pour l'Afrique centrale, du COMESA pour l'Afrique orientale et de la SADC pour l'Afrique australe).

Paralysée par les conflits armés ayant accompagné les changements politiques sur le continent, l'OUA s'attacha à prendre des mesures pour prévenir les troubles et les guerres. En effet, un mécanisme pour la prévention, la gestion et le règlement des conflits est adopté en 1993. Ce mécanisme est l'expression concrète de la détermination des dirigeants africains à trouver des solutions au fléau des conflits et à promouvoir la paix, la sécurité et la stabilité sur le continent.

Le Traité d'Abuja est entré en vigueur en 1994. Dans cette mouvance, sera adopté le programme d'action du Caire en 1995, qui est un programme visant à relancer le développement politique, économique et social de l'Afrique. Deux ans plus tard (1997), l'Afrique adopte une position commune face à la crise de la dette extérieure de l'Afrique.

L'année 1999 sera une période marquant un tournant dans la quête africaine de l'unité. On assiste cette même année à la décision d'Alger sur les changements anticonstitutionnels de gouvernement. A la quatrième session extraordinaire de l'OUA tenue à Syrte (Libye), Kadhafi relance le projet de création des États-Unis d'Afrique.

L'année 2000 est celle de l'adoption de l'Acte constitutif de l'UA à Lomé (Togo). Toujours à Lomé, l'OUA adoptera la Déclaration sur le cadre pour une réaction face aux changements anticonstitutionnels de gouvernement.

Le Sommet de Lusaka (Zambie) de 2001 marque l'entrée en vigueur de l'Acte constitutif de l'UA et l'adoption du NEPAD comme programme de l'UA. Le Sommet de Durban de 2002 a occasionné le lancement de l'UA et a été suivi par la session inaugurale de la conférence des Chefs d'États et de gouvernement de l'Union. C'est à ce premier Sommet de l'UA que sera adopté le protocole créant le Conseil de paix et de sécurité de l'UA.

Cette succession de dates et d'événements nous amène à nous interroger sur leur sens : à quels enjeux et quels défis du mouvement panafricaniste, dans sa longue traversée des siècles, répondent-ils ? Cela nous révélera l'ampleur des défis futurs.

Enjeux et défis du Panafricanisme contemporain

Des origines à ce jour, les enjeux du Panafricanisme sont bien définis en dépit des formes différentes qu'ils ont prises comme nous venons de le voir. Le combat perpétuel de ce mouvement a été d'affronter un certain nombre d'obstacles dont certains sont analysés dans cette étude.

Enjeux du Panafricanisme contemporain : l'unité politique

Le Panafricanisme tire ses fondements dans la recherche de l'identité culturelle et dans la lutte de libération nationale qui conduirait à l'amélioration des conditions de vie des peuples noirs où qu'ils se trouvent. Ces fondements révèlent les enjeux profonds de ce mouvement ; enjeux qui se transforment suivant le contexte international toujours en pleine évolution.

Pour le Panafricanisme dit messianique ou originaire, l'enjeu du mouvement consiste en la réhabilitation des civilisations africaines, en la restauration de la dignité de l'homme noir et à prôner le retour à la mère patrie (Mwayila 2002:51-52). L'atteinte de ces objectifs passait naturellement par la décolonisation du continent et par son unification.

Les idées maîtresses du Panafricanisme messianique seront coulées dans un moule conceptuel dénommé « États-Unis d'Afrique » (EUA). En effet, le but ultime du Panafricanisme originel est la fondation des EUA susceptible de conférer au continent noir le statut d'acteur majeur sur la scène mondiale, à la fois pour lui permettre de maîtriser son propre destin et le cas échéant, peser sur la marche du monde (Mwayila 2002:51-52). Dans ce sens, George Padmore affirmait sans ambiguïté que : « le Panafricanisme vise à réaliser un gouvernement des Africains, par des Africains et pour les Africains tout en respectant les minorités raciales et religieuses qui veulent vivre en Afrique avec la majorité noire ». C'est cette même conviction sans doute qui animait l'ancien Président ghanéen John Kuofor (Mwayila 2002:57), alors Président en exercice de l'UA lorsqu'il affirmait : « J'ai la conviction que la détermination de l'Afrique à s'insérer dans le marché mondial est la force qui est aujourd'hui derrière le Panafricanisme. Et les réalités économiques ont tendance à ne faire aucune place au sentimentalisme ». Le lien qui s'établit entre ces deux déclarations est la volonté de faire de l'Afrique un continent libéré, démocratique, capable d'affronter la mondialisation de l'économie.

Dans le même ordre d'idées, le philosophe et théologien congolais Kä Mana (2008:440) écrivait que « la question des États-Unis d'Afrique s'inscrit de nos jours dans le cadre des discussions sur le processus institutionnels et les stratégies organisationnelles à mettre sur pied pour que notre continent se dote de mécanismes d'unité politique et de renforcement de ses capacités d'action économique et de puissance financière au sein du système mondial actuel ». Considéré sous cet angle, la lutte pour l'unité du continent poursuivait-il, « est une question sur laquelle se joue non seulement le futur de nos pays comme entités politiquement viables, mais la substance même de notre culture et de nos civilisations africaines dans leurs capacités à structurer l'ordre d'un monde conforme à nos attentes les plus vives et à nos espérances les plus brûlantes » (2008:439).

En d'autres termes, la constitution des EUA n'a pour objet final que l'éradication de la pauvreté qui avilit la dignité de l'homme africain. L'unification de l'Afrique passe pour être la structure la mieux indiquée pour atteindre cet idéal. On ne peut pas être gêné de rêver un paradis terrestre en Afrique en lieu et place du présent enfer. L'objectif ultime du Panafricanisme contemporain est de renverser la tendance et de faire de l'Afrique une terre où il fait bon vivre. Mais la quête de l'unité tant politique qu'économique du continent bute sur des obstacles de taille qui révèlent l'ampleur des préalables à accomplir avant de relancer le développement du continent.

Défis du Panafricanisme contemporain : les valeurs et les ingérences extérieures

L'unité de l'Afrique est l'unité d'une histoire en mouvement, d'une culture vivante à partir de laquelle il nous est possible de penser aujourd'hui les principes d'une civilisation fondée sur les valeurs essentielles de l'humain. Cette histoire devrait comprendre que ce sont les valeurs de civilisation qui portent les institutions pour l'administration, la gestion, la direction et l'épanouissement de l'être-ensemble (Kä Mana 2008:463).

Le problème sera de bâtir des institutions comme les EUA sur le socle des valeurs spirituelles et des principes éthiques les plus nobles de la culture, de la civilisation et de l'histoire de notre continent (Kä Mana 2008:463). Ce problème demeure encore non résolu et constitue un obstacle majeur à l'avènement de l'unité du continent. Tous les débats actuels autour de l'avenir du continent ne semblent pas prendre en compte cette dimension de la réalité.

Dans un autre registre, le Panafricanisme contemporain est étouffé sur le plan interne par le déficit de l'épanouissement politique et économique, social et culturel de tous les peuples africains. Cet état de sous-développement est aggravé par l'absence de la sécurité et de la paix (Magassa 2007:112). Il faut ajouter à cette liste, le déficit démocratique dans l'exercice du pouvoir, les multiples conflits armés, la dette publique extérieure, le recul des exportations, les maladies, le problème des refugiés, la pauvreté, la famine, la sécheresse et l'absence d'un système sanitaire et éducatif viables (Magassa 2007:112).

Parmi les obstacles à l'émergence des initiatives qui libèrent l'Afrique des maux qui l'accablent, on ne peut s'empêcher de compter les ingérences de puissances néo-colonisatrices et impérialistes. Comme le rappelle bien Mwayila Tshiyembe, dès l'organisation des congrès sur le sol africain, notamment à Kumasi (1953) et à Accra (1958) par Georges Padmore et Nkrumah, « l'enjeu de la décolonisation de toute l'Afrique et la confrontation Est-Ouest bouleversèrent la donne diplomatique. Ces immixtions engendrèrent deux sortes de Panafricanisme : maximaliste et minimaliste » (Mwayila 2002:53) comme qui dirait, diviser pour mieux régner.

Tout ce cortège d'obstacles appelle des actions vigoureusement réfléchies au-delà du sentimentalisme et des calculs politiciens par des acteurs capables d'amener le continent aux rives d'un lendemain meilleur.

Acteurs du Panafricanisme contemporain

La question des acteurs et du leadership dans la construction du Panafricanisme nous replonge au cœur du débat, surtout en ce qui concerne les obstacles qui retardent l'éclosion de la renaissance africaine. Après rivalités et oppositions, l'heure n'est-elle pas venue pour repenser un nouveau leadership continental capable de sauver l'Afrique ? Ce renouveau dans la manière de penser et de conduire les affaires touchant à l'ensemble du continent ne nécessitera-t-il pas des hommes, des femmes, des mécanismes nouveaux ?

Grandes figures de l'idéal panafricain

La réussite d'une vision et l'adhésion des peuples à un idéal dépendent de la capacité de ses acteurs à traduire ce projet en termes qui captivent les attentes de ses destinataires, en vue de les amener à le vivre comme leur propre aventure. C'est dans cette optique que le Professeur Bakandeja wa Mpungu affirmait que la participation et la responsabilité des acteurs constituent au premier plan les piliers de la bonne gouvernance. « Celle-ci se construit avec le concours des acteurs économiques, politiques, sociaux et culturels. De leurs comportements dépend la réussite de tout processus de démocratisation d'un État » (Bakandeja 2007:11). Cette thèse peut se confirmer à l'égard du rôle que les premiers pionniers du Panafricanisme des origines à son implantation en Afrique. Il s'agit dans ce cas d'un leadership personnel ou individuel. A propos d'un tel leadership W.E.B. Du Bois soutenait que son leadership n'était « uniquement [qu']un leadership d'idées » et déclarait : « Je ne fus jamais, ni ne serai jamais, personnellement populaire. Ceci n'est pas dû uniquement à mes dispositions particulières, mais au fait que je méprise la démagogie essentielle du leadership personnel » (*Recueil* 2004:44).

A la lumière du passé, la construction des institutions panafricanistes dépendra essentiellement du rôle que joueront les divers acteurs tant sur le plan étatique, institutionnel, individuel que collectif. Il s'impose dès lors une analyse rétrospective du comportement des pionniers du Panafricanisme depuis ses origines.

Depuis les premières heures du mouvement panafricaniste jusqu'à son implantation en Afrique, des noms glorieux gravitent autour de cet idéal.[4] Parmi ces leaders, des individualités se sont fait remarquer par des actions et leur charisme qui leurs donnaient l'impression d'être mues par et pour la cause de l'Afrique, des Africains et des Noirs pour lesquels elles se sentaient responsables. Les tenues de tous les congrès panafricains se sont déroulées autour de ces leaders charismatiques. Et chaque leader portait en lui un projet, une vision du mouvement panafricaniste. C'est justement cette vision qui tentait de se traduire par des actions concrètes incarnées par des congrès et des associations.

A titre de rappel, si tous les pionniers prêchaient en faveur de la réhabilitation des civilisations africaines et de la restauration de la dignité de l'homme noir, les méthodes pour le réaliser différaient d'un leader à l'autre, ce qui n'a logiquement pas empêché la naissance des rivalités et des oppositions. Ces oppositions sont devenues tellement séculaires qu'elles dénient aux Africains « le droit d'innover et de dépasser les traditions » pour reprendre l'opinion de Samir Amin (2004:7).

A partir des indépendances, la plupart des acteurs du Panafricanisme sont des Chefs d'État et de gouvernement. Il naîtra à la suite de cette mutation du statut des acteurs un leadership étatique et institutionnel dans la gestion des affaires africaines. Cette transformation augurait d'une nouvelle ère qui logiquement donnerait un élan à l'idéal panafricaniste. Ce ne fut pas le cas malheureusement.

Acteurs institutionnels du Panafricanisme contemporain

Avec la création de l'Organisation de l'Unité Africaine tout comme les indépendances de la plupart des États africains, le leadership dans la conduite des affaires africaines s'exercera dans le cadre des institutions panafricaines. Dès lors, on peut distinguer trois types d'acteurs militant pour la cause panafricaine : les États, les Organisations internationales et la société civile.

États Africains

Institution héritée de la colonisation, l'État est resté le principal sujet des relations internationales africaines. En dépit de ses défaillances qui se révéleront plus tard fatales pour l'avenir de l'Afrique, l'État dans ses structures actuelles a été considéré comme l'entité de base sur laquelle devait se bâtir et se consolider le Panafricanisme. Reprenant les opinions de Nkrumah, Etanislas Ngodi (2007) écrivait que « l'État-Nation n'était qu'une étape nécessaire pour réaliser l'unification du continent ». Cette opinion semble épouser la conviction des pères des indépendances en dépit des divergences qui les caractériseront par la suite.

Il serait superficiel de focaliser l'attention à ce niveau sur la structure de l'État en tant qu'Institution. Il semble qu'au-delà du fait que l'État postcolonial n'a pas répondu à l'idéal panafricaniste, ce déficit peut incomber aux dirigeants africains. En effet, les Chefs d'État d'après les indépendances n'ont apparemment pas réussi à inventer un nouvel État africain qui serait différent de celui hérité de la colonisation. A l'État répressif au service des intérêts de la métropole colonisatrice, s'est substitué un État oppressif et autoritaire au profit des intérêts à la fois de l'ancienne métropole, du Chef de l'État et d'une oligarchie autour de lui. Dans ce contexte d'accaparement du pouvoir d'État et de ses bénéfices, les efforts vers la concrétisation des idéaux de libération du Panafricanisme ne pouvait produire des résultats à la hauteur des attentes. L'État africain actuel est un État pris en otage par l'impérialisme occidental en complicité avec l'élite politique au pouvoir.

Il suffit de se pencher sur l'aventure meurtrière congolaise pour se convaincre de la nature de l'État en Afrique et de l'inutilité de compter sur une telle structure pour la renaissance africaine. La guerre congolaise de 1996 à 2004 et le conflit armé actuellement en cours à l'Est du pays révèlent l'irresponsabilité de certains pays africains quant à l'avènement de l'unité africaine. La RD Congo, considérée comme le cœur de l'Afrique et le lieu d'où partirait symboliquement le développement du continent, est depuis la décennie 1990 le théâtre de conflits armés ayant détruit tout son tissu socio-économique. Cette destruction est en grande partie le fait des armées étrangères de pays voisins instrumentalisés par les multinationales occidentales. Dans ce contexte, il est difficile de parler de l'unité africaine en RD Congo lorsqu'on sait que les classes dirigeantes des pays voisins sont considérées comme instruments des entreprises guerrières au service de ces multinationales en vue du pillage des richesses congolaises. C'est le constat que fait Jacques Tshibwabwa lorsqu'il écrit que :

> face à ce qui se passe en RDC où les richesses naturelles sont pillées et exploitées illégalement par des individus, des États et des sociétés multinationales avec la bénédiction tacite de l'Organisation des Nations Unies, nous ne pensons pas que l'intégration régionale et par conséquent le projet panafricaniste soient facilement réalisables (Tshibwabwa 2006:127).

La crise congolaise doit faire réfléchir sur la nature de l'État devant intégrer les États-Unis d'Afrique : il est nécessaire d'inventer un nouvel État qui serait une entité de base du futur gouvernement panafricain si celui-ci doit satisfaire les aspirations de libération et de justice incarnées par l'idéal panafricain.

Quelles peuvent être, dans cette perspective, les caractéristiques d'un tel État ? Il paraît évident que le nouvel État dont on parle devrait être un État de droit, démocratique et qui passerait par exemple aux cribles du Mécanisme africain d'évaluation par les pairs (MAEP).[5] En outre, un tel État serait panafricain à l'intérieur de ses propres frontières, c'est-à-dire un État qui développerait une politique nationale panafricaniste. Les raisons de cette thèse tiennent au fait que les tenants du pouvoir dans la plupart des États africains confondent leur propre volonté avec celle du peuple. On peut soutenir sans risque de se tromper que les problèmes entre le Rwanda et la RDC par exemple sont générés par des dirigeants au sommet et les peuples ne font qu'en subir les conséquences.

La crise de l'État africain a des répercussions sur le fonctionnement des organisations sous-régionales créées par ces mêmes États.

Organisations internationales africaines

Un des objectifs du Panafricanisme a été atteint avec l'accession à la souveraineté internationale des pays africains. Cependant s'ouvraient au même moment d'autres champs de bataille sur lesquels il fallait s'investir. Il s'est passé en effet à ce stade un phénomène nouveau relatif au statut des acteurs du Panafricanisme. Si le Panafricanisme fut un mouvement de résistance sociale, littéraire, bref, non étatique, les acteurs panafricanistes postcoloniaux sont surtout publics à partir de 1960 : Chefs d'État et de gouvernement agissant avec des attributs des pouvoirs publics.

Avec la création de l'OUA puis l'UA (Cihunda 2005:43), les leaders agissent dans un cadre institutionnel. Qu'est-ce que cette mutation a apporté à la cause panafricaine ? Telle est la question qui reste posée. La réponse à cette question n'est pas affirmative. Les dirigeants africains ont produit des discours théoriques sans engagement réel dans la mise en œuvre des initiatives décidées par les institutions tant régionales que sous régionales. Est-ce là les limites de la part trop belle laissée aux seuls Chefs d'État africains de s'occuper des questions africaines ?

L'OUA, en tant que première organisation continentale, a eu le mérite d'avoir apporté son concours à l'indépendance de certains États africains et au démantèlement du système d'apartheid en Afrique du Sud. Un certain nombre de conflits étatiques avaient également trouvé des solutions et l'Afrique s'était engagée dans la voie de l'intégration avec la création de plusieurs organisations économiques sous-régionales, spécialement après l'adoption du Plan de Lagos. Mais, si on lorgne dans le registre des échecs imputés à l'OUA, l'on se rend compte que cette organisation n'a pas accompli efficacement ses missions. L'unité et la solidarité africaine sont restées inachevées, autant que la coopération africaine. L'OUA était également à la base de peu de progrès faits en matière de démocratisation et de respect des droits de l'homme, l'organisation panafricaine apparaissant comme un « club » des Chefs d'État et de gouvernement plus soucieux de conserver leur pouvoir que d'améliorer les conditions de vie de leurs concitoyens et se soutenant mutuellement.

L'Union Africaine qui a succédé à l'OUA semble lui emboîter les pas. Il ne paraît pas excessif de penser que si aucun effort de changer les choses à l'UA n'est consenti, on vivra les blocages ayant conduit à la mort de l'OUA. Pour débloquer le fonctionnement de l'UA, les solutions ont été proposées et il reste aux Chefs d'État et de gouvernement de les appliquer. Il y a lieu d'interroger ici même la conviction des panafricanistes « immédiatistes » sur l'unification du continent. Les réticences des membres de l'UA à concéder des moyens à l'organisation pouvaient logiquement engendrer de doutes sur les chances de l'efficacité et l'effectivité du gouvernement panafricain. La volonté de Kadhafi de financer un tel gouvernement est une initiative « louable » mais sur laquelle on ne doit pas compter pour asseoir une institution qui doit survivre au-delà de ses inspirateurs.

Les communautés économiques régionales qui avaient reçu la mission de réaliser l'intégration à partir des régions géographiques africaines ne semblent pas, elles non plus, avancer dans la quête de cet idéal panafricain. Hormis la CEDEAO et la SADC qui ont accompli certains progrès dans l'intégration de leurs communautés respectives, les autres organisations régionales, affaiblies par leur multiplicité et les chevauchements que cela provoque, ne semblent pas atteindre leurs objectifs. Il faut reconnaître que les succès vantés de ces organisations sous- régionales sont liés à l'implication respectivement du Nigéria et de l'Afrique du Sud comme puissances régionales. Au vu ce constat, les panafricanistes gradualistes peuvent-ils nous convaincre de la justesse de leur position quant à l'avenir de l'Afrique ? Pourquoi fondent-ils leur approche sur des entités qui accusent un dysfonctionnement dont la thérapie n'est pas encore administrée ?

Les organisations internationales africaines sont des acteurs qui devraient jouer un rôle de catalyseur du processus de l'intégration du continent. Ces institutions ont besoin de moyens pour cela. Le plus grand progrès qui changerait le fonctionnement de ces organisations internationales, est le rôle que les organisations de la société civile devront jouer dans la prise de décisions au niveau continental et leur exécution.

Organisations de la société civile

L'inclusion de la société civile comme acteur incontournable dans le processus de la renaissance africaine pose la question d'un Panafricanisme d'*en bas* et *par le bas*. L'implication d'organisations de la société civile africaine acquises au Panafricanisme aurait, comme dans tout jeu démocratique l'avantage de réduire l'impact des manœuvres de Chefs d'État et de gouvernement hostiles à l'unité africaine. Telle était par exemple ma conviction propre et aussi celle de Sennen Andriamirado lorsque nous avons reproduit respectivement la contribution des organisations de la société civile africaine dans le démantèlement de l'apartheid en ces termes :

> la lutte contre l'apartheid a pris de formes multiples et s'est amplifiée en atteignant les organisations de la société civile. Au Sénégal, au Bénin, au Burkina Faso, tout

> comme au Congo Brazzaville, des associations se sont enfin créées, qui tentaient de sensibiliser l'opinion publique aux problèmes de l'Afrique australe. Sur l'Ile de Gorée, des artistes et des écrivains africains ou noirs de la Diaspora tenaient des forums anti-apartheid (Cihunda 2005:59 ; Andriamirado 1998:73).

C'est là la preuve intangible que la société civile africaine a un rôle à jouer dans la renaissance de l'Afrique.

Depuis la création de l'Union Africaine, le rôle de la société civile est affirmé dans l'Acte constitutif de l'UA. Ainsi, les organisations de la société civile s'activent pour influer sur la marche de cette institution panafricaine. C'est dans ce sens que la Commission note

> que la décision de créer le Parlement africain et le Conseil économique, social et culturel (ECOSOCC) et de mettre en place des associations d'intégration panafricaine, notamment des associations de femmes et de jeunes, dans l'esprit du pluralisme et du respect des différences, ainsi que d'autres organisations de la société civile, ne doit laisser aucun doute sur l'engagement des chefs d'État africains à donner une signification concrète à la participation et aux partenariats et sur leur volonté de faire de l'Union africaine un outil permettant d'instaurer un nouvel équilibre entre les acteurs étatiques et non étatiques sur des bases solides, ce qui est une condition préalable indispensable à l'appropriation et à la participation populaires au processus d'intégration (AfriMap et al. 2007:10).

En dépit de cette volonté affirmée, le problème qui reste encore insoluble est celui de la place de la société civile dans la prise de décisions au sein de l'UA. L'idéal serait d'accorder une voix prépondérante à la société civile dans les votes affairant aux décisions relatives à l'avenir du continent.

En attendant, l'engagement autonome de la société civile auprès de l'UA mérite d'être renforcé. A titre d'exemple,[6] l'AfriMap, AFRODAD et Oxfam font constater que « la participation aux rencontres sectorielles d'experts au cours desquelles sont rédigés les textes officiels peut s'avérer très utile pour influencer les politiques de l'UA. Ainsi, l'*Electoral Institute of Southern Africa* (EISA) a participé, en 2006, à des rencontres d'experts pour la préparation du projet de Charte sur la démocratie, les élections et la gouvernance, tandis que les organisations féminines participaient activement aux rencontres précèdant l'adoption du Protocole de la Charte africaine des droits de l'homme et des peuples sur les droits de la femme en Afrique. La Direction sur la paix et la sécurité s'est engagée directement auprès de quelques organisations, dont le Centre de soutien d'action, sur l'établissement d'un mécanisme d'avertissement en phase initiale » (AfriMap et *al.* 2007:43). Cette participation devait culminer avec la contribution concrète et efficace à la résolution des obstacles qui s'érigent dans le processus de l'intégration du continent. La société civile peut aider à la collecte des fonds nécessaire au financement de certaines activités de l'UA. C'est dans ce sens que la société civile peut contribuer à la renaissance d'un nouveau leadership en Afrique.

Esquisse d'un leadership responsable pour l'Afrique

La situation de l'Afrique aujourd'hui nécessite des solutions urgentes aux nombreux problèmes qui l'assaillent et de leaders capables de concevoir de solutions qui vaillent. Quels sont ces leaders ? Quelles peuvent être leurs visions et leurs stratégies ? Quels types des méthodes doivent-ils employer ? Enfin, quel peut être le profil d'un bon leader panafricain ? D'emblée, il ne semble pas facile de répondre à ces questions. Cependant, il y a lieu à travers l'examen de la conception du leadership, faire une ébauche de la direction dont on a besoin dans la conduite des affaires africaines. On peut à cet effet retenir quatre sortes de leaderships tirées de travaux en philosophie avant de proposer un modèle qui conviendrait à l'Afrique.

Conception Moniste du leadership et la renaissance africaine

La conception moniste du leadership est conçue en termes d'individus capables d'assurer, d'orienter le destin d'une multitude, d'une manière non seulement exceptionnelle, mais aussi héroïque et fructueuse. Nous voudrions ici faire nôtres les opinions de Paulin Manwelo suivant lesquelles un leadership de type moniste renvoie à l'engagement d'un individu au sein d'une société se présentant comme un guide des autres qui le prennent comme un modèle ou une référence. C'est grâce aux talents, à la vision, au savoir-faire et aussi au savoir-être qu'un tel individu peut mériter cette qualité (Manwelo 2006:10). Ce type de leadership a été étudié, en ce qui concerne la RDC par Jacques Tshibwabwa à travers la production d'un discours autour du nationalisme dit de « possession ». Ce nationalisme a été défendu et incarné par les leaders tels que Lumumba, Mulele ou Laurent Désiré Kabila (Tshibwabwa 2006:104) et consiste en la protection des richesses nationales pillées par les puissances étrangères. Ce qui intéresse dans cette analyse est le rôle qu'ont joué ces leaders dans l'éveil de la conscience nationale.

Ce rôle témoigne de l'importance de ce type de leadership dans le devenir du Panafricanisme contemporain. D'ailleurs, Lumumba qui est considéré comme le père du nationalisme congolais est un panafricaniste absolument convaincu. Il y a lieu de reprendre quelques propos de son adresse à l'ouverture de la Conférence panafricaine de Léopoldville du 25 août 1960 :

> Messieurs les Ministres, Chefs combattants de la liberté africaine, vous avez le devoir de montrer une fois de plus au monde et à nos détracteurs que rien ne saurait nous faire dévier de notre objectif commun : la libération de l'Afrique. Ce but, nous ne saurons l'atteindre avec efficacité que si nous restons solidaires et unis. Notre solidarité n'a de sens que parce qu'elle n'a pas de limite, et qu'enfin nous sommes conscients que le destin de l'Afrique est indivisible (*Recueil* 2004:326).

Un tel leadership souffre de certaines limites intrinsèques qu'il convient de relever.

Mabika Kalanda, à la suite d'autres philosophes ayant travaillé sur ce type de leadership, construit une critique à l'encontre de cette conception jusque là utilisée quant à la résolution de la crise africaine. Pour lui,

> s'il est vrai que les facteurs extérieurs (la colonisation, et avant elle la traite des Noirs, les influences d'un milieu tropical, l'immensité de l'espace habitable) constituent des causes de la décomposition des sociétés africaines, il demeure cependant fondé de croire que toute action efficace sur le milieu (politique, économique, social ou culturel) paraît avoir toujours été l'œuvre d'une minorité, d'une élite, d'une avant-garde ou d'une classe dirigeante. Or, celle-ci a été incapable de relever le défi d'une bonne société, parce que confinée presque exclusivement au niveau de la tribu et du clan, au détriment du bien commun. Elle a aussi été incapable parce qu'elle semble s'occuper plus du champagne, du whisky, des voitures et de l'amitié personnelles avec les anciens coloniaux que des intérêts bien compris des populations (cité par Manwelo 2006:17).

Les limites de cette conception peuvent être comblées si elle est utilisée concomitamment avec un autre modèle. Voilà qui justifie l'étude de la conception institutionnaliste du leadership.

Conception institutionnaliste du leadership et la renaissance africaine

L'idée fondamentale est que l'émergence d'une bonne société ne dépend pas des capacités des individus en tant que tels, mais plutôt de la justesse (validité et légitimité) des institutions sociales. C'est dans ce contexte que l'on parle de l'importance d'un État de droit, comme seule garantie pour assurer une bonne société. Dans le contexte africain, il y a lieu de mentionner le Professeur Ngoma-Binda comme un défenseur de cette conception.

Dans son ouvrage *Une démocratie libérale communautaire pour la République Démocratique du Congo et l'Afrique*, Ngoma-Binda pensait qu'un arrangement institutionnel adéquat est la seule voie qui pourrait sortir la RDC et l'Afrique du bourbier actuel (2001:129). Cette conception qui met l'accent sur les textes et les institutions complète la première qui met l'accent sur le rôle des individualités. Les textes ou les institutions ne peuvent se suffire à eux-mêmes. Ainsi, comme nous l'affirmions en rapport avec les acteurs de la bonne gouvernance en RD Congo postélectorale qu' « il ne suffit pas d'avoir des institutions élues pour se croire en démocratie ou dans un État de droit. Il faut compter sur la capacité des acteurs à se conformer aux textes qui promeuvent la démocratie et l'État de droit » (Cihunda 2008). Ce débat peut s'appliquer à la situation de l'Afrique.

En effet, il est incontestable qu'il faut revisiter les textes de l'UA pour favoriser la participation de la société civile tant à travers les institutions citoyennes (Parlement et ECOSOCC) que directement dans le débat sur des questions cruciales. Mais cette révision des textes exige l'implication des acteurs acquis à cette cause, d'où l'utilité d'une autre conception.

Conception procéduraliste du leadership et la renaissance africaine

La thèse essentielle tient à une conviction majeure selon laquelle la réalisation du bien commun n'est possible que grâce à la promotion d'une société communicationnelle, c'est-à-dire une société qui cultive l'art de la discussion rationnelle sur des sujets importants de la vie sociale. Pour Jürgen Habermas, le leader n'est pas celui qui impose ses vues sur les autres, mais plutôt, il est celui qui soumet ses vues à la discussion de tous afin d'arriver à un consensus sur ce qui doit être fait concrètement (Manwelo 2006:23). Cette vision suscite notre adhésion car elle rejoint nos convictions relatives à l'implication de la société civile dans la construction de l'unité africaine à travers les institutions panafricaines.

L'UA a certes prévu des instances pour un débat public. Il s'agit principalement du Parlement panafricain et du Conseil économique, social et culturel. Mais le fonctionnement récent du Parlement engendre quelques doutes sur l'accomplissement possible de sa mission. Il serait en effet reproché à cette institution une gestion peu orthodoxe. On peut également constater que la composition même de ce parlement soulève quelques problèmes. Il est composé des députés nationaux élus pour un mandat national sans aucun lien avec la cause panafricaine. Pour favoriser un débat sur l'avenir du Panafricanisme contemporain au niveau national, il serait souhaitable d'organiser les élections législatives panafricaines au niveau de chaque État membre.

Dans une Afrique pluraliste et polyarchique, le modèle du leadership proposé par Habermas peut prétendre à plus de légitimité grâce justement au principe de la discussion. Ce principe stipule que :

> sont valides strictement les normes d'action sur lesquelles toutes les personnes susceptibles d'être concernées, d'une façon ou d'une autre, pourraient se mettre d'accord en tant que participants à des discussions rationnelles. La légitimité ou la validité d'un leadership de qualité réside ainsi dans la raison dialogale ou communicationnelle (Manwelo 2006:23).

Ce qui précède révèle autant de modèles théoriques, de leçons et d'expériences ayant trait au leadership, et dont on peut se servir pour trouver des solutions à la crise de gouvernance/leadership africaine.

Formulation de l'équation panafricaine et son interprétation

L'équation panafricaine résulte du paradoxe d'une Afrique qui à la fois regorge de nombreuses richesses et du nombre le plus important de pauvres de la planète. La question qui s'est toujours posée est celle de savoir comment faire accéder tous ces pauvres africains aux richesses du continent. C'est un des enjeux majeurs du Panafricanisme contemporain, énoncé dans l'idéal de justice qui le fonde. Comme soutenu ci-dessus, la conviction que la résolution de la crise africaine nécessite la conjonction de la capacité des acteurs à gagner les enjeux et à relever les défis de l'Afrique contemporaine est la matrice de l'équation panafricaine.

Equation Panafricaine = Acteurs x Enjeux Défis

L'interprétation de cette formule est simple. La formule met l'accent sur le rôle des acteurs et souligne l'importance du leadership responsable comme une des solutions à la crise africaine. L'Afrique a connu et connaît encore des leaders, de bons et de mauvais, qui se proclamaient acquis à la cause panafricaine sans, dans la plupart des cas, la servir. La formulation de l'équation permettrait de jauger la pertinence des orientations actuelles sur la renaissance africaine et la capacité de leurs défenseurs à mener au bout leur projet.

Conclusion : quel type de leadership pour l'Afrique ?

Nous rejoignons Paulin Manwelo pour dire qu'afin d'assurer un avenir meilleur à l'Afrique, il sied de promouvoir la combinaison de trois conceptions du leadership, à savoir, la conception moniste, la conception institutionnaliste et la conception procéduraliste du leadership telles qu'esquissées ci-dessus. Ces trois conceptions peuvent ouvrir une nouvelle ère à l'Afrique. Mais le véritable enjeu réside dans la capacité à accepter de changer les règles du jeu pour que cette nouvelle donne prenne racine non seulement dans nos textes, nos institutions nationales et panafricaines mais surtout dans nos cœurs, nos mentalités et nos manières de faire ; *nos manières d'être*. Car c'est ici que réside la nécessaire révolution pour un leadership nouveau et de qualité (Manwelo 2006:26).

Notes

1. Cf. la contribution du Professeur Tony Martin.
2. Il y a lieu de faire la distinction entre le concept Panafricanisme et la réalité qu'il incarne. Si le terme Panafricanisme naît avec la Conférence de Londres en 1900, la réalité du Panafricanisme remonte depuis les résistances africaines à l'esclavage.
3. Les pays africains qui prirent part à cette rencontre sont la Libye, l'Egypte, l'Ethiopie, et le Liberia.
4. Il convient de rappeler avec révérence les noms de personnalités déjà immortalisées dans la mémoire collective africaine. Il s'agit notamment de Edward Wilmot Blyden (1832-1912), Marcus Garvey, Henry Sylvester Williams, W.E.B. Du Bois, Kwame Nkrumah, Fela Kkuti, Malcom X, Steve Biko, Patrice Lumumba, Cheik Anta Diop, Julius Nyerere, Bob Marley. CLR James, Abdias do Nascimento, Stockely Carmichael, Pier re Severin Toukoulou, Gamal Abdel Nasser, Georges Padmore, Peter Abrahams,Thomas Sankara, etc.
5. Pour plus de précisions lire Mbata Mangu, A., 2007, *Assessing the Effectiveness of the African Peer Review Mechaninism and its Impact on the Promotion of Democracy*

and Good Political Governance, African Human Rights Law Journal, Volume 7, n°2, p.354-388. (Cf. également chapitres de Boye N'diaye: et Mueni wa Muiu).

6. Voir aussi : *Engaging the new panafricanism : strategies for civil societies*, Action aid, international/OSISA, (http://www.globalpolicy.org)

Bibliographie

AfriMap et al., 2007, *Pour une Union africaine tirée par ses citoyens. Obstacles actuels et nouvelles perspectives*, (s.v), Compress.

Amin, S., 2004, « Modernité et interprétations religieuses », *Afrique et Développement*, Vol. XXIX, n° 1.

Bakandeja wa Mpungu, G., 2007, *Avant-propos*, in Bakandeja wa Mpungu, G., Mbata Betukumesu Mangu, A., et Kienge-Kienge Intudi, R., (dir.), « Participation et responsabilité des acteurs dans un contexte d'émergence démocratique en République Démocratique du Congo ». *Actes des Journées scientifiques de la Faculté de Droit de l'Université de Kinshasa 18-19 juin 2007*, Kinshasa, PUK.

Bula-Bula, S., 2002, *Les fondements de l'Union Africaine*, African Yearbook of International Law, n° 9.

Césaire, A., 1983, *Cahier d'un retour au pays natal,* Paris, Présence Africaine.

Césaire, A., 2004, *Discours sur le colonialisme* suivi de *Discours sur la Négritude*, Paris, Présence Africaine.

Cihunda Hengelela, J., 2005, Sécurité régionale et règlement des conflits armes en Afrique.

Contribution de la République Sud-Africaine postapartheid, Mémoire de Licence, Faculté de Droit, Université de Kinshasa.

Cihunda Hengelela, J., 2007, *Darfour-Somalie : Union Africaine sur les traces de l'OUA ?*, *Afrique d'Esperance*, n° 2, Mars-Août.

Cihunda Hengelela, J., 2008, *Acteurs de la bonne gouvernance en RD Congo postélectorale*, Congo- Afrique, n° 423, Mars.

Cnockaert, A., 2008, *Hommage à Aimé Césaire* (1913-2008), Congo-Afrique, n° 426, Juin- Juillet-Aout.

Ekoué Amaizo, Y., 2001, « De l'OUA à l'Union africaine : les chemins de l'interdépendance », *Afrique contemporaine*, n° 197, 1er trimestre.

Hamidou, Magassa, 2007, « L'Afrique du Nord et le mouvement panafricain : rétrospective et prospective des relations arabo-africaines », in Nadir Marouf (dir.), *Les identités régionales et la dialectique Sud-Sud en question*, Dakar, CODESRIA.

Ka, Mana, 2008, « Penser l'unité africaine et construire les États-Unis d'Afrique. Quelques orientations de fond », *Congo-Afrique*, n ° 426, Juin-Juillet-Aout.

Manwelo, P., 2006, « Leadership dans la tradition philosophique », in *La promotion d'un leadership de qualité en Afrique à l'aune du modèle jésuite. Actes des IXes journées philosophiques/ colloque jubilaire de la Faculté de philosophie Saint Pierre Canisius/ Kimwenza du 05 au 08 avril 2006*, Kinshasa, Editions LOYOLA.

Mbata, Mangu, A., 2007, «Assessing the effectiveness of the African Peer Review Mechaninism an dits impact on the promotion of democracy and good political governance», *African Human Rights Law Journal*, Volume 7, n°2.

Metena, S.P., 2008, « Interview sur les États-Unis d'Afrique. Impression de tragique désespérance », *Congo-Afrique*, n° 426, Juin-Juillet-Aout.

Mwayila, Tshiyembe, 2002, « L'Union Africaine et la nouvelle gouvernance régionale », in Bangura, D., (dir.), *L'Union Africaine face aux enjeux de paix, de sécurité et de défense. Actes des conférences de l'OPSA les 18 juin, 13 novembre et 11decembre 2002*, Paris-Budapest- Torino, L'Harmattan.

Ngodi, E, 2007, « Intellectuels, Panafricanisme et démocratie en Afrique : bilan et perspectives », in Adandé, A.B.A., *Intégration régionale, démocratie et Panafricanisme. Paradigmes anciens, nouveaux défis*, Dakar, CODESRIA.

Ngoie Tshibambe, G., 2008, « États-Unis d'Afrique : Analyse généalogie d'une vision », *Congo-Afrique*, n° 426, Juin-Juillet-Aout.

Ngoma-Binda, 2001, *Une démocratie libérale communautaire pour la RD Congo et l'Afrique*, Paris, L'Harmattan.

Obotela Rachidi, N., 2008, « Les États-Unis d'Afrique, un rêve dans le collimateur de l'histoire », Congo-Afrique, n° 426, Juin-Juillet-Aout.

Sennen, Andriamirado, 1998, « Un quart de siècle à travers l'Afrique et l'OUA », *Jeune Afrique l'Intelligent*, n°1431, juin.

Sundi, Mbambi, P., 2008, « États-Unis d'Afrique : Pour une mobilisation de la société civile », *Congo-Afrique*, n° 426, Juin-Juillet-Aout.

Tshibwabwa, Kuditshini, J., 2006, « Le nationalisme congolais de 'possession' et la crise de l'État-nation dans le processus de mondialisation. Cas de la République démocratique du Congo », in Mbata Mangu, A., *Nationalisme, Panafricanisme et reconstruction africaine*, Dakar, CODESRIA.

13

Points de synthèse : objets des débats

Jean-Jacques N. Sène

A Ouagadougou, au Pays des Hommes Intègres, en décembre 2008 les participants venus d'autres pays d'Afrique, mais surtout ceux venus d'Europe et des Amériques, ont félicité le Comité International Joseph Ki-Zerbo pour avoir surmonté tant d'obstacles et travaillé d'arrache pieds, *bénévolement*, pendant de longs mois, pour organiser ce forum commémoratif de la conférence des peuples africains d'Accra (décembre 1958). Les plus enthousiastes ont fait remarquer que des assises comme celles-ci, historiquement, ne peuvent que donner l'occasion de rencontres interpersonnelles fécondantes. Pour exemple, c'est au congrès du Parti du Rassemblement Africain de 1958 que Joseph Ki-Zerbo a rencontré d'illustres figures comme Tom Mboya, Jomo Kenyatta, Frantz Fanon ; autant de noms qui, individuellement et collectivement, représentent des pans entiers de l'histoire politique de l'Afrique contemporaine (voir notre Postface). Dans le même esprit, les participants ont unanimement salué le « timing » de l'événement de Ouagadougou par rapport à toutes les évolutions structurelles que connaît l'Union Africaine depuis sa création 6 ans auparavant : « c'est quand l'argile est humide qu'il faut la pétrir… ». Joseph Cihunda Hengelela, à la réunion de Dakar, a d'ailleurs signalé que les intrigues panafricaines de 1961 (divisions entre le « Groupe – progressiste – Casablanca » et le « Groupe – modéré – de Monrovia ») s'étaient répétées, presqu'exactement selon les mêmes canons, en l'an 2000 avec les scissions entre la « tendance Kadhafi », plus agressive quant à la formation des États-Unis d'Afrique, et les chefs d'État plus timorés/réalistes.

S'agissant des fondements historiques du Panafricanisme, le public a apprécié la démonstration selon laquelle la déportation des esclaves noirs au Portugal, à partir de 1441, puis vers l'Amérique par la suite, a servi la cause panafricaniste. Ainsi, la portée des implications pédagogiques et politiques de la loi 10 639 sur l'introduction de l'histoire de l'Afrique au Brésil (voir la synthèse de la communication d'Alyxandra Nunes Gomes au Chapitre 15) ne peuvent être comprises que dans la logique d'un dessein panafricain qui se forge sur plusieurs siècles. Il ressort des réfections conduites au forum que la subjugation de la race noire dans le développement de l'univers atlantique d'une part et l'essor de la conscience afrocentrique d'autre part, entretiennent une relation dialectique.

Depuis l'abolition de l'esclavage il y a environ cent cinquante ans [Haïti, 1804; USA, 1865 ; Cuba, 1886 ; Brésil 1888), cette relation logique s'est entretenue notamment par la participation de la diaspora noire dans le jeu des alliances politiques à l'intérieur de ces états-nations.

Le Panafricanisme, selon certains participants, peut-être vu comme un mouvement qui a connu trois périodes essentielles : l'ère des velléités stratégiques de leaders africains comme Ousmane Dan Fodio, Chaka Zoulou, ou Samory Touré qui se sont sciemment attelé à créer des entités politiques multiethniques, fédératives ; la perspective transatlantique dite du « Look to Africa » / « Back to Africa » avec Marcus Mosaih Garvey ; et la tentative de Kwame Nkrumah qui a balisé les sentiers du Panafricanisme contemporain.

Quel type d'homme d'État idéal pour relever les grands défis ? Quand Joseph Cihunda Hengelela dans ce présent livre ébauche les formes théoriques d'un leadership responsable pour la nation panafricaine, il fait bien d'inventorier quelques grandes traditions intellectuelles universelles où l'on note – ou pas – les éléments qui sous-tendent la capacité de constituer et de diriger de grandes coalitions et formations supranationales. Il est des traditions et circonstances historiques qui favorisent l'émergence de leaders charismatiques.

L'enseignement de l'histoire comme discipline des sciences humaines comporte des dimensions politiques, idéologiques. Kwame Nkrumah s'est attelé à lancer une philosophie politique de l'histoire africaine portant sur au moins deux mille (2000) ans dans un ouvrage intitulé *Consciencism*. Comment réaliser et enseigner l'exégèse de ses travaux dans des programmes pédagogiques adaptés, harmonisés, surmontant les barrières linguistiques ?

La démonstration scientifique des origines noires des peuplements indo-asiatiques depuis la préhistoire, revêt une importance cruciale dans la perspective de la géopolitique globale contemporaine. Ces données scientifiques quasiment inconnues du grand public (à en juger par les réactions des participants) donnent une dimension dynamique indispensable à la lecture de l'impact des conférences afro-asiatiques du milieu des années 1950 (voir la communication de Darwis Khudori au chapitre 20), au mouvement des Non-alignés en général durant la Guerre Froide ; et exige un rééquilibrage des formes de partenariat entre l'Afrique d'une part et les pouvoirs émergents que sont l'Inde, la Chine, l'Indonésie, la Malaisie et autres « dragons » asiatiques.

Les rapports afro-occidentaux n'ont pas toujours été marqués du sceau de la subjugation pendant les siècles qui ont conduit à la période coloniale. La présence d'Africains libres en Hongrie à travers les peuplements turcs ottomans (voir les travaux de Marika Sherwood qui a contribué au présent ouvrage une étude originale sur Nkrumah au Chapitre 9) en atteste. On note, par exemple, dès 1772, l'existence d'organisations d'Africains libres au Royaume Uni. Aujourd'hui, comme en font état quelques réflexions de Francis Njubi Nesbitt (Chapitre 8) la problématique des « réparations et de la transformation » des rapports de « la nation noire » avec l'Occident, situé dans la perspective de l'histoire de la lutte pour les droits de l'homme, est le prolongement des tensions nées aux XVe, XVIe, XIIe, et XVIIIe siècles.

Certaines réalités de l'histoire africaine dans la période 1900-1950, notamment la réaction des chefs traditionnels aux sentiments nationalistes (auto-détermination) doivent être assumées sans faux-fuyants et sans complexes. Dans cette veine, plusieurs précisions ont été fournies (Nigéria, Kenya, Ghana, Sénégal) attestant que, d'une manière générale, les chefs traditionnels étaient foncièrement réactionnaires, attisant sciemment le clientélisme avec les autorités coloniales et paralysant les efforts de mobilisation politique anticoloniale d'inspiration panafricaine. George Padmore, apprend-on, embrassera peu ou prou la pensée communiste du fait de son désenchantement par rapport au progrès de la mobilisation panafricaniste sur le terrain, en cherchant à poser les jalons d'un nouveau type d'engagement arrimé à des organisations plus progressistes (ex : World Federation of Trade Union – 1945 ; ou la Panafrican Conference ; ou encore la West African National Forum). Dans cette optique, quand Boye N'diaye explique (Chapitre 10) comment le *Mwalimu* Julius Nyerere avait transformé la Tanzanie en une terre d'accueil et de refuge des mouvements de libération, elle nous permet de noter, pour compléter la réflexion de Hengelela (Chapitre 12) sur les meilleures formes de leadership, que les grandes voix du Panafricanisme militant ont suivi des trajectoires qui répondaient à des besoins et crises conjoncturelles (voir les concessions logistiques très généreuses faites à l'ANC après la répression des émeutes de Soweto de 1976). Quel meilleur rôle pour les leaders panafricanistes d'hier et d'aujourd'hui que celui de s'ériger en *protecteurs* des droits fondamentaux des peules africains sous toutes les latitudes ?

En somme, il faut croire comme plusieurs questions et commentaires y ont fait allusion, qu'historiquement le Panafricanisme multiséculaire est empêtré dans une double contradiction qui est une constante : la recherche d'une identité élusive et l'installation difficile du cadre de coopération entre les communautés/États/sous-régions du Monde noir. Ainsi, l'approche suggérée par Joseph Hengelela qui recommande d'étudier les sphères de résistance noire et leurs inclinations panafricanistes en scindant clairement les particularismes géographiques, politiques (la multitude des organisations et des plateformes), économiques, et culturels mériterait qu'on s'y arrête beaucoup plus longuement dans d'autres cadres de réflexion.

III

Mémoire collective et défis éducatifs

14

Colonisation française, élite nationale et triomphe du Panafricanisme politique au Dahomey/Bénin

Anselme Guezo

Introduction

De nos jours, s'est affirmée une approche essentiellement politique de l'intégration économique des pays africains dont les acteurs politiques du Dahomey/Bénin se sont faits les champions.[1]

Contrairement aux pères fondateurs du Panafricanisme qui prenaient le continent dans son ensemble comme le théâtre de leurs ambitions, il est de plus en plus difficile aux décideurs politiques actuels de l'Afrique de surmonter les barrières politiques et linguistiques, érigées par les anciennes puissances colonisatrices, pour embrasser du regard le continent dans son unité intrinsèque. Pour eux, il est vain de concevoir l'intégration économique du continent sinon à travers le prisme déformant de l'expérience européenne. En effet, le modèle de ce Panafricanisme politique, souvent qualifié de gradualiste, s'inspire directement de la marche des pays européens vers l'Union Européenne.

En général, il s'agit de rendre plus fonctionnelles les économies nationales, grâce à la mise en commun des ressources humaines et naturelles du continent, pour une gestion soi-disant plus efficace. Ces initiatives, parfois suggérées par les anciennes puissances colonisatrices elles-mêmes, visent avant tout la réalisation d'économies d'échelle, par la suppression de la débauche d'énergie représentée par la multiplication de micro projets identiques dans plusieurs pays africains. C'est dans ce cadre que s'inscrit la récente création du NEPAD qui préconise, par exemple, des investissements massifs dans des projets d'infrastructures régionales.[2]

En outre, le Panafricanisme politique, ainsi conçu, représenterait un gage d'efficacité à l'aide au développement qui désormais aurait quelques chances d'échapper aux convoitises des bureaucraties nationales, appâtées par les opportunités de détournement de fonds et de leur transfert dans les banques suisses.

Il faut reconnaître que cette conception conservatrice de l'intégration découle, logiquement, du principe sacro-saint du respect des frontières héritées de la colonisation, proclamé par la défunte OUA[3]. Si l'adhésion à ce principe a pu épargner bien des guerres au continent africain, elle a aussi contribué à cristalliser les cadres de l'État-nation, rendant presque impossible toute réforme des structures héritées de la colonisation. A défaut d'une réforme de l'État, le Panafricanisme politique est perçu comme une alternative à la désaffection enregistrée au sein des masses laborieuses vis-à-vis de l'État-nation de type jacobin, imposé à l'Afrique par les puissances européennes, depuis le Congrès de Berlin de 1884-85. A la base d'un tel raisonnement se trouve l'idée que l'intégration régionale serait le seul antidote à la balkanisation politique du continent que les dirigeants africains rendent responsable des déboires actuels.

L'objectif est de libérer des ressources financières, servant à répondre, plus efficacement, aux besoins fondamentaux des masses africaines. Derrière les apparences d'une logique implacable, ce mode de pensée cache, néanmoins, bien des insuffisances car il est encore tributaire du paradigme du développement par procuration. Or comme nous l'enseigne l'expérience européenne et celle, plus récente, du Japon et des Dragons d'Asie, tout développement auto centré compte d'abord sur les propres forces du pays concerné. À y regarder de près, le Panafricanisme politique prend les allures d'une illusion d'optique. En effet, les États-nation d'Afrique sont loin d'être des répliques tropicales de leurs homologues européens. Non seulement ils se comportent encore comme des entités extraverties au service des pays du Nord, aucun d'entre eux ne peut prétendre avoir réussi, à l'échelle nationale, une intégration économique de son territoire, à l'instar des pays réunis au sein de l'Union Européenne. Par conséquent, l'élite africaine doit faire preuve d'imagination en comprenant que, pour être viable, le Panafricanisme doit viser le double objectif d'une révolution structurelle des États africains débouchant sur le développement économique du continent.

Le présent essai se propose de retracer l'origine de l'illusion du Panafricanisme politique, en démontant le mécanisme par lequel, de manière subtile, le colonialisme français a pu inculquer à l'élite dahoméenne/béninoise la fausse conscience de l'appartenance à un espace francophone. Cette conscience aliénée qui est à la base de toutes les manifestations du mal développement, observées aujourd'hui, a été, efficacement, forgée par l'école coloniale et une panoplie de mesures administratives restrictives. A la longue, elle a fini par détruire, au sein de l'élite, toute idée de communauté de destin entre cette dernière et le peuple dont elle est issue. Cette situation dramatique compromet énormément les tentatives actuelles de relance du mouvement panafricain auquel fait défaut une base populaire dont l'élite serait le porte-parole désigné. La dernière partie de l'essai qui propose une relecture des textes fondamentaux du Panafricanisme considère les conditions d'une reconversion de mentalités, au sein de l'élite, afin de lui permettre de jouer, pleinement, le rôle qui lui est dévolu dans le mouvement panafricain.

L'École coloniale et l'inféodation de l'élite dahoméenne/béninoise à la France

De manière classique, les historiens de l'Afrique ont convenu d'opposer l'administration coloniale française à son homologue anglais. Si la première est qualifiée de centralisée, la seconde est plus connue sous la terminologie du *indirect rule* ou administration indirecte.[4] Des études plus détaillées ont révélé que cette opposition classique fonctionne seulement dans les principes de gouvernement. Dans la réalité, elle n'a pas toujours été respectée. De part et d'autre, les exigences de la vie quotidienne ont poussé les deux puissances colonisatrices à transiger avec leur position idéologique. Aussi parle-t-on, par exemple, en France, d'association qui est une version française de l'administration indirecte imposée par l'insuffisance numérique, sur le terrain, de cadres coloniaux métropolitains (Hargreaves 1969 225-229).

Il existe, par contre, un domaine où l'opposition radicale entre les deux systèmes coloniaux paraît justifiée. C'est celui de l'éducation. En effet, l'éducation coloniale anglaise ne vise rien d'autre qu'à former une élite africaine compétente et adaptée à son milieu. D'où l'insistance à valoriser les langues africaines et à les utiliser comme véhicules du savoir, jusqu'à un certain niveau d'enseignement. Dans ce domaine, les missionnaires protestants font figure de pionniers. Mais bien souvent, leur effort se trouve confiné dans l'œuvre d'évangélisation. En ouvrant aux langues africaines les portes du savoir, la colonisation anglaise qui, par ailleurs, a essayé de conserver autant que possible l'organisation politique traditionnelle a véritablement jeté les bases d'un développement autocentré.[5] La même chose ne peut se dire de la colonisation française.

Ici l'objectif est de lier, intimement, les colonies à la France, à travers le pacte colonial. Dans cette perspective, l'éducation s'est vue assigner la tâche de former un certain nombre de cadres subalternes dits indigènes qui soient complètement inféodés à la France. L'intention déclarée est d'assimiler, par le biais de l'éducation, une frange de la population africaine dans la culture française.[6] Selon la belle formule de François-Xavier Yacoco, l'éducation coloniale française vise avant tout à transformer les Africains français en Français africains.[7] Dans la poursuite de cet idéal, rien n'est laissé au hasard, pas même le conditionnement idéologique qui enseignait à l'écolier africain que ses ancêtres étaient les Gaulois. La mise en œuvre de ce programme exige une rigueur exceptionnelle dans l'apprentissage de la langue française. Dans la cour de l'école est strictement banni l'usage des langues vernaculaires, sous peine de sévères sanctions et d'humiliation publique de l'écolier, pris la main dans le sac. Le matraquage psychologique vise également les autres langues européennes qui, jusqu'à la veille de la colonisation française, étaient en compétition avec le français. Ces dernières furent, systématiquement, enrayées du territoire. Tel fut par exemple le cas du portugais et de l'anglais. Le premier a longtemps joué le rôle de langue véhiculaire dans les écoles ouvertes par les missionnaires catholiques SMA.[8] Comme on le sait, ces écoles furent, à majorité, fréquentées par les enfants des ressortissants afro-brésiliens qui parlaient déjà une version brésilienne du Portugais, avant leur retour sur la côte. Quant au second, il fut également parlé par les premiers cadres *mina*, formés par les missionnaires protestants qui furent recrutés dans l'administration française. A la grande surprise de ces derniers, ils devinrent la cible tout indiquée d'une discrimination qui ne dit pas son nom.[9]

Cette sourde lutte pour la suprématie de la langue française se déroula sur un fond de guerre culturelle larvée. Il s'agit de dévaloriser, par tous les moyens, les langues et cultures africaines, à telle enseigne que l'enfant africain développe une forte aversion pour ses racines culturelles et donne ainsi la preuve de mériter d'être accueilli, comme individu isolé, dans le giron culturel français.[10] Dans cette entreprise, l'administration coloniale pouvait compter, à la fois, sur l'élite afro-brésilienne, déjà établie dans le pays, et sur les missionnaires catholiques SMA. L'élite afro-brésilienne avait des raisons d'en vouloir à l'ancien royaume du Dahomey qu'elle considérait comme une machine oppressive. Constituée en grande partie de descendants d'anciens esclaves revenus du Brésil aux XVIIIe et XIXe siècles, l'élite afro-brésilienne a conservé le souvenir des exactions subies par leurs ancêtres, de la part des dirigeants du royaume du Dahomey.

En effet, la prospérité de cette communauté, enrichie dans la traite des esclaves et le commerce dit légitime, a, très tôt, attiré l'attention des autorités d'Abomey. Ces dernières considéraient l'opulence comme une prérogative royale et, par conséquent, usaient de tous les moyens pour les spolier de leurs biens, au profit du roi. Il n'est donc pas surprenant que, dans la guerre de conquête française, certains d'entre eux aient pris fait et cause pour la France, dans l'espoir d'une libération imminente de la tutelle du Dahomey.[11] Mais si les tribulations de la communauté afro-brésilienne justifiaient, en partie, leur alliance avec la France, leur mode de vie les rapprochait ainsi davantage du colonisateur. Bien que certains d'entre eux, après leur retour du Brésil, aient été cooptés dans la hiérarchie traditionnelle, comme grands dignitaires, la plupart ont choisi de vivre, à l'écart de la masse des Africains, et de fil en aiguille, ont fini par développer, sur la côte, une civilisation originale, loin des centres de décision situés à l'intérieur du continent. Leurs habitudes vestimentaires, leur architecture et pratiques culinaires étaient autant de traits culturels qui rappelaient l'Europe et qui donc les prédisposaient à jouer un rôle d'intermédiaire entre la France et le Dahomey.[12]

Si, pour les Afro-Brésiliens, le Dahomey est synonyme d'oppression, pour les missionnaires catholiques il représente l'incarnation même du mal. Dans leur effort d'évangélisation, ils ont inculqué à leurs ouailles que la religion traditionnelle du Dahomey, le Vodun, est un culte diabolique voué aux forces maléfiques, contre lesquelles le nouveau converti doit se prémunir en évitant toute association avec les manifestations de cette religion.[13] Lors de telles manifestations, étaient envoyés des agents secrets, passant inaperçus et chargés de relever dans l'assistance les noms des écoliers présents. Ces derniers étaient sévèrement réprimandés et sanctionnés, publiquement, tous les lundis, à la cérémonie de montée des couleurs qui précède l'entrée en classes. Même si plus tard fut encouragée, à la suite des révélations faites par le Père Placide Tempels, une attitude plus sympathique à l'égard des religions traditionnelles, le but avoué resta inchangé. Il s'agissait d'élever le nouvel édifice de l'Eglise sur les ruines fumantes du culte Vodun. Ce mode de penser manichéen, pour ne pas dire machiavélique, a produit un type d'intellectuel ventriloque, à la psychologie ambivalente. Alors même que l'intellectuel dahoméen/ béninois s'efforce d'être la voix de son maître, il use de tous les subterfuges pour faire taire la voix de ses ancêtres.[14] Lorsque, pour les besoins de la cause coloniale, certains de ces intellectuels, sous l'instigation des administrateurs coloniaux, sont conviés à faire entendre cette voix, ils le font, selon les termes et les modalités de l'ordre colonial établi. Leur rôle n'est rien d'autre que de mettre en évidence les acquis de la colonisation française en les mettant en perspective avec l'anarchie et la barbarie caractérisant la période précoloniale.[15]

La littérature coloniale produite par les premiers intellectuels dahoméens est essentiellement une littérature ethnographique. Deux conséquences pratiques découlent de cette assertion. Elle est destinée à porter aux nues les valeurs françaises. Les premières œuvres littéraires produites par des Africains l'ont été par des agents de la colonisation française. Plus tard, lorsque la Négritude s'affirma, comme un courant intellectuel authentiquement africain, il n'a pas rompu avec le discours ethnographique et sa logique binaire. L'idéal proclamé des auteurs de la Négritude est de fondre la civilisation nègre marquée au coin de l'émotion dans la civilisation de l'universel qui est hellène. Mais, pour une seconde raison, la littérature coloniale africaine d'expression française ne pouvait s'empêcher de proclamer les valeurs de la métropole d'autant plus qu'elle s'adresse à une audience essentiellement française. La production littéraire africaine est non seulement tenue de respecter les normes de présentation ayant cours dans les milieux littéraires de la métropole, elle s'emploie aussi à répondre aux attentes de ces milieux qui ne recherchent pas, forcément, une connaissance objective de l'Afrique.

Il n'est pas superflu de mentionner ici le rôle joué par la quête de l'exotisme dans le développement de la littérature africaine d'expression française. Un titre de gloire, âprement discuté, par les écrivains de cette génération, est d'être reconnu comme un traducteur fidèle de l'Afrique aux Français. Cependant, même si l'auteur était conscient de cette tragédie il ne disposait d'aucune alternative à cette approche, tant il est vrai que la langue française reste l'outil privilégié de communication. L'effort des écrivains africains de cette génération n'eut d'autre résultat que d'enrichir la culture française par les valeurs africaines. Le mouvement contraire sera possible lorsque, à son tour, l'écrivain africain se transformera en traducteur de la France à l'Afrique, de préférence dans une langue du terroir, et au bénéfice d'une audience africaine. Pour le moment cet idéal reste élusif d'autant que le colonisateur français a réussi l'exploit de séparer durablement les élites des masses.

La séparation de l'élite des masses : les mesures administratives restrictives du colonialisme français au Dahomey

Pour mettre en œuvre sa politique, la colonisation française eut recours au principe de diviser pour régner. Aussitôt après la conquête coloniale, les royaumes de l'espace béninois dont le Dahomey furent démantelés sous prétexte de la libération des peuples assujettis. Ces peuples sont appelés à gérer leurs propres affaires, sous l'autorité de leurs dirigeants naturels, avec une supervision, relativement, distante de la France. De manière concrète, la politique des races, formulée, entre 1908 et 1915, par le Gouverneur Général William Merlaud Ponty, affirme que chaque groupe ethnique doit s'efforcer d'établir des relations verticales directes avec la métropole (Ronen 1975:54-55). Dans le même temps, les relations horizontales entre groupes ethniques furent découragées par une insistance subtile sur leurs différences linguistiques et sur les guerres précoloniales auxquelles la *Pax Galica* vint mettre un terme. Cependant, ces nouvelles entités reconstituées, loin d'être des instruments dociles, entre les mains du colonisateur, contre toute attente, se révélèrent hostiles à l'extension de l'administration française. Cette dernière ne tarda pas à se rendre compte qu'au-delà du plateau d'Abomey les populations dahoméennes, dans leur ensemble, donnaient partout du fil à retordre aux autorités françaises. Même à Ouidah, où un semblant d'administration directe fut introduit de manière précoce, les mots d'ordre de l'administration furent rarement exécutés sans accrocs. Ici, la mise à l'écart des chefs traditionnels, sur la base de l'appréciation erronée qu'ils représentaient une aristocratie étrangère, imposée à un peuple conquis fit prévaloir une extrême inertie.[16]

Ailleurs, comme dans le pays *adja* ou chez les *hollis*, où l'institution de l'État est restée à un stade embryonnaire, l'encadrement des masses se révéla presque impossible. Dans ces régions, l'administration française essuya ses déboires les plus cuisants, dans sa tentative d'étendre son autorité à l'ensemble de la colonie.[17]

Au fil des ans, ces poches de résistance isolées se transformèrent en foyers incandescents de résistance. Dans la foulée de la Première Guerre mondiale, qui se traduisit par un relâchement de l'administration, lié au départ des troupes françaises du territoire, des soulèvements armés éclatèrent sur toute l'étendue du territoire du Nord au Sud que l'administration eut toutes les peines du monde à écraser. Même Porto-Novo, siège de l'administration coloniale française, réputée pour sa docilité, ne fut pas à l'abri de la rébellion contre l'autorité. Selon les rapports coloniaux, l'agitation politique, à l'intérieur de la ville, serait encouragée par le roi Toffa lui-même, dépité par la réduction de son autorité, au lendemain de la conquête.[18]

Force est de reconnaître qu'à la veille de la première guerre mondiale, l'intégration des populations du Dahomey en un ensemble cohérent fut à peine amorcée. Dans cette mer de turbulence, le seul îlot de paix resta le plateau d'Abomey. Pour cette raison, il supporta un poids disproportionné des impôts et des recrutements dans l'armée coloniale. La conclusion que tira l'administration coloniale française de cette situation est que les régions, anciennement soumises à l'autorité d'Abomey, furent les plus aptes à accueillir la présence de la France. Cette découverte amena le colonisateur français à réviser son attitude vis-à-vis de la chefferie traditionnelle, considérée désormais comme un maillon essentiel de l'administration coloniale.[19]

Malgré quelques réticences initiales de la part des populations, ces dernières finirent par se soumettre à l'autorité des chefs traditionnels. Pour des raisons de prestige, nombre de ces chefs étaient directement choisis au sein de la vieille aristocratie aboméenne. Cependant, dans leurs rangs on retrouve également des anciens combattants et des récipiendaires de la légion d'honneur ayant rendu un service exceptionnel à la France. Cette tendance fut renforcée avec la réforme de la chefferie traditionnelle, entreprise au lendemain de la seconde guerre mondiale. A la suite de cette réforme, furent institués les chefs de cantons, formés par le regroupement de plusieurs localités, sous l'égide de dirigeants traditionnels, choisis par l'administration française.[20] Le double dilemme auquel fut confrontée l'administration française fut de sauvegarder le prestige de l'autorité traditionnelle tout en assurant sa mise sous tutelle totale.

Sur le premier point, il fut décidé de mettre à la disposition des chefs traditionnels suffisamment de ressources afin qu'ils en imposent à leurs sujets, surtout ceux d'entre eux qui chercheraient à se soustraire à leur autorité, au nom de leur éducation française. A l'approche de l'indépendance, cette exigence devint comme une obsession de l'administration française qui s'efforçait de restreindre l'élite dans ses ambitions politiques. Instruction fut donnée aux administrateurs coloniaux d'encourager les chefs de cantons à étendre et à développer leurs propriétés foncières, au besoin, en mettant à leur disposition des semences et de jeunes pousses, en provenance des pépinières du gouvernement. En addition aux ristournes qui leur sont échues, à raison d'un pourcentage fixe prélevé sur le montant de la collecte de l'impôt de capitation, les chefs de cantons purent arrondir sensiblement leurs revenus, grâce à leur implication directe dans l'exportation de produits tropicaux. Parmi eux, des chefs de cantons, comme le prince Justin Aho, chef Adjignon Kêkê d'Avrankou ou le Chef supérieur de Porto-Novo, figurent en tête de liste des plus grosses fortunes de la colonie.[21]

Sur le second point, celui de la fidélisation des chefs au service de la France, le moyen le plus approprié fut de leur inculquer un brin de culture française. On se souvient de l'impression que fit sur l'esprit du roi Toffa le récit des merveilles dont deux de ses enfants furent les témoins, durant leur séjour à la métropole. Le roi se serait exclamé que les Blancs sont, de loin, supérieurs aux Noirs. Dans le même sillage, l'administration encouragea la promotion de chefs lettrés, comme le prince Justin Aho qui, non seulement séjourna en France, mais aussi servit dans l'armée métropolitaine. Il suffirait de persévérer dans ce sens, en faisant visiter Paris un maximum de chefs traditionnels. L'exposition coloniale de 1931 permit à l'administration de faire d'une pierre deux coups. En même temps que fut orchestrée une publicité agressive sur les richesses des colonies, les chefs invités furent soumis à une opération de charme, dans le but d'imprimer dans leur mémoire la marque indélébile de la grandeur de la France.[22]

Ainsi sont méthodiquement mis en place les éléments essentiels d'une politique de l'extraversion. Ces éléments se déclinent en termes de consommation de produits français, de maîtrise de la langue française et de fréquentes visites à Paris qui sont autant de gages de l'appartenance à une élite huppée. Les nombreuses célébrations, organisées au départ ou au retour de Paris, sont des occasions où est étalée, aux yeux des Dahoméens ordinaires, la hiérarchie des valeurs dont s'inspire cette élite.[23] Mais, derrière cet apparent consensus autour des valeurs, l'administration coloniale française a activement encouragé une certaine bifurcation, au sein de l'élite, dont une branche aboutit à la chefferie traditionnelle et la seconde à l'intelligentsia scolarisée. C'est là, peut-être, une stratégie pour maintenir les membres de l'élite, constamment sur le qui-vive, puisque l'administration peut à tout moment promouvoir une branche au détriment d'une autre.

A l'instar de la chefferie traditionnelle, la même technique de contrôle fut utilisée pour assurer l'inféodation de l'intelligentsia, c'est-à-dire, l'allocation sélective de ressources. Ainsi, au lendemain de la conquête française, les Afro-Brésiliens assistèrent impuissants à leur marginalisation progressive, par un jeu subtil de fiscalité qui finit par les exclure du commerce de gros et semi gros, monopolisé désormais par les Français de souche et les Levantins. Cette situation ne laissait d'autres débouchés à leur progéniture que de s'embaucher dans l'administration coloniale. Ils furent bientôt rejoints par une élite mina en provenance du Togo voisin, formée dans les écoles ouvertes par les missionnaires protestants. Ce noyau initial de fonctionnaires occupa tous les postes disponibles aux Noirs dans la hiérarchie administrative coloniale. Aussi les retrouve-t-on en majorité dans l'enseignement, la santé et la Fonction publique, comme interprètes, commis expéditionnaires, agents des douanes et des postes et télécommunication.[24]

Pendant longtemps, les salaires payés aux agents de l'administration sont restés bas pour ne pas dire dérisoires. Ils accusent un écart énorme par rapport aux salaires payés aux Blancs, à diplôme et compétence égale. Cette situation n'est nullement de nature à encourager l'émulation. En dehors des brimades infligées aux fonctionnaires qui, comme tous les autres Africains, sont soumis à l'indigénat, leur marge de manœuvre politique fut extrêmement limitée. La moindre déviance, réelle ou supposée, est passible de licenciement. Tel fut le cas de Louis Hunkanrin, renvoyé de l'enseignement en 1910, pour insubordination.[25] Malgré le manque d'opportunités dans le commerce, bien des fonctionnaires préféraient encore démissionner de l'administration pour s'installer à leur propre compte.[26] Ce faisant, ils espéraient se mettre à l'abri des sanctions arbitraires et ainsi s'assurer une autonomie financière vis-à-vis de l'administration.

Les premiers leaders politiques du Dahomey/Bénin sont issus de cette classe commerçante. Dans un premier temps, un certain nombre d'entre eux furent cooptés dans des conseils consultatifs comme la Chambre de Commerce et le Conseil de Gouvernement. Avec le temps, la base de leur recrutement fut élargie, prenant une allure plus représentative avec l'organisation d'élections dans les cercles les plus avancés.[27] Mais c'est dans le journalisme que les frustrations accumulées et l'endiguement politique entretenu par les autorités coloniales trouvèrent un exutoire naturel. La floraison des journaux (quotidien, périodiques, magazines) animés par des intellectuels dahoméens, entre les deux guerres, donne toute la mesure de la situation coloniale.[28]

L'une des zones d'ombre de l'histoire coloniale du Dahomey/Bénin est le processus par lequel l'élite scolarisée a réussi à supplanter l'élite traditionnelle, comme héritière du colonialisme, mettant ainsi fin à la bifurcation délibérée, entretenue par l'administration française. Ce résultat qui ne fut nullement prémédité fut la résultante d'un certain nombre de circonstances favorables à l'élite scolarisée. Si, éventuellement, l'administration coloniale française a fini par jeter son dévolu sur l'intelligentsia, au détriment de l'élite traditionnelle, comme étant plus à même d'assumer l'héritage colonial c'est que, au préalable, elle l'avait déjà délestée de toute sa force de nuisance politique. Mais, avant d'en arriver là, l'intelligentsia avait gagné la course pour la conquête de la légitimité, aux yeux des masses laborieuses. En effet, en prenant fait et cause pour ces dernières, dont les conditions de vie misérables étaient régulièrement décrites dans les colonnes des journaux, en même temps que les abus de l'administration coloniale, l'intelligentsia a, sensiblement, redoré son blason au sein du peuple. Face à la crise économique de 1929, qui amena l'administration à multiplier les mesures tracassières, l'intelligentsia se comporta vis-à-vis des masses comme le seul rempart contre l'injustice et les abus.[29]

Quant à la chefferie traditionnelle, elle a renoncé à son devoir de protection du peuple, lorsqu'elle accepta d'assumer, avec zèle, les tâches à lui assignées par l'administration. Comme on le sait, ces tâches, qui consistent à recruter des bras valides dans l'armée et pour les travaux forcés et à prélever l'impôt de capitation, sont largement impopulaires. Mieux, certains de ces chefs, notamment, ceux issus de l'ancienne aristocratie aboméenne, ont tôt fait de renouer avec leurs vieilles habitudes d'exaction et de spoliation des masses, au grand désarroi de ces dernières. Ce faisant, ils se sont, complètement, discrédités, dans l'estime du peuple, surtout dans les années de crise mondiale de l'Après-guerre. En ces années de détresse économique, l'administration coloniale française, dans le but d'assurer aux commerçants expatriés, une marge bénéficiaire, sur le marché international des oléagineux, a rendu presque prohibitive la vente de l'huile de palme et des noix de palme, en maintenant le prix d'achat à un niveau à peine acceptable aux producteurs africains. Le refus des paysans de récolter les régimes de palmes sur leurs plantations, qu'ils préféraient voir pourrir sur les palmiers, n'eut d'autre effet que d'occasionner une levée de boucliers, de la part de l'administration. Le pouvoir colonial incita les chefs traditionnels à recruter des groupes de travailleurs forcés, préposés à la récolte des régimes de palme et, au besoin, à l'extension des plantations, qui selon les administrateurs coloniaux pourrait compenser la baisse de revenus, liée à la chute du prix d'achat payé aux producteurs.[30]

En s'interposant entre l'administration coloniale et les masses paysannes, comme leur défenseur, l'intelligentsia occupa la place laissée vacante par la chefferie traditionnelle. Faisant preuve d'une grande habileté politique, elle emprunta les réseaux de communication autorisés, déjà mis en place par les organisations de défense des droits de l'Homme, pour porter les doléances des masses à l'attention de l'opinion publique métropolitaine et internationale.[31] En l'absence de partis politiques, ces organisations humanitaires représentaient les seuls canaux légaux de protestation. L'administration coloniale, dans un premier temps, fut très embarrassée, n'ayant aucune réponse immédiate à l'activisme de l'intelligentsia qu'elle perçut comme une épée de Damoclès, constamment suspendue sur sa tête, dans la mesure où cet activisme pouvait facilement déborder sur le terrain politique. Avec l'avènement de la révolution russe, qui éveilla davantage la conscience de l'élite africaine aux effets néfastes de la domination capitaliste, les appréhensions du colonisateur d'un glissement vers la politique se firent plus réelles. Le pouvoir colonial, conscient des dangers d'une révolution violente, mit tout en œuvre pour isoler l'intelligentsia locale des courants de pensée révolutionnaires, représentés par le communisme et le Panafricanisme.[32]

A l'aide d'une propagande astucieuse, ces mouvements furent copieusement diabolisés, au point de les faire paraître comme étant antithétiques au progrès économique et moral des Africains et foncièrement anti-français.[33] Les intellectuels dahoméens, suspectés d'adhésion à l'une ou l'autre de ces idéologies, furent martyrisés sans merci et interdits de séjour dans la colonie. Tel fut, par exemple, le cas de Marc Tovalou Houénou et, dans une moindre mesure, de

Ouanilo Béhanzin. Ces deux précurseurs du mouvement nationaliste moururent précocement, dans des circonstances tragiques qui ne furent jamais entièrement élucidées. Bien que Louis Hunkanrin s'en sortît avec la vie sauve, il fut régulièrement déporté de la colonie et incarcéré, plus d'une fois, dans des prisons de sécurité maximum, pour une raison ou une autre.[34] Des intellectuels français, issus de milieux libéraux, ainsi que certains fonctionnaires dahoméens ayant longtemps servi dans l'administration métropolitaine, étaient également interdits de séjour. Par exemple, dans une correspondance confidentielle au Gouverneur Général, le Gouverneur Fourn recommandait de ne pas affecter Louis do Sacramento au Dahomey.[35]

Mais il existe un degré que ne sauraient dépasser les mesures répressives sans alerter l'opinion publique internationale. Pour prévenir de telles déconvenues, l'intelligence politique fut mise à contribution, au besoin, en traînant les cadres suspects devant les tribunaux, parfois sur la base de fausses accusations. De cette façon, ne pouvait se constituer une classe politique, à la conscience aguerrie et partageant la même vision que le peuple sur son destin politique. Mais l'action préventive de l'administration coloniale comportait de sérieuses limites. On ne peut arrêter le cours de l'histoire en ramant à contre courant. C'est pourquoi l'administration coloniale française finit par changer son fusil d'épaule. Sous la pression du Bolchevisme et du courant panafricain, les autorités françaises furent forcées de reconsidérer leur stratégie en faisant des concessions à l'élite colonisée dont la liberté de presse et de réunion. L'intelligentsia n'attendait pas mieux pour alerter l'opinion métropolitaine sur les abus coloniaux. Les motions et pamphlets envoyés régulièrement à Paris, étalaient au grand jour les tares de l'administration, suivant l'argument selon lequel la France, patrie des libertés est exempte de tout reproche. Par contre, ses représentants indignes, dans les colonies, s'employaient à ternir son image, en instaurant des régimes de terreur. Il apparaît pressant de corriger ces abus, tout en inscrivant les revendications des masses dans un cadre légaliste.

Ainsi, en respectant la légitimité de la France, les intellectuels dahoméens ou même africains ont opéré un choix qui met hors la loi toute tentative de rupture radicale avec la France. Dans cette perspective, on comprend mieux la déclaration de Blaise Diagne, faisant l'apologie de la colonisation française et prêchant la modération, au deuxième congrès panafricain de 1921. Selon cette déclaration, il existerait une parfaite égalité des chances entre Blancs et Noirs dans l'Empire français.[36] A sa suite, les intellectuels dahoméens vont circonscrire désormais leurs revendications autour de la question de la citoyenneté dont ils réclamaient l'extension à toute l'élite africaine. C'est la preuve que les mesures restrictives de l'administration coloniale française ont atteint le résultat escompté. Même les plus radicaux parmi les membres de l'élite dahoméenne ont dû renoncer à la confrontation avec la France pour se transformer en sujets dociles et complaisants.

A maintes reprises, Louis Hunkanrin a été accusé d'avoir trahi ses convictions profondes de défenseur des masses, pour endosser le manteau d'agent de renseignements de l'administration.[37] Les réformes politiques de 1946 ne firent qu'entériner un transfert de pouvoir à l'élite scolarisée, commencé depuis les années 1920. Le pouvoir colonial pouvait se frotter les mains car il s'agit d'une élite aux ordres, suffisamment conditionnée, par l'éducation et la répression policière des années 1930, pour développer un réflexe de servilité à la France. Comme il en ressort clairement dans des écrits laissés par certains des membres les plus éminents de cette élite, le Panafricanisme ne vise plus la refondation de l'État africain, mais plutôt à rendre opérationnel l'héritage colonial, tout en sauvegardant les liens avec la France.[38]

Le Panafricanisme intégral : une relecture des Pères Fondateurs

Le Panafricanisme politique ou gradualiste, préconisé par les leaders politiques du Dahomey/Bénin, est, à tous points de vue, une aberration vouée à l'échec. Il est en contradiction avec les idéaux propagés par les pères du Panafricanisme. Pour ces derniers, l'objectif du Panafricanisme est d'affirmer l'identité des Noirs afin de les galvaniser à développer le continent, au profit de tous ses ressortissants, ceux de la diaspora comme ceux résidant sur le continent. Leur esprit n'a jamais été effleuré par l'idée, devenue courante de nos jours, de faire marcher les machines politiques post ou néocoloniales. Lorsqu'on se replonge dans leurs écrits on se rend compte qu'ils avaient une claire conscience de la situation du continent et des enjeux de son développement, malgré les contradictions qui les opposaient parfois.[39]

En effet, pour la plupart, ils appartiennent à la diaspora et ont souffert, dans leur chair, qui en porte les stigmates profonds, des affres de la discrimination raciale. Cette expérience les prédisposait à développer une conscience aiguë de la communauté africaine et de son destin. Que ce soit Edward Blyden, Marcus Garvey, W. E. B. Du Bois, George Padmore ou même plus proche de nous, Kwame Nkrumah, tous ont une conception unitaire du continent. Ce dernier fut même taxé d'ambitieux par ses pairs africains pour avoir préconisé un gouvernement continental.[40] Quant à Marcus Garvey, tous ses projets étaient continentaux, comme son UNIA (*Universal Negro Improvement Association*) ou sa compagnie de navigation, l'improbable *Black Star Line*. George Padmore, pour des raisons idéologiques, a adopté une position plus nuancée. Pour lui, l'intégration du continent ne pourrait se réaliser par la bourgeoisie noire, représentée par Garvey, mais par les ouvriers africains qui doivent commencer à participer au gouvernement de leur continent (Padmore 1972). Cependant, ni la diversité des langues et groupes ethniques ni les différentes expériences coloniales ne sont pour eux des obstacles insurmontables à la réalisation de leur idéal. Derrière le foisonnement apparent des langues et groupes ethniques, ils ont perçu une profonde unité que Cheikh Anta Diop étayera plus tard dans ses ouvrages par des preuves convaincantes.[41]

Ainsi, des raisons subjectives et objectives sous-tendent l'affirmation de la communauté africaine. Au plan subjectif, la mémoire de l'esclavage et de l'exploitation coloniale, vécus dans la solidarité de la souffrance, est un facteur d'unité. Tous les Africains ont été affectés par ces épisodes tragiques de leur histoire qui devraient les galvaniser dans l'action pour le relèvement du continent. De plus, la marginalisation récente du continent dont la situation économique ne cesse de se dégrader au jour le jour rappelle, s'il en est encore besoin, que l'union fait la force. Au plan objectif, face à l'immensité des tâches qu'exige la mise en valeur de l'Afrique, seule une unité d'action est capable de surmonter les obstacles, fictifs ou réels, jalonnant ce parcours. Par exemple, il serait suicidaire que les Africains négocient en rangs dispersés avec les partenaires au développement.

La mobilisation des fonds importants que requiert l'accomplissement de grands travaux, à l'échelle continentale, serait plus efficace s'ils parlaient d'une seule voix. Mais, au-delà des facteurs d'unité culturelle, les sociétés africaines, dans leur ensemble, sont au même stade d'évolution politique et sociale. Il est donc plus facile de concevoir des stratégies applicables, à travers un continent, en proie aux mêmes difficultés de décollage économique. Enfin, l'ancrage de l'essor économique du continent sur ses propres ressources, exige une division de travail à partir des bassins de production, enjambant les frontières nationales actuelles.

Il est évident que la condition *sine qua non* pour la réalisation d'un projet aussi ambitieux est une reconversion des mentalités, au sein de l'élite dahoméenne/béninoise, qui doit enfin comprendre que sa communauté naturelle n'est pas la francophonie mais bien l'Afrique. La nécessité de la reconstitution d'une communauté africaine, mise à mal par la politique coloniale française, et allant bien au-delà des barrières linguistiques et ethniques dressées par celle-ci, demande, de la part des intellectuels dahoméens/béninois, la rupture du cordon ombilical les rattachant à la France. Ceci ne signifie pas, forcément, un abandon de la langue française. Les Africains ne sont pas le seul peuple à subir une domination linguistique étrangère dans leur histoire. Le paradoxe en Afrique est que l'élite, dans tous les pays ayant accédé à l'indépendance dans les années 1960, a décidé d'adopter la langue du colonisateur, comme langue de travail et de communication internationale, sous prétexte de la multiplicité des parlers du terroir.

Ce faisant, ils ont accepté, naïvement, de contribuer, par leurs écrits, à l'enrichissement de la culture de l'ancien maître, au détriment de leur propre culture. Ailleurs dans le monde, c'est la situation inverse qui a prévalu. Il n'est pas inutile de rappeler ici le rôle joué par les intellectuels allemands de l'*Aufklärung*, dans la traduction en allemand des valeurs de la civilisation française, pour lesquelles ils manifestèrent une fascination irrésistible. Avant eux, des auteurs français ou anglais comme Rabelais, Ronsard, du Bellay et Chaucer ont dû faire le même choix vis-à-vis du latin, largement parlé par l'élite européenne, comme véhicule du savoir, tout au long du Moyen-âge. Et que dire de l'expérience plus récente des

Japonais, des Chinois et des Indonésiens ? Ce que cette expérience nous enseigne est qu'on ne peut se développer avec la langue des autres, a fortiori, si celle-ci est la langue de l'ancienne puissance colonisatrice. Il aurait fallu imposer, au lendemain des indépendances, une ou deux langues continentales et nous n'en serions pas au stade où nous sommes aujourd'hui.[42] Les vieilles nations européennes ont dû, elles aussi, passer par cette étape. C'est par une décision politique que l'anglais et le français ou l'allemand sont devenues des langues nationales.

Mais le retour aux pères fondateurs du Panafricanisme s'avère nécessaire parce que ces derniers représentent des modèles parfaits de l'intellectuel organique engagé. Certes, des auteurs panafricains comme Edward Blyden et Marcus Garvey ont beaucoup épilogué sur la contribution de la race noire au progrès de l'humanité.[43]

Du moins, ils ne l'ont jamais fait par infatuation, encore moins dans un esprit de suffisance ou de polémique. Pour eux, il s'agissait d'aider les Africains à se dépouiller du vieil homme, c'est-à-dire, de leur morbide complexe d'infériorité, infligé par des siècles de domination, afin de les préparer à s'ouvrir aux apports de toutes les autres civilisations du monde. Senghoriens avant la lettre, eux aussi, exhortaient déjà les Africains à assimiler sans être assimilés, c'est-à-dire, tout en restant eux-mêmes. Ainsi, pour marquer l'originalité de la civilisation africaine, Blyden alla jusqu'à préconiser l'adoption de l'Islam comme religion continentale.[44] Mais le même auteur n'a pas perdu de vue le premier point de ce vaste programme. En définitive, ce que suggère cette formule lapidaire de Senghor est que les intellectuels africains doivent prendre à cœur leur rôle de traducteurs. La seule raison d'être de ces derniers réside dans le fait qu'ils ont le devoir de traduire l'Europe à l'Afrique.

Cependant, la réussite d'une telle mission présuppose une certaine rupture avec le discours ethnographique et sa logique binaire. Comme on le sait, l'approche manichéenne Nous et les Autres de l'ethnographie coloniale sous-tend un relativisme ambiant qui enferme chaque culture sur elle-même et tend à distordre la perception.

Au contraire, l'approche dialectique, tout en reconnaissant la différence entre les cultures, insiste davantage sur les facteurs ou circonstances qui la fondent. Ce préalable établi, il est évident que la traduction met en jeu, tout au moins, deux langues et leurs champs cognitifs. En attendant le choix de cette langue africaine, il est possible de cerner de près les thèmes de cette traduction qui intéresseraient l'Afrique, au stade actuel de son développement. Il est important de savoir que l'Europe n'est pas une génération spontanée. A un moment de son évolution historique, elle a dû faire face aussi à d'énormes problèmes de vulnérabilité existentielle et de pénuries sur tous les plans. Elle s'est tirée d'affaire, grâce à la science et à la technologie, couplées avec une meilleure organisation sociale.

Certes, l'Afrique fut, indéniablement, au Néolithique et pendant l'Antiquité égyptienne, un foyer important de découvertes scientifiques.[45] Cependant, l'accumulation du savoir, pouvant déboucher sur des changements qualitatifs, exige le dépassement de l'oralité et l'adoption d'un nouvel outil de communication, l'écriture. Bien qu'ayant connu, pendant longtemps, l'écriture, les pays européens retombèrent dans une oralité partielle pendant le haut Moyen-âge, période pendant laquelle ils élaborèrent une littérature orale d'une richesse éblouissante. Néanmoins, lorsque la nécessité se fit sentir de changer de cap, ils tournèrent le dos à tout cet héritage pour embrasser l'écriture de leurs langues nationales. Depuis ce tournant décisif, leurs sociétés, qui n'ont cessé de progresser, se sont organisées, sur la base de l'écriture, comme moyen privilégié de communication.

Au plan organisationnel, la nation, cette forme moderne d'organisation sociale, est le résultat d'une longue évolution générique qui remonte, pour certains pays européens, au haut Moyen-âge. Ce processus d'identification territoriale les détacha, progressivement, des relations de parenté, au profit de rapports de voisinage. Ce sont ces nouveaux rapports qui ont lentement évolué depuis l'esclavage jusqu'aux rapports de production capitalistes, en passant par la féodalité au Moyen-âge. Le fil conducteur de cette évolution est la séparation du producteur des moyens de production, pour les mettre à la disposition de la société globale. De cette façon, la production de biens et services pouvait bénéficier plus facilement de l'expérience accumulée de la société, dans le domaine scientifique et organisationnel. Au bout de cette évolution est apparu un type d'homme nouveau, l'individu, libre de vendre sa force de travail pour gagner sa vie. Mais l'émergence de la conscience individuelle a été, largement, facilitée par la diffusion de la culture littéraire. Elle s'oppose à la conscience collective, entretenue par les liens de sang qui caractérise l'Afrique.

Ce développement interne des pays européens, soutenu par des souverains absolus et des despotes éclairés, prépara le terrain à la découverte du monde et à une expansion prodigieuse du commerce international. Les richesses accumulées de ces expéditions outre-mer servirent de base à l'essor du capitalisme et à la révolution industrielle. Pendant tout ce temps, l'Afrique est restée au stade des relations de parenté qui certes assurent plus facilement la survie du groupe mais n'offrent en définitive aucune garantie face aux aléas climatiques et à la croissance démographique. Pour faire face à de tels événements inattendus, les sociétés africaines eurent régulièrement recours à des individus d'extraction étrangère. Ces figures exceptionnelles qu'on retrouve à l'origine de toutes les royautés africaines réussissent rarement le dépassement des relations de parenté qui aurait pu lancer leurs sociétés sur la voie du progrès. Au contraire, les royautés africaines sont restées au stade d'alliances de familles.

Sans progrès technologique majeur et en l'absence de l'écriture il n'est pas surprenant que prenne corps une conception différente du temps et de l'espace. Contrairement au temps linéaire et cumulatif qui a cours en Europe, une conception cyclique du temps a prévalu en Afrique. Les sociétés naissent, se développent, se dégradent et se reconstituent sur le même modèle établi par l'ancêtre fondateur.

De même, l'espace n'est pas continu et permanent comme en Europe. Il est plutôt discontinu et provisoire. Cette différence fondamentale explique le développement d'échange de biens d'usages immédiatement consommables et la faible utilisation de numéraire dans les échanges entre sociétés.

Nous ne disons pas que l'Afrique est restée statique durant tous ces siècles comme a semblé l'affirmer une certaine philosophie européenne. L'erreur de jugement de ces penseurs tient largement à leurs préjugés qui les rendaient aveugles devant les changements, à long terme, mais presque imperceptibles que nous venons de décrire. Aujourd'hui encore, ces changements se déroulent devant nos yeux faisant passer, en l'espace d'une génération, de l'Afrique traditionnelle à l'Afrique moderne, de l'oralité à l'écriture et de la magie à la science. Le Panafricanisme intégral des pères fondateurs s'inscrit dans cette logique historique à laquelle n'échappe aucune société humaine.

Conclusion

Le Panafricanisme qui joua un rôle de premier plan dans la lutte des peuples africains pour leur émancipation est revenu récemment à la mode après des décennies de léthargie. En ce laps de temps qui s'est écoulé, depuis l'exhortation historique de Kwame Nkrumah à l'unité du continent, le mouvement panafricain a eu le temps de perdre tout son zèle missionnaire. Aujourd'hui, le Panafricanisme est plutôt conjuré par les dirigeants politiques de l'Afrique, à la manière d'un rituel, comme la panacée aux difficultés de fonctionnement de leurs Etats, en proie à la crise de l'économie mondiale. Cette approche du Panafricanisme que nous avons qualifiée de *politique* est essentiellement conservatrice dans la mesure où elle cherche à sauvegarder à tout prix les cadres actuels de l'État-nation. Mon travail montre que le triomphe de ce Panafricanisme gradualiste auquel les dirigeants politiques du Dahomey/Bénin ont adhéré sans conditions depuis l'indépendance n'est pas un accident de l'histoire.

Ce Panafricanisme gradualiste auquel les dirigeants politiques du Dahomey/Bénin ont adhéré est la conséquence logique du conditionnement idéologique auquel fut soumise l'élite dahoméenne, de la part de l'administration coloniale française. Ce conditionnement qui prend la forme d'une inféodation à la culture française, grâce à l'école et à un certain nombre de mesures administratives, a contribué à la dislocation de la communauté africaine et à l'enracinement dans la conscience de l'élite, de l'héritage colonial, aussi extraverti qu'il puisse être. A travers une analyse de ce mécanisme de fidélisation, l'article conclut que le Panafricanisme politique est une illusion d'optique, reposant sur la fausse conscience que l'appartenance à une communauté francophone pourrait remplacer la communauté africaine. Après une telle clarification, il est possible de revisiter les écrits des pères fondateurs du Panafricanisme pour y découvrir la signification profonde du mouvement. Le mérite de ce Panafricanisme intégral est qu'il prend comme point de départ une certaine idée du destin du continent dont le développement devait profiter à tous ses ressortissants. Cette définition originelle du Panafricanisme présuppose le rejet du discours ethnographique et son cortège de préjugés au profit d'une approche franchement comparative.

Notes

1. Le premier président Hubert Maga fut l'une des figures clés du Groupe de Monrovia, composé des pays modérés. Plus récemment encore, au dernier sommet de l'UA à Accra en 2007, le Président Boni Yayi s'est clairement prononcé en faveur de l'approche gradualiste.
2. NEPAD est le cigle anglais de Nouveau Partenariat pour le Développement de l'Afrique (New Partnership for African Development). Cette initiative dont les auteurs furent les Présidents Obasanjo du Nigéria, Abdelaziz Bouteflika de l'Algérie et Thabo Mbeki de l'Afrique du Sud à l'ambition de drainer, comme le Plan Marshal, un apport massif de l'aide extérieure vers des projets élaborés par les Africains eux-mêmes.
3. Organisation de l'Unité Africaine fondée en 1963 comme le creuset de l'intégration africaine et qui fut remplacée depuis l'an 2000 par l'UA ou l'Union Africaine dont la mission est de renforcer le sous-bassement économique de l'intégration politique du continent.
4. Voir Hargreaves, D. John, ed.,1969, *France and West Africa, An Anthology of Historical Documents*, London, Macmillan, St Martin's Press, pp. 198-234.
5. Voir Lord Frederick Lugard, *The Dual Mandate in Tropical Africa*, London, British *Tropical Africa* 1921.
6. Voir Ridley, F., 1963, «*The French Educational System: Policy and Administrative Aspects*» Political Studies, vol.II (1963), 178-202.
7. Voir Yacono, Xavier, 1971, *Les étapes de la décolonisation Française*, Paris, PUF.
8. SMA est le cigle de la Société des Missions Africaines, une société missionnaire établie à Lyon qui depuis 1861, année d'arrivée des premiers missionnaires au Dahomey s'attèle à l'évangélisation du Dahomey/Bénin.
9. Voir AND, Ouidah, Rapport de février 1904 ; Mono, Rapports de Jan.1908 et Août 1913 ; Allada, Rapport Annuel de 1909, Grand-Popo, Rapports de Août 1909 et Juillet 1912.
10. Voir Wallerstein, Immanuel,1965, *Elites in French-Speaking West Africa : the Social Basis of Ideas,* Journal of Modern African Studies, 3, May 1965, 133.
11. Voir « Les Afro-Américains, Dakar », *Mémoires de l'IFAN* , 1952-53.
12. Voir Ronen, Dov,1975, *Dahomey, Between tradition and Modernity*, Ithaca and London, Cornell University Press, pp.32-36.
13. Sur le culte Vodun, voir Adoukonou, B.,1979, *Jalons pour une théologie africaine : Essai d'une herméneutique chrétienne du Vodun Dahoméen*, Paris, Lethielleux.
14. Voir Ologoudou, Emile, 1967, *Les Intellectuels dans la Nation : l'examen de conscience d'un jeune Dahomée*n, Cotonou, Les Editions du Bénin.
15. Voir Hazoumé, Paul,1938, *Doguicimi*, Paris, Larose
16. Voir Archives Nationales du Dahomey (AND ci-après), Dahomey, *Rapport Politique*, 3e Trim. 1909.

17. Voir Archives Nationales du Dahomey (AND ci-après), Dahomey, *Rapport Politique*, 3e Trim. 1909.
18. Voir AND, Dahomey, Rapport Politique, 3 Fev.1903 et 4e Trimestre, 1904.
19. Voir AND, Abomey, Rapports de Juillet 1907, Octobre, 1911.
20. Voir AND, Abomey, Rapport de Fevr.1912. Voir aussi ANS, 8G 47-23, Chapon, *Rapport de l'inspection*, 1919 ; *Extrait des instructions de M. le Gouverneur Fourn*, 1 Mai 1921.
21. Voir ANS, 8G 24-17, Ressources; Honoré Béhanzin au Chef de la sécurité, 20 Mai 1937 ; PPN No.56 (1-14 Déc.1935) ; ANS, 8G 34-17, Rapport de Mme. Savigneau, pp.41-42 ; AND, Porto-Novo, Subdivision Banlieue, Rapports de Mai et le 3e Trim. 1952.
22. Voir AND, Abomey, 1er Trim.1934, voir aussi ANS, 8G 57-23, Nègre au Gov.-Gen ; 25 Dec.1931 ; ANS 8G 56-23, Blacher au Gov.-Gen ; No.173c du 25 Mars 1932.
23. Voir ANS, 8G 24-17, Ressources.
24. Voir AND, Grand-Popo, Rapport de Mai 1912.
25. Voir AND, Série I-E, Affaire Hunkanrin-Année 1920.
26. Voir AND, Série Personnel, Dossier Alexandre d'Oliveira.
27. Voir *Lettre au Gouverneur, 11 Août 1921*, parue dans Bulletin, No. 87 (25 Juillet 1921).
28. Voir Codo, C.B. (1978) La presse dahoméenne face aux aspirations des évolués, La voix du Dahomey 1927-1957, Thèse de 3e cycle, Université de Paris 7.
29. Voir AND, Dossier, *Incidents*, Commissaire de police à l'Administrateur, Porto-Novo, No.190 du 13 Févr .1923.
30. Voir AND, De Coppet au Commandant d'Allada, No.613 AP 11 Août 1933, et au Commandant de Ouidah, no.93 AP de 30 Jan.1934 ; Dahomey, Rapport Politique, 1933 ; ANS, 8G 59-23, de Coppet au Gouverneur-Général, No.1034 AP de 19 Nov.1933, et NO.69 de 17 Mars 1934.
31. ANS, 8G 59-23, de Coppet au Gov.-Gen, no.331 APA de 26 Mars 1934. ANS 8G 60-23, *Brevié à Kuassi*, ca.Mai 1934 ; 8G 9-17, Aujas au Gov.-Gen., no.218 du 20 Fevr.1933 ; 8G 59-23, de Coppet au Gov.-Gen. no.429 APA du 10 Avril 1934.
32. Incidents de Porto-Novo, p.75
33. Incidents de Porto-Novo, p.75
34. AND, Série I-E, Affaire Hunkanrin; ANS, 8G 13.
35. AND, Correspondance Confidentielle, Fourn au Gouverneur Général, no.7s du 19 Jan.1924.
36. Voir Padmore, George, 1972, *Panafricanism or Communism,* Garden City, N.Y. Anchor, pp.107-113.
37. ANS, 8G 59-23, Desanti au Gov.-Gen., no.44 DS/R du 17 oct.1934.
38. Voir Apithy, Migan Sourou,1971, *Face aux Impasses*, Cotonou, Editions ABM.
39. Voir Zinsou, Emile Derlin et Zoumênou, Luc, 2004, Kojo Tovalou Houenou, Précurseur, 1887-1936, *Pannégrisme et Modernité*, Paris, Maisonneuve et Larose, pp.131- 156.
40. Voir Nkrumah Kwame,1963, *Africa Must Unite*, London, Heinemann.
41. Voir Cheikh Anta Diop,1979, *Nations nègres et culture*, Quatrième édition, Présence Africaine, Paris, pp.361-393.

42 Voir Cheikh Anta Diop, 1979, pp.405-413.
43. Voir Garvey, Marcus, 1927, *The Tragedy of White Injustice*. New York. Voir aussi Blyden, Edward W.,1908, *African Life and Custom,* London.
44. Voir Blyden, Edward W.,1888, *Christianity, Islam and the Negro Race*, 2nd ed. London.
45. Voir Cheikh, Anta Diop, 1979, pp.35-49.

Bibliographie

Adoukonou, B., 1979, *Jalons pour une théologie africaine : Essai d'une herméneutique chrétienne du Vodun Dahoméen*, Paris, Lethielleux.

AND, Ouidah, Rapport de février 1904 ; Mono, Rapports de Jan.1908 et Août 1913 ; Allada, Rapport Annuel de 1909, Grand-Popo, Rapports de Août 1909 et Juillet 1912.

Archives Nationales du Dahomey (AND), Dahomey, *Rapport Politique*, 3e Trim. 1909. Archives Nationales du Dahomey (AND), Dahomey, *Rapport Politique*, 3e Trim. 1909. Archives Nationales du Dahomey (AND), Dahomey, Rapport Politique, 3 Fev.1903 et 4e Trimestre, 1904.

Archives Nationales du Dahomey (AND), Abomey, Rapports de Juillet 1907, Octobre, 1911.

AND, Abomey, Rapport de Fevr.1912. Voir aussi ANS, 8G 47-23, Chapon, *Rapport de l'inspection*, 1919 ; *Extrait des instructions de M. le Gouverneur Fourn*, 1 Mai 1921.

Archives Nationales du Dahomey (AND), Abomey, 1er Trim.1934, voir aussi ANS, 8G 57- 23, Nègre au Gov.-Gen ; 25 Dec.1931 ; ANS 8G 56-23, Blacher au Gov.-Gen ; No.173c du 25 Mars 1932.

Archives Nationales du Dahomey (AND), Grand-Popo, Rapport de Mai 1912. Archives Nationales du Dahomey (AND), Série I-E, Affaire Hunkanrin-Année 1920. Archives Nationales du Dahomey (AND), Série Personnel, Dossier Alexandre d'Oliveira. Archives Nationales du Dahomey (AND), Dossier, *Incidents*, Commissaire de Police à l'Administrateur, Porto-Novo, No.190 du 13 Févr .1923.

Archives Nationales du Dahomey (AND), De Coppet au Commandant d'Allada, No.613

AP 11 Août 1933, et au Commandant de Ouidah, no.93 AP de 30 Jan.1934 ; Dahomey, Rapport Politique, 1933 ; ANS, 8G 59-23, de Coppet au Gouverneur-Général, No.1034

AP de 19 Nov.1933, et NO.69 de 17 Mars 1934.

Archives Nationales du Dahomey (AND), Série I-E, Affaire Hunkanrin; ANS, 8G 13. Archives Nationales du Dahomey (AND), Correspondance Confidentielle, Fourn au Gouverneur Général, no.7s du 19 Jan.1924.

ANS, 8G 24-17, Ressources; Honoré Béhanzin au Chef de la sécurité, 20 Mai 1937 ; PPN No.56 (1-14 Déc.1935) ; ANS, 8G 34-17, Rapport de Mme. Savigneau, pp.41-42 ; AND, Porto-Novo, Subdivision Banlieue, Rapports de Mai et le 3e Trim. 1952.

ANS, 8G 24-17, Ressources.

ANS, 8G 59-23, de Coppet au Gov.-Gen, no.331 APA de 26 Mars 1934. ANS 8G 60-23, *Brevié à Kuassi*, ca.Mai 1934 ; 8G 9-17, Aujas au Gov.-Gen., no.218 du 20

Fevr.1933 ; 8G 59-23, de Coppet au Gov.-Gen. no.429 APA du 10 Avril 1934. ANS, 8G 59-23, Desanti au Gov.-Gen., no.44 DS/R du 17 oct.1934. Apithy, M. .,1971, *Face aux impasses*, Cotonou, Editions ABM. Blyden, E.W., 1908, *African Life and Custom,* London.

Blyden, E.W., 1888, *Christianity, Islam and the Negro Race*, 2nd ed. London. *Bulletin* « Lettre au Gouverneur, 11 Août 1921 », no 87 (25 Juillet 1921).

Codo, C.B., 1978, La presse dahoméenne face aux aspirations des évolués, La voix du Dahomey 1927-1957, Thèse de 3e cycle, Université de Paris 7.

Diop, C.A., 1979, *Nations nègres et culture*, Quatrième édition, Présence Africaine, Paris. Garvey, M., 1927, *The Tragedy of White Injustice*. New York.

Hargreaves, D. John, ed.,1969, *France and West Africa, An Anthology of Historical Documents*, London, Macmillan, St Martin's Press.

Hazoumé, P.,1938, *Doguicimi*, Paris, Larose Lugard, F. (Lord), *The Dual Mandate in Tropical Africa*, London, British *Tropical Africa* 1921.

Mémoires de l'IFAN, « Les Afro-Américains, Dakar », 1952-53. Nkrumah, K., 1963, *Africa Must Unite*, London, Heinemann.

Ologoudou, E., 1967, *Les intellectuels dans la Nation : l'examen de conscience d'un jeune Dahoméen*, Cotonou, Les Editions du Bénin.

Padmore, G., 1972, *Panafricanism or Communism,* Garden City, N.Y. Anchor.

Ridley, F., 1963, *The French Educational System: Policy and Administrative Aspects,* Political Studies, vol. II (1963).

Ronen, D.,1975, *Dahomey, Between tradition and Modernity*, Ithaca and London, Cornell University Press.

Yacono, X., 1971, *Les Etapes de la décolonisation FRANÇAISE*, Paris, PUF.

Wallerstein, Immanuel,1965, *Elites in French-Speaking West Africa: the Social Basis of Ideas,*

Journal of Modern African Studies, 3, May 1965, 133.

Zinsou, Emile Derlin et Zouménou, Luc, 2004, Kojo Tovalou Houenou, Précurseur, 1887-1936, *Pannégrisme et modernité*, Paris, Maisonneuve et Larose.

15

Introduction de l'histoire africaine au Brésil : implications pédagogiques, le Panafricanisme, la Loi 10639/03 et l'éducation antiraciste

Alyxandra Gomes Nunes

« Les pieds ne vont pas là où le cœur n'est pas. »

Introduction

L'objectif de cette intervention est de présenter la Loi 10639/03 qui est en vigueur au Brésil et qui change tout notre système d'éducation, ainsi que de la relier aux possibilités d'un enseignement antiraciste, basé sur les revendications du mouvement noir brésilien, influencé directement par la pensée panafricaine.

Le contexte de la loi – historique du mouvement noir et du Panafricanisme au Brésil

Environ trente ans après l'abolition de l'esclavage, surgit une production journalistique avec une certaine visibilité historique dans la ville de São Paulo autour de la question des Noirs au Brésil. Cette production est connue en tant que « la presse noire » (Pires 2001:375).

Mon point de vue est celui d'une femme noire originaire des classes défavorisées, professeur de l'enseignement public brésilien, titulaire d'une maîtrise en Littérature et préparant un doctorat en Études Africaines à l'Université Fédérale de Bahia, engagée dans les milieux intellectuels noirs au Brésil et dans les transformations au sein de notre système d'éducation, et extrêmement préoccupée des pratiques pédagogiques en salle de classe par rapport aux étudiants noirs brésiliens.

Pourquoi rédiger un travail sur la Loi 10639/03 ? Quel est le rapport avec le thème général de ce colloque, qui est le Panafricanisme ?

En premier lieu, le Panafricanisme en tant que *modus operandi* a influencé toute une génération d'hommes et de femmes indépendantistes en Afrique, et par conséquent dans la diaspora aussi ;

En deuxième lieu, si le Brésil ne connaît pas l'Afrique, l'Afrique non plus, ne connaît pas le Brésil. En troisième lieu, l'Afrique fait directement partie de l'histoire du Brésil, nous sommes liés de façon ombilicale au-delà des liens d'une histoire esclavagiste. Des hommes noirs libres retournèrent en Afrique depuis le Brésil (comme prêché par Garvey) ; les arts africains influencèrent la production artistique au Brésil ; la musique africaine est à la base de notre musique. La littérature brésilienne a influencé directement la production romanesque au Cap Vert, et ainsi de suite.

En quatrième lieu, parce que le Ministère des Affaires étrangères au Brésil continue à divulguer l'idée que le Brésil est un pays métisse qui vit dans l'égalité raciale. Mais ce n'est pas vrai ! Certains universitaires africains que j'ai eu l'occasion de connaître n'arrivent pas à appréhender l'idée que le Brésil soit un pays ségrégationniste, et les mécanismes internes qui doivent être actionnés pour comprendre cette dynamique sont très subtils et exigent de l'observateur étranger une bonne dose d'introduction et de présentation de la part de quelqu'un qui vit la situation de l'intérieur.

Si le Brésil était une nation vraiment cordiale et égalitaire, nous n'aurions pas besoin d'une loi obligeant l'enseignement de l'Histoire de l'Afrique et des Noirs sur les bancs d'école. La consécration de la Loi 10639/03 suscite des critiques, présente des difficultés, des défis et des acquis. Donc, certaines questions, qui sont éventuellement déjà dans les esprits des gens ici présents, devront être traitées au cours de ma présentation, comme par exemple :

Quelle est l'origine de cette loi ? Quel est son contexte historique ? Qu'est-ce qui a motivé son existence ?

Quelle est sa pertinence et sa relation par rapport au Panafricanisme ?

Quelle est sa relation avec les segments des mouvements noirs au Brésil ? Qu'est-ce qui a été fait pour l'appliquer ?

Quels sont les acquis jusqu'à présent ?

Quelles sont les critiques ?

Quelles seraient les conséquences pour la population brésilienne et pour une éducation antiraciste ?

Quelle contribution pouvons-nous, nous Africains, apporter dans ce contexte brésilien peu familier ?

En conséquence de l'historique d'oppression raciale et socio-économique subi par les Noirs brésiliens pendant plusieurs siècles, le corps académique brésilien est formé par des chercheurs majoritairement blancs, y compris dans le domaine de recherches sur l'Afrique. Ainsi, ceux-ci deviennent les détenteurs de la connaissance sur le continent africain et sont particulièrement critiques par rapport à la position théorique des penseurs noirs, qui théorisent souvent en dehors des espaces académiques, et qui sont par conséquent discriminés sous l'allégation que leur travail ne porte pas le sceau de l'authenticité et de la légitimité académique.

Une des accusations avancée par ces intellectuels africanistes blancs est que l'idée de l'Afrique qu'ont les Noirs au Brésil est complètement idéalisée : c'est une Afrique qui n'existe pas.

Or, symboliquement, le continent africain est la terre de tous les noirs africains de la diaspora : il est utilisé en tant qu'espace de résistance, comme berceau de l'humanité, ce qui est entièrement compréhensible et légitimé par l'organisation politique des Noirs au Brésil et ailleurs dans la diaspora africaine. Et une telle utilisation de l'Afrique échappe à la compréhension de ces chercheurs en conséquence de leur supposés non-engagement politique, neutralité et distanciement scientifique, par rapport auxquels ils théorisent pour amoindrir et rejeter le compromis politique des membres des entités noires, y compris ceux qui agissent intra et extra-muros par rapport au monde académique.

L'Afrique peut être utilisée aussi bien en tant qu'espace physique qu'en tant qu'espace métaphorique. Ainsi nous devons discuter et théoriser sur ce qu'elle signifie pour nous, dans nos expressions politiques et nous en servir en tant qu'outil théorique.

L'Afrique fait partie de l'imaginaire noir brésilien depuis l'arrivée des Africains au Brésil comme hommes et femmes réduits en esclavage. Il n'est donc pas surprenant que trente ans après l'abolition de l'esclavage au Brésil (le 13 mai 1888) il surgisse une forte presse noire, à São Paulo, embryon des mouvements noirs organisés du pays.

L'Afrique devint un espace métaphorique à partir du moment où se produisit cette rupture causée par la traite transatlantique d'Africains asservis. Une des caractéristiques de ce commerce est que les ethnies étaient mélangées et ainsi la reconstruction de l'espace d'où l'on vient, évoqué au sein de rituels religieux et d'autres formes ont servi à perpétuer, pour ainsi dire, la mémoire, et invoquer déjà cette Afrique métaphorique.

La question que je pose à travers ces affirmations, cruciale pour les Études Africaines au Brésil, est la suivante : qui détient l'autorité de les certifier, de les légitimer ? Il faut comprendre que chacun va théoriser à partir de son point de vue. Les Noirs qui font des recherches sur l'Afrique s'expriment d'une façon différente parce qu'ils sont dans leur majorité engagés dans des mouvements de libération raciale ou de lutte contre l'oppression raciale, tandis que la plupart des chercheurs blancs allèguent, au nom d'une supposée neutralité scientifique, qu'ils produisent un savoir objectif, évoquant l'Afrique en tant qu'espace purement physique, qui doit être scruté « objectivement ».

Les Études Africaines au Brésil

Kabenguele Munanga, anthropologue congolais établi au Brésil, présente un bref panorama des Études Africaines au Brésil dans un article paru dans le livre *Sankofa*, la matrice africaine dans le monde d'Elisa Larkin Nascimento. Il soutient que les études sur le continent africain surgirent dans des contextes historiques divers.

Entre 1900 et 1950, « la connaissance de l'Afrique dépend des études afro-brésiliennes classiques » (p.21), avec Nina Rodrigues en tant que chef de file qui, selon l'auteur, avait comme préoccupation principale la compréhension des Noirs brésiliens et de leur influence sur la société. Néanmoins, dans les études de Nina Rodrigues, les Noirs sont étudiés en tant qu'objets et non en tant que sujets, en conséquence de l'approche évolutionniste de l'époque.

Ensuite, entre 1950 et 1960, les Études Africaines surgissent dans le cadre de l'aide réciproque au sein du Tiers-Monde, avec comme source d'inspiration la conférence de Bandung (1955). Selon Munanga, cette phase est marquée par l'essor des études sur l'Afrique, jusque là reléguées à la curiosité de quelques chercheurs. Il y eut un rapprochement visant la coopération technico-scientifique, qui ne se concrétisa pas dans les faits, et un resserrement des liens entre les pays de langue portugaise.

Finalement, la troisième phase décrite par Munanga, est « étroitement liée à l'action politico-idéologique du segment afro-brésilien – « afro-descendant » ou « africain-brésilien » (p. 22). Le TEM – Théâtre Expérimental Noir – d'Abdias do Nascimento et le Théâtre Populaire de Solano Trindade exercèrent une influence considérable sur cette troisième période qui commence pendant les années 1970, ces compagnies de théâtre ayant eu leur apogée entre 1944 et 1950.

Les mouvements noirs, en ravivant la question de l'Afrique, essayent en effet de récupérer une identité collective, et les utilisations de l'Afrique ont une orientation politique et idéologique très marquée. Cette récupération passe, selon Munanga, par la question de la couleur infériorisée et de la culture niée et/ou diminuée par la culture hégémonique.

D'où la nécessité de reprendre les études de leurs matrices africaines en tant que chemin indispensable pour approfondir leurs connaissances et leurs réflexions sur leur culture. Cette reprise exige un savoir scientifique de l'Afrique dans sa complexité historique, religieuse, politique, économique, sociale et ainsi de suite – l'Afrique vue non seulement sous ses aspects passés et antiques, mais aussi dans ses réalités modernes et contemporaines. De telles connaissances ont été négligées au Brésil, par comparaison aux études sur l'Europe, sur l'Asie et sur les société indigènes. Combien de fois ai-je écouté des collègues brésiliens, s'autoproclamant « spécialistes » des Noirs, répéter la même phrase : « Nous n'avons pas besoin d'africanismes pour comprendre nos Noirs » (p. 22-23).

Au Brésil, et dans le monde académique brésilien, un projet de construction nationale visant à adapter la citoyenneté à tous, l'éducation pour tous et la santé pour tous, ne peut pas se passer de reconnaître et de respecter les pluralités noires du pays. De façon très équivoque, l'anthropologue de São Paulo Leila Moritz SchwartzSchwartz a soutenu dans les circuits académiques que le Brésil n'est pas un pays raciste, mais que le racisme existe au sein de notre société métisse. Or, comment peut-on dissocier une chose de l'autre ? Les péripéties de l'investigation académique continuent à permettre ce genre d'arguments fallacieux sous le sceau de la science sociale.

Abdias do Nascimento, le Panafricanisme et l'historique de la Loi 10639/03

Comme nous venons de le voir, l'idée de l'Afrique a toujours été présente dans le milieu noir brésilien et à partir du moment où nous prenons les rênes de la rédaction formelle et que nous commençons à publier des journaux, nous commençons également à revendiquer par écrit notre droit de disposer de connaissances sur l'Afrique. Car, nous croyons qu'elle fait partie intégrante de notre histoire. Un des précurseurs de l'idée que nous devrions avoir des études sur le continent africain à l'école fut le militant et penseur noir Abdias do Nascimento.

Abdias do Nascimento est né à Franca, État de São Paulo, en 1914, le petit-fils d'Africains réduits en esclavage, de père cordonnier et de mère pâtissière. Il participa au Front Noir Brésilien dans les années trente et fut mis en prison par le Tribunal de Sécurité National en tant qu'opposant à la dictature au Brésil. Il fonda le Théâtre Expérimental du Noir en 1944, qui rompit la barrière raciale du théâtre brésilien. Il définit le racisme comme crime de lèse-patrie, participa à plusieurs congrès Panafricains et fut professeur dans le cadre de programmes d'échanges au Nigéria et à Philadelphie (USA), sénateur de la République en 1991 et entre 1997 et 1999. L'espace et le temps manquent pour donner un profil à la hauteur du penseur Abdias do Nascimento.

Dans son livre *Le Brésil dans la mire du Panafricanisme*, Abdias expose sa vision par rapport à la lutte contre le racisme au Brésil et à la divulgation d'une image internationale d'un Brésil où la coexistence entre les races est cordiale. Dans son allocution finale au I Congrès du Noir Brésilien, promu par le Théâtre Expérimental du Noir (TEM), à Rio de Janeiro entre août et septembre 1950, figurait la recommandation suivante : « stimuler l'étude des réminiscences africaines dans le pays et l'étude des moyens d'éliminer les difficultés des Brésiliens de couleur, ainsi que la formation d'Instituts de Recherche, publics et privés, visant cet objectif » (Nascimento 1968:293).

La Convention Nationale Noire pour l'Assemblée Constitutive, réalisée à Brasília en 1986, avec les représentants des entités du mouvement noir, selon Sales Augusto dos Santos, élabora un document à l'intention de l'Assemblée Nationale Constitutive avec les revendications suivantes :

Le processus éducationnel national respectera tous les aspects de la culture brésilienne. L'inclusion de l'enseignement de l'histoire de l'Afrique et de l'histoire des Noirs au Brésil devra être obligatoire dans les programmes des écoles primaires et secondaires ; Que le texte de la Constitution fédérale (paragraphe 8, article 153) soit modifiée ainsi :

> La publication de livres, de journaux et de périodiques ne dépend pas d'une licence des autorités. Est interdite la propagande incitant à la guerre, à la subversion de l'ordre ou aux préjugés de religion, de race, de couleur ou de classe, ainsi que les manifestations contraires à la morale et aux bons us et coutumes (Convenção 1986).

De façon répétée, les entités du mouvement noir ont revendiqué l'enseignement de l'Histoire de l'Afrique dans les écoles, sachant que l'école est l'espace par excellence où se forment les cœurs et les esprits, où la façon de penser est perpétuée, et que c'est donc à travers l'éducation des enfants que nous pouvons lutter de manière plus efficace contre le racisme et pour la valorisation des cultures noires au Brésil. Petit à petit, au cours des années 1980 et 1990, plusieurs municipalités ont changé leurs lois sur l'éducation pour inclure les études sur le Noir et sur l'Afrique dans leurs programmes.

Ce n'est pas une coïncidence si c'est sous le gouvernement du Président Lula, que la création de la SEPPIR – Secrétariat de la Promotion de l'Egalité Raciale – devint effective avec statut de ministère. C'est ainsi qu'en 2003, le Président de la République proposa la Loi 10639/03, qui institua à tous les niveaux de l'éducation nationale l'enseignement de l'histoire de l'Afrique et du Noir au Brésil par le moyen des disciplines principales : histoire, langue portugaise et arts.

« Éducation afro » contre le racisme au Brésil

Le racisme au Brésil est un phénomène significatif et si enraciné dans notre société brésilienne qu'il assume des façons de se manifester souvent distinctes des formes de racisme qui apparaissent dans les médias de pays comme l'Afrique du Sud et les États-Unis. Mais, où qu'il y ait un Africain ou un Afro-descendant, il sera confronté au racisme et à ses séquelles. Pour comprendre comment fonctionne le racisme au Brésil, il faut comprendre « les mécanismes qui reproduisent les inégalités raciales dans le pays. Il y a une sédimentation de la pensée qui rend naturel et qui soutient les asymétries qui accompagnent le quotidien des relations ethnico-raciales » (Croso 2009:17).

A la fin du XIXe siècle, avec l'abolition de l'esclavage, le Brésil subit un processus de reconstruction de l'identité nationale, quand la tonalité des politiques publiques nationales est marquée par le désir de blanchir la population, avec l'incitation à la venue de Blancs européens au Brésil, financée par le système de quotas sous le régime de la Première République. En ce faisant, l'élite nationale pensait pouvoir gommer les marques de la violence du processus d'esclavage des Africains au Brésil. L'idéologie du blanchiment rendrait possible le fait de donner une apparence plus européenne au pays en quelques générations. Ainsi, comprendre le fonctionnement de l'idéologie nous permet de comprendre pourquoi « les valeurs civilisatrices, l'histoire et l'héritage des Africains et des Afro-brésiliens furent jusqu'à présent dévalorisés ou niés par le système scolaire, qui continue à présenter des programmes s'appuyant sur une vision européenne du monde » (Croso 2009:18).

Le remède se devait d'être à la mesure du mal

Considérant que notre société multiraciale et multiethnique est profondément marquée par les inégalités et les contradictions dites et non dites, nous vivons un moment privilégié où des pratiques isolées pour une éducation anti-raciale peuvent céder la place à une analyse critique et à un dialogue fourni et tendu, desquels on ne peut plus fuir. En ce sens, il est important de signaler au moins trois aspects fondamentaux pour que soit instaurée une politique qui fasse en sorte que la reconnaissance des différences devienne la voie pour revoir les comportements et pour trouver les références nécessaires à la construction de l'égalité des droits. (Crosco 2009:20)

L'évaluation que je fais de l'apparition de la Loi 10639/03 au Brésil en tant que professeur du système public d'éducation et étudiante en doctorat est, qu'avec son caractère obligatoire, s'ouvrent les perspectives d'une discussion ouverte, directe et franche, sans la marque (disqualifiée) du militantisme, dans les diverses instances de la coexistence scolaire, depuis l'éducation préscolaire jusqu'à l'université.

En ce sens, j'emprunte les mots du professeur Ki-Zerbo, figure d'importance primordiale dans nos premières lectures sur l'Afrique : « Il faut prendre le temps par les cornes ».

Une éducation antiraciste est urgente et impérative au Brésil, et je mets en évidence trois aspects mentionnés dans le Rapport de Ceafro/Ceert/Action Éducative :

- Le premier aspect repose sur l'effort de comprendre la complexité des relations raciales au Brésil. Ceci exige de mettre en équation et entrer dans les détails de comment sont construits historiquement et socialement les concepts racistes et de comment, autour d'eux, s'engendrent les schémas interprétatifs qui informent et orientent la pratique des préjugés et des discriminations, souvent silencieuse, muselée et neutralisée. Comment se positionner stratégiquement contre ce qui n'existe supposément pas ?
- Le second aspect sous-entend le besoin de poser le problème de l'idée d'un Brésil de démocratie raciale, sans lequel il serait difficile de mettre en évidence les disparités, mais aussi de comprendre comment la démocratie

raciale devient un mythe, dissimulant les conflits et les contradictions qui, au nom d'une prétendue égalité, finissent par reproduire et receler les doctrines, opinions et actes racistes. En dissimulant et en niant les différences, uniquement les valeurs de certains groupes sont légitimées au détriment des autres, de sorte que la polarisation supérieur-inférieur engendre une ségrégation efficace, dans la mesure où elle est dissimulée. Comment expliquer que les groupes héritent et recréent des héritages particuliers et que leurs différences culturelles ne sont pas associées aux relations de pouvoir qui se traduisent en hiérarchisations de tout genre ? Comment expliquer que le fait d'adopter comme principe de base les différences constitue la condition *sine qua non* d'une discussion et d'une négociation entre les divers projets promouvant des relations égalitaires conformes aux droits constitutionnels conquis ?

- Finalement, le troisième aspect, étroitement lié au précédent, souligne la nécessité de reconnaître qu'au Brésil le racisme, tout comme les préjugés et la discrimination raciale, sont des éléments structurants de la société qui continuent à baliser les relations sociales et institutionnelles, hiérarchisant les différences et infériorisant un groupe – le noir – au détriment de l'autre – le blanc. (Croso 2009:20-21)

Bibliographie

Bacelar, 1999, Jefferson & Carlos Caroso (Orgs). *Brésil: um país de negros?* Salvador, Pallas.

Depelchin, 2005, Jacques. *Silences in african history*. Daar es Salam, Mukuki Na Nyota.

Gomes, Nilma Lino & Silva, Petronilha B., 2006, Gonçalves. *Experiências étnico-culturais para a formação de profesores,* Minas Gerais: Autêntica.

Ki-Zerbo, Joseph, 2007, Repères pour l'Afrique. *Dakar Fann: Panafrika.*

MEC, 2005, *Educação anti-racista: caminhos abertos pela lei federal* 10.639/03. Brasília, Coleção Educação para Todos.

Moore, Carlos, 2008, *A África que incomoda, sobre a problematização do legado africano no quotidiano Brésileiro*. Belo Horizonte: Nandyala.

Nascimento, Abdias do, 2002, *O Brésil na mira do Panafricanismo,* Salvador, Edufba.

Nascimento, Elisa Larkin (org), 2008, *A matriz africana no mundo*. São Paulo, Selo Negro.

Nunes, Alyxandra Gomes, 2005, *Things fall apart de Chinua Achebe como romance de fundação da literatura nigeriana em língua inglesa [Dissertação de Mestrado]*. UNICAMP, Campinas

Pires, Antônio Liberac Cardoso Simões, 2006, *As associações dos homens de cor e a imprensa negra paulista [Movimentos negros, cultura e política no Brésil republicano – 1915-1945]*, Belo Horizonte, Editora Gráfica Daliana.

Ribeiro, Álvaro Sebastião Teixeira & Souza, Bárbara Oliveira & Souza, 2008, Edileuza Penha de & Ribeiro, Iglê Moura Paz, *História e Cultura Afro-brasieira e Africana na Escola*, Brasília, Agere.

Salgado, Maria Tereza & Sepulveda, Maria do Carmo, 2000, *África e Brésil: Letras em laços*. Rio de Janeiro, Atlântica Educacional.

Santos, Jocélio Teles dos, 2000, *Educação, racismo e anti-racismo*, Salvador, Novos Toques n°4.

Souza, Ana Lúcia Silva e & Croso, Camila (Org), 2007, *Igualdade das relações étnico-raciais na escola. [Possiblidades e desafios para a implementação da lei 10.639/2003]*, Salvador, Ceaofro.

Souza, Florentina & Lima, Maria Nazaré (Orgs), 2006, *Liteatura Afro-Brésileira*, Salvador, Ceao.

Remerciements

Je tiens à remercier du fond de mon cœur le Dr. Lazare Ki-Zerbo pour son invitation à participer à ce Colloque sur le Panafricanisme en tant que jeune chercheuse en provenance de la ville de Salvador, Bahia, Brésil. Je ne pourrais omettre de mentionner que l'existence d'une unité du Comité International Joseph Ki-Zerbo au Brésil signifierait un grand pas en avant dans la qualité des Études Africaines dans mon pays. Mes remerciements à mon ami et professeur Jean-Jacques Sène, de Chatham University – Pittsburgh, États-Unis, pour avoir accepté cette invitation et venir apporter sa contribution considérable au Colloque. Je remercie également la venue du Brésil du Dr. Jacques Dadesky, forte référence académique pour les Études sur le Racisme et l'Antiracisme au Brésil. Je remercie mon co-directeur d'études, le Congolais Jacques Depelchin, pour sa motivation constante à encadrer mon travail ; Mes profonds remerciements aux amis qui contribuèrent à la rédaction de ce travail : Márcio Paim Silva, Raquel de Souza et Silvia Barbosa de Carvalho.

Enfin, mon immense gratitude à l'Agence Internationale Sephis des Pays-Bas qui finance mon doctorat en tant que Coordinatrice de son Programme au Brésil.

16

Message de l'Association des historiens africains

Forum Panafricain sur le Cinquantenaire de la Conférence des Peuples Africains (1958 – 2008) / Ouagadougou 1 – 3 décembre 2008

Doulaye Konaté

Il me plaît d'adresser ce message à votre forum qui s'achève et auquel je n'ai pu participer à mon grand regret, pour en saluer d'abord l'initiative, féliciter et apporter mon soutien et mes encouragements aux organisateurs.

Au regard de la pertinence des thèmes retenus, de la qualité et de l'expertise des personnalités invitées, ce forum apparaît comme l'une des meilleures opportunités d'échanges et de propositions concrètes pouvant contribuer à l'avènement d'une Afrique nouvelle dans un « monde autre » conformément à l'idéal panafricaniste défendu par le Professeur Joseph Ki-Zerbo et ses autres illustres compagnons d'Afrique et de sa diaspora.

Aussi, je me réjouis de la naissance du Comité International Joseph Ki-Zerbo auquel je souhaite longue vie et plein succès dans ses activités.

Le colloque organisé à Ouagadougou par l'Association des Historiens du Burkina Faso (24 – 27 nov. 2008) en hommage au Professeur Ki-Zerbo et qui a précédé de quelques jours votre rencontre, nous a une fois encore révélé la nécessité pour les africains de relire le Professeur Joseph Ki-Zerbo en regard des grands défis de notre temps le premier en étant celui de la réalisation de l'Unité Africaine.

Puisse votre rencontre constituer un pas en avant dans la longue quête de l'Unité pour une Afrique intégrant ses diverses diasporas, réconciliée avec elle-même et qui se poserait en véritable partenaire des autres régions, dans un monde plus solidaire.

Nul doute qu'à cet égard votre forum nous donnera à travers ses résultats des raisons d'espérer, et donc de mériter de nos illustres devanciers.

Que Dieu vous assiste dans vos travaux et assure à votre rencontre une heureuse issue. Tout en vous réaffirmant mon intérêt pour les résultats de vos travaux et à la suite qui leur sera donnée, je vous prie de recevoir, l'expression de ma parfaite considération.

17

Intervention de l'Association des historiens du Burkina Faso (A.H.B.F.) à l'occasion de la cérémonie de clôture du Forum Panafricain sur la Conférence des peuples africains (C.P.A.) (Accra, 8-13 décembre 1958), tenue à Ouagadougou les 1er et 2 décembre 2008

Bakary Traoré

Monsieur le Représentant de M. Le Premier Ministre,
Excellences Mesdames et Messieurs les Ambassadeurs,
Monsieur le Représentant de M. Le Maire de la commune de Ouagadougou,
Mesdames et Messieurs les représentants des partis politiques,
Mesdames et Messieurs les Responsables des associations,
Mesdames et Messieurs les Représentants de la société civile,
Monsieur le Président du Mouvement des Intellectuels,
Monsieur le Chargé de mission de l'Institut des Peuples Noirs (I.P.N.),
Mesdames et Messieurs les Experts d'Afrique et de la Diaspora,
Mesdames et Messieurs les militants de la cause des peuples africains,
Chers participants,
Honorables invités,
Mesdames et Messieurs,

Au nom de l'Association des Historiens du Burkina Faso (A.H.B.F.) et au nom de son président, j'adresse nos remerciements aux organisateurs de ce forum et félicite les experts, venus d'Afrique et de la diaspora, pour leurs communications combien riches.

Certes, des barrières linguistiques (la plupart des communicateurs se sont exprimés en anglais) se sont dressées entre nous. Mais les frères de la diaspora ont franchi une barrière beaucoup plus difficile, la barrière physique, je veux parler de la distance et de l'Océan Atlantique qui nous séparent. Aussi avons-nous pu surmonter les nôtres et apprécier la qualité de leurs communications. Ces communications, ainsi que les débats auxquels elles ont donné lieu, ont été enrichissantes.

En effet, elles nous ont permis d'aller au cœur du mouvement panafricaniste en nous nourrissant du souvenir des générations successives qui se sont battues pour la dignité des peuples africains.

D'autres ont porté sur les migrations, et il me sied de m'arrêter un instant sur ce fait qui a une grande signification dans le Panafricanisme.

D'abord, elles nous ont permis de nous rendre compte de la complexité de notre identité africaine. En effet, celle-ci ne peut être définie en fonction ni de la couleur, ni de la race, ni de la négritude (culture nègre), ni de la présence sur le continent africain (africanité). Et pour cause ! Il y a aussi bien des Noirs en Afrique qu'il y en a ailleurs dans le monde. En Afrique même, il y a des populations blanches avec qui des populations noires ont eu des échanges multiformes, pendant des siècles, voire des millénaires, et desquels ont résulté des brassages à tel point qu'il est difficile aujourd'hui de parler des unes sans parler des autres. A ce sujet, en parlant des langues africaines, le professeur Joseph Ki-Zerbo montrait, à juste titre, que l'Arabe est plus une langue africaine que ne le sont le Français, l'Anglais et le Portugais, langues avec lesquelles nous communiquons pourtant aujourd'hui. Hier, Mme Marika Sherwood, du Royaume-Uni, a montré que la Hongrie, son pays d'origine, avait été conquis par l'armée ottomane et que dans cette armée, il y avait des soldats noirs. Ces soldats ont fondu dans la population. Qui savait que le pays d'origine du président Nicolas Sarkozy avait été conquis par une armée comprenant des soldats noirs ? Peut-être pas-même le président Sarkozy ! Aujourd'hui, M. Darwis Khudori, indonésien, nous a montré qu'il y a eu des relations multi-millénaires entre son pays et l'Afrique, et qu'il a en lui autant de gènes de Noir que de gènes de Mongole. Autrement dit, les indonésiens actuels sont des cousins directs des Africains. Et pour ajouter à l'émotion intellectuelle, M. Khudori note au passage que ce n'est pas par hasard que Barack Obama, fils d'immigré africain aux États-Unis, soit passé par l'Indonésie dans son enfance avant de devenir le président du pays le plus puissant du monde. Au regard de cela, pourrait-on définir aujourd'hui notre identité sans tenir compte de ces Asiatiques avec qui d'ailleurs l'histoire nous a unis à la célèbre Conférence de

Bandung en 1955 ? En effet, cette Conférence de Bandung a servi de catalyseur à la consolidation du Panafricanisme et dans l'éclosion de l'O.U.A. (Organisation de l'Unité Africaine). Il importe donc aux générations actuelles, aux fils du continent et de la diaspora d'avoir ces faits migratoires présents à l'esprit pour avoir une conception saine de notre identité. Il faut inventer une néo-culture africaine, pétrie de Panafricanisme, qui sera le véritable socle de notre identité. Une identité qui nous permettra d'être nous-mêmes sans être pour autant coupés des autres, qui nous permettra de jouer un rôle viable dans l'histoire, de nous projeter positivement dans l'avenir.

Contrairement à ce que certains intervenants ont pu dire, le Judaïsme, encore moins le Christianisme et l'Islam, n'est pas un corps étranger à l'Afrique qu'il faudrait exclure de l'identité africaine. En effet, le Judaïsme, qui est la plus ancienne des trois religions monothéistes, est né en Afrique. Son fondateur, le prophète Moïse, est lui-même né en Afrique, a grandi en Afrique et c'est en Afrique qu'il a débuté sa mission prophétique. Il est donc inexact de considérer cette religion comme un fait colonial et la rejeter du revers de la main. D'ailleurs, le mouvement rastafari dont se réclament des millions de jeunes Africains, en quête de renaissance africaine, ne trouve-t-il pas dans l'Ancien Testament sa source spirituelle ? Comment, d'un côté revendiquer ce mouvement dans notre identité et de l'autre rejeter les religions monothéistes comme des faits coloniaux ? Il y a là une aberration qui traduit toute notre ignorance sur nos identités.

L'autre aspect des migrations qu'il me sied de souligner ici, c'est leur incompatibilité avec les micro-nationalismes dans lesquels nous sommes enfermés aujourd'hui. En effet, l'histoire humaine se déploie aussi bien dans le temps que dans l'espace. Sur le temps, l'homme n'a aucune emprise. Il s'efforce seulement, par sa conscience historique, d'en atténuer la puissance dévoratrice en établissant un pont entre ses moments clés : hier, aujourd'hui et demain. Mais de l'espace, il en est autrement car celui-ci est le lieu d'accomplissement de la liberté de l'homme. Cette liberté est fondamentale parce qu'elle est, pour lui, source de développement, moteur de l'histoire. Sans espace, l'homme ne jouit pas de toutes ses capacités créatrices. Aussi, les migrations par lesquelles s'exprime la liberté de l'homme nous interpellent-elles sur l'absolu nécessité du Panafricanisme, véritable moteur de l'intégration des peuples. Sans l'intégration des peuples, la renaissance africaine, qui est pourtant l'objet du combat panafricaniste, n'est pas réalisable.

Enfin, d'autres communicateurs se sont penchés sur la mondialisation. Leurs communications nous ont permis de comprendre davantage l'urgence du Panafricanisme. En effet, l'économie est le nerf de la question panafricaniste. Sans une présence économique viable dans le monde, l'histoire des peuples africains ne peut pas être crédible. Il n'y a, pour s'en convaincre, que de se rappeler les propos du président Sarkozy à Dakar. D'ailleurs à ce sujet, le professeur Joseph Ki-Zerbo a fait remarquer dans son ouvrage posthume, *Repères pour l'Afrique*, que « ce n'est pas parce que nous sommes noirs que nous sommes méprisés, mais que c'est parce que nous exploités que nous sommes noirs, c'est-à-dire infériorisés. Le jour où nous cesserons d'être exploités, alors personne ne verra notre couleur. »

Vive la solidarité entre les peuples d'Afrique et de la diaspora !

Vive l'Afrique unie !

Vive la renaissance africaine !

18

Témoignage d'un ancien militant de la Fédération des étudiants africains en France

R. M. Tall

Forum panafricain sur la conférence des peuples africains – CPA Ouagadougou, 1er – 2 décembre 2008

Lundi 1er décembre : La CPA en 1958 : une plateforme pour la libération de l'Afrique

Madame la Présidente,

Mesdames et Messieurs,

Camarades militants du Panafricanisme,

Mon témoignage vient de ce qu'en 1958 j'étais un jeune homme et que j'ai vécu intensément cette époque.

L'année scolaire 1957-1958, j'étais en classe de terminale au Lycée de Cocody à Abidjan

De 1958 à 1965, j'étais étudiant vétérinaire en France et militant de la Fédération des Etudiants d'Afrique Noire en France (FEANF), une organisation panafricaine, qui a vécu de 1950 à 1980. La Fédération était constituée par ses Associations territoriales qui regroupaient les originaires du même pays et les Associations académiques regroupant ceux qui étudiaient dans la même académie. Il y avait 14 associations territoriales : 8 en Afrique Occidentale Française, 4 en Afrique Equatoriale Française, 2 territoires sous mandat des Nations Unies, le Cameroun et le Togo.

Deux des engagements majeurs de la FEANF sont à souligner :

- leur option pour l'Indépendance en 1957 et
- leur opposition politique aux dirigeants de leur pays adeptes de la Communauté Franco-Africaine alors prônée par le Général De Gaulle, Chef de l'État français.

Je voudrais ici rapporter les faits qui m'ont particulièrement marqué :

1957, l'Indépendance du Ghana et le dernier congrès du RDA

L'indépendance du Ghana, couronnement des luttes politiques du Dr Kwame Nkrumah, avait constitué l'évènement africain de l'année. Au Lycée de Cocody à Abidjan nous avions reçu des camarades de Tamale qui disaient : « *We are very proud to be Ghanaans* » (Nous sommes très fiers d'être des Ghanéens). La Côte d'Ivoire et le Ghana sont deux pays voisins et frères séparés par la colonisation européenne. Les leaders de l'époque, Houphouët-Boigny et Nkrumah, appartenaient au même groupe ethnique Akan, ils avaient fait deux options différentes : l'un restant au sein de la Communauté Franco-Africaine, avec une autonomie de son pays, l'autre allant à l'Indépendance et militant pour l'indépendance de toutes les colonies européennes d'Afrique.

Le dernier Congrès du Rassemblement Démocratique Africain (RDA) s'était tenu à Bamako en cette année 1957 ; ce parti politique était panafricain et couvrait les colonies françaises d'Afrique Occidentale et d'Afrique Equatoriale. A ce congrès était apparue l'opposition entre le Président Houphouët-Boigny et ses principaux lieutenants qu'étaient Ouezzin Coulibaly, Modibo Kéita et Sékou Touré qui eux étaient partisans du maintien des Fédérations de l'Afrique de l'Ouest et de l'Afrique équatoriale. Cela explique en grande partie pourquoi la Guinée a choisi l'Indépendance en 1958.

1958, le référendum du 28 septembre et l'Indépendance de la Guinée

Le retour au pouvoir en mai 1958 du Général De Gaulle, à la faveur de la guerre d'Algérie, a été l'occasion d'un changement de Régime par l'adoption d'une nouvelle constitution, celle de la Ve République, par le référendum du 28 septembre 1958. C'est ainsi que la Guinée est devenue indépendante en votant le NON à la Communauté Franco-Africaine. Le Général De Gaulle avait tout fait pour créer le chaos en Guinée afin de la sanctionner de son impertinence. Les conditions d'accès du Ghana et de la Guinée à l'indépendance nous ont conduit à faire une comparaison entre les comportements britannique et français.

Colonisation britannique et colonisation française

Le Ghana est devenu indépendant par le combat politique du Dr Kwame Nkrumah, qui de sa prison est devenu Premier Ministre de la Gold Coast pour avoir remporté les élections, tout comme plus tard Jomo Kenyatta au Kenya, parce que les Britanniques n'ont jamais organisé des élections truquées contrairement aux Français. On avait même vu en Côte d'Ivoire, où la consigne était de faire du 100 pour cent, un Français qui voulait utiliser l'isoloir s'entendait dire que si un bulletin NON sortait des urnes, il prendrait l'avion pour la France. A l'indépendance du Ghana, le Dr Nkrumah s'était vu remettre des millions de livres sterling par la

Grande-Bretagne qui avait géré la colonie en bon père de famille, contrairement à Sékou Touré qui avait été victime d'une hostilité démesurée de la France.

La guerre d'Algérie

Cette guerre a profondément marqué les jeunes panafricanistes que nous étions : la FEANF avait au cours de son congrès de 1957 opté pour l'Indépendance de toutes les colonies européennes d'Afrique. Contrairement aux dirigeants de leurs États, elle était aux côtés du FLN (Front de libération nationale de l'Algérie) ; notons que le Maroc, la Tunisie, le Ghana, la Guinée et le Mali soutenaient le FLN et étaient très populaires auprès des militants de la FEANF ; Frantz Fanon médecin antillais s'était rangé du côté de l'Algérie combattante ; sa foi panafricaniste et tiers-mondiste s'était pleinement exprimée dans l'une de ses œuvres *Les Damnés de la terre* ; nous admirions également Maître Verges, l'avocat du FLN. La FEANF a toujours été aux côtés de l'Union Générale des Étudiants Musulmans Algériens (UGEMA).

Le militantisme du Dr Kwame NKrumah

Le Président Nkrumah qui était notre leader bien aimé, nous a laissé, entre autres :

- *l'Afrique doit s'unir*, *Conciencisme* traces du brillant intellectuel qu'il fut ;
- *il s'est servi des richesses du Gha*na pour aider les mouvements et les pays africains qui en avaient besoin : la FEANF comme organisation panafricaniste, des États africains tels la Guinée, la Haute-Volta et le Mali ;
- au Ghana même ses investissements exemplaires ont été le barrage d'Akosombo, l'autoroute Tema Accra, l'Institut Universitaire de Technologie de Kumasi qui a mis au point le fameux « géo béton » et les briques en terre utilisées en Afrique de l'Ouest.

Quel visage donner au Panafricanisme aujourd'hui ?

Je souhaiterais pour ma part voir se matérialiser :

- celui des intégrations régionales géographiques qui devrait servir de base à l'Union Africaine : Afrique du Nord, Afrique de l'Ouest, Afrique Centrale, Afrique de l'Est, Afrique Australe, telles que cela avait été conçu par la CEA (Commission Economique des Nations Unies pour l'Afrique) ; ainsi militons nous pour la CEDEAO – un Panafricanisme fondé sur des mobilisations populaires, sans violence, à l'image des combats de Gandhi en Inde, de Martin Luther King aux USA ; et surtout ;
- un Panafricanisme porté par les jeunes et les étudiants comme l'avait fait voilà cinquante ans la FEANF ;

Je vous remercie de votre bienveillante attention.

19

Points de synthèse : objets de débats

Jean-Jacques N. Sène

De nombreux jeunes, comme ceux de l'association Promotion Joseph Ki-Zerbo pour une Intégration Africaine en Marche, par la voix de leurs représentants, se sont félicités de la richesse des enseignements dispensés pendant le forum. Il apparaît avec clarté que la pensée de Joseph Ki-Zerbo hisse ce dernier au statut de grand penseur parmi les grands penseurs de tous les temps. Quelques éléments dominants qui ont cristallisé l'attention des participants sont à situer dans le fait que, comme Gramsci sous d'autres latitudes, comme Cheikh Anta Diop, les activités politiques de Ki-Zerbo ont été la *conséquence* de ses activités intellectuelles et scientifiques. Le forum de Ouagadougou aura réitéré du professeur la réalité d'un « intellectuel organique » fondamentalement intégré dans sa communauté. Les participants ont retenu la valeur éducative inestimable de la vie et l'œuvre de Cheikh Anta Diop et Ki-Zerbo. Tous deux sont des savants qui ont fourni des apports explicites à la construction du projet des États-Unis d'Afrique. Le forum a émis l'idée de la création d'une représentation du CIJK en Guinée Conakry, autant que la nécessité de la diffusion de l'impact des enseignements du Pr Ki-Zerbo lors de son séjour militant dans le pays pour soutenir les premiers pas dans le développement après l'indépendance de 1958.

Le partage de supports pédagogiques à grande échelle devrait être intensifié, avec en prédilection l'utilisation des ressources des Nouvelles Technologies de l'Information et de la Communication (NTIC). Cependant, la formation ; et en priorité la formation des formateurs (aux exigences éthiques, politiques, culturelles du Panafricanisme pour ce qui nous concerne ici) est un problème aux dimensions mondiales. La prolifération des groupuscules et associations d'obédience panafricaine est-elle un signe d'engouement contagieux et éclairé, ou au contraire un signe de confusion débilitante ?

La plus grande carence du mouvement panafricaniste serait peut-être le manque criard d'un tréfonds théorique qui pourrait distiller les principes du fédéralisme à une échelle massive ; loin et hors des cercles de décideurs et des tours d'ivoire académiques. George Padmore professait ce type de disposition idéologique qui n'a pas été nourri depuis lors : « *We have to talk to the people !* »

Un point fondamental dont Lazare Ki-Zerbo, secrétaire exécutif du CIJK et éditeur du Campus Annuel en Sciences Sociales du CODESRIA (2008) fait d'ailleurs, entre autres priorités, son cheval de bataille, c'est l'apprentissage des principes méthodologiques du fédéralisme comme praxis.

La vision humaniste du Panafricanisme (Nkrumah, Du Bois), dans son essence, fourvoie le matérialisme occidental. Parallèment, le Panafricanisme doit se construire sans violence, à l'image des luttes de Gandhi et de Martin Luther King (voir les exhortations du Dr Tall, ancien militant de la Fédération des Étudiants Africains en France au Chapitre 18 ci-dessus). Il aura été noté que l'engagement du Professeur Joseph Ki-Zerbo pour les idéaux panafricains n'est d'ailleurs pas dénué d'une teneur quasi (c'est le mot qui a été suggéré) spirituelle, religieuse (sens radical du devoir, engagement vital, service, voire sacerdoce). Dans le contexte qui est le nôtre aujourd'hui, le dialogue culturel et intellectuel entre les afro-brésiliens et le Dahomey/Bénin et l'Angola par exemples, doit aussi intégrer, comme le recommande Anselme Guezo, la préoccupation de renverser les réflexes de séparation entre les sous-cultures élitistes et les cultures populaires.

Le combat pour le Panafricanisme peut (doit ?) s'inspirer de la réussite (imparfaite) de l'Union Européenne de l'avis de certains participants du forum de Ouagadougou. Anselme Guezo, au contraire, dans son article, qualifie le miroir de l'expérience européenne sur lequel sont fixés la plupart des décideurs politiques africains actuels de « prisme déformant », « gradualiste » qui ralentit fatalement la dynamique fédéraliste et cache mal des contradictions issues d'une aliénation néocoloniale culturelle profonde, voulue et entretenue qui dure depuis plus de cinquante ans.

L'Afrique, c'est un truisme, doit apprendre à exploiter ses richesses par elle-même, pour elle-même. Son salut réside dans la sédimentation de ses traditions politiques, culturelles et artistiques. Les questions-réponses pendant nos assises ont donné l'occasion de balayer des fausses conceptions très répandues sur des questions de toponymie par exemple (au Burkina Faso et au-delà), pour les remplacer par des données socio-historiques et anthropologiques rigoureuses, avérées que les jeunes peuvent intégrer fonctionnellement dans leur vécu citoyen. Quand Anselme Guezo soulève la question du « matraquage idéologique » de l'administration coloniale française pour enrayer toute résistance contre le conditionnement mental qui faisait et fait encore de nos jours de l'école occidentale, essentiellement, un outil de guerilla contre les valeurs de culture africaines, il touche à la question la plus brûlante.

La marginalisation et la ghettoïsation de certaines traditions socioculturelles est par définition contre-productive dans la construction panafricaine. Malgré sa reconnaissance très partielle dans certains milieux intellectuels et/ou traditionnels, les idées panafricanistes ont été pendant longtemps diffusées par la musique reggae, qui tente de libérer les peuples africains des chaînes mentales. Non seulement (comme il a fallu en convaincre certains participants), le reggae projette des canaux de diffusion des idées panafricanistes (voir la communication de Jérémie Kroubo Dagnini dans la section sur Universalité, Migrations et Identités – chapitre 22), mais encore, à l'opposé du parasitisme légendaire des intellectuels africains, les activistes du mouvement Rastafari rejettent toutes formes de compromissions avec les modes d'exploitation des masses africaines par leurs propres dirigeants. Quand Anselme Guezo met au pilori le « Panafricanisme politique ou gradualiste préconisé par les leaders politiques du Dahomey/Bénin [qui] est à tous points de vue une aberration vouée à l'échec », et est selon lui « en contradiction avec les idéaux propagés par les pères du Panafricanisme », il rejoint d'ailleurs un courant qui penche pour la consécration du mouvement Rastafari et de l'esthétique reggae qui eux, au contraire, sont des canaux d'expression de l'aspiration au « Panafricanisme intégral ».

Rôle des femmes dans l'édification du Panafricanisme : le forum de Ouagadougou a salué leur participation massive. Les références symboliques ne manquent pas pour souligner la continuité historique du rôle des femmes dans le mouvement panafricaniste à partir des renvois les plus anciens (Égypte antique) jusqu'à des figures contemporaines Mme Christiane Yandé Diop. Mme Jacqueline Ki-Zerbo a en l'occurrence adressé ses encouragements militants aux participants. Sa présence constituait un rappel que la représentation accrue des femmes dans les organisations de base, nationales, régionales et continentales est un défi qui reste largement à réaliser. Il faut noter que les ex-colonies britanniques, par les effets induis du *indirect rule* sur l'éducation en langues vernaculaires et la préservation des structures politiques traditionnelles, ont finalement montré une plus grande faculté d'intégration formelle des femmes dans la conduite des affaires communautaires, notamment dans les espaces fortement influencés par l'évangélisation.

Les programmes éducatifs en Afrique sont loin d'être décolonisés comme s'en sont plaints de nombreux participants. Au Cameroun, par exemple, rien que dans l'enseignement primaire, les maisons d'édition françaises ont réalisé des investissements qui sont estimés à plus de 500 milliards de francs CFA par an dans la dernières décennie. Dans un tel contexte, la nécessité de militer pour la création de maisons d'édition afro-africaines, avec tous les avantages affairants, n'est plus à démontrer. Aussi, les multiples programmes d'échanges interafricains comme ceux réunissant des apprenants africains avec leurs homologues d'outre-Atlantique ; surtout les partenaires originaires de la « 6e région » (voir l'étude de Lazare Ki-Zerbo au Chapitre 21), quand ils sont élaborés et dirigés par des enseignants et éducateurs, ont un effet démultiplicateur quant à la diffusion, l'adoption, et la mise en œuvre des idées-forces du Panafricanisme.

IV

Universalité, migrations et identités

20

La question afro-asiatique 60 ans après la Conférence de Bandung

Darwis Khudori

Que peuvent faire les mouvements (de société civile) afro-asiatiques à l'ère de la mondialisation ?

Au début du vingtième siècle, la civilisation occidentale se scinda en deux grands courants dont l'un se déployait à partir de Washington et l'autre à partir de Moscou. Le penseur allemand Marx et son alter ego Engels ont dû sans aucun doute tirer leurs valeurs et leur science de la civilisation dont ils étaient héritiers, tout autant que Jefferson, Lincoln et Washington. Le *Manifeste du parti communiste* autant que la *Déclaration de l'Indépendance américaine* trouvent leurs sources dans la civilisation occidentale.

Cependant, l'Asie et l'Afrique n'appartiennent pas à cette tradition. Leur histoire s'est déclinée autrement. Elles ont leurs propres anciennes civilisations, célèbres pour leurs propres philosophies et elles ont été le berceau des grandes religions de ce monde. De plus, l'Asie et l'Afrique sont unies et partagent une force aussi solide que celle d'une même grande et ancienne civilisation. Cette force a pour nom le Nationalisme ; la réaction commune qu'elles ont opposée au Colonialisme et à l'Impérialisme subis de part et d'autre.

C'est le Nationalisme qui nous a emmenés à lutter pour l'indépendance et l'émancipation. Nous, asiatiques et africains étions condamnés à déclarer le vingtième siècle notre siècle. A la faveur de notre éveil, notre regard a clairement perçu l'antagonisme fondamental entre le Colonialisme et la liberté, entre l'Impérialisme et l'Émancipation. En fait, la Guerre Froide était un conflit entre deux branches d'un même arbre, ayant les mêmes racines culturelles, toutes deux étaient étrangères à l'Asie et l'Afrique.

Toute l'analyse qui précède est de Roeslan Abdulgani, « The Everlasting Spirit of the 1955 Asian-African Conference » in *Asia Africa: Bandung Towards the Twenty-First Century*, Department of Foreign Affairs, Republic of Indonesia, 2005*.

Ce texte que nous venons de citer évoque au moins deux points importants : le rapport afro-asiatique et l'originalité de l'Afrique et de l'Asie par rapport aux autres continents. Nous allons développer ces deux points pour proposer un troisième : la possible contribution afro-asiatique à un monde durable et solidaire.

Racines du rapport afro-asiatique

Beaucoup de personnes ne savent certainement pas que l'une des chansons chantées par la grande voix d'Afrique, Miriam Makeba, connue sous le nom de Mama Afrika, est une chanson indonésienne. C'est *Soleram* ou *Suliram* ou *Suriram*, chanson traditionnelle des îles de Riau que les Indonésiens apprennent à l'école primaire. Pourquoi la grande chanteuse africaine chante-elle une chanson indonésienne ? Pourquoi *Soleram* ? Comment en est-elle arrivée là ?

Miriam Makeba avait peut-être une réponse précise, rationnelle, argumentée ou, au contraire, sentimentale, intuitive. Peu importe la réponse verbale qu'elle aurait donnée, Miriam Makeba n'était peut-être pas consciente que son choix de chanter *Soleram* porte une valeur symbolique considérable pour l'Histoire du rapport afro-asiatique. Voici quelques éléments d'explication.

Premier élément : *Soleram* est une chanson des îles de Riau. Or, le petit archipel de Riau se trouve au bord du détroit de Malacca, passage maritime quasiment obligé pour les échanges millénaires entre la Chine et l'Inde, entre l'Orient et l'Occident, entre l'Asie et l'Afrique.

Deuxième élément : l'Afrique du Sud, pays natal de Miriam Makeba et l'Indonésie étaient colonies néerlandaises. Les Néerlandais avaient envoyés des Indonésiens en Afrique du Sud depuis le XVIIe siècle. Ils étaient, dans un premier temps, des esclaves utilisés pour construire le Cap (la main-d'œuvre locale de l'Afrique du Sud, notamment les Khoikhoi, étant hostiles aux Néerlandais). Les autres étaient, dans un deuxième temps, des exilés politiques, dignitaires religieux et leurs compagnons qui avaient mené des mouvements résistants contre le Colonialisme néerlandais.

Troisième élément : à la suite de la Conférence afro-asiatique de Bandung 1955, le rapport entre l'Afrique et l'Asie se renforça. Soekarno porta la flamme de L'Esprit de Bandung partout en Afrique et en Asie. Des associations stratégiques afro-asiatiques (écrivains, journalistes, artistes…) proliférèrent sous le patronage des États africains et asiatiques. Des échanges culturels s'intensifièrent. Des missions culturelles indonésiennes parcoururent l'Afrique et l'Asie. Des chansons indonésiennes furent connues et chantées dans d'autres confins de l'Asie et en Afrique.

Il n'est donc pas impossible que *Soleram* toucha le cœur de Miriam Makeba par l'un de ces trois parcours.

Mais le rapport afro-asiatique remonte à beaucoup plus loin

En regardant la carte du monde centrée sur l'Océan indien, on découvre que celui-ci constitue en quelque sorte un « lac afro-asiatique », bordé à l'Ouest par l'Afrique, au Nord par la Péninsule Arabique et le sous-continent indien, à l'Est par l'Indonésie et l'Australie. C'est le lac où des échanges commerciaux et culturels se produisirent depuis la nuit des temps. La langue malgache partage la même structure et un grand nombre de mots avec le malais-indonésien car le malgache fait partie d'une des plus grandes familles linguistiques au monde, la famille austronésienne, dont la langue la plus parlée est le malais-indonésien. Madagascar fait partie du territoire austronésien, ce vaste espace maritime tout au long de l'équateur ; de l'île de Pâques à l'Est, jusqu'à Madagascar à l'Ouest ; de la Nouvelle-Zélande au Sud jusqu'à Taïwan au nord ; où les populations partageaient autrefois, avant l'arrivée successive des influences indienne, islamique et occidentale, les éléments de base d'une civilisation : linguistique (langues à affixation), technique (navigation, agriculture, tissage, habitat), croyance (animisme, cultes des ancêtres, rites de passage). Avant l'arrivée des Occidentaux dans l'Océan indien au XVe siècle, les commerçants arabes, chinois, indiens, javanais, persans, etc. échangèrent leurs marchandises en provenance de l'Afrique (peaux de bêtes, ivoires, etc.), de la Chine (porcelaines, soie, fer, argent), de l'Inde (tissus, habits, teintures, médicaments, opium, etc.), de Java (riz, viandes, denrées alimentaires, armes, etc.), des Moluques (clous de girofle, noix de muscade, bois de santal, etc). Les Portugais, lorsqu'ils arrivèrent dans l'Océan indien, utilisèrent des cartes maritimes des Javanais pour y naviguer.

Et si on en croit les découvertes paléoanthropologiques, on peut voir que ces échanges sont une suite logique des mouvements migratoires des hominidés depuis plus d'un million d'années, ou même plus d'un million sept cents mille ans pour certains. Sur les dates, des chercheurs ne sont pas unanimes. Mais la plupart conviennent que l'Afrique de l'Est est le « fournisseur » d'hominidés pour la planète entière en deux vagues de « livraison » au moins, connues sous le nom de *Out of Africa theory*. La première étape, c'est la livraison en *homo erectus* il y a probablement un million sept cents mille ans. La première destination était l'Asie. Les *homos erectus* qui furent exhumés à Java (L'homme de Java) et à Pékin (L'homme de Pékin) sont datés d'un million sept cents mille ans. A Java, plusieurs espèces d'hominidés évoluaient et vivaient jusqu'il y a environ soixante-dix mille ans. On ne connaît pas les raisons exactes de leur disparition.

L'une des hypothèses proposées en est la « *Toba Catastrophe Theory* ». Le centre de l'événement se situe sur l'actuel lac Toba à Sumatra en Indonésie. Le lac était autrefois le cratère d'un volcan gigantesque. Celui-ci explosa il y a environ soixante quinze mille ans, baissa la température de la planète jusqu'à 3-4 degrés Celsius et anéantit la plupart des êtres vivants dont les divers hominidés. Cependant, en Afrique de l'Est, les *homos sapiens* plus résistants étaient nés depuis quelques centaines de milliers d'années. Après le retour du calme à la suite de l'éruption de Toba, ils sont sortis de leur berceau africain il y a environ soixante mille ans. C'est la deuxième étape de fourniture de la Mère Afrique au monde en hominidés, cette fois-ci une livraison en *homo sapiens*. Ils poursuivirent d'abord les traces leur ancêtre *homo erectus*, puis allèrent plus loin. Encore une fois, l'Asie se trouva être la première destination. Ils longèrent les côtes de notre « lac afro-asiatique », je veux dire l'Océan Indien. A partir de l'Afrique de l'Est, ils montèrent d'abord vers l'Ethiopie et la Péninsule Arabique. Profitant de la baisse du niveau des mers, quelques groupes continuèrent leur mouvement vers l'Est en passant par les côtes d'Arabie, d'Inde et d'Asie du sud-est. Ils arrivèrent en Australie, il y a environ cinquante mille ans. Ils sont les ancêtres de ceux qu'on appelle les Négroïdes (peau noire) qui se trouvent aujourd'hui dans certaines parties d'Inde, d'Indonésie et d'Australie. Leur phénotype (couleur de peau, type de cheveux) ressemble sans surprises à celle des Africains d'aujourd'hui.

D'autres groupes traversèrent le désert et la montagne pour arriver en Chine et en Asie Centrale il y a environ trente-cinq mille ans. Certains groupes continuèrent leur migration vers le nord-est, traversèrent le détroit de Béring et arrivèrent en Amérique, il y a environ vingt mille ans. Ils sont les ancêtres de ceux qu'on appelle les Mongoloïdes (peau jaune). D'autres groupes allèrent vers l'Ouest et s'installèrent en Europe. Ils sont les ancêtres des Caucasoïdes (peau blanche). Leur phénotype est éloigné de celui des Africains d'aujourd'hui.

Plus tard, les Mongoloïdes descendirent de la Chine vers l'Indonésie, notamment dans la partie occidentale de l'archipel, se mélangèrent avec les Négroïdes et engendrèrent des métisses Mongolo-Négroïdes qui font la majorité des populations de l'Asie du Sud-est en général aujourd'hui, de l'Indonésie en particulier.

Ainsi, on peut dire que les Négroïdes qui se trouvent notamment en Indonésie, en Océanie et en Australie sont les premières vagues de la « diaspora » africaine dans le monde avant les Mongoloïdes (notamment autour de la Chine) et les Caucasoïdes (notamment autour de l'Europe).

Dans ce contexte, l'Indonésie occupe une position particulière sur au moins deux plans. Le premier est géographique : l'Indonésie est à la fois la frontière orientale du « lac afro-asiatique » et le pont entre l'Asie orientale (Chine, Japon, Corée) et l'Afrique, entre l'Océan Indien et l'Océan Pacifique. Le second est démographique : l'Indonésie est peuplée en majorité par des « métisses afro-asiatiques » et en minorité par des « Mongoloïdes » et des « Négroïdes ». L'Indonésie est le seul pays asiatique qui conserve des populations descendantes des premières vagues de la diaspora africaine qui sont les Négroïdes que l'on retrouve notamment dans sa partie orientale, plus particulièrement en Papouasie Nouvelle-Guinée.

Ces divers éléments nous amènent à voir un sens particulier de l'Histoire, sens transcendant, peut-être, du rôle de l'Indonésie dans le rapport afro-asiatique. Dans ce sens, l'initiative de l'Indonésie, la Conférence afro-asiatique de Bandung 1955 n'est pas un hasard. C'est, en quelque sorte, un « hommage aux ancêtres ».

De même que le passage de l'enfant Barack Hussein Obama à Jakarta avant de continuer ses pérégrinations « ontologique » vers la terre de ses ancêtres au Kenya, il est plein de sens. C'est le sens « mystique » de l'Histoire.

60 ans après la Conférence afro-asiatique de Bandung 1955

A l'époque coloniale et aux temps de la Guerre Froide, il était important pour l'Asie et l'Afrique de s'associer pour tenter résoudre des problèmes communs, notamment la libération nationale du Colonialisme, de l'Impérialisme et de l'hégémonie des superpuissants. Soixante ans après, est-il est important pour l'Asie et l'Afrique de s'associer ? Pourquoi ? Que faire ?

Nous pouvons répondre à ces questions à partir du message de la Conférence afro-asiatique de Bandung : l'Esprit de Bandung, qui est un appel à la coexistence pacifique entre les nations, à la disparition de la domination par les plus puissants et à la solidarité envers les faibles ou affaiblis par l'ordre mondial.

Or, soixante ans après, les guerres continuent de plus belle, les puissants continuent à dominer le monde et il y a un déficit de solidarités pour sauver les faibles. Et l'Afrique et l'Asie continuent à partager des choses : expériences du passé et réalités actuelles. Expériences du passé, joyeuses comme douloureuses : joyeuses dans des échanges culturels et commerciaux autour du « lac afro-asiatique » avant la domination occidentale ; douloureuses sous les dominations, exploitations et humiliations du Colonialisme occidental. Réalités actuelles, internationales comme nationales : internationales dans la structure de domination par des plus puissants qui persistent ; nationales dans la pauvreté, l'injustice, la dictature, la violation des droits humains, la corruption, etc. qui caractérisent la majorité des pays.

Il est donc d'un grand intérêt pour l'Afrique et l'Asie de s'associer pour réaliser le rêve de la Conférence afro-asiatique de Bandung 1955.

Cependant, une nouvelle réalité avait émergé à l'intérieur de chaque pays d'Afrique et d'Asie depuis la fin de l'époque coloniale. Pendant la période coloniale et la Guerre froide, les États et/ou les gouvernements (d'Afrique et d'Asie) étaient la représentation des rêves des peuples. Après la période coloniale, notamment depuis les années 1970, une distinction s'est produite entre les aspirations des peuples et les intérêts des gouvernements. Beaucoup de gouvernements représentent plutôt les intérêts du Grand Capital, des entreprises multinationales ou des affaires personnelles, que les intérêts publics. Des ONG et des mouvements sociaux se sont développés au nom de l'intérêt du peuple. La fin de la Guerre Froide a accentué cette séparation, tandis que la mondialisation économique a provoqué l'émergence et le développement des mouvements sociaux et de solidarité transnationaux. L'héritage de Bandung n'appartient plus aux États et gouvernements d'Afrique et d'Asie, mais surtout aux peuples au-delà des frontières nationales et des contours du Grand Sud.

Un demi siècle après la Conférence afro-asiatique de Bandung, pour la première fois, la commémoration de l'anniversaire n'était plus le monopole des États. Des O.N.G., mouvements sociaux, mouvements de solidarité internationale, universitaires, ont pris l'initiative de commémorer la vraie « naissance du Tiers Monde » un peu partout dans le monde : au Brésil, en Inde, en Egypte, au Japon, au Sri Lanka, même aux États-Unis, et en Indonésie évidemment.

Contribution de Yogyakarta

Parmi les initiatives de la société civile pour la commémoration de la Conférence de Bandung, celle organisée à Yogyakarta, en Indonésie en l'an 2010, constitua une_réalisation capitale car elle a donné une contribution durable à l'Histoire : une publication d'un recueil d'articles sous le titre de *Rethinking Solidarity in Global Society: The Challenge of Globalisation for Social and Solidarity Movements. 60 Years After the Bandung Asian-African Conference of 1955.* On peut analyser cette initiative comme un mouvement social qui a, suivant Alain Touraine et Manuel Castells, son identité, son opposition et son utopie.

Sur le plan de l'identité, les acteurs de la commémoration continuent d'affirmer que l'Esprit de Bandung reste pertinent par rapport à la situation du monde actuel, notamment par rapport à la mondialisation et à l'ordre mondial caractérisés par la domination des pays plus puissants. Ils sont convaincus que l'Esprit de Bandung est une référence commune dans la lutte des peuples contre la domination des puissants et dans la recherche d'alternatives à la mondialisation néolibérale.

Sur le plan d'opposition, ils s'engagent contre l'ordre mondial actuel et à la mondialisation néolibérale. Leur contestation est exprimée à travers des critiques à trois niveaux, du concret à l'abstrait : Politico-économique, Modèles de développement, Vision du monde.

Les critiques politico-économiques dénoncent la domination par les pays riches dans l'ordre mondial. Appuyés par la troïka BM-FMI-OMC, les membres du G8 menés par les USA imposent un modèle socio-économique néolibéral au monde entier. La privatisation des biens publics, la dérégulation de l'économie, la réduction des droits de travailleurs, etc. sont des réformes néolibérales qui ont aggravé les inégalités existantes et ont accéléré le transfert de richesses des pays pauvres vers les pays riches. Le décalage entre les 20 pour cent des plus riches et les 20 pour cent des plus pauvres dans le monde s'est élargi de 30:1 en 1960 à 92:1 aujourd'hui.

Le modèle de développement actuel n'est pas soutenable car il va détruire la société et l'environnement. Menées par des entreprises cherchant des profits à court terme et par des gouvernements obsédés par la croissance du PIB, les activités économiques négligent la création d'emplois et la préservation de conditions de travail décentes, épuisent les ressources naturelles et détruisent l'environnement. Si les pays émergents suivent le modèle consumériste des USA et de l'Europe, l'exploitation des ressources naturelles mènera le monde vers la catastrophe. Ceci dit, le modèle de l'OCDE ne correspond pas aux circonstances actuelles. Les populations de l'OCDE doivent changer leurs modes de vie, et les autres populations doivent trouver de nouveaux modèles plus viables.

La crise actuelle est enracinée dans la vision du monde dominant composé de plusieurs éléments dont, entre autres, le paradigme occidental qui veut que l'homme blanc domine la nature, la femme, les indigènes, les peuples de couleur,... Cela se conjugue avec le matérialisme et l'égoïsme qui se manifestent dans l'intérêt obsessionnel envers les biens matériels. La consommation d'énergie d'un Américain est équivalente à celle de 140 bangladais. Entre quatre et huit planètes seraient nécessaires si tout le monde vit comme les 20 pour cent des individus les plus riches au monde.

En réponse à ces critiques, nous proposons une « utopie », un projet global à trois niveaux : Objectif, Domaines d'intervention et Programmes.

L'objectif du mouvement est d'atteindre une *« Global Solidarity in a Plural World »* (solidarité globale dans un monde pluriel). La proposition est fondée sur une conception d'un ordre mondial qui voit la civilisation humaine « non en termes d'étapes qualitatives à la Marx, Rostow ou Bell, ni comme un cycle de naissance, de développement et de mort à la Spengler, Toynbee ou Sarkar », mais comme un processus continu où se superposent plusieurs modes de vie, qui sont en ce moment les cinq modes de vie existant simultanément dans le monde : nomadique, agricole, commercial, industriel et numérique/digital. La société mondiale est aujourd'hui profondément divisée en ces cinq modes de vie, aussi bien à l'intérieur d'une nation qu'entre les nations. Les guerres en Afghanistan, en Irak ou en Syrie ne seront complètement comprises que quand nous ne les verrons comme conflits entre les différents modes de civilisation où l'un essaie de dominer l'autre. Plus de deux tiers de la population mondiale vivent aujourd'hui dans le mode de vie préindustriel qui se traduit par un revenu inférieur à deux dollars par jour. Les disparités économiques, politiques et culturelles croissantes entre les cinq modes de vie risquent de provoquer des guerres civiles mondiales et des formes de terrorisme sans frontières pendant une période impossible à déterminer.

Pour ces raisons, nous avons besoin d'une solidarité globale qui doit anticiper l'intérêt pour la vie de tous, une solidarité avec les semblables et les non-semblables, avec les « autres », les « étrangers », les « eux » et les « nous », avec chacun qui vit dans l'un des cinq modes de vie, solidarité qui prend en considération non seulement l'intérêt de la personne ou d'un groupe de personnes, mais aussi de tous ceux qui sont pertinents à la vie, c'est-à-dire la diversité en termes culturel, social, ethnique, religieux, sexuel, etc.

Plus précisément, nous proposons des mesures à prendre dans plusieurs domaines :

- Politique
- Economie, Culture
- Education
- Communication
- Environnement.

Prenons les éléments généraux et les plus pertinents par rapport à la question afro-asiatique. Nous dénonçons la domination continue des grandes puissances dans l'ordre mondial sous forme de « néo-Colonialisme et Impérialisme collectifs » menés par les USA. Nous soulignons l'utilisation perverses des sciences sociales pour l'intérêt des grands puissants. Pour relever ce défi, le mouvement propose trois programmes :

- Réforme économique
- Promotion de la paix
- Démocratisation de l'ONU.

C'est sous le volet économique que l'Afrique est directement concernée au premier chef. Il est indiscutable que l'Asie est économiquement plus développée que l'Afrique, mais il est clair que les deux régions font face à des défis communs : le commerce inéquitable mondial dominé par l'OMC ; la politique financière agressive menée par la BM et le FMI ; une nouvelle militarisation occidentale au nom de « la guerre globale contre le terrorisme » et de « la responsabilité de protéger ». L'Asie et l'Afrique doivent se tenir la main pour refuser les règles biaisées de l'Occident et tous ses instruments de domination. Si la géopolitique régionaliste est un moyen efficace contre la mondialisation néolibérale, l'alliance afro-asiatique est porteuse d'avenir.

Pour anticiper le risque d'isolement économique de l'Afrique, l'Asie doit tendre la main à l'Afrique, mais l'Afrique doit aussi proposer quelque chose à l'Asie. Autrement dit, les échanges afro-asiatiques doivent être renforcés. Mais les relations afro-asiatiques doivent être différentes de celles Nord-Sud caractérisées par la domination. Elles doivent aller dans le sens de « solidarité globale dans un monde pluriel ».

Remarques finales : le défi des mouvements (de la société civile) afro-asiatiques

Un développement afro-asiatique coordonné doit bénéficier non seulement à l'Afrique et à l'Asie, mais aussi au monde entier. Ce sera une contribution de l'alliance afro-asiatique à l'humanité, à la planète, au monde. Ce développement doit être fondé sur les atouts de l'Afrique et de l'Asie, sur ce qui est spécifique, ce qui reste authentique, ce qui ne se trouve pas ailleurs. Mais ce qui est indispensable pour la survie de la planète et le développement, c'est la diversité. Comme il a été démontré dans l'extrait du Dr. Roeslan Abdulgani cité au début de ce chapitre, l'Afrique et l'Asie n'ont pas les mêmes racines civilisationnelles que celle qui domine le monde aujourd'hui. Contrairement au reste du monde (Europe, Amérique, Australie, etc.) qui a été occupé, peuplé, dominé et transformé par les Occidentaux (Anglais, Français, Portugais, Espagnols, Néerlandais, etc.) et est devenu une extension de la civilisation occidentale, l'Afrique et l'Asie, malgré l'occupation coloniale de l'Occident, gardent encore les éléments fondamentaux de leur originalité. L'Afrique et l'Asie constituent encore une source et une grande réserve de diversité sur plusieurs plans : culturel (ethnique, linguistique, artistique, technique), économique (nomadique, agricole, commercial, industriel, numérique), écologique (biologique, climatique, énergétique), religieux et spirituel (animiste, polythéiste, monothéiste, syncrétiste, athéiste, shamaniste, etc.).

Dans le contexte de mondialisation dominée par la civilisation occidentale qui mène le monde vers un modèle unique de développement et qui menace la survie de la planète, l'Afrique et l'Asie comme héritières des civilisations non occidentales doivent pouvoir théoriquement contribuer à la direction de la globalisation vers un monde durable et solidaire. Ainsi, on pourrait dire que les alternatives réelles ou potentielles de modèles de civilisation ne sont pas celles de l'Islam et de l'Occident qui s'affrontent, comme le pense Samuel Huntington, mais celles de l'Occident et des Mouvements afro-asiatiques qui doivent se présenter à la communauté internationale de façon pacifique. Pour cela, les Mouvements afro-asiatiques doivent renforcer leur pouvoir de négociation face à l'Occident. Cela doit se faire à travers des efforts conjoints de l'Afrique et de l'Asie, au niveau des États comme au niveau des sociétés civiles.

Cependant, il faut admettre que la tâche est formidable. A commencer par la question de la gestion des identités diverses. Il est quasiment acquis dans la conscience collective, au moins intellectuelle, que l'accroissement ou la maintenance de la diversité (culturelle, écologique, spirituelle, etc.) est essentielle pour la survie de la planète et de l'humanité. Il est cependant indiscutable que les tensions sociales, les conflits violents et les guerres atroces à diverses échelles se sont produits à cause de divergences entre des éléments constitutifs de la diversité (ethnique, linguistique, religieuse, raciale, idéologique, économique, politique, etc.) dont certains tendent à dominer ou éliminer les autres. Autrement dit, la diversité n'est pas encore appréciée ou n'est pas encore suffisamment appréciée, domestiquée, par les acteurs sociaux à l'intérieur des États-nations ou entre les États-nations, à tel point qu'elle engendre des conflits au lieu de créer des formes de richesses. Et les conflits (sociaux, politiques, ethniques, religieux, etc.) constituent encore, hélas, la réalité afro-asiatique. Il y a encore du chemin à faire en Afrique et en Asie pour que la diversité devienne une source de vie et de bonheur au lieu de causer le malheur et la mort.

A cet effet, l'anniversaire de la Conférence afro-asiatique de Bandung pourrait constituer un cadre de travail collectif pour les mouvements afro-asiatiques. Le 55e et le 60e anniversaires ont été de bonnes occasions pour ces mouvements de revoir ce qui s'est passé en Afrique et en Asie depuis 2005 et de travailler ensemble pour l'avenir.

Une décennie environ, notre thème était « Repenser la solidarité dans une société mondiale ». En 2015 notre thème a été : « Repenser l'émergence soixante ans après la Conférence de Bandung ». La réflexion ici amorcée se poursuit sur le site web www.bandungspirit.org

* At the beginning of the 20th century, Western civilisation broke into two great streams, one flowing through Washington and the other from Moscow. The German academic, Marx, and his *alter ego*, Engels, must have drawn their values as well as their science from the civilisation of which they were inheritors, just as surely Jefferson, Lincoln and Washington did. The *Communist Manifesto* and the *Declaration of Independence* alike have their roots in Western civilisation.

But Asia and Africa do not belong to this tradition. Their histories have been different. They have their ancient civilisations renowned for their own philosophies, and they have been a cradle to the great religions of the world. Besides, Asia and Africa are united by a force just as strong as that of a single, great, long-shared civilisation. That force is nationalism, the common reaction against the colonialism and imperialism that they suffered.

It is this nationalism that brought us to struggle for independence and emancipation. We, Asians and Africans, were bound to feel that the 20th century was our age. Our awakening focused our sights on the essential antagonism between colonialism and freedom, between imperialism and emancipation. Actually, the Cold War was a war between two branches of the same tree with the same cultural roots, all of which were alien to Asia and Africa'. (Roeslan Abdulgani, 'The Everlasting Spirit of the 1955 Asian-African Conference' in *Asia Africa Bandung Towards the First Century Africa Asia*, Department of Foreign Affairs, Republic of Indonesia, 2005).

21

Diaspora africaine et fédération panafricaine

Lazare V. Ki-Zerbo

Le système politique d'une fédération panafricaine sera confronté à cette double exigence : transformer la gouvernance des communautés d'« intégration régionale » entre États souverains en unité politique supranationale ; en outre, promouvoir la diversité culturelle et linguistique du Continent comme un tremplin pour la libération des peuples.

En Afrique notamment on peut considérer que les processus impériaux précoloniaux respectaient l'autonomie personnelle des différentes communautés linguistiques ou professionnelles.

La décision de l'Union africaine de se pencher à nouveau sur le projet de fédération continentale et de faire participer la « diaspora africaine » au Conseil économique et social, voire, comme l'ont proposés les délégués à la première Conférence des intellectuels d'Afrique de la diaspora (Dakar 2004), ériger la diaspora en Sixième région, peuvent être analysées à la lumière de ces traditions du fédéralisme. La complémentarité des approches juridico-politiques et conceptuelles devient ainsi celle du fédéralisme et du Panafricanisme entendu comme affirmation multiséculaire de l'existence d'une personnalité africaine qui ne demande qu'à s'objectiver en personnalité juridique africaine.

Dans cet exposé, je ne souhaite pas procéder à une étude exhaustive du concept de diaspora africaine depuis les études de Jean Ziegler (1971) par exemple, jusqu'aux réflexions séminales d'Edouard Glissant (1997), Paul Gilroy,[3] Kwamé A. Appiah (1993) sur le devenir de l'identité africaine des Afrodescendants aux Amériques notamment.

L'on peut observer qu'employer le singulier à propos des communautés africaines vivant hors du Continent conduit forcément à regrouper dans un même ensemble humain des trajectoires différentes au point d'être parfois divergentes. Par exemple, en termes de communautés, du point de vue anthropologique, la diaspora soninké se distingue évidemment de la diaspora ibo, de même que la diaspora soninké en Afrique centrale se distingue de la diaspora soninké en France.

Seulement, cet ensemble humain possède une relative unité de statut : celle d'*appartenir* par la provenance à un Continent aujourd'hui spolié, humilié, dominé où l'arriération économique, le non-respect de la liberté, voire de la vie humaine, et bien d'autres fléaux servent de motif d'identification, et de reformulation d'une version plus objective des hauts faits historiques propres à l'Afrique, et de sa lente renaissance actuelle.

Ce double statut, associé à une réalité historico-géographique, détermine ou non un sentiment d'appartenance, selon qu'il est assumé, accepté, proclamé, ou nié et rejeté comme c'est le cas des théoriciens américains et antillais que nous avons cités, et qui revendiquent une identité régionale créole ou universelle, pan-humaine différente de l'africanité, où celle-ci n'est qu'une composante parmi d'autres.

Appelons donc pour l'instant diaspora africaine l'ensemble des personnes africaines ou afrodescendantes résidant hors du Continent.

J'admets cependant que, dans le combat politique qui nous occupe, ce statut s'accompagne nécessairement d'une seconde dimension, celle du *champ de conscience*, qui est l'assomption d'une mémoire, d'un héritage collectif, à laquelle j'accorderai, le moment venu, la place qui lui revient : le fait de *s'identifier* à l'Afrique comme héritage collectif. C'est ce que je vais tâcher de montrer rapidement avant d'évoquer la question de la stratégie.

La Chaîne et le Lien

Les analyses consacrées à la diaspora africaine mettent l'accent sur la dimension socio-économique : les Africains expatriés hors du Continent, qu'ils soient eux-mêmes ou par leurs parents, originaires d'un État africain actuel, ou « afrodescendant » au sens de : membres des communautés afro-diasporiques issues de la Traite transatlantique par exemple, sont alors perçus comme des pourvoyeurs potentiels de fonds, de biens matériels ou immatériels (savoir) pour les pays africains. Des réseaux d'experts originaires de tels pays se constituent et sont appuyés par les institutions internationales telles que le PNUD[4] pour y effectuer des missions d'enseignement ou d'assistance technique. C'est le cas du Symposium malien des sciences appliquées (MSAS)[5] dont le forum électronique est un exemple de rigueur critique, de convivialité malienne,[6] associée à un patriotisme intellectuel qui mérite l'attention.

Surtout, les rémittences des migrants sont considérées comme une manne dont la mobilisation astucieuse, plus rationalisée, pourrait pallier le manque de financements pour le développement des pays africains.[7] L'on cite souvent en France le rôle de la diaspora soninké.

Le choix délibéré de la présente communication est de s'intéresser, non tant aux *biens* que produit cette « diaspora africaine » qu'aux *liens* qui la constituent dans une approche historique fondée sur la longue durée, et par laquelle elle se reproduit.

Nous parlons donc ici d'une identité diasporique caractérisée par un sentiment d'appartenance à un foyer commun qui est l'Afrique, et d'une mémoire collective. La singularité de ces traits distinctifs ne doit pas masquer l'existence de groupes nationaux, sub- et trans-étatiques, de migrants déracinés ou non coalisés pour faire diaspora. Car la diaspora suppose, pour reprendre la formule renanienne à propos de la nation, et cela n'est pas fortuit,[8] une volonté de se souvenir ensemble. La diaspora africaine selon notre perspective, qui est historique, est ancrée dans un substrat historique et mémoriel important, caractérisé par un « passé qui ne passe pas » , qui ne semble jamais dépassé mais accepté, comme le prouvent les références des jeunes musiciens, des rappeurs et des slameurs à l'Afrique.

Cette diaspora a porté le développement du monde dans la mesure où le Commerce triangulaire a généré les bénéfices qui ont permis l'essor du capitalisme mondial puis du colonialisme européens.[9] La mise en valeur du Nouveau Monde a reposé sur l'esclavage, mais également sur le transfert des technologies que maîtrisaient les membres de cette diaspora ancienne. Au Brésil par exemple, les bergers africains ont contribué à l'élevage, et les orpailleurs à l'exploitation des minerais.[10] Les musiques de territoires aux superficies aussi modestes que Cuba (114 525 km^2) ou la Jamaïque (10 991 km^2), îles dont la population est partiellement afrodescendante, ont conquis le monde entier.

En ce qui concerne Cuba, il convient par exemple de rappeler que « c'est un général de souche africaine, Antonio Macéo, qui en 1868, conduira la lutte de libération de Cuba contre la domination espagnole ».[11]

L'histoire de l'Afrique est donc porteuse ici d'une identité panafricaine, qui justifie l'*institution* de la diaspora en sixième région du Continent. Reconnaissons toutefois que cette appartenance à une diaspora africaine n'est pas unanimement assumée, et pour des raisons avancées entre autres par des penseurs tels que P. Gilroy ou Kwamé Appiah, revendiquant un universalisme cosmopolite.

La construction de la Diaspora africaine par les intellectuels d'Afrique et de la diaspora

La diaspora est une réalité socio-historique et une construction intellectuelle. Les deux dimensions se conjuguent dans le cadre des engagements militants, des narrations non académiques. Les acteurs se retrouvent dans les mêmes cercles et tracent ainsi les contours du fameux cercle herméneutique propre aux sciences humaines, décrit par Max Weber : le chercheur est lui-même inscrit dans l'espace social qu'il doit étudier.[12]

Il convient alors de souligner que les références au concept de « diaspora africaine » apparaissent, selon certaines sources en octobre 1965, lors du Congrès international des historiens africains tenu à Dar Es Salaam, sous la plume de Joseph Harris et de George Shepperson.[13]

Le Colloque organisé par Joseph Harris de l'Université noire de Howard en août 1979 sur la diaspora africaine marque un tournant dans l'étude de ce thème, mis en relation avec l'héritage ou les manifestations de solidarité transatlantique entre les descendants des Africains déportés aux Amériques et l'Afrique. Des personnalités aussi éminentes que l'historien Eliott Skinner Américain d'origine trinidadienne qui fut ambassadeur en ex-Haute Volta, Djibril Tamsir Niane, Ibrahima Baba Kaké, Boubacar Barry, St Clair Drake, Michel Fabre… y participèrent.

Sheila Walker a fait progresser la recherche lors de la Conférence internationale qu'elle a organisée, sous l'égide de l'UNESCO, en février 1996 au Texas. On y a entendu des énoncés aussi décisifs que celui-ci :

> En Amérique du Nord et du Sud, jusqu'au XVIIIe siècle, les Africains qui arrivèrent par le fait de la Traite des esclaves constituèrent la majorité des immigrés venant du Vieux Monde. Il est aussi indéniable que le nombre d'Africains qui arrivèrent dans les Amériques entre, disons, 1492 et 1770 surpassait le nombre d'Européens pour cette période (S. Walker, 2001).

Au-delà de cet argumentaire sur la supériorité démographique des Africains dans les Amériques entre le seizième et le dix-neuvième siècle, qui va déclencher un processus de repeuplement massif par des Européens et de nettoyage ethnique (Argentine, Brésil), cette rencontre montre comment ce groupe africain va marquer de son empreinte la naissance de la modernité américaine : il s'agit tout simplement d'un « transfert massif de cerveaux et de technologies ». Seulement par un révisionnisme que nous connaissons bien, cet apport qualitatif des Africains- Américains est gommé dans l'historiographie dominante : « the kind of mass-market publication that forges public opinion and what passes for knowledge » (S. Walker 2001).

> (…) gommée dans l'historiographie dominante : « le genre de publication à gros tirages qui façonnent l'opinion publique et ce qui passe pour de la connaissance. Ces Africains de la diaspora inventèrent et participèrent à l'invention de formes culturelles tels que des langages, religions, aliments, expressions esthétiques et organisations sociales et politiques » (S. Walker 2001).

L'Histoire générale de l'Afrique, élaborée par un Comité scientifique international institué en 1970, composé d'une quarantaine de membres, dont deux tiers d'Africains, fut publiée à partir de 1980.

Le « droit à la différence » y était invoqué, sur la base d'une méthodologie se référant à la tradition orale.

En 1993, l'UNESCO lançait ensuite un autre projet d'envergure, La Route de l'Esclave,15 dirigé par Doudou Diène et destiné à :

- briser le silence en faisant connaître universellement la question de la traite négrière transatlantique et de l'esclavage, dans l'océan Indien et en Méditerranée, ses causes profondes, les faites historiques et les modalités d'exécution par des travaux scientifiques ;
- mettre en lumière, de manière objective ses conséquences et, notamment les interactions entre tous les peuples concernés d'Europe, d'Afrique, des Amériques et des Caraïbes ;
- enfin, contribuer à l'instauration d'une culture de la tolérance et de coexistence pacifique des peuples.[16]

Dans la géographie des recherches sur la diaspora, les recherches de la Route de l'esclave vont mettre en exergue la place majeure du Bénin.

Du 31 août au 8 septembre 2001, la Communauté internationale, sous l'égide des Nations Unies ; s'est retrouvée à Durban (Afrique du Sud) pour la Conférence mondiale contre le racisme, la discrimination raciale, la xénophobie et l'intolérance qui y est associée, à l'issue de laquelle la Commission des droits de l'Homme a institué un Groupe de travail d'experts sur les populations d'ascendance africaine.

En France, l'engagement politique de Madame Christiane Taubira, couronné par le vote de la Loi du 21 mai 2001 tendant à la reconnaissance, par la France, de la Traite négrière et de l'Esclavage en tant que crime contre l'humanité, ainsi que la publication en 2005 du rapport rédigé par le Comité pour la mémoire de l'esclavage, institué en 2001 et présidé par Madame Maryse Condé,[17] constituent deux événements marquant l'irruption de la mémoire collective africaine et d'ascendance africaine dans l'espace politique national. Le débat sur le post- colonialisme et la décolonisation illustre le lien entre les initiatives de la société civile et les recherches historiographiques comme aux premiers temps du Panafricanisme, sauf que maintenant l'énoncé Panafricanisme a complètement disparu.

L'Année 2004 aura également été un temps fort de cette mobilisation croissante, en raison de la Commémoration du Bicentenaire de la révolution haïtienne.

En Afrique, dans le prolongement d'une longue mobilisation contre l'Apartheid, au sein de l'OUA, les éditions de la Conférence des Intellectuels d'Afrique et de la Diaspora de l'Union africaine (Dakar 2004 ; Salvador de Bahia 2006), sous l'impulsion du Président Abdoulaye Wade, font émerger l'idée de sixième région : celle-ci est à la fois proposée par les délégués et entérinée par le Gouvernement du Sénégal.[18]

Toutes les approches susmentionnées concourent à cristalliser un champ de conscience panafricaine, qui sert de base légitime, populaire pour la version politique du Panafricanisme : ce que St. Clair Drake appelle lors de la rencontre de Howard en 1979 le Panafricanisme avec un « petit p » – le premier –, et celui avec un « grand P » – le second.

Je voudrais maintenant analyser cette innovation conceptuelle et institutionnelle de l'Union africaine[19] – une région non territoriale – à partir de deux processus politico-historiques : la réforme du régime des nationalités au sein de l'empire austro-hongrois imaginée par le social-démocrate Karl Renner et le Panafricanisme.

Karl Renner et le fédéralisme personnel

La vision politique qui reconnaît la personnalité juridique des communautés nationales, au sein ou en dehors des États-nations territorialisés, c'est le fédéralisme personnel. L'un de ses représentants en France fut Alexandre Marc mais dans le domaine qui nous concerne c'est Karl Renner qui doit retenir notre attention.

Karl Renner (1870–1950), théoricien de l'autonomie personnelle des nationalités et chancelier fédéral autrichien entre 1918 et 1920 recherchait une solution non territoriale au principe de l'autodétermination des peuples, inhérent au principe des nationalités en vigueur au dix-neuvième siècle et au lendemain de la Première guerre mondiale, qui lui était d'ailleurs liée. En effet, l'Autriche-Hongrie était caractérisée par l'imbrication des populations propre à toute société complexe et moderne et l'irrédentisme des peuples sans État devenait une équation politique pour l'ordre politique européen.[20] Aujourd'hui l'alchimie nationale est-européenne ou balkanique est trop connue pour y insister. Ce n'est pas un hasard si Senghor parla de balkanisation pour dénoncer le démantèlement des fédérations coloniales françaises.

Karl Renner voulait échapper aux dérives ethnocidaires de l'idéologie de l'État-nation : le fait que sur une portion de territoire étatique, il faille ériger ou reconnaître *une* seule nationalité, alors que partout dans le monde la réalité anthropologique consiste en une diversité culturelle et une cohabitation de communautés linguistiques enchevêtrées les unes dans les autres. Il effectue un renversement copernicien et fait de l'appartenance nationale un droit subjectif public.[21] L'État n'est plus la personnification juridique de la nation comme dans le modèle français. Celle-ci est une entité autonome, fruit d'une option volontaire : pour illustrer cette perspective, on peut imaginer qu'au nom de la sixième région de l'Union africaine, si elle est institutionnalisée dans le droit international africain, un Africain-Américain ou un Afrobrésilien, mais aussi un Franco-congolais ou Franco-malien, sous réserve de traités bilatéraux spécifiques, pourrait, en tant que membre volontaire de la diaspora africaine, choisir de prendre, et recevoir un futur passeport de… l'Union africaine. « L'attribution de la personnalité morale de droit public à un groupe national est la résultante d'un besoin socialement exprimé par une association d'individus sur la base du droit de chacun à l'autodétermination nationale. »[22]

Dans la recherche des solutions pour une régulation publique de la diversité culturelle et linguistique, certains politologues africains, notamment d'Afrique centrale, ont trouvé dans cette tradition du fédéralisme des pistes pertinentes. Ce n'est pas un hasard car la question de l'intégration politique dans des sociétés multinationales, ou dans un cadre impérial étendu est récurrente sur le Continent, par exemple en ce qui concerne la partie septentrionale de l'Afrique (Sahel et Méditerranée), bien que l'Afrique centrale offre un exemple prestigieux : le Kongo. Les penseurs ouest-africains du vingtième siècle, peut-être influencés par les modèles impériaux de la Boucle du Niger (Nkrumah baptisera la Gold Coast du nom de l'un d'entre eux, le Ghana) ont souvent eu une vision continentale de l'unité africaine (Nkrumah, Cheikh Anta Diop). Nkrumah fit ses études au États-Unis, notamment à Philadelphie, la ville même où se tint la Convention qui allait donner aux États-Unis d'Amérique, modèle du fédéralisme territorial. Dans ce modèle, la république est une association d'États et la nation est composée de citoyens comme dans la pensée européenne classique qui l'a inspiré.

Un essai… personnaliste de Pambou-Tchivounda ?[23]

Présentant l'*Essai sur l'État africain post-colonial* de Guillaume Pambou Tchivounda, Charles Zorgbibe, alors doyen de la Faculté de droit de Sceaux écrivait : « Analyste critique, M. Tchivounda procède à un lent et implacable dynamitage de la « Statolatrie » postcoloniale. L'État africain subsaharien ? Une réalité historique [...]. Mais, sociologiquement, une entité artificielle ». Or, il est difficile de pourfendre la statolatrie sans fréquenter les fédéralistes globaux ou personnalistes ! Ne serait-ce que parce que ce terme même provient d'eux. De fait le juriste gabonais aura certainement été un étudiant du Collège universitaire d'Etudes fédéralistes (C.U.E.F.) d'Aoste.[24] Il cite A. Marc et G. Héraud pour construire son projet de fédéralisation ethnique de l'État africain. La vocation de l'*Essai*, c'est le dépassement de l'État africain postcolonial (Op. cit. p. 23) à travers l'implication des groupes ethniques dans les institutions du nouvel État, plutôt donc selon la tradition « consociative » néerlandaise (à la suite du philosophe Althusius, mais d'une certaine manière de Spinoza). L'État nouveau serait issu d'un « réaménagement territorial » : concession au principe conventionnel de l'État-nation.

L'espace est une catégorie essentielle dans la réception du fédéralisme intégral du côté de l'équateur. On peut dire en effet que la dimension géographique du fédéralisme, soulignée par l'américain Dikshit (*The Political Geography of Federalism*)[25] imprègne fortement la réception de la méthodologie fédéraliste en Afrique, à cause de la genèse même des États, issus de découpages et dépeçages divers depuis la conférence de Berlin en 1885. La dimension spatiale est aussi l'expression de l'antériorité du fait ethnique, des différences linguistiques par rapport au fait étatique. Renversant la formulation bergsonienne, on pourrait dire avec le chef de file de l'école fédéraliste personnaliste du Gabon que la source de l'hétérogénéité (G. Héraud, *L'autonomie est vie, dignité, créativité et responsabilité*) est d'abord dans l'espace. L'équateur a été la terre d'élection des géographes plus que des historiens.

> La reconstruction de l'État africain implique une reconsidération des structures et des formes par lesquelles s'exerce le pouvoir politique en son sein. Loin d'entraîner une modification de la carte politique africaine, un tel dessein suppose que l'on accorde une place de choix aux données de la géographie humaine, celles-là qu'expriment justement la mentalité des Africains [...] L'absence d'homogénéité de la mentalité africaine reflète la diversité ethnosociologique de continent[26] (p. 93).

La vie ici est appréhendée à travers l'espace tandis que l'Histoire des peuples africains est plutôt faite d'événements traumatisants, désintégrateurs. L'Homme africain se redresse en se réappropriant son espace, contre les territoires politico-administratifs qui font éclater son identité : il circule au point que l'hypermobilité est l'une des caractéristiques des sociétés africaines comme le montre l'existence de multiples diasporas africaines en Afrique même (103-129). Alexandre Marc écrit dans les *Fondement du fédéralisme, Destin de l'homme à venir* (Alexandre 1997:61) : « dans le temps, l'homme reste debout ». Bien entendu, le temps dont il est question n'est pas l'Histoire, mais il constitue pour le moins la dimension primordiale, et non l'espace ou le territoire politico-administratifs en régime jacobin. La précision est de rigueur car les territoires écologiques, socioculturels ou existentiels comportent eux une dimension temporelle et sociale très forte, qui est reconnue en régime régionaliste ou fédéraliste. Ces deux dimensions de la problématique afro-fédéraliste, celle d'un Sujet collectif issu de la violence historique mais l'assumant et s'assumant à travers elle, et donc situé du côté du Temps, et celle de l'Espace écologique ou socioculturel distinct du territoire marqué par des frontières (géométrie d'État), parfois antinomiques, sont des paramètres déterminants du fédéralisme personnel dont nous esquissons une genèse tant dans les empires multinationaux africains que dans celui de l'Autriche-Hongrie. Il convient de signaler ici que l'Islam qui reconnaît des minorités religieuses, notamment les Juifs et les Chrétiens, aura sans doute informé de la même manière ces deux formations impériales, à travers les principes politiques ottomans.[27] Ce fut le cas des *dhimmi* : dans l'empire Sonraï avec les minorités juives et chrétiennes au Mali impérial.

Du reste, le principe même de la distinction entre fédéralisme « hamiltonien » et fédéralisme global se joue autour de la territorialité, comme le rappellent les *Fondements...* dès l'introduction – « Le prétendu fédéralisme de l'espace vital ou de la volonté de puissance » – (Alexandre 1997:7). La seconde tradition ne vise pas plus *grand* mais plus haut : à *hauteur* d'homme.

De P. Tchivounda à M-L. Ropivia : fédéralisme personnaliste et spatialité

Tchivounda insistait malgré tout sur la dimension *territoriale.* Ropivia, qui a suivi l'enseignement d'A. L. Sanguin au Québec dès 1977, va plus loin dans ce sens : il élabore un fédéralisme *spatial.*

Le territoire est celui d'un État ; l'espace le dépasse en tant qu'il se rapporte aux zones écologiques naturelles, avant que n'intervienne la géométrie féroce des statolâtres, en l'occurrence les traceurs de frontières dans les espaces dit vacants du Continent africain. C'est dire que l'espace fédératif est transfrontalier. Espace et écologie, tels sont donc les paramètres à partir desquels Marc-Louis Ropivia[28] interprète le fédéralisme personnaliste reçu, à travers les lectures[29] et directement de A. L. Sanguin, spécialiste des régions transfrontalières. Le milieu (*ethos*) de la pensée se manifeste : comment en effet ne pas rattacher cette sensibilité spécifique à l'espace naturel et à l'influence des déterminants biologiques dans un biotope dont la luxuriance même suffoque ?[30]

Il existe en tout cas dans cette problématique une attention particulière à l'influence déterminante du milieu sur l'organisation sociale et spatiale des hommes.[31]

C'est ainsi que Ropivia considère avec les néo-darwinistes que la diversité biologique (« la biodiversité » à l'affiche depuis la prise de conscience mondiale de la finitude de la planète Terre) « sert de tremplin à celle de diversité culturelle ».[32] C'est toujours l'acception écologique de l'autonomie contenue dans la définition de G. Héraud.[33]

Pourrait-on dire que l'on a affaire à une coupure épistémologique lorsque l'on traverse la Méditerranée, de l'Europe vers l'Afrique ? Cette coupure se manifesterait par l'irruption de la spatialité dans le champ de conscience panafricaniste, à cause des déterminations écologiques, mais, point de ce naturalisme qui mène à l'exotisme, c'est aussi à cause de l'attrait pour le modèle territorial intégré par K. Nkrumah. Après son séjour aux États-Unis, il devint l'apôtre d'une fédération interétatique continentale : les États-Unis d'Afrique. Ce modèle se distingue du reste du personnalisme et du consciencisme africains incarnés par Amadou Hampaté Ba, Cheick Anta Diop, Senghor... Il existe également en Europe avec la branche spinelliste (Altiero Spinelli) du Mouvement fédéraliste européen, authentiquement hamiltonienne.

Toutefois, dans la mesure où il reposait à l'origine, dans ses fondements conceptuels, sur l'idée d'une personnalité africaine, le Panafricanisme n'est pas incompatible avec le fédéralisme personnel. Son concept de personnalité africaine est issu d'une idée de la conscience collective africaine : un *consciencisme* comme le disait Kwamé Nkrumah dans ses écrits de jeunesse. Son ancrage n'est pas un territoire particulier mais l'atopie d'une Mère Afrique d'autant plus présente qu'on en est déraciné. Ce sont l'angoisse et la déréliction de l'arrachement à une terre non natale qui rendent si intenses le *désir* d'Afrique des Africains de la diaspora, notamment depuis le dix-neuvième siècle à travers les projets et expériences de retour en Afrique de W. Blyden, M. Delany, W.E.B. Du Bois, ainsi que des milliers d'Afro-brésiliens, Afro-cubains ou Africains-américains.[34] L'Afrique de la diaspora peut être un État particulier, membre de l'UA, à atteindre et à développer mais c'est aussi une entité imaginée et parfois imaginaire,[35] d'où certaines expériences traumatisantes, telles que celle de Maryse Condé par exemple.[36]

Cependant, nous pensons que Ropivia s'est trompé dans sa thèse en tentant de montrer que la diaspora africaine était perdue à jamais pour l'Afrique et que seuls les Africains du Continent pouvaient le développer. En effet il surinvestit le rôle des différents modes de production auxquels auraient été confrontés les Africains de la diaspora (esclavage) et ceux du continent (travail forcé), sous-estimant la rémanence de l'ordre symbolique, la culture, en dépit des écartèlements psychiques et physiques qui ont façonné les sociétés africaines.

Au fond, l'on pourrait, en un certain sens, considérer l'Afrique entière comme une sixième région dans la mesure où elle est, à la différente des cinq régions territoriales et géographiques du continent la région de la conscience, l'archi-conscience[37] dont l'archéologie plonge ses racines dans un dense substrat historique, existentiel et mémoriel documenté par l'historiographie africaine et afrodiasporique, notamment à partir du Colloque d'Howard. Tout Africain n'habite peut-être pas l'Afrique mais est, devrait être, habité par cette Conscience de soi que symbolise la Sixième région.

Panafricanisme et personnalité africaine : la Sixième région comme « région archontique » non territoriale

Le Panafricanisme représente une expression politique et culturelle de l'idée que les Africains du Continent et de la diaspora ancienne (issue de la Traite négrière) appartiennent à une même nation, par-delà les affiliations nationales à une myriade d'États souverains. A ce titre, il se projette dans un espace autre que celui des souverainetés statonationales : à partir de tous les acquis mis en exergue par les études que nous avons mentionnées plus haut, il compose avec le fédéralisme personnel sans qu'aucun lien doctrinal entre eux n'ait à notre connaissance été établi de manière explicite. C'est qu'il parle de *diaspora* et non de nation ou de peuple, mais le Sujet historique et juridique dont il est question qu'est-ce sinon un peuple en attente de son État, un peuple resté trop longtemps en état postnational et pré-fédératif[38] Le fédéralisme est la réponse à une conscience panafricaine qui veut se donner son espace légitime.

Si l'on reste dans l'horizon de la « diaspora africaine », l'expertise politique et académique en langue anglaise a, on l'a vu, été très féconde sur ces questions de diaspora africaine, dès le milieu des années 1960 (Premier congrès des historiens africains à Dar Es Salaam en 1965), avec une impulsion certaine donnée par la première session de l'Institut d'Etudes de la diaspora africaine en août 1979, à l'Université noire de Howard (USA), au cours de laquelle le lien entre études de la diaspora et Panafricanisme est établi par St. Clair Drake.[39] Une recherche ciblée sur Internet permet de mesurer l'importance accordée à ce thème dans l'espace intellectuel anglo-saxon,[40] ce qui rend d'autant plus salutaire et urgent la réflexion sur ces mêmes questions initiée à l'occasion de ces États généraux. Il n'existe en effet aucune œuvre synthétique de la même envergure en langue française.

Pour mieux saisir la manière originale dont le Panafricanisme définit le concept de personnalité africaine, il nous a paru utile d'opposer sa démarche, surtout à des fins pédagogiques à celle de la négritude.

Du sentiment d'appartenance à l'appartenance juridique : passer du Panafricanisme au quotidien au Panafricanisme

La dialectique de l'imaginaire et du réel, de l'utopie et de la transformation sociale est une nécessité. Il convient de distinguer les accents culturels et littéraires du discours de la négritude, et ceux, plus politiques du Panafricanisme, même lorsqu'il est poétique,[41] mais pour comprendre l'articulation entre la communauté imaginée et la communauté sociale concrète, entre le pathos poétique et la construction d'une communauté politique continentale.

Le Panafricanisme ne parle pas d'un mythe national mais bien d'un État, d'un territoire panafricain. Surtout les nuances conceptuelles ici dépassent les clivages linguistiques que nous venons de mentionner. La réflexion, par exemple à partir de la notion de « personnalité africaine », circule d'un corpus à l'autre, par-delà les frontières.

A ce titre, la thèse de Mudimbé dans *The Invention of Africa* (1988), selon laquelle la place accordée à l'Ethiopie et à Haïti dans la négritude fait de celle-ci une héritière du XIXe siècle, est recevable. Par exemple, pour illustrer cette continuité, on peut noter la récurrence du thème « éthiopien » chez Senghor, qui a plusieurs fois célébré la Reine de Saba. Nous avons publié dans l'introduction au recueil de textes un extrait d'un autre poème intitulé « Appel à la Reine de Saba » :[42]

> Car le cri montagnard du ras Desta a traversé l'Afrique de part en part comme une épée longue et sûre dans l'avilissement de ses reins
>
> Il a dominé la rage trépignante crépitante des mitrailleuses,
>
> Défié les avions des marchands
>
> Et voici qu'un long gémissement plus désolé qu'un long pleure de mère aux funérailles d'un jeune homme
>
> Sourd des mines là-bas, dans l'extrême Sud.

Dès les années 1930, le corpus doctrinal de la négritude sur l'identité était établi, à partir des écrits de Senghor notamment, Aimé Césaire étant plus proche du mode d'énonciation de cette identité, du Panafricanisme. Senghor écrivait dans le célèbre article « Ce que l'homme noir apporte » (Senghor 1964:p.8) : L'émotion est nègre, comme la raison est hellène. Eau que rident tous les souffles ?

« Âme de plein air », battue des vents et d'où le fruit souvent tombe avant maturité ? Oui, en un sens. Le Nègre aujourd'hui est plus riche de dons que d'œuvres. Mais l'arbre plonge ses racines loin dans la terre, le fleuve coule profond, charriant des paillettes précieuses. Et chante le poète afro-américain :

J'ai connu des fleuves, D'antiques, de sombres fleuves,

Mon âme est devenue profonde comme les fleuves profonds.

Fermons la parenthèse. La nature même de l'émotion, de la sensibilité du Nègre, explique l'attitude de celui-ci devant l'objet, perçu avec une telle violence essentielle. C'est un abandon qui devient besoin, attitude active de communication; voire d'identification, pour peu que soit forte l'action, j'allais dire la personnalité de l'objet. Attitude *rythmique*.

Rappelons que Senghor affirme dans l'introduction à *Liberté I* : « la négritude, c'est ce que les anglophones désignent sous l'expression *'personnalité africaine'*. »

Cependant, malgré la commune référence à une « Personnalité africaine » censée réfuter le racisme colonial et esclavagiste, il n'est pas juste d'associer comme le fait Mudimbé, le Panafricanisme à ce courant littéraire, ou bien, comme le fait Decraenne, de considérer la négritude, de Langhston Hugues, Countee Mc Cullen, Mc Kay et le trio Césaire- Damas-Senghor, *Présence africaine* aussi, comme l'expression littéraire du Panafricanisme. En d'autres termes la thèse de Mudimbe serait que la négritude et le Panafricanisme sont toutes deux ces « légendes » sorties de la bibliothèque coloniale : Senghor, l'ethnologue allemand Frobénius.[43]

En effet, ce qui apparaît en filigrane dans les Congrès panafricains de W.E.B Du Bois, dont le premier se tint à Paris en 1919, c'est que le Panafricanisme insistait sur la dimension politique, anticoloniale et plus tard anti impérialiste, de la personnalité africaine, alors que la négritude construit l'identité noire comme une identité culturelle, dans le cadre d'une formidable créativité littéraire.

On se souvient de l'affirmation de Nkrumah en 1958 : cherchez d'abord le royaume politique et tout le reste vous sera donné en surcroît. Avant cette date, *Panafricanisme ou Communisme* de G. Padmore permet de comprendre l'intérêt du Panafricanisme pour la domination sociale des peuples et émigrés africains, manifestée par le colonialisme sur le Continent et l'exploitation en Europe ou aux Amériques. C'est tout naturellement que les travailleurs panafricanistes, par exemple Lamine Senghor se tournent vers le mouvement communiste, porteur d'un internationalisme d'émancipation. La négritude césairienne sera plus proche de ce Panafricanisme là, mais elle restera poétique ou lorsqu'elle revisitera l'histoire ce sera plutôt Haïti. Haïti plutôt que l'Ethiopie. Le Projet de la Bibliothèque Panafricaine nous permettrait d'imaginer une séquence dialectique en trois temps : l'Ethiopie antique, inaltérée et invaincue, Haïti l'insurgée, et enfin le Liberia, schème associant la souveraineté et la libération de la servitude. Mon objet ici n'est pas la factualité historique prise pour elle-même mais la possibilité de dégager des catégories historiques[44] que l'on pourrait utiliser pour l'enseignement et la recherche, mais aussi la formation des acteurs, à travers toute l'Afrique.

Face à la différenciation de ces deux postures et énonciations, Marcus Garvey occupe une place singulière : son œuvre et son action relèvent plutôt du Panafricanisme que de la négritude à laquelle son discours, tout comme celui de Blyden ont conduit bien des analystes à le rattacher.

Créée par Garvey en 1914, l'UNIA – ACL (*United Negro Improvement Association – Communities of African Leagues*) est sans conteste le mouvement qui dans l'histoire a le plus incarné l'adhésion de la diaspora africaine à la cause africaine, et cela sur une base pseudo raciale. C'est l'UNIA qui a popularisé l'hymne à l'Ethiopie comme hymne panafricain… aux États-Unis et dans la diaspora noire. C'est Marcus Garvey qui a repris le slogan « Africa for the Africans ». Mais alors que les précurseurs du 19è siècle (Martin 1976) étaient isolés des masses, Marcus Garvey a bénéficié de la concentration massive des populations noires dans les villes du Nord des États-Unis pour construire un mouvement populaire dont on peut dire que le Panafricanisme de masse représente une négritude insurrectionnelle à la Césaire, autrement dit à la… Toussaint L'ouverture. L'approche de Garvey n'est pas intellectuelle ou nostalgique, elle est sociale : c'est une sécularisation de l'éthiopianisme évangélique[45] et angélique d'antan : « The work of our organization is not a visionary one, but very practical ».[46] La *Déclaration des droits des peuples nègres du monde* du 15 août 1920 symbolise bien la différence avec la négritude littéraire. Garvey est orienté vers la question nationale qui caractérise le début du vingtième siècle, et la Société des Nations (SDN) : il donne une dimension territoriale concrète aux revendications et au projet de l'UNIA : c'est le Continent africain. Il écrit :

> ceux de notre race qui sont perspicaces et ardents travailleurs veulent retourner en Afrique, parce que nous nous rendons compte que c'est notre seul espoir d'avoir une existence stable (…). Nous constituons la majorité en Afrique et nous devrions naturellement nous autogouverner là-bas (Garvey 1923:122).

Visiblement, il est, comme Karl Renner dans le suivi du Congrès de Versailles en France, après la Première Guerre mondiale, et dispute à ce titre le leadership au Professeur W.E.B Du Bois, avec lequel son antagonisme est connu.[47] Le facteur « Colonial » noir entre en scène. Il préfigure la montée en puissance du facteur travail à travers les migrations économiques de la seconde moitié du vingtième siècle. La souveraineté politique est perçue comme un impératif, mais comment la construire sinon sur la base d'une nationalité concrète, territorialisée, même de manière symbolique – « Président de l'Afrique » – Martin 1976:12,42) ?

Garvey écrit, sans doute dans les années 1920 :

> Tant que le Nègre n'aura pas atteint ce niveau de l'indépendance nationale, tout ce qu'il fera sera inutile, parce que le préjudice auquel il sera confronté, même avec son bulletin de vote, ses progrès industriels sera si exorbitant qu'il souffrira de la perpétuation de la violence et du pouvoir des foules, sans que ni sa richesse ni son bulletin de vote ne puissent les arrêter (Garvey 1923:70).

En outre, on peut percevoir d'ailleurs dans l'arrière-plan « racial » de ce conflit de stratégies, la manière dont les traits phénotypiques, la couleur de la peau [*light skin/ brown or black skin* (Garvey 1925:56-57, 303)], constituent un facteur de fragilisation de l'identité dans le Panafricanisme, ce qui est moins le cas dans la négritude.

Le caractère foncièrement républicain de la culture politique française joue dans la fameuse querelle sur le caractère moins, ou non révolutionnaire de la négritude, dans la mesure où il débouche sur l'idée de l'assimilation des élites. Il faut en effet souligner que si à l'époque les chefs de file de la négritude étaient des citoyens français[48] relativement bien intégrés dans la Quatrième République française, le mouvement civique noir américain battait son plein, et était plus influencé par l'internationalisme communiste ou l'universalisme prôné par l'ONU (Charte de 1946 et Déclaration universelle des droits de l'Homme de1948). Le Panafricanisme politique est une doctrine et une culture politique pour laquelle la question de l'identité panafricaine n'est pas de l'ordre de la description ou de l'assignation due au fait racial, mais une question de *citoyenneté* dans une vision multinationale, qui repose sur trois sources principalement : le modèle de l'État fédéral multinational américain, l'ONU, et l'internationalisme prolétarien.

En raison de la présence d'anglophones ayant été marqués par le modèle de la fédération américaine, les leaders du Panafricanisme militant avaient compris que l'unité politique de l'Afrique ne devait pas être fondée sur *une* identité culturelle mais une identité historique, forgée dans et par l'histoire, et assumée, choisie. Le problème n'était pas de la définir (négritude senghorienne) – ou de la réfuter (Frantz Fanon).Ainsi, lors de la Conférence constitutive de l'OUA, Haïlé Sélassié affirme : « La connaissance de notre histoire est indispensable pour établir notre personnalité et notre identité d'Africains » (Ki-Zerbo 2007:361) à quoi Nkrumah répond : « Nous avons découvert notre identité comme une force qui nous permettra de réaffirmer notre Personnalité africaine » (Ki-Zerbo 2007:380).Je voudrais voir dans cette Personnalité africaine remise sur ses pieds l'expression d'un caractère fédéral, donc l'objet d'une compétence politique, plutôt que l'expression d'une identité culturelle à contempler, mais une telle compréhension a eu du mal à percer dans le climat culturel, intellectuel et politique que je décris : celui de la Quatrième et de la Cinquième république colonialistes. Il est donc resté minoritaire.

En résumé, l'unité politique au sens du Panafricanisme établit une rupture avec le moment de l'émancipation sur une base raciale et socioculturelle incarnée par la référence récurrente à Haïti, à l'Ethiopie et au Libéria, ces trois républiques « noires » emblématiques dont la négritude a toujours masqué l'absence de tout caractère *républicain* véritable, c'est-à-dire l'existence d'une *citoyenneté* au sens moderne, démocratique ou non. Un citoyen est un « individu jouissant, sur le territoire de l'État dont il relève, des droits civils et politiques ». En effet, si aujourd'hui, la notion de « Personnalité africaine » apparaîtrait désuète, notamment à cause des travaux dé-constructeurs de V. Y. Mudimbé (1988), d'Achille Mbembé,[49] de

Kwame Appiah,[50] c'est que l'on évite de voir dans la « Personnalité africaine », le fondement objectif, d'une souveraineté supranationale dans laquelle les identités culturelles relèvent des affaires locales ou de la sphère privée.[51] L'on méconnaît les promesses d'un fédéralisme personnel que l'Union africaine rejoint en érigeant une communauté diasporique non située territorialement mais historiquement en composante de l'entité politique supranationale en gestation.

Seulement l'OUA de 1963 tourne le dos à l'identité panafricaine au sens politique : c'est l'hibernation jusqu'à l'avènement de l'Union africaine et de la Renaissance africaine : le XXIe siècle.

Quelques pistes pour la mobilisation de la diaspora africaine en France

Au terme de ce parcours nous pouvons considérer que la réflexion est déjà avancée sur la contribution de la diaspora africaine au monde, les contours d'une personnalité africaine dont la transformation en citoyenneté africaine exige le saut qualitatif de la fédéralisation du Continent.

Les réflexions antérieures du théoricien et homme d'État K. Renner et le Panafricanisme peuvent servir de justification théorique pour le dépassement de l'État africain actuel dans une fédération. Ils recèlent des ressources conceptuelles et politiques pour une reconstruction de l'espace politique africain, seul cadre pertinent, à la fois au sens historique et spatial, à partir duquel doit être posée et appréhendée la question de la contribution de la diaspora africaine au développement de l'Afrique. C'est une œuvre de longue haleine et il faudra commencer par des fédérations régionales.

L'idée d'une fédération continentale est la projection dans l'espace politique des États d'une vision de l'Afrique comme Conscience de soi, archi-conscience, sixième région.

Elle sous-tend les efforts concrets de développement dans lesquels se sont lancés des générations d'Africains de la diaspora,[52] auxquels les associations actuelles emboitent le pas mais peut-être inconsciemment. Il nous a paru important de contribuer à articuler les préoccupations actuelles avec une mémoire collective qui fait peuple. Car le développement n'est pas seulement clés en mains, il est aussi « clés en tête », comme l'écrit J. Ki-Zerbo dans l'introduction à *La Natte des autres.*[53]

Progressivement la nécessité historique sera l'aiguillon qui poussera les forces sociales sur le Continent à créer le mouvement de fond qui permettra d'ajouter au niveau statonational actuel un véritable niveau supranational, fédéral.

Notes

1. Pour une vue synthétique, voir le recueil de texte sur *Le Mouvement panafricaniste au vingtième siècle*, OIF, Paris, 2006. Cet ouvrage est disponible gratuitement sur demande auprès de l'auteur.

2. Cf. le discours de Obama: (http://www.youtube.com/watch?v=zrp-v2tHaDo); sur la Constitution américaine : cf. le fameux passage inaugural: *We the people of the United States, in order to form a more perfect union, establish justice, insure domestic tranquility, provide for the common defense, promote the general welfare, and secure the blessings of liberty to ourselves and our posterity, do ordain and establish this Constitution for the United States of America.* (par exemple : http://www.law.cornell.edu/constitution/constitution.preamble.htm) *Nous, peuple des États-Unis, dans le but de former une fédération plus achevée, établir la justice, garantir la stabilité dans nos frontières, assurer la défense nationale, promouvoir le bien-être général, et affirmer les bénédictions de liberté sur nous-mêmes et notre descendance, promulguons et établissons cette Constitution des États Unis d'Amérique.*
3. Rendu célèbre par sa conceptualisation de l'Atlantique noir : *The Black Atlantic, Double Consciousness and Modernity*, Londres, Verso, 1993.
4. Cf. Programme TOKTEN : (http://www.unv.org/fr/nos-activites/pays/viet-nam/doc/tokten-ramene-au-pays.html).
5. Malian Symposium of Applied Sciences ; cf. (http://www.msas.maliwatch.org/)
6. La conversation électronique permet de retrouver la pratique de la causerie(baro en bambara) très ancrée dans la plupart des sociétés africaines.
7. Lire l'étude de B. Akplogan, *Intégration et Renaissance africaines : le rôle de la diaspora.* Etude de cas du Sénégal, du Mali, du Burkina Faso et du Togo, UNESCO, 2006.
8. Cette volonté de vivre ensemble dont il est question dans l'essai *Qu'est-ce-qu'une nation ?* est en effet raffermie par l'expérience de l'exil, de la séparation.
9. Cf. Bénot Y., 1998, « De la traite négrière au sous-développement », in *La Chaîne et le lien*, Editions de l'UNESCO, Paris, , p. 121-130 ; ou S. Walk , Rowman & Littlefield Publishers, Inc, 2001, USA.
10. Cf. La Chaîne et le lien, 1998., chapitre 4 sur « *Les apports, continuité et dynamismes culturels* ».
11. Lire Ki-Zerbo J., 1978, *Histoire de l'Afrique noire,* Ed. Hatier, Paris, p. 223; Helg A., 1995 Our Rightful Share. The Afro-Cuban Struggle for *E*quality, 1886-1912, The University of North Carolina Press, notamment p. 48. suiv. Sur la calypso, cf. S. P. Paquet, P.J. Saunders, S. Stuempfle, (eds), *Music, Memory, Resistance. Calypso and the Caribbean Literary Imagination*, Ian Randle Publishers, Kingston, 2007
12. Le fait que la plupart des chercheurs appartiennent aux sociétés africaines et afrodiasporiques leur permet d'appréhender celles-ci du point de vue des participants dont le savoir endogène (native knowledge) est davantage construit, et enrichi de manière critique par la perspective d'une discipline scientifique, et très souvent par une expérience comparative et des recherches dans plusieurs sociétés africaines et afriodiasporiques. (S. Walker, Are you hip to the jive ? (Re) writing the Pan-American Discourse, Introduction; http:// chapters.rowmanlittlefield.com/07/425/0742501655ch1.html consulté le 9 novembre 2015).
13. Cf. G. Shepperson, «African Diaspora: Concept and Context», in J. E. Harris, *Global Dimensions of the African Diaspora*, Howard University Press, Washington, 1982, p. 46.
14. S. Walker, op. cit ; sur le rôle des Africains dans la culture du riz aux Amériques lire Careny, J. 2001. *Black rice: The African origins of rice cultivation in the Americas.* Cambridge: Harvard University Press.

15. Cf. *La Chaîne et le lien : une vision de la traite négrière*, 1998, Éd. UNESCO, Paris, et le site Internet de l'UNESCO.
16. Source : Site Internet de l'UNESCO.
17. Voir *Africa international*, n° 397, avril 2006.
18. Voir le compte-rendu de la CIAD I dans le recueil de textes sur Le mouvement panafricaniste au XXe siècle, OIF, Paris, 2006 (disponible sur demande auprès de l'auteur de cette communication) ; cf. également l'article de l'agence de presse PANA *le ministre Gadio précise les contours de la diaspora africaine*, in Bulletin de la Conférence des intellectuels d'Afrique et de la diaspora, 7 octobre 2004.
19 Officiellement l'UA mentionne les amendements à l'Acte constitutif de l'Union africaine, approuvé en janvier 2003 par la première session extraordinaire de la Conférence des chefs d'État et de gouvernement, qui s'était tenue à Addis-Abeba en Ethiopie, qui stipule en son article 3(q) inviter et encourager la participation effective des Africains de la diaspora, en tant que partie importante de notre continent, à la construction de l'Union africaine. La notion de sixième région, recommandation de la première Conférence des intellectuels d'Afrique et de la diaspora tenue à Dakar en octobre 2004, reste donc à objectiver.
20. Cf. également H. Arendt, *L'Impérialisme*, Ed. Seuil, Paris.
21. Je m'appuie ici sur Pierré-Caps S., « *Karl Renner et l'État multinational. Contribution juridique à la solution d'imbroglios politiques contemporains* » , in *Droit et Société* 27, 1994 (disponible sur : http://www.reds.msh-paris.fr/publications/revue/pdf/ds27/ds027-11.pdf). Cf. également Chiti-Batelli A., « La social-démocratie de l'Empire autrichien fin de siècle », in *L'Europe en formation*, n° 294-295, p. 105-118.
22. Pierré-Caps S., article cité, p. 430.
23. Je reprends ici certains passages d'un texte antérieur, « *Le fédéralisme personnaliste vu de Ouagadougou* » paru dans la revue d'études fédéralistes *L'Europe en Formation.*
24. C'est le cas de l'auteur de la présente communication.
25. Cf. la thèse de M.-L. Ropivia citée plus loin, p. 37.
26. C'est nous qui soulignons.
27. Cf. les travaux d'Antoine Messara N. sur le Liban, ou S. El Dine Tarazi, *La Solution des problèmes de statut personnel dans le droit des pays arabes et africains.*
28. Nous avons pu rencontrer ce grand géographe africain à Libreville en avril 1997.
29. Cf. p. 47 : « Il existe une école française du fédéralisme européen organisé autour de deux organes : la maison d'édition Presses d'Europe et la revue L'Europe en formation. Ces deux organes sont dominés par les grands noms de B. Voyenne, G. Héraud, Alexandre Marc et Ferdinand Kinsky ».
30. Nous croyons nous souvenir que Marc, au cours d'une conversation privée, nous a dit n'avoir jamais visité l'Afrique sub-saharienne, et qu'il la trouvait presque trop exubérante.
31. Cf. les travaux de P. Claval.
32. La Géopolitique africaine et le fédéralisme nucléaire, Critique et reformulation des fondements conceptuels et géographiques des organisations africaines, Ph. D, Université Laval, 1985. De cette thèse a été extraite *Géopolitique de l'intégration africaine*, Éd. L'Harmattan, 1994.
33. Op.cit., p. 86. C'est G. Héraud qui sert ici également de fil conducteur. Les aspects institutionnels sont tirés du *Précis* de droit des gens, principes et systématique, G. Scelle, Sirey, 1932.

34. Cf. par exemple K. Gaines, *American Africans in Ghana*, The University of North Carolina Press, 2006 : une passionnante étude sur les Africains-Américains qui rejoignirent le Ghana de Nkrumah.
35. L'utopie émancipatrice de l'Ethiopie dans l'éthiopianisme est une illustration ; ceci dit l'imaginaire alimente les processus réels puisque les Africains de la diaspora ont rejoint l'Ethiopie.
36. Voir par exemple l'ouvrage en ligne :http://www.africananews.com/pros/articles/godfrey-relationsbetweenafricansandafricanamericans-pdf6x9.pdf
37. En philosophie, voir les réflexions sur la phénoménologie de l'espace d'un Husserl (*Idées directrices* II – cf. également le concept de conscience comme Ur-region : une region non mondaine), Heidegger, Merleau-Ponty. Husserl parle d'*Ur-Region.* En allemand, la racine *Ur* désigne surtout l'origine (*Ursprung*), la fondation. Voir aussi les travaux de A. Gurwitsch sur Le *Champ de conscience*, étudiés dans ma thèse de doctorat : Contribution à une ontologie sociale phénoménologique à partir de Husserl, Poitiers, 1994.
38. Un peuple qui, par sa situation diasporique structurelle, transgresse les frontières de Berlin et mérite une citoyenneté à la hauteur de son expansion continentale et hors du Continent.
39. Diaspora Studies and Pan–Africanism, in *Global Dimensions of the African Diaspora,* Howard University Press, Washington, 1979 (puis 1982, 1993).
40. Cf. par exemple : http://www.africandiasporastudies.com/consortium/flasc.html
41. Cf. par exemple la poésie relative à l'Ethiopie lorsque celle-ci est agressée en 1936 par l'Italie de Mussolini.
42. *Le Mouvement panafricaniste au XXe siècle* (ou Recueil), OIF, Paris, 2007, p. 41
43. *Histoire de la Civilisation africaine* de l'ethnologue allemand, publié en France en 1936 influença le cercle de *L'Etudiant noir* (1935-1936).
44. A titre de comparaison, on peut se référer à la démarche de Koselleck R., 1990, *Le Futur passé. Contribution à la sémantique des temps historiques*, traduit par Jochen Hoock et Marie- Claire Hoock, Éditions de l École des hautes études en sciences sociales, Paris,; ou : *Geschichtliche Grundbegriffe. Historisches Lexikon zur politisch-sozialen Sprache in Deutschland* [*Les Concepts fondamentaux de l'histoire. Dictionnaire historique du langage politique et social en Allemagne-*] (dir.), avec Werner Conze et Otto Brunner, Klett et Cotta, Stuttgart, 9 vol., 1972–1997.
45. Mais pas seulement : les religions afro-brésiliennes ont joué aussi un rôle mais différent. Sur le Panafricanisme évangélique, cf. «Some Reflections on Evangelical Panafricanism», in Tony Martin, *The Panafrican Connection,* The Majority Press, Wellesley, 1985, p. 31-46. Lire sa communication dans le present volume.
46. *The philosophy and opinions of Marcus Garvey*, volume I, TM Press, Dover, 1986, p. 70; cf. également *Race First*, p. 42: « the UNIA speaks in the language of building a government: of building political power and all that goes with it».
47. Cf . par exemple «Du Bois and Garvey : Two Panafricas» , in Lewis, D. L., 2000, *W.E.B du Bois. The Fight for Equality and the American Century. 1919-1963*, A John Macrae/Owl Book, New York.
48. Voir sur ce point E. Glissant, *Le Discours antillais*, p. 268 : « La citoyenneté française (l'idéal de la citoyenneté à un lointain pays (la France) vient relayer l'idéal du retour à un pays lointain (l'Afrique), court-circuitant le pays réel. ». L'universalisme et l'assimilationnisme français sont un facteur de différenciation notable par rapport aux Caraïbes et aux colonies anglophones.

49. Ses travaux sur *African modes of self writing* in Public culture n° 14.3, Fall 2002, ou *Les écritures africaines de soi* in Politique africaine, 77, mars 2000.
50. Outre l'œuvre citée auparavant, cf . *The Ethics of Identity*, Princeton University Press, Princeton, 2005; ce sont là les représentants les plus prestigieux et les plus crédibles. Un quasi révisionnisme conduit certains auteurs à jeter le Panafricanisme dans la poubelle des grands récits totalitaires du XXe siècle, comme le pangermanisme : S. Rosière, *Géographie politique et géopolitique*, Ed. Ellipses, Paris, 2007, p. 219-220, notamment note 2 ou d'autres chercheurs africains.
51. Voir Chapitre XVI du *Leviathan* de Hobbes comme source écrite de cette notion de personnalité politique. Pour la problématique de la citoyenneté, cf. *Citizen and Subject* de Mahmood Mamdani.
52. Lire Browne D.L., *Panafricanism and the African Union* (http://www.siue.edu/~mafolay/ JournalInfo/Vol-2/Issue%201%20revised.pdf), notamment note 1, p. 45 sur les réalisations multiformes des Africains-Américains au Kenya et en Tanzanie. Cf. également l'ouvrage de l'Ambassadeur E.P Skinner, auteur de plusieurs travaux.
53. Ki-Zerbo, 1992, *La Natte des autres. Pour un développement endogène en Afrique*, Ed. Karthala- CODESRIA-CRDE, Dakar, Paris. Sur l'historien burkinabè, voir : www.ceda.bf

Bibliographie

Africa international, n° 397, avril 2006.

Akplogan, B., 2006, Intégration et Renaissance africaines : le rôle de la diaspora. Etude de cas du Sénégal, du Mali, du Burkina Faso et du Togo, UNESCO.

Appiah, K. A., 1993, *In My Father's House: Africa in the Philosophy of Culture*, Oxford University Press.

Bénot Y., 1998, « De la traite négrière au sous-développement », in *La chaîne et le lien*, Editions de l'UNESCO, Paris, pp. 121-130.

Careny, J. 2001, *Black rice: The African origins of rice cultivation in the Americas.* Cambridge.

Garvey, M., 1923, *The philosophy and opinions* of Marcus Garvey, *Dover*, MA: Majority *Press*, volume I.

Garvey, M., 1925, *The philosophy and opinions* of Marcus Garvey, *Dover*, MA: Majority *Press*, volume II.

Glissant, E., 1997, *Le discours antillais*, Ed. Gallimard, Paris.

Helg A., 1995, *Our rightful share. The Afro-Cuban strug gle for equality*, 1886-1912, The University of North Carolina Press.

Ki-Zerbo J., 1978, *Histoire de l'Afrique noire*, Ed. Hatier, Paris.

Ki-Zerbo, J., 1992, *La Natte des autres. Pour un développement endogène en Afrique*, Ed. Karthala-CODESRIA-CRDE, Dakar, Paris. Sur l'historien burkinabè, voir : www.ceda.bf

Ki-Zerbo, L., 2007, *Le Mouvement panafricaniste au XXe siècle* (ou Recueil), OIF, Paris.

Lewis, D. L., 2000, *W.E.B du Bois, The fight for equality and the American century*, 1919-1963, New York: A John Macrae/Owl Book.

Marc, A., 1997, *Fondements du fédéralisme, Destin de l'homme à venir*, Paris : L'Harmattan, 232 p.

Martin, T., 1976, *Race First: The Ideological and Organizational Struggle of Marcus Garvey and the Universal Negro Improvement Association,* Westport, Conn.: Greenwood Press.

Martin, T., 1985, *The Panafrican connection, The Majority Press*, Wellesley

Mudimbe, V.Y., 1988, The *Invention of Africa* Philosophy *and the Order of Knowledge Bloomington-* Indianapolis: Indiana University Press

Paquet, S. P., Saunders P.J., Stuempfle S., 2007, (eds), *Music, Memory, resistance. Calypso and the Caribbean literary imagination*, Ian Randle Publishers, Kingston.

Ramesh, Dutta *D.*, 1976, The *Political Geography of Federalism*: An Inquiry Into Origins and Stability. Toronto : Macmillan.

Senghor, L. S., 1964, *Liberté I*, Ed. Du Seuil, Paris.

Shepperson, G., 1982, *«African Diaspora: concept and context»,* in J. E. Harris, *Global dimensions of the African Diaspora*, Howard University Press, Washington.

St. Clair D., 1979, "Diaspora studies and Pan – Africanism", in *Global dimensions of the African Diaspora*, Howard University Press, Washington (puis 1982, 1993).

Walker, S., *African roots-American cultures,* Rowman & Littlefield Publishers, Inc, 2001, USA, Harvard University Press.

Ziegler, J., 1971, *Le pouvoir africain. Eléments d'une sociologie politique de l'Afrique noire et de sa diaspora aux Amériques*, Ed. Seuil, Paris.

22

Rastafari et reggae : mouvements panafricanistes à part entière – leurs apports dans l'univers culturel mondial

Jérémie Kroubo Dagnini

Introduction

Le Panafricanisme est un mouvement politico-culturel dont le but premier est l'unification de l'Afrique et de sa diaspora. Les panafricains considèrent ces deux éléments comme une seule et même entité. Ils encouragent une solidarité entre les peuples du monde noir, prônant leur indépendance politique, économique et culturelle. Le Jamaïcain Marcus Garvey, l'Afro-américain W.E.B. Du Bois, le Trinidadien George Padmore, le Ghanéen Kwame Nkrumah, le Tanzanien Julius Nyerere, le Burkinabè Joseph Ki-Zerbo, le Kenyan Jomo Kenyatta, le Sénégalais Cheikh Anta Diop et le Martiniquais Frantz Fanon, parmi tant d'autres, sont considérés comme des figures emblématiques du mouvement. Le point commun de ces personnages : ce sont tous des érudits et hommes politiques de haut niveau. Le mouvement panafricaniste compte dans ses rangs d'éminents intellectuels, certes, mais pas seulement. Il est également composé d'individus occupant une position sociale « moins valorisante », mais dont l'influence est néanmoins tout aussi cruciale : les chanteurs de reggae, qui puisent leur inspiration dans la religion panafricaine rasta, en font partie. En effet, Bob Marley, plus que quiconque, a participé à la diffusion d'idées panafricaines aux quatre coins du globe via sa musique : le reggae. Dans un premier temps, je reviendrai donc sur les origines de rastafari et du reggae, puissant vecteur de transmission de l'idéologie rasta, tout en soulignant les fondements panafricanistes de ces mouvements respectifs. Puis, je mettrai brièvement en relief leurs apports dans l'univers culturel mondial.

Les origines de rastafari et du reggae

La religion rasta et le reggae sont apparus à la Jamaïque, une île des Grandes Antilles dont l'histoire a été notamment marquée par l'esclavage, la colonisation, le racisme, la violence et la misère. Mais, loin d'affaiblir le peuple, ces maux ont au contraire contribué à le renforcer. En effet, de tout temps, de la lutte des premiers marrons[1] au XVIIe siècle aux *Rodney riots*[2] dans les années 1960, en passant par la révolte de Sam Sharpe en décembre 1831 à Montego Bay,[3] les Jamaïcains se sont trouvés en situation de résistance. Cet esprit de révolte que développa le peuple jamaïcain tout au long de son histoire a donné naissance à une religion panafricaine appelée rastafari, et à une musique, le reggae, le fer de lance de l'idéologie rasta.

Rastafari : une interprétation (pan)africaine et afrocentriste du christianisme

La religion rasta puise ses origines dans l'éthiopianisme, une matrice idéologique créée à partir et autour du nom Ethiopie dans les mondes noirs. La Bible contient de nombreux passages faisant référence à l'Ethiopie qui se trouvent pour la plupart dans l'ancien testament, parmi lesquels : « Des grands viennent de l'Egypte ; l'Ethiopie accourt, les mains tendues vers Dieu »[4] ; « N'êtes-vous pas pour moi comme les enfants des Ethiopiens, enfants d'Israël ? » (Amos 9:7) ; et « L'Ethiopie et les Égyptiens innombrables faisaient sa force » (Nahum 3:9). Ces versets, tous plus élogieux les uns que les autres, inspirèrent les premiers éthiopianistes pour lesquels le mot « Ethiopie » ne faisait pas seulement référence à l'État d'Afrique orientale, autrefois appelée « Abyssinie », mais avait un sens plus large renvoyant à tout le continent africain. De même, il est important de souligner que les références à l'Egypte dans la Bible furent elles aussi capitales pour les éthiopianistes qui considéraient « l'Egypte comme le berceau de la civilisation et l'Afrique en général comme la Terre-Mère » (Johnson-Hill 1995:14). Enfin, signalons que les adeptes de l'éthiopianisme identifiaient les Ethiopiens, c'est-à-dire les Noirs de manière générale, au peuple élu, au peuple juif, à ces enfants d'Israël, descendants de la mythique rencontre entre le roi Salomon et la reine de Saba[5] – le fait que dans la Bible, les descendants de Cusch, fils de Cham et petit-fils de Noé, auraient peuplé l'Ethiopie (*Genèse* 10:6-20) ainsi que les thématiques de l'esclavage et de l'exil des Hébreux vinrent renforcer cette identification aux Israélites.

Ainsi, l'éthiopianisme se caractérisa comme une sorte de version afrocentriste du christianisme mêlée à des croyances animistes. Il se manifesta à la Jamaïque à la fin du XVIIIe siècle, George Lisle (1750-1820) et Moses Baker, d'anciens esclaves noirs américains, étant considérés comme les pionniers de ce courant religieux (Chevannes 1994:18-19, 34, 37). En 1784, George Lisle fonda l'Ethiopian Baptist Church (l'Église Baptiste Ethiopienne) qui comptait près de mille cinq cents fidèles. Moses Baker fut l'un des plus fervents d'entre eux. Lors de leurs prêches, les deux hommes familiarisèrent les jamaïcains noirs (esclaves et affranchis) avec la Bible et le corpus biblique de l'éthiopianisme en particulier, associant l'Ethiopie (l'Afrique) à la terre promise et le peuple noir au peuple élu, leur permettant ainsi de retrouver un peu de leur dignité perdue.

L'éthiopianisme, qui prônait la grandeur des Africains, constituait en réalité une réponse légitime au christianisme « blanc » de l'époque qui véhiculait l'image d'une Afrique primitive, païenne et hideuse comme l'illustrent singulièrement ces deux versets de la Bible : « *Je suis noire, mais je suis belle* » ; « Ne prenez pas garde à mon teint noir : c'est le soleil qui m'a brûlée » (*Le Cantique des cantiques* 1:5-6) (*je souligne*), la conjonction « mais » indiquant l'incompatibilité entre la peau noire et la beauté. Au début du XXe siècle, ce courant religieux trouva écho auprès de personnalités charismatiques comme Joseph Robert Love, Robert Athlyi Rogers, Alexander Bedward et évidemment Marcus Garvey.

Personnage clé dans le combat pour l'amélioration de la condition des Noirs en Jamaïque entre 1890 et 1914, le docteur, pasteur, journaliste, politicien et orateur hors pair originaire des Bahamas Joseph Robert Love (1835 ou 1839-1914) affirmait avec fierté sa négritude et ses racines africaines, sa devise étant d'ailleurs : « l'Afrique aux Africains » (Love in Chevannes 1994:38). Love était également à l'origine de deux des principaux vecteurs d'idées panafricaines et anticoloniales, à savoir l'hebdomadaire *Jamaica Advocate* (1894-1905) et la Panafrican Association (l'association panafricaine), créée en 1901 en collaboration avec H. Sylvester-Williams, un panafricaniste de Trinité-et-Tobago. Au début du XXe siècle, les prêcheurs ambulants Isaac Uriah Brown, Prince Shrevington, Seven Keys et « Warrior Higgins » (Higgins le guerrier), le fondateur de l'Eglise revivaliste.[6]

The Royal Millennium Baptist Missionary Society, comptaient aussi parmi ces personnalités fortement inspirées par l'éthiopianisme, jouant un rôle significatif dans la transmission d'idées panafricaines et afrocentristes au sein de la société jamaïcaine (Chevannes 1994:38). Ces différents personnages ouvrirent la voie à Robert Athlyi Rogers qui, dans les années 1920, créa une religion afrocentriste appelée Afro Athlican Constructive Church, dont l'une des lignes directrices était l'autodétermination et l'autonomie des Africains et des Noirs en général.

A l'instar des premiers éthiopianistes, Robert Athlyi Rogers considérait les Ethiopiens comme appartenant au peuple élu et percevait Marcus Garvey comme un véritable prophète. Originaire d'Anguilla, une île des Petites Antilles britanniques, il passa une bonne partie de sa vie à voyager en Amérique centrale et du Sud, dans les Caraïbes et aux États-Unis. C'est aux États-Unis d'ailleurs, au début des années 1920, qu'il aurait été fasciné par le charisme et les discours afrocentristes de Marcus Garvey. En 1924, alors à Newark dans le New jersey, il publia *The Holy Piby* ou « La Bible de l'homme Noir », un ouvrage contenant notamment des doctrines religieuses, des règles de vie et de nombreux passages consacrés à l'Ethiopie et à l'Egypte. La *Holy Piby* se distingue aussi par le fait qu'il s'agit d'un livre religieux dans lequel prophètes, apôtres, hommes saints et Dieu lui-même sont présentés comme étant d'origine africaine et de peau noire. Enfin, par-delà le mysticisme omniprésent, l'ouvrage insiste sur la nécessité pour les Noirs d'être économiquement indépendants. En 1926, un autre livre « saint » vit le jour en Jamaïque, *The Royal Parchment Scroll of Black Supremacy*, écrit par le révérend Fitz Balintine Pettersburgh. Cet ouvrage, décrit par l'auteur comme « la Bible Ethiopienne » (*In* Johnson-Hill 1995:15), prône la suprématie de la race noire, célèbre la dynastie éthiopienne, et prédit le règne du peuple noir et la fin de la suprématie blanche. Dans les années 1920, bien qu'interdits en Jamaïque et dans le reste de la Caraïbe, ces deux livres aux contenus très subversifs contribuèrent à nourrir cette pensée panafricaine en pleine effervescence.[7]

En ce début du XXe siècle, de ces prédicateurs panafricanistes inspirés par l'éthiopianisme, le leader et guérisseur revivaliste Alexander Bedward (vers 1859-1930) fut sans doute l'un des plus célèbres. En effet, Bedward, qui faisait partie de ces ouvriers jamaïcains ayant migré au Panama dans les années 1880, avait des disciples non seulement à la Jamaïque, mais également en Amérique latine, au Panama notamment. Il aurait commencé à attirer l'attention du public quelques années avant la fin du XIXe siècle, lorsque, lors de grands rassemblements populaires, il dénonçait de manière virulente l'oppression des Noirs par la société blanche et enseignait les bienfaits de la révolution noire, glorifiant des personnages emblématiques tels que Sam Sharpe et Paul Bogle.[8] Parallèlement à ses discours révolutionnaires afrocentristes fustigeant l'homme blanc, il officiait en tant que guérisseur revivaliste à August Town, tout près de Kingston. Inutile de préciser qu'en cette période coloniale, Alexander Bedward fut victime de répression sévère de la part des autorités. Il fut arrêté à plusieurs reprises pour ses activités subversives et même, maintes fois, interné à l'hôpital psychiatrique. En avril 1921, Bedward ainsi que huit cents de ses fidèles furent arrêtés suite à une manifestation durant laquelle plusieurs personnes auraient été molestées, dont un fonctionnaire municipal. Il fut condamné et enfermé à l'hôpital psychiatrique de Bellevue où il mourut en 1930. Selon le professeur Barry Chevannes, spécialiste des mouvements religieux caribéens :

> Alexander Bedward a amené ses disciples directement au garveyisme en trouvant la métaphore charismatique appropriée : Bedward et Garvey étaient comme Aaron et Moïse, l'un le grand prêtre, l'autre le prophète, tous deux délivrant les enfants d'Israël de leur exil (Chevannes 1994:39).

Ces éthiopianistes et panafricanistes ouvrirent la voie à Marcus Garvey, l'instigateur involontaire de la religion rasta.

Marcus Mosiah Garvey (1887-1940), fondateur de l'Universal Negro Improvement Association (UNIA), « l'Association universelle pour l'amélioration de la condition des Noirs », et pionnier du mouvement du retour en Afrique avec sa compagnie maritime la Black Star Line, reste à ce jour l'un des grands leaders panafricanistes du XXe siècle. Tout au long de sa vie, il lutta pour la création d'un grand empire africain indépendant économiquement, politiquement et culturellement. Son désir était de revaloriser la négritude et de rendre aux Noirs la dignité que l'esclavage et la colonisation avaient tenté d'avilir. Il souhaitait profondément que les Noirs se réconcilient avec eux-mêmes en rompant avec leur sentiment d'infériorité, et qu'ils acquièrent des connaissances et des moyens techniques et économiques qui leur permettraient d'être libres et de se débarrasser du joug de l'homme blanc. Inspiré par Joseph Robert Love, Marcus Garvey revendiquait : « L'Afrique aux Africains d'Afrique et d'ailleurs » (Garvey *in* Garvey et Blaisdell 2004:165). Individu aux multiples talents, Garvey était à la fois homme d'affaires, politicien, écrivain, orateur et prêcheur religieux. En effet, homme de Dieu, il fut membre de l'Eglise catholique romaine avant de se rapprocher de l'African Orthodox Church (AOC), « l'Eglise orthodoxe africaine », de George Alexander McGuire (1866-1934). Ainsi, tout comme Robert Athlyi Rogers et les premiers éthiopianistes, Marcus Garvey parlait notamment d'un Dieu noir qu'il convenait de regarder « à travers les lunettes de l'Ethiopie ».

En d'autres termes, il préconisait une représentation africaine du christianisme et citait souvent, dans ses nombreux discours, les versets bibliques ayant trait à l'Ethiopie et à l'Egypte. C'est d'ailleurs de la sorte qu'il fut accidentellement associé au mouvement rasta. En effet, entre 1927 et 1929, il aurait lancé la prophétie suivante : « Regardez vers l'Afrique ; lorsqu'un homme noir sera couronné roi, le jour de la délivrance sera proche ».[9] Celle-ci s'accomplit le 2 novembre 1930, à Addis-Abeba, capitale éthiopienne, lorsque Ras Täfäri Mäkonnen fut couronné empereur d'Ethiopie devenant Haïlé Sélassié Ier, « le Roi des rois ».[10] L'évènement, couvert par la presse internationale, résonna massivement en Jamaïque où les précurseurs de la religion rasta virent en Marcus Garvey un prophète, un Moïse noir, et en Haïlé Sélassié 1er le Messie qui allait enfin libérer les Noirs du joug blanc et ramener les Africains exilés vers leur terre promise : l'Afrique.

De nombreux paramètres vinrent renforcer ces croyances. Concernant Garvey, outre sa prédiction, son deuxième prénom était Mosiah, un amalgame entre Moïse et *messiah* (Messie). De plus, dans la *Holy Piby* qui rappelons-le fut publiée en 1924, soit bien avant le couronnement de l'empereur Sélassié, Robert Athlyi Rogers stipulait déjà très clairement que Marcus Garvey était : « un apôtre du Seigneur Dieu pour la rédemption d'Ethiopie » (Rogers 2003:55), « le plus important apôtre de Dieu » (Rogers 2003:81), ou encore « un des grands prophètes envoyés pour libérer la race africaine » (Rogers 2003:10). Nombreux virent également des similitudes entre certains versets bibliques, tels que « Des grands viennent de l'Egypte ; l'Ethiopie accourt, les mains tendues vers Dieu » (*Psaume* 68:32), et la prophétie de Marcus Garvey. Enfin, le fait qu'il n'arrive jamais en terre africaine.[11] tout comme Moïse en terre promise, participa probablement à renforcer cette imagerie biblique du livre de l'Exode. Quant à l'image de Jésus-Christ incarné en

Haïlé Sélassié Ier, de nombreux éléments entourant le personnage de l'empereur contribuèrent de la même manière à la construction de cet imaginaire.

En effet, il était officiellement de descendance royale, à savoir le 225e descendant du roi Salomon et de la reine de Saba. Il assuma des titres dynastiques éthiopiens tels que *Negusä Nägäst* c'est-à-dire le « Roi des rois », mais aussi le « Seigneur des seigneurs » et le « Lion Conquérant de la tribu de Juda » – notons que dans la Bible, après la chute de Babylone, le Christ apparaît portant un vêtement sur lequel est inscrit « Roi des rois et Seigneurs des seigneurs » (*Apocalypse* 19:16). Enfin, il était à la tête du seul État indépendant d'Afrique, l'Ethiopie, qui plus est évoquait un pays mythique, biblique et la première nation chrétienne (Rogers 1982:9).

Leonard Percival Howell, Robert Hinds, Archibald Dunkley et Joseph Nathaniel Hibbert furent parmi les premiers à reconnaître Ras Täfäri à travers la prophétie de Marcus Garvey et à affirmer qu'il était Jésus-Christ, de retour sur terre au secours de l'Afrique et de la diaspora africaine. Ainsi naquit la religion rastafari, les croyants adoptant le nom de « rastafari », « rastafarien » ou « rasta » en l'honneur de Ras Täfäri Mäkonnen[12] devenu Haïlé Sélassié Ier. Mais, de ces précurseurs de rastafari, Leonard Percival Howell (1898-1981) est de loin celui qui joua un rôle majeur dans le développement de cette nouvelle religion notamment grâce à sa communauté du Pinnacle. Leonard Percival Howell passa une grande partie de sa jeunesse à l'étranger (de 1912 à 1932). Il voyagea en Asie et dans une bonne partie de l'Europe. Il vécut à New York, en pleine effervescence garveyiste et marxiste, ainsi qu'au Panama, lieu de brassage d'idées et de peuples.[13] A New York, il aurait rencontré Garvey et aurait été, pendant un temps, membre de l'UNIA (Hill 2001:25). Il se serait également rendu en Angleterre où il aurait croisé la route du communiste et panafricaniste George Padmore. C'est lors de ces différents périples que germa dans son esprit l'idéologie rasta qu'il répandit lorsqu'il rentra en Jamaïque à la fin de l'année 1932. Dès son retour sur l'île, il tint de nombreux meetings, dans la paroisse de Saint Thomas notamment, et parcourut l'île en compagnie de ses comparses, Hinds, Hibbert et Dunkley, pour prêcher la parole rasta. Entre autres, il vendait aux badauds à un shilling pièce des photographies de l'empereur d'Ethiopie Haïlé Sélassié 1er, prétendant qu'il s'agissait là d'un passeport pour l'Ethiopie (Hill 2001:30). Cette période peut être considérée comme la genèse de la religion rasta.

Personnage charismatique et mystique, brillant orateur souvent décrit comme mégalomane, Leonard Percival Howell était considéré par le pouvoir en place comme un élément perturbateur et un charlatan. Tout comme Alexander Bedward – et Robert Hinds –, il fut donc maintes fois incarcéré ou placé dans un hôpital psychiatrique pour ses discours subversifs teintés de mysticisme. Entre 1934 et 1939, il passa trois ans enfermé, dont une année entière dans le célèbre hôpital psychiatrique de Bellevue. C'est pendant cette période qu'il écrivit et publia sous le pseudonyme de G.G. Maragh *The Promised Key*, un texte s'inspirant de *The Royal*

Parchment Scroll of Black Supremacy, écrit par Fitz Balintine Pettersburgh en 1926. Entre autres, *The Promised Key* glorifie « King Alpha & Queen Omega », à savoir l'empereur Haïlé Sélassié Ier et son épouse l'impératrice Menen, ainsi que le peuple d'Ethiopie (d'Afrique) ; diabolise la société occidentale, la race blanche, la religion chrétienne, le Ku Klux Klan, Rome et son pape ; prône la suprématie noire; et prescrit des règles de vie comme le jeûne. En 1939, à sa sortie de Bellevue, s'inspirant peut-être des ashrams indiens ou des communautés marrons, Leonard Percival Howell dit le Gong fut résolument décidé à créer sa propre société autarcique à l'écart de l'agitation du monde. Ainsi, en novembre 1940, il fonda The Ethiopian Salvation Society (la Société du salut Ethiopien) sur un domaine privé, appelé Pinnacle, dans les collines de Sainte Catherine à quelques kilomètres de Sligoville. Des centaines d'hommes, de femmes et d'enfants, fidèles d'Howell, trouvèrent refuge au Pinnacle, faisant de ce domaine reclus la première communauté officiellement rasta. Le travail communal – la culture agricole, l'élevage de bovins et d'ovins, l'artisanat – et les séances de prières, de méditation et de chants accompagnées de percussions traditionnelles africaines rythmaient la vie du camp. Les prières et les chants à la gloire de Haïlé Sélassié Ier, les battements des tambours africains et l'utilisation de la marijuana – appelée *ganja* dans le jargon rasta – dans la symbolique rasta puiseraient leur source au Pinnacle. Par contre, ce n'est pas le cas du port des dreadlocks qui prit essor au tout début des années 1950 dans les ghettos de Kingston-ouest.[14] Selon Barry Chevannes, cette « mode capillaire » fut initiée par une bande de jeunes rastas urbains qui se faisaient appeler The Youth Black Faith (Chevannes1995:152-170). Ils s'inspirèrent de la coiffure de certains rebelles Mau-Mau qui s'opposaient aux colons britanniques au Kenya au début des années 1950.[15] Au fil du temps, ils institutionnalisèrent le port des dreadlocks qui se généralisa au mouvement rasta durant la seconde moitié des années 1960.

Pour en revenir au Pinnacle, il est inutile de préciser que cette communauté de rastas exaspérait les plus hautes autorités de la Jamaïque, lesquelles décidèrent de stopper son expansion de façon radicale. Le camp de Howell fit l'objet de nombreux raids musclés et autres expéditions punitives pendant plusieurs années avant d'être définitivement démantelé en juin 1958. C'est ainsi qu'à la fin des années 1950, de nombreux rastas trouvèrent refuge dans les bidonvilles de Kingston. Après presque vingt années d'existence, plusieurs générations marquées par l'enseignement rasta du Gong établirent donc leur quartier général au cœur des ghettos de la capitale. Leur style de vie rurale en marge des institutions, leur liberté de penser, leur spiritualité, leur attrait pour la marijuana et les percussions traditionnelles africaines répondirent progressivement à la détresse des laissés- pour-compte, révolutionnant au passage la vie des Jamaïcains d'un point de vue social, culturel et bien sûr musical. L'arrivée massive de ces rastas dans les ghettos de Kingston joua un rôle important dans la propagation de cette religion au sein de la société jamaïcaine et, indirectement, dans la naissance du reggae à la fin des années 1960 (cf. I.2).

Ainsi, le mouvement rasta puise ses origines dans une longue tradition d'éthiopianistes et de panafricanistes, la symbolique panafricaine étant d'ailleurs le pilier de cette religion. En effet, l'Afrique et l'Ethiopie sont les éléments centraux de rastafari, l'ancien empereur d'Ethiopie Haïlé Sélassié Ier et le panafricaniste Marcus Garvey, instigateur du mouvement du retour en Afrique, comptant parmi les figures les plus emblématiques du mouvement. Les rastas prêchent le retour aux racines, c'est-à-dire en Afrique, mais Babylone[16] doit s'effondrer avant qu'ils n'accèdent au repos éternel en Ethiopie.[17] En ce sens, les rastas s'efforcent d'affirmer leur identité africaine et leur héritage culturel africain, diabolisant Babylone et tout ce que cette notion représente. D'un point de vue musical par exemple, les instruments de percussions, les tambours notamment, et le chant occupent une place prépondérante dans leur mouvement. En effet, les rastas articulent leur vie autour de ces éléments qui ont toujours occupé une place centrale dans les sociétés africaines. Dans la symbolique rasta, le tambour représente le cœur de l'Afrique et ses battements représentent ceux de son cœur. Quant au chant, il leur permet mélodieusement de louer Haïlé Sélassié, *Jah*,[18] et de rendre grâce au continent originel : l'Afrique. Que ce soit à des fins spirituelles ou récréatives, les rastas les plus radicaux prônent même le recours aux tambours traditionnels et aux chants uniquement, se refusant à utiliser tout autre instrument de musique tel que la guitare, le clavier ou la batterie qui symbolisent, selon eux, la musique païenne occidentale. Dans un autre registre, les rastas préconisent le port des dreadlocks qui, outre son caractère biblique, exprime une rupture radicale avec les conventions sociales occidentales selon lesquelles un homme blanc doit porter les cheveux courts et lissés, et un homme noir les cheveux courts ou défrisés.

Métaphoriquement parlant, les dreadlocks représentent aussi les « racines africaines ». Les rastas encouragent également le port de vêtements traditionnels africains et sont amateurs de symboles rappelant l'Afrique et l'Ethiopie tels que, par exemple, les couleurs du drapeau éthiopien – le « vert » représentant la végétation africaine, le « jaune » symbolisant l'or du continent africain pillé par les régimes impérialistes et le « rouge » incarnant le sang versé durant l'esclavage – ou les ornements à l'effigie du lion de Juda – symbole de la tribu de Juda, celle de Haïlé Sélassié 1er. Économiquement parlant, les rastas exhortent à l'autosuffisance des peuples noirs, ce qui n'est pas sans rappeler les concepts panafricains de Marcus Garvey. Aussi, ils ont une conception plutôt socialiste de la société, encourageant le travail en communauté pour la communauté et valorisant les travaux agricoles, contrairement aux capitalistes occidentaux qui ont tendance à encourager l'individualisme et à dévaloriser le travail de la terre et les travaux manuels en général au profit des activités économiques du secteur tertiaire.[19]

Par ailleurs, les rastas recommandent de vivre selon les principes bibliques. Mais, contrairement au christianisme tel qu'il est enseigné en Occident et par les Occidentaux, ils préconisent une lecture afrocentriste de la Bible. Ainsi, selon leurs interprétations des écrits bibliques, Dieu, Jésus-Christ et autres prophètes apparaissent comme étant de peau noire – ceci est évidemment une réaction aux nombreuses icônes représentant Jésus et la Vierge Marie comme étant blancs, blonds et aux yeux bleus. De même, ils ne se coupent pas les cheveux, ni la barbe et consomment de la ganja en accord avec les versets suivants : « il laissera croître librement ses cheveux » (*Nombre* 6:5) ; « ils ne se raseront point les coins de leur barbe » (*Lévitique* 21:5) ; « il y avait un arbre de vie, produisant douze fois des fruits, rendant son fruit chaque mois, et dont les feuilles servaient à la guérison des nations » (*Apocalypse* 22:2). Concernant l'utilisation sacramentelle de la ganja, les rastas évoquent d'ailleurs le fait que les plantes psychotropes et hallucinogènes ont de tout temps joué un rôle essentiel dans les rituels et cultes traditionnels africains. L'iboga et le voacanga sont par exemple de puissants psychotropes utilisés dans les rites d'initiation en Afrique centrale, au Gabon en particulier. Pour finir, remarquons que les rastas jamaïcains ont institutionnalisé le patois ou créole jamaïcain.[20] Rejetant la langue du colonisateur, ils créèrent délibérément un nouveau dialecte mêlant des mots anglais principalement et des structures syntaxiques africaines revisitées, ce qui donna naissance à des expressions très populaires dans l'île entière. Ces inventions linguistiques, nées du rejet de l'anglais standard symbolisant l'impérialisme occidental et de l'affirmation d'une identité africaine, se retrouvent naturellement dans les textes de reggae, le puissant vecteur de transmission de la religion rasta apparu à la fin des années 1960.

Le reggae : le fer de lance de l'idéologie rasta

Musicalement parlant, le reggae tire ses origines dans le mento, le ska et le rocksteady, à savoir les principaux mouvements musicaux populaires qui lui sont antérieurs.

Le mento émergea à la fin du XIXe siècle dans les zones rurales jamaïcaines. Il est le fruit d'un processus de créolisation. Il est en effet issu de la fusion de traditions musicales multiples engendrées par les flux migratoires importants qui ont marqué l'histoire de l'île, en particulier après l'abolition définitive de l'esclavage en 1838. On y retrouve évidemment les marques de la musique traditionnelle africaine, mais également des influences caribéennes et européennes. Traditionnellement, le mento se caractérise par un côté informel et rustique. L'instrumentation classique du mento se compose entre autres du banjo, de la guitare acoustique, du violon, de la clarinette, de l'harmonica et de tout un panel d'instruments à percussion et d'idiophones : dont le djembé, le tambourin à sonnailles, la maraca, la râpe et la rumba box, héritière de la sanza africaine.

La rumba box serait apparue au XIXe siècle à Cuba où elle portait le nom de marimbula. Cette instrumentation typique du mento met en relief le métissage culturel présent dans cette musique. Concernant les paroles des chansons, le répertoire classique du mento est populaire, humoristique et grivois. De manière générale, nous dirons que les textes, dans le mento, prennent la forme de chroniques sociales dépeignant, souvent de façon satirique et métaphorique, l'environnement et les préoccupations quotidiennes des chanteurs. Le mento resta enfermé dans cet univers cloisonné de la campagne jamaïquaine jusqu'aux années 1920-1930, avant de gagner progressivement la ville. L'arrivée du mento à la ville est liée d'une part, à l'important exode rural qui toucha l'île à partir des années 1920 et d'autre part, au développement de l'industrie touristique. En effet, à partir des années 1930, les hôtels, de plus en plus abondants sur l'île, commencèrent régulièrement à employer des groupes de mento pour divertir leur clientèle composée majoritairement de riches Américains. Ces derniers ne voyaient guère de différence entre le calypso trinidadien, alors très en vogue aux États-Unis, et le mento jamaïcain. Tous deux symbolisaient le folklore caribéen à l'instar des bons fruits exotiques ou des jolies filles au teint bronzé. L'âge d'or du mento ou « calypso jamaïcain » correspond globalement à la première moitié des années 1950, période coïncidant avec la naissance de l'industrie jamaïquaine du disque. L'engouement des Jamaïcains pour le mento s'amenuisa à partir du milieu des années 1950 avec l'arrivée du rhythm and blues afro-américain.

Au milieu des années 1950, l'île changeait de visage, passant d'une société rurale à une société urbaine, laquelle se calquait d'ailleurs de plus en plus sur la société américaine. Ainsi, lorsque le rhythm and blues noir américain fit son apparition en Jamaïque, il n'eut aucun mal à s'imposer auprès des jeunes Jamaïcains qui le considéraient comme plus moderne, plus urbain et plus dansant que le mento, de plus en plus considéré comme provincial et obsolète. Le rhythm and blues conquit tout naturellement le marché du disque encore naissant et devint la musique phare des *sound systems*, ces véritables discothèques ambulantes caractéristiques de la vie culturelle jamaïcaine. Née dans les ghettos de Kingston à la fin des années 1940, la culture du sound system s'est développée de manière phénoménale pour des raisons bien précises.

D'une part, à cette époque, les hôtels, les discothèques et autres salles de spectacles étaient réservés à l'élite blanche et métisse. D'autre part, la radio, média en pleine émergence, restait encore un luxe pour bon nombre de Jamaïcains. De plus, cette dernière, tout comme les lieux de danse d'ailleurs, était plutôt conservatrice, programmant du mento « aseptisé » pour touristes ou du jazz plutôt que du rhythm and blues. Par conséquent, les sound systems permirent aux jeunes désoeuvrés de se divertir dans des lieux dont l'entrée était accessible à tous, où la censure n'existait pas et où la musique était définitivement moderne et entraînante. Mais, vers la fin des années 1950, la mode du rhythm and blues s'essouffla aux États-Unis au profit du rock and roll. Or, à la Jamaïque, c'est du rhythm and blues que réclamait le public *sound system*, et non pas du rock and roll considéré comme trop « blanc » par certains et pas assez excitant. Pour contrer la pénurie de disques de rhythm and blues américain, certains propriétaires de *sound systems* se mirent alors à enregistrer et produire des morceaux de rhythm and blues local destinés à être joués dans les soirées qu'ils organisaient.

Bien que proche du rhythm and blues américain, le rhythm and blues jamaïcain ou *shuffle* se différenciait de son modèle à plusieurs niveaux. Par exemple, on y retrouvait naturellement des influences venant du mento et du calypso, lesquelles étaient complètement absentes du rhythm and blues américain. De plus, le shuffle étant à l'origine créé pour être joué en sound systems, les lignes de basse étaient volontairement accentuées afin de faire vibrer le public. Enfin, contrairement aux chanteurs de rhythm and blues américain qui puisaient leurs inspirations dans le gospel issu du protestantisme, les chanteurs de rhythm and blues jamaïcain, eux, s'inspiraient du gospel des Eglises revivalistes jamaïcaines. Ainsi, le shuffle apparut vers la fin des années 1950 pour combler le vide laissé par la disparition progressive du rhythm and blues américain. Puis, au début des années 1960, à l'aube de l'indépendance politique de la Jamaïque, le rythme s'accéléra et le style muta pour donner naissance au ska.

Comme le mento auparavant, le ska naquit d'un brassage de diverses influences musicales. Lorsque le ska apparut au début des années 1960, il symbolisa immédiatement l'identité musicale de l'île, reflétant l'euphorie collective suscitée par l'indépendance (6 août1962). Le ska se caractérise par un répertoire relativement optimiste ainsi que par un rythme soutenu et frénétique correspondant notamment au jeu de guitare rapide et syncopé, à l'amplification de l'espace sonore du couple basse-batterie et à la mise en avant de la section cuivre. Au fil du temps, le ska prit une direction très instrumentale.

En 1966, les caractéristiques du ska se mirent de nouveau à évoluer, ce qui donna naissance au rocksteady. Ce style de musique doit son apparition à trois faits principaux : la dégradation du climat sociopolitique jamaïcain, l'influence de la soul noire américaine et la répercussion du mouvement des droits civiques américain et du Black Power (« Pouvoir noir ») à la Jamaïque.[21] Le rocksteady est un genre plus lent, plus lourd et plus pensif que le ska : dans le rocksteady, le tempo est ralenti, les lignes de basses renforcées, les cuivres supprimées et les chanteurs sont de retour au premier plan. À l'instar de la soul américaine des années 1960, l'amour et l'engagement sociopolitique figuraient parmi les thèmes de prédilection du rocksteady à juste titre surnommé la soul jamaïcaine.

Comme le mento, puis le ska, le rocksteady évolua pour donner naissance au reggae à la fin de la décennie des années 1960. L'apparition du reggae est en partie due à l'expansion du mouvement rasta qui prit de l'ampleur dans le courant des années 1960 en raison d'une succession d'événements déterminants. Le premier d'entre eux est la destruction, en 1958, du Pinnacle de Leonard Percival Howell. Suite à cet événement, des milliers de rastas trouvèrent refuge dans les ghettos de la capitale, ce qui joua un rôle essentiel dans la diffusion de cette spiritualité au sein de la société jamaïcaine. Le second événement est la première convention nationale rasta organisée par un jeune rasta, Prince Emmanuel Charles Edwards. Cette convention dura trois semaines et réunit quelques trois mille rastas venus des quatre coins de l'île. Ils passèrent leurs nuits à « raisonner »[22] et à jouer du tambour. Son succès participa à la popularisation de la religion rasta et mit en lumière la communauté rasta boboshanti, celle de Prince Emmanuel. Le troisième fait qui contribua à sortir de l'ombre le mouvement rasta est la publication, en 1960, de la toute première étude universitaire sur les rastas réalisée par des chercheurs de l'Université des West Indies, Mike G. Smith, Roy Augier et Rex Nettleford, et intitulée *Report on the Rastafari Movement in Kingston, Jamaica*.

La publication de ce rapport entraîna, l'année suivante, l'envoi en Afrique d'une délégation de rastas et d'officiels jamaïcains dans le but d'étudier les possibilités d'un éventuel retour en Afrique des Jamaïcains qui le désiraient. L'événement fut largement couvert par les médias. Enfin, le 21 avril 1966, un cinquième événement majeur se produisit, à savoir la visite officielle en Jamaïque d'Haïlé Sélassié 1er, laquelle entraîna une croissance considérable du nombre de rastas dans l'île. Suite à cela, de nombreux jeunes issus des bas quartiers, y compris Bob Marley, Peter Tosh et Bunny Livingston (les Wailers), se rapprochèrent du mouvement rasta, se faisant par la même occasion pousser la barbe et les dreadlocks qui commençaient à faire véritablement partie des attributs rasta. La religion rasta symbolisa pour les jeunes des ghettos un nouvel espoir dans une société jamaïcaine dominée par la violence et les injustices. Par ailleurs, il est important de remarquer que la répression dont fut victime le mouvement rasta dans les années 1960, loin de l'affaiblir, renforça sa popularité.

Ainsi, l'amplification du phénomène « Rastafari » est l'une des principales raisons expliquant la naissance du reggae à la fin des années 1960. Ce genre musical, dont l'âge d'or reste incontestablement les années 1970, est très certainement le style le plus novateur, contestataire et spirituel de toute l'histoire des musiques populaires jamaïcaines. Parmi ses caractéristiques musicales, citons, entre autres, un rythme lourd et rageur défini par le couple basse-batterie qui accentue les temps faibles (en particulier le troisième temps appelé *one drop*), par une rythmique de guitare syncopée marquant le contretemps (appelée *skank*) et par des battements de tambours hypnotiques. Les envoûtantes envolées vocales sont également typiques du reggae. Quant à ses thématiques, elles traitent d'idéologie rasta, dénonçant la société occidentale dans son ensemble, prêchant le rapatriement sur la terre promise africaine des descendants d'esclaves noirs, et glorifiant l'Afrique ou l'herbe sacrée. Le reggae est assurément le puissant véhicule de diffusion de l'idéologie panafricaine rasta comme le démontrent les paroles de ces célèbres chansons de reggae :

Legalize it – Peter Tosh (1975/ Kingston : Intel Diplo)

« Legalize it – don't criticize it	« Légalise-la – ne la critique pas
Legalize it and I will advertise it [...]	Légalise-la et j'en ferai la promotion [...]
Singers smoke it	Les chanteurs en fument
And players of instruments too	Ainsi que les musiciens

Legalize it, yeah, yeah	Légalise-la, ouais, ouais
That's the best thing you can do	C'est la meilleure chose que tu puisses faire
Doctors smoke it	Les médecins en fument
Nurses smoke it	Les infirmières en fument
Judges smoke it	Les juges en fument
Even the lawyers too […] »	Et même les avocats […] »

Les apports de la religion rasta et du reggae dans les mondes noirs

Les Antillais et les immigrés africains d'Europe – ainsi que leur descendance – font partie des premiers Noirs non-Jamaïcains à s'être sentis concernés par le reggae et le mouvement rasta à la fin des années 1970. A cette époque, la scène reggae jamaïcaine était en pleine explosion et des artistes comme Bob Marley, Peter Tosh, Burning Spear, Culture ou Dennis Brown étaient distribués par de grandes maisons de disques internationales, se produisant à l'étranger, en particulier en Europe. C'est ainsi qu'une partie de la diaspora découvrit ce nouveau style musical caribéen dans lequel elle se reconnut immédiatement. Outre ses rythmes afro-caribéens, le reggae parlait véritablement à ces populations d'origine africaine vivant hors du continent du fait de ses thématiques dénonçant l'esclavage, la colonisation, l'exclusion, l'oppression et glorifiant l'Afrique et l'homme noir. Elles furent également séduites par la spiritualité qui émanait de cette musique, car comme le souligne le théologien kenyan, John S. Mbiti, « les peuples africains ne savent pas comment exister sans religion » (Mbiti 1990:2).

Il est vrai que la spiritualité et le mysticisme sont des traits caractéristiques des peuples noirs ; il ne fait donc aucun doute que la religion rasta véhiculée par le reggae, religion panafricaine de surcroît, concourut à attirer un public noir. Enfin, l'aspect visuel des chanteurs de reggae – dreadlocks, couleurs éthiopiennes, insignes à l'effigie de l'Afrique – constituait un attrait supplémentaire. Par conséquent dès la fin des années 1970, des groupes de reggae, composés majoritairement de personnes originaires d'Afrique subsaharienne et des Antilles, commencèrent à émerger un peu partout en Europe ainsi que dans les Antilles françaises, à la Réunion etc., ce qui contribua progressivement à modifier les espaces culturels des lieux en question. À titre d'exemple, prenons le cas de la France.[24] En France, des artistes comme Neg'Soweto (1981-1983), Mushapata (qui a émergé au début des années 1980), Princess Erika (qui rencontra le succès en 1988), Tonton David (dont la carrière explosa en 1990) et Yaniss Odua (dont l'envol correspond à la fin des années 1990), parmi tant d'autres, ont activement participé à l'évolution du paysage culturel, des pratiques sociales et de la pensée collective. Ces artistes d'origine afro-caribéenne et réunionnaise ont effectivement joué un rôle certain, à travers leur musique inspirée du reggae jamaïcain et leurs personnalités respectives, dans la métamorphose de la scène musicale francophone, de la mode vestimentaire ou de l'image des Noirs dans l'inconscient collectif. Ils ont contribué à introduire au cœur de l'univers culturel francophone l'imaginaire africain, mettant ainsi leur art au service de l'Afrique et de la cause noire de façon générale. Par ailleurs, d'un point de vue strictement panafricaniste, ces mêmes artistes ont aidé certains Noirs en perte de repères à se reconstruire identitairement. *Peuples du monde* de Tonton David et *La Caraïbe* de Yaniss Odua illustrent cet accompagnement dans la reconstruction identitaire :

Peuples du monde – Tonton David (1990/ Paris: Virgin)

« Issus d'un people qui a beaucoup souffert
Nous sommes issus d'un peuple qui ne veut plus souffrir
Dédicacé par Mosiah Garvey
Autour d'un drapeau il faut se rassembler
Le rouge pour le sang que l'oppresseur a fait couler
Le vert pour l'Afrique et ses forêts
Le Jaune pour tout l'or qu'ils nous ont volé
Noir parce qu'on n'est pas blanc, on est tous un peu plus foncé
Symbole d'unité africaine de solidarité
Noir et ensemble faut danser, Tonton reviens DJ » :

La Caraïbe – Yaniss Odua (2002/ Paris : Sony International)

La Caraïbe ne nous appartient pas
On n'a jamais dit ça
C'est uniquement pour travailler Qu'on nous a emmenés là
L'abolition de l'esclavage physique
Théoriquement on l'a
Chacun fait maintenant ce qu'il veut
Moi, je veux rentrer chez moi […]
Il y en a qui se battent pour l'indépendance
Mais la majorité préfère être sous la tutelle de la France
Suivre les lois de son système pour eux est une assurance
Pour montrer qu'ils adhèrent à fond marquent leurs préférences
En consommant de tout ce qui vient de l'extérieur à outrance
Faut savoir que je ne fais pas partie de leurs manigances
Coûte que coûte et quoi qu'ils fassent Ils ne changeront pas ce que je pense
Depuis mon enfance
J'éprouve pour l'Afrique une attirance
Tout' moun' riconnète sa o fè

Yo riconnète sa yo di
Dôt ka attend toujou ke yo fè
Pou profité di la vi.

La chanson de Tonton David dénonce l'esclavage, traite clairement d'histoire (pan)africaine et promeut l'unité entre les peuples noirs. Quant à celle de Yaniss Odua, son message est lui aussi nettement panafricain, tant au niveau du contenu qu'au niveau de la forme. En témoigne le recours au créole en fin de texte qui, comme le patois jamaïcain, défie la langue du colonisateur.

En avril 1980, Bob Marley, ambassadeur mondial du reggae et symbole d'émancipation et d'unité africaine, fut invité par Robert Mugabe à se produire lors de la célébration de l'indépendance de la nouvelle nation du Zimbabwe. Notons que Bob Marley et les Wailers furent les seuls artistes étrangers à être invités à ces festivités. Cet événement est souvent crédité comme étant le point de départ du reggae en Afrique. En effet, les deux concerts que délivra Bob Marley au Rufaro Stadium de Salisbury (aujourd'hui Harare) accrurent considérablement sa notoriété et la popularité du reggae en Afrique. A l'instar des Noirs issus de la diaspora, les Africains se sentirent concernés par les textes de reggae prônant la grandeur de l'Afrique et dénonçant l'Impérialisme occidental, l'oppression et les inégalités. Leur attrait pour ce style musical fut d'autant plus important qu'ils étaient confrontés dans leur quotidien à la pauvreté, à la misère, à la corruption politique ou au pillage de leurs richesses naturelles par les anciennes puissances coloniales. Ainsi, l'Afrique s'avéra être un terrain propice à l'explosion et au développement du reggae qui est devenu, au fil des années, le nouvel outil de dénonciation des souffrances des peuples africains. Les Ivoiriens Alpha Blondy et Tiken Jah Fakoly ou le Sud-Africain Lucky Dube se sont imposés comme les ambassadeurs de ce genre musical en Afrique. En effet, avec des titres comme *Brigadier Sabari* (1983/ Abidjan : Moya Productions Inc.) dans lequel il dénonce la brutalité policière en Afrique, ou *Bloodshed in Africa* (1986/ Paris : EMI), dans lequel il fustige la politique néocoloniale sanglante orchestrée par les puissances occidentales, Alpha Blondy officie depuis des décennies comme le porte-parole des laissés-pour-compte en Afrique. Tiken Jah Fakoly, avec sa chanson *Françafrique* (2002/ Paris : Barclay) tirée de l'album éponyme, s'est imposé comme l'artisan d'une nouvelle forme de Panafricanisme s'incarnant dans l'altermondialisme et le mouvement de lutte contre la Françafrique initié par François-Xavier Verschave (1999).

Quant au Sud-Africain Lucky Dube, assassiné en octobre 2007 à Johannesburg, l'une des métropoles les plus dangereuses au monde, une bonne partie de la jeunesse africaine voyait en lui un fervent panafricaniste. A l'annonce de sa mort, le quotidien sénégalais *Le populaire* écrivit d'ailleurs : « Bien crapuleux, l'assassinat de Lucky Dube, ce grand panafricaniste tué par des voleurs »[25].

Les apports de la religion rasta et du reggae dans les mondes non-noirs

Comme nous l'avons brièvement évoqué plus haut, le mouvement rasta et le reggae en Occident ne sont pas l'apanage des Noirs, mais touchent toutes les classes sociales et « raciales », y compris donc les Blancs. En effet, bien que ces mouvements culturels puisent leurs origines dans l'idéologie panafricaine et critiquent sévèrement la société occidentale – Babylone –, ils firent dès leur arrivée en Occident des émules chez les Occidentaux, en d'autres termes les Blancs. En France, par exemple, lorsque les artistes jamaïcains étaient en tournée à la fin des années 1970 – début des années 1980, ils comptaient déjà dans leur public de nombreux Blancs ébahis par les nouvelles sonorités afro-caribéennes du reggae, la mystique rasta qui l'entourait et le côté rebelle qu'il connotait. Graduellement, le nombre de « fans » blancs de reggae prit de l'importance et des groupes de reggae dont les membres étaient presque uniquement blancs[26] commencèrent à voir le jour, un phénomène qui permit au reggae de faire intégralement partie du paysage musical français, au même titre que le rock, le jazz ou le rap, dès le milieu des années 1990.

Au début des années 2000, la catégorie « Meilleur album reggae de l'année » est même apparue aux Victoires de la musique, célèbre concours musical ayant lieu annuellement en France depuis une vingtaine d'année. Quelles sont les caractéristiques de ces artistes/ admirateurs blancs de reggae ? Les profils sont divergents mais on retrouve néanmoins certains traits communs. Il s'agit d'individus dont les idées politiques se positionnent très généralement à gauche, voire à l'extrême gauche, et qui, pour la plupart, sont également amateurs de chanteurs à textes « classiques » comme Jacques Brel, Léo Ferré, Georges Brassens ou Serge Gainsbourg. Pour comprendre ce phénomène de reggae « blanc » en France, il faut effectivement garder à l'esprit qu'il existe dans ce pays une ancienne tradition de mouvements contestataires caractérisée par la Révolution française de 1789, Mai 1968 ou encore la tradition française d'intellectuels de gauche incarnée par des personnalités comme Albert Camus, Jean-Paul Sartre, Simone de Beauvoir, Boris Vian, Jacques Brel, Léo Ferré, Georges Brassens, Barbara, et Juliette Gréco parmi tant d'autres.

Parmi les premiers Français de à avoir joué du reggae, citons d'ailleurs Serge Gainsbourg avec *Aux armes et caetera* (1979/ Paris: Universal) et *Mauvaises nouvelles des étoiles* (1981/ Paris: EMI). Lui succédèrent des artistes comme Bernard Lavilliers et dans un registre un peu différent Sinsemilia, Tryo, Baobab ou Mister Gang. La particularité de ce style de reggae « blanc » : l'esprit de contestation du reggae jamaïcain reste présent mais sans la spiritualité ni la thématique raciale. En effet, ces artistes ne cherchent pas à copier avec exactitude le reggae jamaïcain, ce que font plus naturellement les artistes noirs, mais créent leur propre style de reggae, à savoir un mélange de chansons à textes et de sonorités reggae. Même si cette démarche semble moins panafricaine que celle mise en œuvre pas les artistes noirs, elle n'est pour autant pas dénuée d'intérêt car indirectement, ces artistes participent aussi, à leur manière, à introduire l'imaginaire africain dans la pensée collective française.

Des phénomènes similaires se sont produits dans bien d'autres pays occidentaux comme au Royaume-Uni où sont apparus les premiers skinheads à la fin des années 1960,[27] mais également au Japon[28] et en Nouvelle-Zélande[29]. Aux États-Unis, le reggae a également été d'une influence considérable. En effet, le toasting[30] dérivé du reggae influença les premiers chanteurs de rap au début des années 1970, le rap qui rappelons-le est un courant musical qui participe depuis des décennies à la diffusion de l'idéologie panafricaine avec des artistes comme Afrika Bambaataa, Public Enemy ou Queen Latifah.

Conclusion

Il paraît évident que la religion rasta et le reggae sont des mouvements panafricanistes à part entière. Le reggae puise ses origines dans l'idéologie rasta, qui elle-même s'inspire directement de la pensée panafricaine Garveyiste. Les apports de rastafari et du reggae dans l'univers culturel mondial sont légion. En effet, ils ont influencé les sociétés du monde entier à la fois musicalement, esthétiquement et idéologiquement. Par ailleurs, l'émergence du reggae africain avec des artistes comme Alpha Blondy, Tiken Jah Fakoly ou Lucky Dube correspond à l'accomplissement de la prophétie de Bob Marley. Le reggae, né à la Jamaïque, est retourné sur le continent de ses racines : l'Afrique.

Notes

1. Le mot *marron* est une déformation du mot espagnol cimarrón signifiant sauvage ou qui n'est pas apprivoisé. Les Espagnols utilisaient cette expression pour qualifier les esclaves noirs fugitifs. Auguste Scheler, *Dictionnaires d'étymologie française d'après les résultats de la science moderne* (Paris : Librairie de Firmin Didot, Frères, Fils et Cie, 1862) p214.
2. En octobre 1968, Walter Rodney, originaire de la Guyana, professeur d'histoire à l'Université des West Indies de Kingston (Jamaïque) et militant du Black Power, fut frappé d'une interdiction de séjour sur le sol jamaïcain. S'ensuivirent de violentes émeutes et manifestations dans toute la capitale connues comme les Rodney riots (« les émeutes Rodney »). Jérémie Kroubo Dagnini, *Les origines du reggae : retour aux sources. Mento, ska, rocksteady, early reggae* (Paris : L'Harmattan, 2008) 153-156.
3. La révolte orchestrée par l'esclave Sam Sharpe à Montego Bay en décembre 1831, qui mobilisa plus de 20 000 insurgés, fut l'un des éléments moteurs de l'abolition de l'esclavage à la Jamaïque (28 août 1833).
4. *La Bible* (1979 ; Grezieu La Varenne : Association Viens et Vois, 1997) Psaume 68:32.
5. Personnage biblique, Salomon est le fils du roi du peuple d'Israël : David. Ce dernier fit de Jérusalem la capitale de son royaume. L'histoire de David est racontée dans les premier et deuxième livres de Samuel dans la Bible. Salomon succéda à son père et fit

construire le premier Temple de Jérusalem. Amateur de femmes étrangères, Salomon aurait eu une liaison avec la reine de Saba, reine légendaire d'Arabie. Cette union engendra Ménélik I, premier d'une grande lignée de rois éthiopiens. L'histoire de Salomon est racontée dans le premier livre des Rois.

6. Les cultes revivalistes sont des religions qui naquirent principalement de la fusion du christianisme (du protestantisme en particulier) et de cultes animistes africains. Ces cultes connurent un énorme succès à la Jamaïque au milieu du XIXe siècle, on parla alors de « grand réveil ».
7. *The Holy Piby* et *The Royal Parchment Scroll of Black Supremacy* sont considérés par de nombreux rastas comme faisant partie des principales sources du mouvement.
8. L'un des instigateurs de la rébellion de Morant Bay d'octobre 1865 qui fit onze morts du côté des colons blancs.
9. D'après le professeur Chevannes, Marcus Garvey aurait lancé cette prophétie, entre 1927 et 1929, à Edelweiss Park, le quartier général de l'UNIA. Propos recueillis auprès du professeur Chevannes par Jérémie Kroubo Dagnini le 24 novembre 2006 à Kingston (Jamaïque).
10. Le Roi des Rois, Negusä Nägäst en amharique, fut l'un des nombreux titres de l'empereur d'Ethiopie.
11. Marcus Garvey, qui représentait un danger certain pour les pays occidentaux qui colonisaient l'Afrique – la France, la Grande-Bretagne, l'Allemagne, le Portugal, l'Espagne, l'Italie, la Belgique –, ne fut jamais autorisé à se rendre en Afrique, le continent qu'il considérait pourtant comme sa véritable patrie ainsi que celle de tous les Noirs.
12. *Ras* signifie « tête » en amharique, langue officielle de l'Éthiopie, et correspond à un titre de noblesse. *Täfäri* est une forme passive du verbe *fära*, « craindre », et signifie « qui est craint ».
13. Archibald Dunkley et Joseph Nathaniel Hibbert vécurent aussi un moment au Panamá. Ils retournèrent à la Jamaïque en 1930-1931, soit très peu de temps avant Howell.
14. Il est important de préciser qu'il est ici question du port des dreadlocks lié au mouvement rasta. Autrement, il est évident que des Jamaïcains avaient déjà porté des dreadlocks bien avant les années 1950, pour la simple raison qu'il s'agit d'un peuple de type négroïde. En effet, les cheveux d'une personne originaire d'Afrique noire forment naturellement des dreadlocks si celle-ci ne les peigne pas pendant un certain temps.
15. Cf. La révolte des Mau-Mau (1952-1956). L'ancien président du Kenya, Jomo Kenyatta, qui fut notamment influencé par les idées de Marcus Garvey, était perçu comme l'instigateur de la révolte Mau-Mau et fut condamné à sept ans de prison. A sa libération en 1961, il prit la direction de l'Union nationale africaine du Kenya (KANU) et en 1964, il devint le premier président du Kenya indépendant jusqu'à sa mort en 1978.
16. En référence à la cité païenne de Babylone mentionnée dans la Bible (*Apocalypse* 18:2) qui symbolise le péché par excellence, l'expression « Babylone » désigne chez les rastas la société occidentale ainsi que la manière dont elle est structurée (sa politique impérialiste et capitaliste, ses institutions, ses codes, etc.).

17. Comme les éthiopianistes, les rastas utilisent les mots « Ethiopie » et « Afrique » de manière interchangeable.
18. « Dieu » pour les rastas. Ce terme est dérivé du nom de Dieu dans la Bible hébraïque : Yahvé, Yahweh ou Jahvé.
19. Les rastas ont une conception de la société qui partage de nombreux points communs avec la vision socialiste du panafricaniste Julius Nyerere. Cf. Julius Nyerere, *Freedom and Unity* (Dar es Salaam: Oxford University Press, 1966).
20. Le créole jamaïcain se serait formé dans la seconde moitié du XVIIe siècle au contact de diverses langues africaines, de l'anglais, de l'irlandais, de l'écossais, de l'espagnol et de l'arawak. Langue vivante à part entière, il évolua de manière significative après l'abolition de l'esclavage avec les vastes phénomènes d'émigrations et d'immigrations que connut la Jamaïque.
21. L'un des principaux vecteurs du mouvement Black Power à la Jamaïque fut Walter
22. Dans le jargon rasta, *reason* (« raisonner ») signifie : débattre philosophiquement/spirituellement.
23. En effet, l'image du Noir est généralement enfermée dans la douleur, la tragédie, la corruption, la violence, la famine, la maladie et l'esclavage. Notons que le panafricaniste Marcus Garvey inspira Bob Marley lorsqu'il écrivit les paroles de cette chanson. En octobre 1937, Garvey déclara lors d'un discours tenu au Canada: « Emancipate ourselves from mental slavery because whilst others might free the body, none but ourselves can free our mind. Mind is your only ruler, sovereign». Marcus Garvey *in* Robert A. Hill (Dir.), *The Marcus Garvey and Universal Negro Improvement Association Papers, Volume VII: November 1927-August 1940,* Berkeley: University of California Press, 1991, 791.
24. Cf. la communication de Jérémie Kroubo Dagnini intitulée *The Impact of Reggae on France*. Communication présentée le 6 juillet 2008 lors de la ACS Crossroads International Cultural Studies Conference qui s'est déroulée à l'Université des West Indies à Kingston (Jamaïque) du 3 au 7 juillet 2008.
25. « Hommage au Sénégal au chanteur sud-Africain Lucky Dube », *Le Monde.fr*, 21 octobre 2007, in Seneweb.com, (http://www.seneweb.com/news/article/12791.php) (page consultée le 6 décembre 2008).
26. Certains d'entre eux arborant même les fameuses dreadlocks.
27. Le mouvement de contre-culture skinhead, influencé par le rocksteady et le early reggae jamaïcains, est né dans les quartiers ouvriers anglais.
28. Cf. la communication de Shuji Kamimoto, *Spirituality Within Subculture : Rastafarianism in Japan* (6 juillet 2008). ACS Crossroads International Cultural Studies Conference, Université des West Indies, Kingston, Jamaïque, 3-7 juillet 2008.
29. Cf. Jennifer Raoult, *La Scène Reggae de Nouvelle Zélande*, in Reggae.fr, 20 octobre 2006, (http://www.reggae.fr/liste-articles/6_841_La-Scene-Reggae-de-Nouvelle-Zelande.html) (page consultée le 8 décembre 2008).
30. Le toasting est l'art pratiqué par le DJ de chanter ou parler sur des versions instrumentales de reggae. Ce style explosa à la Jamaïque au début des années 1970 avec des artistes comme U Roy, Big Youth ou Prince Jazzbo. Pour plus d'informations concernant l'influence du toasting jamaïcain dans la naissance du rap américain, cf. Jeff Chang, *Can't Stop Won't.*

Références

Barrett, L. E. , 1997, *The Rastafarian*, Boston: Beacon Press.

Barrow, S. et Dalton, P., 2004, *The Rough Guide To Reggae*, Londres et New York: Rough Guides Ltd.

Bogues. A., *Black Heretics, Black Prophets: Radical Political Intellectuals*. New York: Routledge, 2003.

Cassidy F. G. et Le Page R.B. (Dirs.), 2002, *Dictionary of Jamaican English*, Bridgetown, Kingston et Port of Spain: University of the West Indies Press [1980].

Chang, J., 2005, *Can't Stop Won't Stop*, New York: Picador.

Chevannes, B., 1994, *Rastafari: Roots and Ideology*. New York: Syracuse University Press.

Clarke, J. H., 1973, *Marcus Garvey and the Vision of Africa*, New York: Random House.

Cronon, E. D., 1969, *Black Moses*, Londres: The University of Wisconsin Press.

Diop, Cheikh Anta, 1974, *The African Origin of Civilization: Myth or Reality*, Chicago: Lawrence Hill Books.

Fanon, F., 1952, *Peau noire, masques blancs*, Paris: Éditions du Seuil.

Gakunzi, D. (présenté par), 1991, *Thomas Sankara, « Oser inventer l'avenir » : La parole de Sankara (1983-1987)*, Paris : Pathfinder & L'Harmattan.

Garvey, M. et Blaisdell, B. (Dir.), 2004, *Selected Writings and Speeches of Marcus Garvey*, New York: Dover Publications.

Hill, R. A., 2001, *Dread History: Leonard P. Howell and Millenarian Visions in the Early Rastafarian Religion*, Chicago, Kingston et Londres: Research Associates School Times Publications, Frontline Books et Miguel Lorne Publishers.

Hill, R. A. (Dir.), 1991, *The Marcus Garvey and Universal Negro Improvement Association Papers*, Volume VII: November 1927-August 1940. Berkeley: University of California Press.

Johnson-Hill, J. A., 1995, *I-Sight the World of Rastafari: An Interpretative Sociological Account of Rastafarian Ethics*, Lanham: Scarecrow Press.

Kenyatta, J., 1938, *Facing Mount Kenya*, Londres: Secker and Warburg.

Ki-Zerbo, J., 1978, *Histoire de l'Afrique noire*, Paris: Hatier.

Kroubo, D. J., 2010, Histoire emblématique des musiques populaires jamaïcaines au XXe siècle : folklore, politique, spiritualité. Thèse de doctorat (études anglophones). Pessac : Université Michel de Montaigne Bordeaux 3.

Kroubo, D. J., 2008, *Les origines du reggae : retour aux sources. Mento, ska, rocksteady, early reggae*, Paris: L'Harmattan.

Kroubo, D. J., 2008, « Marcus Garvey: A Controvesrial Figure in the History of Panafricanism », *The Journal of Panafrican Studies*, vol. 2, no. 3, Los Angeles: Amen-Ra Theological Seminary Press, 198-208.

La Varenne, G., 1997, *La Bible*, Association Viens et Vois [1979]. *The Bible: authorized king james version with apocrypha*. Oxford: Oxford University Press, 1998.

Lee, H., 1999, *Le premier rasta*, Paris: Flammarion.

Maragh, G.G. (pseudonyme de Leonard Percival Howell), 2001, *The Promised Key*, New York: A&B Publishers Group [1935].

Mbiti, J. S., 1990, *African Religions and Philosophy*, Portsmouth: Heinemann [1969]. Murrell Nathaniel Samuel (Dir.), Spencer William David et macfarlane Anthony

Adrian, 1998., *Chanting Down Babylon: The Rastafari Reader,* Philadelphie: Temple University Press

Nyerere, J., 1966, *Freedom and Unity*, Dar es Salaam: Oxford University Press.

Padmore, G., 1956, *Panafricanism or Communism? The Coming Struggle for Africa,* Londres: Dennis Dobson.

Pettersburgh, F. B., 1996, *The Royal Parchment Scroll of Black Supremacy,* Chicago et Kingston: Research Associates School Times Publications, Frontline Books et Miguel Lorne Publishers [1926].

Rodney, W., 1969, *The Groundings with my Brothers.* Londres: Bogle-L'Ouverture Publications.

Rogers, J. A., 1982, *The Real Facts About Ethiopia,* Baltimore: Black Classic Press [1936].

Rogers, R. A., 2003, *The Holy Piby.* Chicago et Kingston: Research Associates

School Times Publications, Frontline Books et Miguel Lorne Publishers [1924].

Scheler, A., 1862, *Dictionnaires d'étymologie française d'après les résultats de la science moderne,* Paris : Librairie de Firmin Didot, Frères, Fils et Cie.

Smith Mike G., Augier, R. et Nettleford, R., 1988, *Report on the Rastafari Movement in Kingston, Jamaica.* Mona: University of the West Indies [1960].

Verschave, François-Xavier, 1999, *La Françafrique : Le plus long scandale de la République.* Paris : Stock.

23

Essences triangulaires : les dimensions mythiques d'un pouvoir politique afrocentré

Jean-Jacques N. Sène

Cherchez les signes de ma présence dans l'ouragan et dans la tempête. Cherchez les signes de ma présence tout autour de vous, car par la grâce de Dieu, je viendrai a la tête d'une procession d'innombrables millions d'esclaves noirs qui sont morts aux Amériques et dans les Antilles, accompagné de nos millions de frères d'Afrique ; je vous aiderai dans la lutte pour la Liberté, l'Émancipation et la Vie en plénitude.[1]

Marcus Mosaih Garvey (February 10, 1923). "First Message to the Negroes of the World from Atlanta Prison." « Premier message adressé aux Nègres à travers le monde depuis la prison d'Atlanta. »

Il semble que l'évolution la plus importante et la plus alarmante [...] de la pensée politique soit l'irruption d'une nouvelle force : le pouvoir du mode de pensée mythique. La prépondérance de ce mode de pensée mythique sur la rationalité dans certains systèmes politiques est une évidence. Il apparait, qu'après une brève lutte sans merci, le mode de pensée mythique remporta une victoire nette et définitive. Qu'est-ce qui a rendu ce triomphe possible ? Comment expliquer ce phénomène original qui, soudainement, apparut dans notre paysage politique et qui, dans un certain sens, donne tous les signes de contrecarrer toutes nos idées antérieures concernant la nature de l'existence de notre univers intellectuel et social ?[2]

Cassirer, Ernst (1946). *The Myth of the State.* New Haven: Yale University Press p. 3.

Accra, décembre 1958 / Ouagadougou, décembre 2008

C'est un grand honneur et un grand plaisir pour moi de participer à ces assises de Ouagadougou pour célébrer la dynamique de la conférence des peuples africains de 1958 à Accra ; et rendre toujours plus productive mon amitié et ma volonté de collaborer au travail fascinant que dirige Lazare Victor Ki-Zerbo avec tous les autres membres du Comité International Joseph Ki-Zerbo. Merci pour votre invitation et votre amitié militante. Merci, Damas Zouré, Bintou Palm, tous les membres du Comité International Joseph Ki-Zerbo et leurs affiliés, du fond du cœur. J'aurais aimé citer vos noms un par un, et vous féliciter individuellement pour les innombrables tâches accomplies pendant de très longs mois pour organiser ce forum-anniversaire de la conférence historique des peuples africains. De mon point de vue, nous avons tant à faire ensemble, que ce colloque, en fait, ne commencera vraiment que quand il sera terminé, et que nous retournerons à nos postes respectifs pour continuer ce travail exaltant. Merci !

Sans vouloir être provocateur je défendrai devant vous l'idée que le Panafricanisme est un *mythe* ; eh oui ; un mythe, dans tous les sens du terme.

Il faut se rappeler par exemple, qu'il y a exactement un demi-siècle, quand le Président Ahmed Sékou Touré est rentré à Conakry après la conférence des peuples africains d'Accra, il était convaincu que sa visite avait posé les jalons pour l'éclosion d'une Afrique indépendante et solidaire qui, espérait-il selon une déclaration dans les pages du journal *West Africa*, se traduirait en stratégies de « coopération générale et d'actions dans tous les domaines pour *réaliser rapidement les États Unis d'Afrique* »[3] (*West Africa* 1958:1143 cité in Esedebe, 1994:169). Qu'en est-il depuis lors de ces États-Unis d'Afrique ? Qu'est-ce qu'il est devenu ce mythe là ? Qu'est-ce qu'elle est devenue cette grande idée en laquelle nous croyons tous, a priori, avec ferveur ? Où en est cette histoire de la construction des États-Unis d'Afrique ; cette histoire qui se vit et bien-sûr, comme tout vrai mythe, est une histoire qui *se donne à penser* ? S'il est quasiment impossible de s'entendre sur le point exact de commencement du Panafricanisme, nous savons bien qu'il atteint un certain paroxysme en l'an 1900, se déploie avec une relative efficacité après la Deuxième Guerre mondiale, et connaît un regain de vitalité avec notre génération à travers les espoirs soulevés par la création de l'Union Africaine il y a une dizaine années.

Je m'applique à poser quelques questions: peut-on, en Afrique, pour relever les plus grands défis du moment, donner un sens nouveau au concept de *Zeitgist* (l'esprit du temps – présent) ? Pourquoi, toujours en Afrique, nos vies sont ce qu'elles sont (misère, corruption, féodalismes, grandes endémies, guerres civiles, nationalismes et sous-nationalismes étroits, fuite des cerveaux, marginalisation dans la jouissance des fruits matériels de la mondialisation) ? Comment, selon l'appel de l'écrivain ghanéen Ayi Kwei Armah dans *Osiris Rising*, se redéfinir, pour inverser la trajectoire du déclin historique des jeunes nations africaines ? Je reviendrai sur Armah pour terminer ma présentation

Le grand national universel noir dans une perspective mytho-historique

Pour ce qui est d'une tentative de circonscrire de façon générique le Grand National Universel Noir en tant qu'objet historique de notre recherche d'identité culturelle et politique avec toutes ses ambiguïtés, j'emprunte avec beaucoup de liberté, pour commencer ma présentation d'aujourd'hui, la démarche de Jacob Drachler (Drachler 1975) pour attirer l'attention sur quelques grandes pulsions qui ont mû le mouvement, chronologiquement mais aussi conceptuellement : désir d'émigration ou de rapatriement de masse vers la Terre-Mère (Edward Blyden,

Robert Campbell, Marcus Mosaih Garvey par exemples) ; aspirations panafricanistes « confrontationnelles » (William Erbhert Burghardt Du Bois, Kwame Nkrumah, Malcom X, Léopold Sédar Senghor, Ali Al Amin Mazrui, Tom Mboya) qui opèrent en parallèle de l'aspiration sécessionniste. Il y a aussi une école panafricaniste que l'on pourrait appeler celle de l'intégration pluriculturelle (Langston Hughes et Ralph Ellison par exemples) ; et aussi le syndrome du Panafricanisme du « militant insularisé » (comme Steve Biko ou le très regretté Noël Isidore Thomas Sankara).

Je regroupe sous le label « essences triangulaires » tous les fragments solidaires du Grand National Universel Noir dont l'épicentre est diffus : tantôt ancré à Harlem, tantôt à Monrovia ; tantôt à Londres tantôt à Accra ; tantôt à Paris, tantôt à Dakar ; tantôt à Addis Abeba, tantôt à Durban ; tantôt à Salvador do Bahia, tantôt à Ouagadougou comme aujourd'hui pendant le temps que dureront nos assises. Par « triangulaire », j'entends en fait plusieurs niveaux de triangulation. D'abord, je veux mieux comprendre certains modes d'interaction entre l'individu/ la personne africain(e)/noir(e) activement ou passivement solidaire du mouvement panafricaniste ; les groupes et institutions du mouvement à travers le temps et l'espace ; et le « grand peuple » mythique qui cherche à établir son émancipation et son progrès dans l'histoire[4] (voir le schéma ci-dessous). Ensuite, triangulation entre l'idéal panafricain, le peuple qui porte cet idéal, et la (forme envisagée/désirée de la) fin dernière (si tant est qu'elle existe concrètement, dans les objectifs stratégiques de l'Union Africaine ou ailleurs).

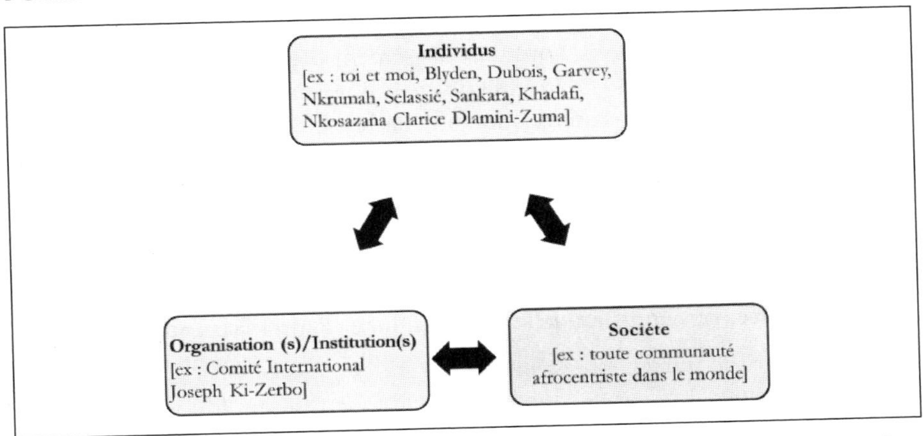

Ces entités théoriques mais aussi tangibles et fonctionnelles, sont toutes constitutives des schémas de la mythologie. Bien évidemment, on peut également voir dans l'approche de triangulation, une dimension physique : celle des liens, flux et reflux, dialogues, échanges et incompréhensions, tensions et relâchements entre les communautés afro-africaines de nos 5 régions ; les diasporas noires activistes d'Europe occidentale ; et les diasporas originelles nationalistes des Amériques, en suivant les axes de mobilité de ce qui est connu sous le terme de « commerce triangulaire ».

La philosophie de l'histoire enseigne que dans la courbe d'évolution d'une idéologie, une masse gigantesque de coutumes, espoirs, réflexions, débats, craintes, combats, alliances, traumatismes, souvenirs, compromis et compromissions traversent l'expérience et la narration de l'expérience : voilà en fait inventorié ci-dessus le matériau, les cellules-souches de la mythologie. Les sciences naturelles, vous en conviendrez, ne sont ni atemporelles ni universelles. Elles sont plutôt historiques et évolutionnistes, élaborant des *théories* qui s'imbriquent et s'affrontent en synthétisant des aspects *sélectifs* de la réalité (McNeil 1986:6). L'impotence intrinsèque du mouvement panafricaniste « matérialiste » à avancer radicalement dans la réalisation de ses desseins supposés (la formalisation d'un État fédéral continental africain et l'axiomatisation des canaux de solidarité avec toutes les communautés afro-descendantes de la planète) tient peut-être du fait que le Grand National Universel Noir n'a jamais assez dogmatisé et mythologisé sa plateforme, s'il en est :

> Les vérités établies qui procurent une sanction aux entreprises communautaires ont un potentiel à perdurer qui n'est plus à démontrer. Elles constituent un ciment social qui est indispensable à la survie du groupe dans le temps. Toutefois, pour les étrangers à cet univers donné, de telles vérités sont susceptibles d'apparaitre comme des mythes, sauf dans les cas relativement rares ou l'étranger est prêt à se convertir pour être accueilli dans le groupe spécifique en question (McNeil 1986:7).

Le Panafricanisme – auquel je redonne dans ce texte, comme beaucoup l'ont fait ici, sa dimension transatlantique – est avant tout un symbole. Un symbole politique dynamique : né en Europe (à Londres précisément dans sa forme systématisée), grandi dans les Amériques et dans les Caraïbes, il renaît aujourd'hui avec plus de vigueur, logiquement, sur la terre ancestrale et les sciences sociales s'exaltent de continuer les réflexions sur le sens de l'histoire et le destin de la personne africain comme animal culturel et animal historique. Pour nous, autant sinon plus que pour tout autre phénomène de l'histoire universelle, le Panafricanisme doit être étudié avec une largesse de vue du type de celle proposée, par exemple, dans les travaux d'historiens comme Constantin-François Volney, Alexis de Tocqueville, Arnold Toynbee, Fernand Braudel, René Sédillot et Patrick Manning :

> [Le Panafricanisme] est essentiellement un *mouvement d'idées et d'émotions*. Quelquefois, il réalise une synthèse qualitative et d'autres fois il reste [bloqué] au niveau de thèses et antithèses [porteuses d'inertie]. Dans un certain sens, le Panafricanisme peut être comparé au Socialisme, alors que dans un autre sens, il peut être pris comme Fédération Mondiale, Union Atlantique, ou comme semblable à l'Europe Fédérale ; chacune de ces catégories charriant sa propre gamme très étendue d'interprétations quant aux modalités concrètes de leur mise en œuvre. Et pourtant, dans son sens le plus profond, le Panafricanisme est différent de tous ces mouvements par le fait qu'il est exclusif [par définition]. Son parallèle le plus immédiat serait le Sionisme. En 1919, le Dr. du Bois écrivait '… Le mouvement africain représente pour nous ce que le Sionisme doit représenter

> pour les juifs : la focalisation sur les efforts de solidarité raciale et la reconnaissance d'un combat basé sur la race' (Legum 1962:14).[5]

De même que le Sionisme a des ennemis jurés, de même le Panafricanisme a des ennemis jurés. Stephen Howe, dont les entourloupes et contorsions mentales pour tourner en dérision le Grand National Universel Noir dans son livre publié en 1998, *Afrocentrism: Mythical Pasts and Imagined Homes*, consacre un chapitre de 30 pages à Cheikh Anta Diop, dans lequel il offre, c'est une grande ironie, un précis plutôt pertinent de l'œuvre du chercheur :

> Étant donné qu'il a consacré toute sa vie à un corpus intègre d'idées [bien identifiées], les thèses de Diop peuvent être résumées de manière assez succincte. L'origine biologique et la naissance de la civilisation trouvent toutes deux leur source en Afrique. L'Égypte fut le berceau de la civilisation et fut, spécifiquement, une civilisation nègre projetant la forme la plus élaborée d'un système culturel unifiant l'ensemble du continent africain. Ce système culturel en question fut non seulement le générateur des aspects les plus importants du développement culturel de l'humanité, mais fut [aussi] distinct des sociétés eurasiennes du fait de ses attributs tels que le matriarcat, la spiritualité, le pacifisme, et l'humanisme. La Grèce Antique – et donc la civilisation européenne emprunta quasiment toutes ses valeurs souvent considérées comme authentiques à ses antécédents culturels afro-égyptiens. Diop défendit la thèse selon laquelle l'Afrique doit reconquérir la gloire de son passé lointain en rejetant les mystifications coloniales racistes qui ont souillé cette gloire d'antan et progresser vers le futur en s'abreuvant des leçons fournies par les systèmes philosophiques de la vallée du Nil antique. Le corollaire politique de cette démarche est la nécessité d'un État fédéral africain unique qui, confiant dans la grandeur singulière des hauts faits de l'Afrique dans le passé, se dressera comme l'égal de l'Europe et du reste du monde (Howe 1998:165-6).[6]

Pour ce qui est proprement du mythe et de la mythologie, commençons par noter que le mythe est l'une des premières manifestations de l'intelligence humaine. La forme mythique est la forme primordiale de l'esprit humain, elle est à l'origine de la poésie, de la littérature. Ce sont les premiers balbutiements d'une pensée qui se cherche et qui, encore mal dégagée de ses chaînes, s'efforce de traduire par le langage ses émotions les plus profondes. Présente au cœur de la création artistique, la mythologie est génératrice de dépassement. Elle suppose la croyance en des puissances surnaturelles, c'est-à-dire en des êtres à la fois différents des hommes ordinaires et supérieurs à eux. Ces êtres supérieurs exercent sur les hommes, soit directement, soit par l'intermédiaire des phénomènes naturels, une influence bénéfique ou nuisible que les pratiques rituelles ont pour rôle de provoquer dans le premier cas, d'empêcher dans le second.

Le mythe est une réalité vivante. Depuis plus d'un demi-siècle, les penseurs ont situé l'étude du mythe dans une perspective qui contraste sensiblement avec celle du XIXe siècle. Au lieu de le traiter, comme leurs prédécesseurs, dans l'acception usuelle, c'est-à-dire en tant que fable, invention, fiction ; ils l'ont accepté tel qu'il était compris et consommé dans les sociétés dites archaïques ou primitives où il désigne, au contraire, une histoire vraie, et qui plus est, hautement précieuse parce que sacrée, exemplaire et signifiante. L'étude du mythe est devenue une composante des disciplines modernes comme l'anthropologie, la critique littéraire, le folklore, la psychologie et l'histoire des religions. Le mythe est considéré avec un intérêt croissant dans l'univers des sciences humaines et sociales comme un sujet multidisciplinaire. S'il a été revivifié, c'est en partie parce qu'il a été perçu, de diverses manières, comme une clef pour investir l'histoire, la linguistique et la philologie, l'art et la religion. Sur un autre plan, le mythe permet également une meilleure compréhension des mentalités premières et le principe de l'imagination créatrice. Il faut dire que c'est plus la mythologie qui illumine les autres disciplines des sciences humaines et sociales que ces dernières n'illuminent la mythologie.

L'étude du mythe est par ailleurs parcellaire. Les gens de lettres sont plus susceptibles de connaître Sir James Frazer, Jesse Weston ou Northrop Frye, que d'être familiarisés avec les écrits de Bronislaw Malinowski, Lucien Lévy-Bruhl ou Claude Lévi-Strauss. Les approches psychanalytiques du mythe comme celle de Sigmund Freud ou de Karl Gustav Jung se détachent assez nettement de l'approche symbolico-linguistique d'un Ernst Cassierer ou d'une Suzanne Langer. Les folkloristes tels Stith Thompson ou Richard Dorson n'ont que très peu d'affinités avec l'historien des religions Mircea Eliade ou avec Joseph Campbell, adepte de la mythologie comparative. En outre, des théologiens comme Rudolph Bultmann par exemple, contribuent, dans leur propre perspective, à l'étude des mythes et du rite.

Mythe et rituels. Ah ! C'est donc de ça qu'il s'agit aujourd'hui. Le second terme se prête plus immédiatement à la compréhension. Le premier lui, est non seulement abstrait mais il suggère aussi une réalité mystérieuse, souvent religieuse, sacrée. Sans aller plus loin que la situation physique dans laquelle nous nous trouvons en ce moment même, je vous invite à considérer le forum de Ouagadougou comme un rituel – au sens propre – du dogme panafricain. Ce serait difficile de nier la validité d'un tel constat. Des rituels comme celui-ci, il y en a eu par milliers depuis 500 ans ; depuis l'an 1441 que le Professeur Tony Martin ici présent propose de considérer comme *le début d'un cycle fondamental dans l'histoire* de l'afrocentrisme ; le point de départ de la chaîne d'*événements-longue-durée* qui enfanteront le Panafricanisme :

> La grande tragédie de 1441 peut être considérée comme un point de départ commode de la voie qui en fin de compte aboutit au Panafricanisme moderne. Cette année-là, des maraudeurs portugais venant de la mer enlevèrent quelques Africains sur la côte ouest-africaine et mirent les voiles pour le Portugal. En 1502 certains des Africains nouvellement réduits à l'esclavage avaient été transportés de l'autre côté de l'Atlantique, de la Péninsule ibérique à l'île des caraïbes d'Hispaniola que se partagent actuellement la République dominicaine et Haïti. Les arrivées ultérieures venaient directement de l'Afrique aux Amériques.

> Celles-ci constituaient la première phase de notre « maafa », notre holocauste d'asservissement, le commerce transatlantique des esclaves. En dépit du fait que l'esclavage ait existé depuis des temps immémoriaux dans la plupart des sociétés, le commerce transatlantique d'esclaves était qualitativement différent de ce qui avait eu lieu auparavant. C'était un esclavage de possession, où un effort concerté était consenti pour déshumaniser ses malheureuses victimes. C'était également le commerce transatlantique d'esclaves, contrairement au commerce analogue vers l'Asie ou ailleurs qui produisit les germes du mouvement panafricain moderne (Martin 2004).[7]

Les rites peuvent être définis comme la réactualisation solennelle d'événements religieux dont les origines se perdent dans la nuit des temps. Un rite – du latin, *rita* – désigne ce qui est accompli conformément à l'ordre social. Tout rite authentique a donc pour fonction de réaliser l'union des membres de la société. Il tente d'imprimer une signification forte à leurs comportements. Son ambition est d'aider à se familiariser avec la puissance transcendante au profit de l'humanité. Le rite authentique est une volonté de réconciliation des tensions. Il se propose implicitement de tracer la voie vers l'harmonie entre toutes les forces du cosmos, qu'elles soient physiques, sociales, humaines, naturelles ou surnaturelles. Le sacré est à la base des rites qui tentent de capter et d'utiliser la puissance transcendante. Les rites séculaires, surtout en politique, tentent toujours de retenir ces attributs premiers. Nous évoluons, individuellement et collectivement, dans un monde de symboles. Le symbole, c'est ce qui reçoit vie par l'imaginaire. Il a pour nature et pour fonction de représenter une donnée abstraite par une image, un signe, un emblème concret (e. g. : l'étoile noire sur le drapeau national du Ghana moderne).

Le symbole se donne à voir et à comprendre, il n'est pas arbitraire et nourrit une ressemblance, mieux, une parenté ontologique avec ce qu'il signifie. La condition pour qu'un symbole puisse avoir le cachet de ce qui est sacré, c'est qu'il soit associé à la fois à l'ordre humain et à la puissance supra-humaine. Les rites ont pour objet et ambition de matérialiser, d'accueillir et de manier symboliquement ce qui est plus fort que l'homme. Il y a dans le rite une volonté explicite de communication avec l'occulte. L'occulte, c'est ce qui est caché, secret, mystérieux. C'est ce qui nous échappe, nous dépasse, ce qui est Autre. Le rite tente de domestiquer l'altérité. L'occulte intrigue et fascine parce qu'il constitue ce qu'il y a de plus important dans la vie et à quoi sont attachées les questions aussi problématiques que la réussite, le bonheur, l'amour, la liberté, les relations interpersonnelles… Mais il fait peur également, car il y a dans la notion d'occulte, tant d'inexplicable et d'inaccessible. Jean Cazeneuve suggère à ce titre que « … c'est l'angoisse qui conduit au rite qui cherche à l'apaiser. Le rite apparaît comme un signe de contact avec le numineux » (Cazeneuve 1957:63).

Le numineux trouve un écho dans l'esprit de tout homme, qui demeure un mystère pour lui-même. Je tiens à le répéter : tout homme est un mystère pour lui-même. La contemplation des héros archétypiques (Hannibal, Akhenaton, Sundiata Keita, Garvey, Sélassié, Nkrumah, Lumumba, Sankara, Mandela, etc.), la volonté de *communiquer* avec eux est à la base de nombreux rituels. La vie devient alors, de manière très significative, la répétition perpétuelle des gestes inaugurés par les dieux, les ancêtres et les héros du Grand Temps qui s'oppose au temps profane de l'histoire. Les mythes exposent généralement les événements initiaux qui expliquent et justifient la condition humaine, mais ils révèlent aussi que si l'homme *est* et qu'il est tel qu'il est, si l'homme en société doit obéir à certains principes et ordonnances, c'est parce que des êtres (surnaturels) ont exercé leurs pouvoirs de création au commencement.

Mircea Eliade, cherchant à élaborer une définition qui couvrirait le mieux tous les types et toutes les fonctions du mythe dans les sociétés traditionnelles dites archaïques écrit :

> Le mythe raconte une histoire sacrée, il relate un événement qui a eu lieu dans le temps primordial, le temps fabuleux des commencements. Autrement dit, le mythe raconte comment, grâce aux exploits des Êtres Surnaturels, une réalité est venue à l'existence, que ce soit la réalité totale, le Cosmos, ou seulement un fragment : une île, une espèce végétale, un comportement humain, une institution [...]. Le mythe ne parle que de ce qui est arrivé réellement, de ce qui s'est pleinement manifesté (Eliade 1963:15).

Les rites ne sont alors autres que les comportements et observances régulières, formelles et solennelles qui matérialisent un mythe donné. Les mythes, dans une acception simple, sont de vastes histoires symboliques qui sont pour le temps, ce que l'habitat est dans l'espace physique ; ils permettent à l'homme de se poser pour commencer à s'organiser autour d'une grande idée – quelle qu'elle soit, comme le Panafricanisme. Les mythes et les rites ne sont que des expressions complémentaires d'une même réalité existentielle qui est cette nécessité de donner une explication aux phénomènes naturels au sens large. Le rituel est l'aspect liturgique, formel, visible, palpable; le mythe est le dogme. Hors de sa dramatisation rituelle, le mythe perd sa raison d'être, sa capacité d'être vécu de manière authentique et exaltante. Il devient littérature sans ambitions politique. En effet, sans le vécu rituel, le mythe n'est plus que du lyrisme voué à tomber en désuétude à plus ou moins courte échéance. Mythe et rituels sont intimement liés, indissociables. George Thompson, adepte de l'anthropologie historique, réfléchissant à la synergie existant entre le mythe et le rite, aboutit à cette conclusion :

> … pendant longtemps, du fait de leur origine et de leurs fonctions communes, […] [le mythe et le rite] étaient inséparables. Le divorce entre la poésie et la danse, entre le mythe et le rite ne se créa qu'avec l'émergence de la classe dirigeante dont la culture s'aliéna du travail lié à la production [matérielle] (Thomson cité par Wole Soyinka 1976: 33).[8]

Le mythe religieux, celui qui fonde des ordonnances rituelles sacrées est indiscutablement une des institutions humaines les plus grandioses. Les symboles religieux, tout arbitraires qu'ils soient, sont psychologiquement et fonctionnellement vrais car ils servent de rampes de lancement à toutes les grandes conquêtes de l'humanité à la recherche de son essence. Le mythe investit et explique un univers de relations aux dimensions imposantes dont l'homme est le centre. Il se pose comme une recherche du Vrai dans un environnement où Dieu, les dieux, se mêlent intimement aux humains avec, comme postulat, des obligations, des croyances, des prières, normes de conduite et attitudes quotidiennes, désirs et aspirations qui codifient l'existence des individus dans le tissu social. Ces croyances et modes de comportement doivent, du fait même qu'ils trouvent leur origine et leur légitimité dans des événements sacrés primordiaux, se perpétuer sans aucune altération. C'est là le sens et la fonction des cérémonies rituelles. Le rite se fonde sur le discours mythique – message anonyme émis par l'imaginaire collectif – pour se constituer en vérité absolue, appelant l'adhésion de tous et de chacun. Louis Vincent Thomas et René Ludeau expriment ainsi l'importance du rite dans les religions premières :

> La religion ne peut se concevoir sans rites. Parce que la religion pour être vivante et active doit s'exprimer dans des comportements liturgiques socialement codifiés. Ainsi le rite authentifie la croyance en même l'Histoire qu'il l'entretient. Par le rite, le numineux devient partiellement vécu corporel. Enfin le mythe fait chair : langage d'une expérience émotionnelle le plus souvent collective, attestant la présence du numineux. Le rite est avant tout l'incarnation du mythe (Thomas et Ludeau 1969:203).

S'il a été revivifié dans les temps modernes, c'est en partie parce que le mythe a été perçu, de diverses manières, comme une clé pour investir l'histoire, la linguistique et la philologie, l'art et surtout la religion. L'idéal panafricain comptemporain aurait tout à gagner à s'inscrire dans l'histoire, à l'instar du Sionisme, comme une religion séculaire, comme un nationalisme sacralisé :

Dans le système social qui le produit, le consacre, et l'entretient, le mythe du Panafricanisme rassure et fait plaisir à qui... l'écoute, au moins par sa forme lyrique. Chaque groupe humain exprime dans ses mythes et rituels des sentiments fondamentaux comme l'amour, la haine, la vengeance, la volonté individuelle conquérante cf. l'épigraphe mytho-poétique de Marcus Garvey en début de ce texte. Ces compagnons éternels de l'homme en société doivent être, dans l'imaginaire d'abord, puis dans la réalité, contrôlés afin de garantir l'harmonie dans les rapports sociaux. Dans *Tristes Tropiques*, Lévi-Strauss rappelle la fonctionnalité de la pensée mythique : « ... la représentation qu'une société se fait du rapport entre les vivants et les morts se réduit à un effort pour cacher, embellir ou justifier, sur le plan de la pensée religieuse, les relations réelles qui prévalent entre les vivants » (Lévi-Strauss 1955:256). Le Panafricanisme relate le conscience de l'Afrique déracinée.

La rationalisation et la désacralisation de la vie sont-elles totales ? La civilisation de consommation de masse a-t-elle définitivement anesthésié les grandes aspirations individuelles ? Les mythes sont-ils en train de disparaître ou seulement de se transformer pour continuer de stimuler notre imaginaire en profondeur ? Vastes histoires symboliques qui expriment nos représentations du cosmos, du passé et de l'avenir, les mythes sont inhérents à l'activité de l'imaginaire humain.

Il n'est donc pas étonnant qu'aujourd'hui encore un mythe puisse s'installer au cœur d'une société humaine pour la galvaniser et la porter en avant. A ce propos, nous acceptons assez difficilement l'idée que semble défendre Lévi-Strauss dans son *Anthropologie Structurale*, selon laquelle, la société industrielle, par le fait même qu'elle établit un contrôle des forces naturelles autant que psychologiques, signe la chronique d'une mort annoncée de la mythologie : « La mythologie maîtrise, domine les forces de la nature dans le domaine de l'imagination et par l'imagination et leur donne forme [...] elle disparaît donc quand ces forces sont dominées réellement » (Lévi-Strauss 1958:234).

Si la vie est bien un monde de rapports symboliques, le mythe sera toujours nécessaire à l'être humain pour lui rappeler l'obligation de se référer à ces temps anté-historiques où ont été enfantés son cadre de vie autant que son corps et son esprit ; surtout si l'on considère que ce Grand Temps n'est métaphoriquement que le *point de départ de toute nouvelle ère dans l'histoire d'une communauté.* (Voir le point no 2 dans le schéma sur le Sens de l'Histoire un peu plus haut.) Les spécialistes des sciences humaines et sociales reconnaissent ce que l'expérience (pan)africaine démontre encore largement aujourd'hui, à savoir que ce n'est pas ce qui est vrai ou faux qui détermine le comportement social, mais ce que l'individu *croit être vrai.* Existe-t-il un risque de disparition de la pensée mythique et de ses implications dans l'imaginaire collectif postmoderne ? Voilà une question sans intérêt, tout au moins pour les peuples chez qui, fondamentalement, l'essence précède l'existence; chez nous, en Afrique Noire. Le besoin d'un retour régulier aux sources de nos institutions et aux circonstances de la naissance des figures qui sont nos modèles dans la saga panafricaine est une inclination naturelle. Les littérateurs africains se considèrent volontiers comme engagés dans ce mouvement collectif de retour aux sources. Léopold Sédar Senghor, panafricaniste modéré à sa façon, dans son optique ambiguë dite de la « civilisation de l'universel » a exprimé cet attachement, dans l'inconscient collectif, au concept du temps cyclique; le temps du mythe de l'éternel retour : « ... en vérité nous sommes des lamantins qui, selon le mythe africain, vont boire à la source, comme jadis, lorsqu'ils étaient quadrupèdes – ou hommes. Je ne sais si c'est là mythe ou histoire naturelle » (Senghor 1964:218).

L'Afrique subsaharienne, comme aire de développement de civilisations dites non-techniciennes, peut se prévaloir d'une richesse indéniable en systèmes cosmogoniques originaux qui gardent tous entre eux une certaine parenté ontologique. Le substrat de la vision africaine du cosmos est singulier par rapport à celui des autres grandes aires de civilisation. Cette singularité ne peut revendiquer aucune supériorité face aux autres civilisations ; elle réside seulement dans le fait que cette vision du monde s'est élaborée en réponse aux charmes, interrogations, fascinations et terreurs d'un environnement unique ; l'Afrique :

> L'homme existe dans un univers totalisant dont le mythe, l'histoire et les coutumes sont les éléments constitutifs. Dans un tel contexte débordant, le Monde Noir,

> comme tout autre univers culturel, est unique. Il possède néanmoins, comme toutes autres cultures, les vertus de la complémentarité. Ignorer la réalité de cet itinéraire vers notre humanité commune pour continuer de marcher vers l'option alternative du négationnisme, quelles que puissent être les visées d'une telle approche, représente un stratagème pour perpétuer la subjugation du continent africain à des forces extérieures. (Soyinka 1976:xii).[9]

Depuis la fin des années 1940-1950, dans un contexte de domination coloniale, je répète, les intellectuels africains dans tous les territoires du continent se sont sentis investis d'une mission sacrée. Ces nouveaux Prométhée ont eu comme principales obsessions ; et ce, jusqu'à une période récente, de réhabiliter leur culture aux yeux du monde occidental. Ils ont été influencés et inspirés par des chercheurs et anthropologues occidentaux qui avaient à cœur d'étudier les sociétés africaines traditionnelles ; des figures comme Léo Frobenius, Melville Herskovits, Pierre Verger, le Révérend Père Placide Tempels ou Marcel Griaule.

La réhabilitation des valeurs de culture supposait que les intellectuels africains s'engageassent dans un effort passionnant pour exposer, expliquer et défendre la réalité et la validité du monde noir, le Monde Noir, le Grand National Universel Noir. Aujourd'hui encore, beaucoup de chercheurs dans les domaines des cultures, religions, arts et littératures d'Afrique sont convaincus d'être parties prenantes d'une opération de sauvetage visant à réanimer quelque peu des cultures à l'agonie et en laisser à la postérité quelques traces significatives. Comme je l'ai déjà annoncé plus haut, je laisserai à Ayi Kwei Armah le soin de prendre le *mic* pour conclure notre présentation d'ici peu ; pour expliquer cette idée-force qui préconise de labourer ces itinéraires intellectuels et moraux qui sont les éléments constitutifs de l'idéal panafricain contemporain. Les sciences sociales ne peuvent pas être en reste. On redoute qu'après le choc de l'époque coloniale, le Christianisme et l'Islam ne soient en train de remplacer les religions traditionnelles et que, parallèlement, les langues internationales de nos anciens maîtres ne soient en train de remplacer les langues vernaculaires qui sont le véhicule privilégié de la culture des masses, ferment indispensable du Panafricanisme moderne en ce troisième millénaire. L'angoisse était/est réelle et légitime car partout sur la planète, on voit que les civilisations traditionnelles s'estompent, se diluent dans la civilisation industrielle globalisée ou disparaissent. A ce niveau, on voit facilement tout le parti que le Panafricanisme transatlantique a tiré et tire encore de la nature dynamique des divinités (yoroubas notamment), leurs activités et leurs relations à l'humanité.[10]

Entre ceux qui sont dotés de certains savoirs et ceux qui suivent les injonctions de ceux qui commandent, les individus et communautés qui composent la population des États africains d'une part et les diasporas d'autres parts, sont autant de maillons d'une chaîne à solidifier. Ainsi, dans cette présentation, je pose la donne du Panafricanisme dans le contexte d'une problématique qui tombe en désuétude : l'enracinement de tout pouvoir politique – les différents pôles du mouvement panafricain contemporain ne peuvent ainsi évidemment point faire exception – dans les schèmes de la mythologie (Cf. l'épigraphe de Ernst Cassirer en chapeau de ce texte).

Je me suis très tôt, à la fin de mon enfance, intéressé à la mythologie ; et la mythologie, de par son caractère holistique, m'a conduit à la littérature africaine, à l'histoire et à l'historiographie africaines, aux sciences politiques, à l'anthropologie des religions, à la sociologie historique comparative (voir, pour tenter de situer le Panafricanisme dans de nouveaux schèmes théoriques que je ne pourrai pas évoquer dans le cadre de cette présentation, le travail captivant du sociologue norvégien Lars Mjøset ; notamment sur le concept de « synthèse interactionniste » par lequel il redéfinit la notion même de *théorie* comme un *savoir cumulatif*), à la philosophie des sciences, et la philosophie de l'Histoire ; tout ça pour mieux étudier et essayer de comprendre le devenir de mes concitoyens africains à l'échelle universelle. Avant de reposer quelques principes théoriques d'abord, et lancer tout à l'heure un regard intrigué sur les développements politiques qui s'expriment en Amérique latine de nos jours, je voudrais évoquer pour conclure cette première partie, deux points qui résultent de ma démarche. J'en arrive somme toute à d'abord revendiquer la dimension magico-religieuse du Panafricanisme exactement comme l'a fait l'*Osagyefo* Kwame Nkrumah notamment dans son ouvrage peu étudié qui gagnerait à être lu et réévalué par notre génération : *Consciencism* (Nkrumah 1970) ou alors le *Mwalimu* Julius Nyerere dans la quintessence des desseins de l'*Ujaama* ; et puis à esquisser un modèle simplifié du sens de l'histoire panafricaine en cinq phases principales ; modèle qui est fidèle à la conception cyclique du temps dont on sait qu'il est intrinsèque aux civilisations africaines :[11]

1. ↗ Grands empires/migrations : ère de connections et d'échanges (5000 av-JC – 1600 AD).
2. ↓ Le monde s'effondre : ère dite (en Afrique du Sud) du *Mfecane*, le chaos (1600 – 1950) (« Indépendance cha-cha » chantait-on alors un peu naïvement).
3. ↗↘ Le temps de l'extase : ère du dogmatisme creux de la libération (1950 – 1990).
4. ↔ Sous-nationalisme : ère de la débâcle et des tentatives de sursaut politique suivant la fin de la Guerre Froide (1990 – 1999).
5. ↑ Méta-nationalisme : ère de re-conscientisation progressive ; Union Africaine (1999 – présent).

Dans un tel modèle d'inspiration mythologique, la fin du cycle du sous-nationalisme (famines, guerres civiles ethnico-religieuses, « démocratisations » piégées par le tribalisme) et le début du cycle méta-national panafricain doit logiquement occasionner la reconnexion à certains principes civilisationnels de la période d'avant la traite négrière que nous avons génériquement incluse dans l'« ère des grands empires ».

Quelques rappels sur le mythe, ses définitions et leurs implications méthodologiques applicables à l'afrocentrisme

Mythe, du grec *mythos*, est un terme vague, parce que terme polysémique. Le sens du mot *mythe* n'a d'ailleurs jamais cessé d'évoluer. Les réalités qu'il recoupe sont investies par toutes les sciences humaines et sociales ; les réalités qu'il produit fascinent les idéologies qui cherchent à le défaire ou le récupérer. Il serait salutaire d'inventorier ses principales définitions, les comparer les unes autres pour avoir enfin une meilleure idée de ce dont on parle lorsqu'on traite du mythe de Ouagadou-Bida-le-python qui est tant imbriqué comme tout le monde le sait, à l'histoire politique de l'empire de Ghana ; du mythe de l'« immortalité » du dictateur malicieux Gnassingbé Eyadéma qui survécut miraculeusement à un accident d'avion en 1974 et en usa pour mystifier certaines strates des populations de son pays ; du mythe d'Osiris et du mythe d'Isis ; du mythe de l'homogénéité des cultures et civilisations de l'Afrique subsaharienne ; etc.

Il est encore plus urgent et important de faire le point sur les développements des outils méthodologiques dont nous disposons ; de poser sur la table, notamment pour le corpus des mythes africains dominants et leurs formes modernes, les contraintes techniques ; et montrer pourquoi une méthode d'analyse productive pour certains types de narrations « irréelles », cesse de l'être pour d'autres formes de dogmatismes d'essence mythologique. Évidemment, je n'en ferai rien aujourd'hui. Je me cantonnerai plutôt à rappeler que le principe de la triangulation dynamique entre a) l'idée/idéal (panafricain), b) la sacralité essentielle du pouvoir politique qui doit le porter mais s'en montre incapable dans l'ère contemporaine, et le peuple qui devrait s'en réclamer, correspond aux schèmes des modules et relations constitutifs de la mythologie.

Je constate par ailleurs que dans les nations d'Amérique latine aujourd'hui, la prise en compte véritable, théoriquement et pratiquement, des concepts de souveraineté populaire par certains gouvernements est au contraire incontestablement faible, voire non-entamée dans les nations africaines quand on cherche à établir ne serait-ce que des parallèles embryonnaires.

Le grand mythe bolivarien d'une Amérique latine unie et progressiste est en plein essor ; plus qu'il ne l'a jamais été en l'espace de deux cents ans.

Pierre Brunel par exemple, dénonce l'usage extravagant qui est fait du mot *mythe* et regrette une infantilisation du concept qui ne correspond pas à ses fonctions cardinales (Brunel 1974). Roland Barthes, philosophe-linguiste français, propose une acception du mythe qui le poserait comme une séquence de faits cognitifs : *parole* (Blyden, DuBois, Garvey, Nkrumah, Sélassié, par exemples), pour ce qui nous préoccupe ; puis *message* (Harlem Renaissance, Négritude, *Negrismo* en Amérique Latine, par exemples) ; *système de communication* (*Universal Negro Improvement Association and African Communities League* – UNIA-ACL – de Marcus Garvey, l'OUA, le NEPAD et l'UA par exemples) ; enfin *système sémiologique* où il se déploie à trois niveaux : *code*, *allégorie* ou encore, tout simplement, *mensonge* (dans le cas d'espèce, la controverse sur le Monument de la Renaissance Africaine érigé à Dakar pour le cinquantième anniversaire de l'indépendance, offrira aux analystes une source intarissable de tergiversations sur les dimensions mystificatrices du prétendu pouvoir politique afrocentré d'Abdoulaye Wade qui a sévi au Sénégal à partir de l'an 2000 jusqu'à sa défaite électorale aux présidentielles de 2012.

Souvent, dans la politologie africaine contemporaine, la combinaison classique signifiant-signifié propre au récit mythique, prend la forme plus dynamique du signifiant qui interroge son signifié pour ainsi dire. Dans la région ouest-africaine, le personnage exogène du gouverneur (1854-1861 et 1863-1865) de l'Afrique Occidentale Française (AOF) Louis Faidherbe par exemple fait l'objet d'une légende qui touche au mythe et sa statue est, plus de cent ans après les « hauts faits » dont il s'est fait l'auteur dans l'univers du déploiement des stratégies militaires et administratives de la colonisation française en Afrique, orne certaines places dans les ex-territoires de l'AOF. La pierre, le bronze ou le fer (signifiants) autant que le personnage-usufruit de la France impériale triomphante si typique de son temps (signifié) se sont imposés dans un monde qui était censé les renier et les remplacer systématiquement après les indépendances, au nom de la souveraineté recouvrée. Le signifié implicite, latent, celui-là même qui nourrit le mode de pensée mythique, c'est bien évidemment, la force conquérante de l'empire français sur le continent africain, les progrès de la civilisation en direction des Nègres-sans-Histoire, les ambitions des programmes néocoloniaux dans l'Éducation, l'épanouissement de l'infâme Françafrique. Il y a un mythe Faidherbe qui tient du mythe-souche (la République Française, Une et Indivisible, dévouée et victorieuse dans l'accomplissement de sa mission civilisationelle).

Gilbert Durand, Sigmund Freud, Paul Diel, Bronislav Malinowski et Claude Lévi-Strauss ont chacun, selon leur discipline propre et les schémas de leurs poursuites intellectuelles respectives, fourni des éléments utiles pour la définition et l'analyse des récits mythiques et des structures de l'imaginaire collectif (en Afrique et) dans les sphères transatlantiques de l'Afrocentrisme.

Tout peut devenir mythe car l'univers de l'histoire est suggestif par essence. Qu'est-ce que le mythe finalement ? Un discours sacré ou un discours sacralisé ? Le temps est-il opportun pour tenter de donner, dans le champ des sciences sociales, une dimension mythologique à la dynamique de construction des États-Unis d'Afrique; et au développement optimal des aspirations du Grand National Universel Noir dans le contexte des grands développements de l'histoire globale contemporaine ?

Il y a l'introduction empirique des bénéfices potentiels du concept de « souveraineté populaire » qui est quasiment érigé au rang de quête mystique dans l'Amérique latine en notre temps ; un type de débats qui n'existe malheureusement dans l'univers panafricaniste que sous la forme d'effets d'annonce la plupart du temps.

Souveraineté populaire et révolutions holistiques en Amérique latine : quelles leçons pour le mouvement panafricaniste ?

Vox populi, vox dei. Arrêtons-nous un instant sur le concept de souveraineté nationale, plus particulièrement, le concept de souveraineté populaire dans l'histoire politique contemporaine de l'Amérique latine où, plus que dans n'importe quelle autre région du monde, depuis plus de 10 ans, *des mouvements politiques de gauche ont gouverné sans complexes* pour tenter de réaliser le rêve de Simón Bolivar.[12] Les discours politiques, idéologiques d'au moins trois présidents sud-américains contemporains, Lula da Silva,[13] Evo Morales, et Hugo Chávez regorgent de références néo-socialistes avec des relents de volonté de mettre en œuvre des modes d'expression de la « souveraineté populaire ». Tous les trois font sans nul doute figures de leaders incontournables pour situer l'ampleur du sentiment « anticapitaliste » dans le monde car ils se posent formellement comme partisans de l'Altermondialisme.

Ils sont, individuellement et collectivement, les représentants officieux du réveil de la « Nueva Izquierda » et ont été liés, en retour, à un concept mal défini de néo-populisme. Je n'entre pas dans cette polémique ici. J'attire plutôt l'attention sur le fait qu'ils représentent une trajectoire de rupture, un tournant, dans les destinées politiques respectives du Brésil, de la Bolivie, et du Venezuela avec des desseins bolivariens, panaméricains implicites ou explicites qui peuvent valablement informer l'idéal panafricain contemporain. Dans chacune de ces nations, des programmes concrets furent mis en œuvre pour réaliser ces desseins, avec comme sous-texte, des aspirations régionalistes. Ainsi, les constructions discursives de ces programmes politiques et leurs fondements idéologiques retiennent l'attention. La notion même de souveraineté n'est pas un axe central des recherches de sciences politiques en cours ; encore moins l'analyse des effets sociaux du discours qui s'inscrit comme *action* dans la vie politique nationale et internationale [comme celui, pour ce qui concerne l'Asie, de Sukarno en Indonésie dans les années 1950 ; une voix quintessentielle du post-colonialisme triomphant (Amrith 2005:557)].

On peut, par exemple se limiter à considérer l'utilisation récurrente du mot « souveraineté » dans le langage politique – avec une attention particulière pour ses présupposés théoriques, idéologiques. On note, par exemple, un retour et des emprunts, dans des contextes si différents, avec quatre cent ans d'écart, sur les premiers débats sur le concept de souveraineté hérités de l'Espagne du XVIe siècle ; la réinsertion du concept de pouvoir constitutif, jusqu'ici surtout associé à la construction de l'État-nation, revu, corrigé pour être lié maintenant à la refondation totale de l'ordre constitutionnel sur des bases humanistes. Ici, le schéma d'un temps cyclique où le passé devient le prologue aux temps nouveaux est, on peut le constater et s'en convaincre, littéral et sans équivoques. Les grands discours prononcés par Chavez, Morales et Lula lors de manifestations d'importance : inaugurations et anniversaires, discours en milieux universitaires, allocutions en temps de crises et scandales, tentatives de Coup d'ètat, manifestations de masse, et réunions internationales, procurent un script représentatif sur le profil psychologique de la Nouvelle Gauche sud-américaine. La parole est action. Cependant, dans la narration du Panafricanisme contemporain, il y a une absence notoire de parole(s) forte(s) à grande résonance autre(s) que celle, narcissique et belliqueuse, aventurière, de Kadhafi et la théâtralité de sa vision douteuse d'un État Fédéral panafricain ; avant que Mon Sacré Colonel, au pouvoir de 1969 à 2009 ne périsse lapidé comme un chien par un groupe rebelle dans les environs de Sirte sa ville natale où il avait ironiquement jeté les fondations de l'Union Africaine en 1999. Sinon, presque rien dans le champ politique. D'aucuns penseront que ce « grand silence » est dans l'ordre des choses. Parmi les communautés qui ont souffert de l'esclavagisme, de la colonisation, de l'exploitation économique sans merci, de l'asphyxie des valeurs de culture authentiques, de la persécution religieuse, de la discrimination racialo-économique et de la répression politique, les silences doivent être regardés comme des faits tangibles (voir le travail de Jacques Depelchin 2005).

L'historienne espagnole Mónica Quijada Mauriño montre que la tradition du réveil de la tradition d'*encadrement* de la souveraineté populaire qui renaît en Amérique du sud est essentiellement (pas exclusivement) Scholastique ; celle qui a traité les ambiguïtés « contractuelles » du concept de souveraineté bien avant Hobbes, Locke ou Rousseau. L'héritage de la tradition espagnole se révèle en vestiges concrets : la question du « pacte », de sa réversibilité, de la notion de « communauté » comme synonyme de « peuple » ; des notions de *potentia* et *potestas*. On trouve dans cette tradition, l'affirmation de la responsabilité contractuelle de la communauté politique, au-dessus du monarque ; une communauté politique définie, comprise et acceptée comme

> Une congrégation socialement organisée, ou une république ; s'étant dotée de lois, droits et règlements fondamentaux qui, garantis par la loi naturelle, procède non seulement de cette loi naturelle, mais de l'essence et de la genèse de cette communauté (Quijada in Jaime Rodríguez 2005:4).[14]

Deux auteurs espagnols, entre autres, Francisco Suárez et Fernando Vásquez, ont travaillé sur ces questions. On crédite au premier l'introduction de la notion d'autorité politique avec son « pouvoir de coercition » ; légitimée par le besoin de « *conservatio* » de la « communauté humaine et civile ». Suárez conçoit un homme créé libre, faisant le choix de se soumettre et d'obéir à une autorité politique « en accord avec la Raison Vertueuse ».[15] C'est un acte insigne de transfert de souveraineté individuelle « inaliénable » vers les prérogatives de celui qui possède « le pouvoir et le titre », « le *potestas* auquel il a droit ». Vásquez repensa le concept de pouvoir souverain dans le cadre du *potestas*, mais il le comprit également comme une autorité transmise au Prince par la volonté du peuple, ce qui suppose des garanties juridictionnelles. Il associe par ailleurs le *potestas* au droit fondamental qu'il désigne sous le terme de *potentia ;* le pouvoir de domination coercif que je viens de mentionner.

On trouve, palpables, si ce n'est *verbatim*, les itérances de Francisco Suárez et Fernando Vásquez dans les discours de Lula da Silva, Evo Morales, et Hugo Chávez quand ils expriment la préséance d'un droit fondamental : *le transfert d'un droit originel de souveraineté vers la personne du chef.* Aucun des organes structurels de l'Union Africaine ; qu'il s'agisse de la Conférence de l'Union, du Conseil Exécutif, du Parlement Panafricain, ou de la Commission de l'Union ne semble émettre en vérité, des initiatives visant à établir un *pacte* avec la « communauté panafricaine souveraine ». Pour rester sur la dynamique latino-américaine, on peut cependant poser la question de savoir : où en est-on depuis le « Je vais réaliser un rêve qui n'est pas mien ; c'est le vôtre ! » de Luiz Inácio « Lula » da Silva à Porto Alegre en 2003[16] ? Dans les efforts pour *mobiliser le peuple souverain à grande échelle*, les Assemblées Constitutionnelles rêvées ou réelles sont les instruments de la « Refondation ».

Ces assemblées, quelles que soient leurs structures bureaucratiques, sont le lieu de violents débats dans le monde entier. Encore plus, quand elles fonctionnent dans un contexte où la personne du leader cristallise des contradictions intellectuelles (Chavez et Morales) criardes ; ou Sankara en Afrique. Comment expliquer ces contradictions ? Andreas Kalyvas pense que le *pouvoir constitutif* est l'expression de la capacité d'attribuer des normes officielles à une entité juridique et de lui conférer une structure communautaire ; John Rawls, éthiciste américain contemporain, apporte la contradiction en soutenant que « The constitutive power of a people establishes a framework for the regulation of ordinary power, and comes into action only when the existing regime has been dissolved » [le pouvoir constitutif d'une société donnée, établit un cadre pour la régulation du pouvoir ordinaire, et il n'intervient que quand le régime en place a été dissout.] (Kelly 2003:27).

A l'analyse, Lula da Silva, Evo Morales, et Hugo Chávez parlent du pouvoir constitutif de façon variée, comme synonyme de « la multitude », « le Peuple », « la Communauté », « la Nation », mais ils semblent s'accorder sur au moins deux axes :

1. le pouvoir constitutif est exprimé par l'assemblée constitutionnelle ; il est d'essence législative.
2. le pouvoir constitutif est incarné par le peuple lui-même et transcende toutes les lois.

Ce qui nous amène à poser toujours plus de questions : où/qui est le peuple pour celui qui exprime la volonté du peuple? Quelles institutions sont chargées de gérer le pacte social ? Qui détient le droit de décider de l'exigence de réversibilité ? Comment verbalise-t-on le concept et la réalité, du pouvoir constitutif ? Comment vérifier que les expressions de la souveraineté populaire sont légitimes et légales ? Comment savoir qui est qui , en quelques sortes ?

Lula est né le 6 octobre 1945 dans une petite ville de l'État de Pernambouco au Brésil. Quand il a 12 ans, sa famille, toujours en prise à la précarité, pour ne pas dire à la grande pauvreté, déménagea à São Paulo où il travailla comme teinturier, mécanicien, et garçon de bureau. Plus tard, placé dans les usines de métallurgie, il fit ses premiers pas dans le mouvement social de 1968, et se fit élire délégué syndical en 1969. Il renoua avec la pratique des manifestations de masse qui avaient été impossibles sous la crispation de la dictature les années précédentes (1964-1985). En 1980, il lança avec une coalition de professeurs, intellectuels et syndicats, le *Partido de los Trabajadores* (PT) « Parti des Trvailleurs », et présenta sa candidature aux élections présidentielles de 1989, 1994, and 1998, avant d'arracher une victoire de longue lutte en 2002, incarnant ainsi, à l'échelle planétaire, un certain renouveau de la gauche selon plusieurs analystes. Aux échéances présidentielles de 2006, à l'issue d'un scrutin au ballottage, Lula l'emporta encore avec 60,82 pour cent des suffrages exprimés ; « Vive le peuple brésilien ! ». C'est en ces termes que le président-ouvrier termine son discours inaugural le 2 janvier 2003. Un choix idéologique est de rigueur. Le président le réitère dans son discours du Forum Social Mondial le 24 janvier 2003, et s'en réclame encore dans son discours du 11 août 2005 où il évoque un récent scandale de corruption (une réalité qui a cruellement rattrapé l'« angélisme » de Lula) :

> La Bolsa Familia (Fonds pour la famille) est le plus grand programme de transfert de revenus de l'histoire du Brésil. Plus de onze millions de familles pauvres de notre pays en bénéficient aujourd'hui. En mettant à la disposition de tant de Brésiliens un revenu minimum et une bonne alimentation, nous contribuons à faire d'eux des personnes plus productives, en meilleure santé, dont les enfants seront éduqués dans de meilleures conditions.
> Nous avançons. Il se pourrait bien qu'en 2015 la région Amérique latine et Caraïbes soit la seule à avoir tenu les engagements du Sommet mondial pour l'alimentation et réalisé le premier Objectif du Millénaire pour le développement pour ce qui est de la réduction du nombre de personnes souffrant de la faim.[17]

Les inégalités planétaires persistent et durent pour autant. L'égoïsme et l'hypocrisie dictés par les intérêts économiques à court terme de quelques uns font penser que la solidarité et le développement durable attendront encore longtemps. L'exemple le plus cité est celui des subventions agricoles massives qui pilonnent les efforts de production dans le Tiers-Monde en maintenant un niveau de vie artificiellement haut pour les ressortissants des pays riches :

> Ces pays sont si développés que la production agricole y est si prévisible qu'on se croirait dans une maison de jeunes mariés où tout est impeccablement rangé. Voyez plutôt l'effet de ces politiques sur le continent africain, regardez le monde dans l'optique du continent africain, qui n'a plus le droit de passer le XXIe siècle en restant victime de la faim comme il l'a été au XXe et au XIXe siècle. Tournez votre regard vers l'Amérique latine et voyez cette quantité de pays pauvres, à quelques kilomètres des États-Unis, qui souffrent eux aussi de la faim. Parce que ce ne sont pas ces pays eux-mêmes qui déterminent la logique de la production.[18]

La malédiction de nos ancêtres

Les rituels de l'histoire politique de toutes les régions du monde sont à comprendre comme des tentatives de familiarisation avec tout ce qui nous échappe par les canaux de la raison raisonnante. Il y a dans les rituels politiques majeurs (l'intronisation d'un nouveau roi du Buganda sous l'œil gêné de Yoweri Museveni, la cérémonie de nomination d'un nouveau général au Nigéria, etc...), à l'image des rituels religieux authentiques que les communautés traditionnelles maintiennent dans leur vécu, une volonté avérée de communiquer avec « ce qui est plus fort », ce qui est caché, ce qui est mystérieux, le sens de la vie, le destin (le sien propre, celui de sa communauté ethnique et celui de son pays), l'origine et la fin dernière, la divinité, la société, le chef, le frère, l'ami, le camarade-militant, le conjoint que je connais jamais assez bien ; peut-être même pas du tout, qui sait ? En 1947, tout en accusant l'Occident chrétien d'un « activisme pathologique », Alioune Diop, fondateur de la revue pionnière *Présence Africaine*, semble reprocher simultanément à l'homme africain un déficit d'héroïsme qui sclérose les rampes de lancement de grands desseins :

> Nous autres Africains, nous sous-estimons un peu trop la volonté individuelle. Ce qui nous attache à autrui, ce sont les liens sacrés de la parenté, ce sont ceux établis par les institutions séculaires. La volonté humaine n'est pas bien puissante! C'est la providence qui mène l'univers. Souvent, il suffit d'avoir confiance et d'être respectueux des cadres traditionnels pour être heureux [...] Toutefois, le comble de l'héroïsme n'est-il pas d'éclairer et d'émanciper son semblable, pour ne l'aborder que dans la virulence même de sa liberté et de sa lucidité, afin que chacun tienne de ces vertus partagées l'obligation de forger avec tous des valeurs et un ordre universels ?[19]

On peut se demander également, pourquoi certaines grandes vérités « simples » n'ont jamais capté l'imaginaire des classes dirigeantes africaines de façon massive et décisive ; comme la sémiotique de ce geste que je vole à un panafricaniste alors émergeant promptement liquidé : Malcolm X. Ce sont nos divisions internes qui créent notre aliénation. Bien évidemment, «nous sommes faibles 'dans le concert des nations' parce que nous sommes totalement désunis ; 'déconnectés' ;

...il suffirait pour être plus forts ; et pouvoir se défendre ; de serrer ces 5 (régions ?) doigts là fermement. »

Envisager les ruptures afrocentriques crédibles. Inverser les tendances sous-nationalistes. « Desserrer les pressions... pour oser inventer l'avenir selon le mot du Capitaine Thomas Sankara.

La construction de l'idéal panafricain de solidarité entre tous les pôles du Grand National Universel Noir est un devoir sacré. Ce qui est sacré, c'est cet ensemble de réalités qui transcendent l'expérience rationnelle et demande à être compris pour gommer progressivement les stigmates de l'afropessimisme auxquels la presse grand public des pays industrialisés se donne à cœur joie ! Comment s'arrange-t-on alors pour contrôler l'incontrôlable ? Comment endiguer des fléaux comme la naissance de l'hydre de l'ivoirité et la montée de la xénophobie en Côte d'Ivoire après la mort du père de l'indépendance Félix Houphouët-Boigny ; une dérive orchestrée par les oligarques médiocres et mal-pensants du Parti « Démocratique » de Côte d'Ivoire (PDCI) avec à sa tête Henry Konan-Bédié que l'on retrouve encore, jusqu'aux confins de l'année 2010, comme candidat au retour aux affaires au plus haut niveau d'un État malade de lui-même ? Comment situer les réelles motivations et l'impact de l'érection de la basilique de Yamoussoukro par l'administration Houphouët-Boigny ? Comment analyser les pulsions sexuelles du président américain William Jefferson Clinton dont on dit qu'elles ont joué, – quand furent faits les jeux de la providence – sur les propensions des USA à intervenir ou non pour prévenir le meurtre de 800 000 personnes innocentes au Rwanda en 1994 ? Comment apprécier l'allégeance du président sénégalais Abdoulaye Wade aux marabouts descendants du Saint du Baol Cheikh Ahmadou Bamba Mbacké, fondateur du mouridisme? Comment contrecarrer les causes profondes de la xénophobie endémique en Afrique du Sud ?

Quant Laurent Muchielli pose la question de savoir si la rationalisation et la désacralisation de la vie sont maintenant totales, si les mythes ont vraiment disparu du monde moderne ou s'il se sont seulement transformés pour continuer en profondeur à stimuler notre vie imaginaire, ma réponse, dans le contexte du Panafricanisme, est la suivante : les mythes contemporains en Afrique et parmi les afro-descendants, comme dans le reste du monde, sont à regarder dans un contexte où, dans les cercles de décision, chacun se considère *à tort bien évidemment*, notamment dans les entrailles du pouvoir et cercles de décision, comme un être rationnel. Le mythe ne tient jamais par lui-même. Il a besoin du rite pour exister. C'est la raison pour laquelle nous sommes ici rassemblés. Comme des réalités-soeurs, mythe et rituel partagent de nombreux paradigmes et se développent presque toujours en parallèle. Les idéologies afrocentristes manquent cruellement de rites fonctionnels non-élitistes ; de modes opératoires productifs *(re)connaissables* par les masses. Le mythe et le rite ont un rapport d'interdépendance que certains ont fort justement estimé identique au rapport que la science entretient avec la technologie. Edward Burnett Tylor, pour donner un exemple du point jusqu'où les synthèses ont affiné les connaissances sommes toutes encore très limitées du mode de pensée mythique appliqué à l'Afrocentrisme, explique que le mythe fonctionne comme explication du monde en-soi, alors que le rite applique cette explication pour contrôler ouvertement le monde. Un rite suppose un mythe qui justifie son existence. Le mythe finalement, donne naissance au rituel. Ne croyez-vous pas par exemple que passée l'excitation des premiers sommets entre 2001 et 2004, le caractère de quasi banalité qui accompagne le rituel bi-annuel des sommets de l'Union Africaine maintenant tient du fait que le mythe au nom duquel les sommets de l'organisation panafricaine se tiennent est lui-même mal nourri, mal géré, mal *raconté*. Les sommets de l'Union Africaine n'inspirent personne dans le macrocosme du Grand National Universel Noir.

Dans « Who Killed Democarcy in Africa ? […] », (Mazrui 2002:15-23) Ali Mazrui crée une nomenclature synthétique des obstacles majeurs au progrès vers l'accession à une véritable culture démocratique dans les États africains. La démocratie à l'intérieur des États et des structures sous-régionales est, nous en conviendrons, un socle indispensable à l'édification des États-Unis d'Afrique. Mazrui isole les facteurs suivants : les militaires qui sortent de leurs casernes (Zaïre, Togo, Mali, Nigéria, Ghana, Ouganda, Burkina Faso, Guinée Conakry, Guinée Bissau, Niger, etc.) ; les espions occidentaux jadis à la solde de l'Alliance Atlantique ou du Pacte de Varsovie (Éthiopie, Mozambique, Somalie, Angola, etc.) ; l'intellectuel africain complexé et déraciné, sans charisme et sans imagination qui copie bêtement des savoirs administratifs ingurgités à Genève, à Harvard, à Oxford ou à la Sorbonne sans jamais se demander ce qu'étaient les principes et « structures de gouvernement parmi les Banyoros, les Wolofs, les Ibos ou les Kikuyus avant la colonisation ». Mazrui cite le philosophe anglais Edmund Burke, perçu comme le fondateur de la pensée libérale qui affirme que « jamais un peuple n'a pu se projeter vers un futur de prospérité sans regarder en amont vers son héritage ancestral » (Burke 2001:19). Dans la logique de mes réflexions ici cependant, l'élément-choc, la dernière pièce de la nomenclature de Mazrui est conçue en ces termes :

> Qui revendique l'homicide de la démocratie en Afrique ? Seraient-ce les esprits des ancêtres noirs eux-mêmes ? Ont-ils maudit les deux premières des trois générations d'Africains qui ont vécu depuis les indépendances à cause de leur dédain apparent de l'héritage ancestral ? Beaucoup d'Africains ont honte des religions traditionnelles. Ainsi, elles n'ont pas de droit de cité dans les curriculums scolaires ; encore moins font-elles l'objet de jours fériés pour la célébration de leurs jours sacrés. L'Afrique célèbre des festivals comme Noël et l'Eid el Fitr tous les ans, mais presqu'aucun État africain n'a mis en exergue un jour pour célébrer les religions traditionnelles du terroir. Les ancêtres ont-ils répondu avec une malédiction omnipotente sur nos générations : vos routes seront amochées et vos voies ferrées seront dévorées par la rouille ; vos usines s'arrêteront de tourner et vos écoles vont s'écrouler sous le poids des sureffectifs et de l'incompétence ; vos sols seront à la merci de la fameuse désertification et vos économies vont suffoquer à la faveur de la nouvelle globalisation. Votre démocratie va mourir comme meurt un faible feu de brousse atteint par une pluie de haine.[20]

Par la pensée magique, l'homme se convainc de ses capacités à influer sur les lois de la Nature. Sa survie dépend de son génie propre. Notre survie, en tant qu'Africains, n'était pas garantie jusque dans les année 1800 selon le Professeur Manning (*The African Diaspora* 2009:241). Il reconnaît dans la nature un ordre immuable animé (d'où l'essence même du concept d'*animisme*) par des principes directeurs supranaturels, mais il se donne les moyens de mettre ces principes à son service. James Frazer a fait la « découverte » que *le mythe provient de l'échec de la magie à résoudre les problèmes de l'humanité et à répondre aux grandes questions.* Quand il prend conscience de sa faiblesse et des limites de ses méthodes magiques, l'homme (africain) est finalement pris de terreur. Il invente alors un système dans lequel il se déresponsabilise en devenant, si l'on peut dire, le pion à la solde de pouvoirs supérieurs cachés derrière le masque de la Nature. L'homme transfert ses anciens pouvoirs aux êtres invisibles. C'est pourquoi, selon Frazer, le mythe change et se métamorphose alors que la pratique rituelle et la coutume tendent à perdurer.

Dans la même veine, Joseph Ki-Zerbo a une fois affirmé que « le roi règne, et la coutume gouverne ». Les sociétés reproduisent les gestes de leurs ancêtres mais les raisons qui ont poussé les ancêtres à agir sont totalement oubliées. Au résultat, l'histoire des religions et des grandes idéologies se résume à un exercice de tentative de réconciliation entre une vieille coutume et un sens nouveau : la nécessité de trouver une théorie crédible pour justifier une pratique autrement insensée, absurde, et aliénante de surcroît. Le Panafricanisme, comme mouvement historique actif dans la période contemporaine, donne régulièrement lieu à des compétitions saisissantes dans l'escalade de l'inconsistance, voire du ridicule, dans ses démarches. En vérité, on ne peut parler de progrès historique que si l'on a des certitudes quant à la direction finale de l'Histoire. L'évidence pointe sur le fait que ces certitudes, partout où elles existent dans les faits, sont systématiquement empreintes de subjectivité et de crédulités infondées. Alors, nos leaders politiques s'emparent du pouvoir de certaines idées, certains idéaux avec lesquels ils bâtissent, consciemment ou inconsciemment, la légitimité et le dessein de leurs projets. Ils manipulent leur droit presque sacralisé de régner.

Le pouvoir politique existe dans un *nexus* ambigu : il se manifeste à deux niveaux « distincts ». D'abord, le pouvoir, c'est toujours une idée. Il envahit le champ du réel en tant que concept. Il n'y a pas, de ce point de vue, une force de mobilisation plus puissante que l'idée, l'idéologie (au plan historique). Ensuite, le pouvoir ne peut se manifester historiquement que dans l'incarnation d'une personne ou d'un groupe de personnes. Pourtant, toute distinction entre les théories du pouvoir et les régimes qui font vivre ces systèmes de pensée est fatalement artificielle. Comment distinguer LE Panafricanisme des GRANDES FIGURES du Panafricanisme ? Les modalités qui président à l'exercice d'un pouvoir politique (un « régime » politique), dans toutes les sociétés et dans tous les siècles, sont inextricablement liées à l'environnement sociohistorique dans lequel ce régime se déploie. En fait, il faudrait parler de l'environnement sociohistorique dans lequel ce régime est *imaginé*.

Toutes les sociétés perçoivent leur stabilité comme dépendante de la capacité à contrôler les mentalités de sorte à produire une conception spécifique du gouvernement. Le pouvoir politique devrait donc, a priori, être hors de portée d'un seul individu ou d'un groupe d'hommes qui le confisquent et s'en servent librement (comme cela a été et est encore largement le cas au Nigéria par exemple). Le gouvernement implique le pouvoir de diriger et de punir. Le gouvernement, on pourrait dire, a le droit naturel de « prendre des décisions ». Qui d'*autre*, doit-on se demander cependant, a le droit de contribuer au processus de prise de décision ?

La quintessence du gouvernement, c'est le type de relation(s) qu'il établit entre le(s) gouvernant(s), le(s) gouverné(s) et les groupes supranationaux connexes. L'acteur souvent sous-estimé, c'est le groupe : la société. La société (panafricaine) est l'actant « secondaire » qui donne son sens à la réalité sociale (panafricaine), à l'histoire de la société (panafricaine). C'est comme le chœur de la tragédie en Grèce Antique : il n'est pas en première ligne, mais il explique et révèle la vérité des événements de la scène principale. La société révèle ce qu'il y a à comprendre, et plus essentiellement, la société *fait des choix* surtout dans les instances historiques floues ou il faut reconquérir des libertés usurpées et reconstruire sur les amas de ravages multiformes.

L'histoire, finalement, sociale ou politique, est une chronique des conséquences de l'*hubris*, cet orgueil ontologique, cette conscience tragique de la valeur de soi dans le groupe et du meilleur destin possible par/pour soi ou par/pour le groupe. Les idéologies: libérales, progressistes ou révolutionnaires, prennent naissance dans un fond sémiologique commun : interpréter le réel, donner aux événements un ordre et une consistance, une séquence et une logique, un sens dont ils sont bien-sûr dénués dans le réel « rationnel ».

Et pour conclure

Laisser la parole à Ayi Kwei Armah, *verbatim*, et esquisser la formulation des dimensions mythiques d'un pouvoir politique afrocentré, car ce qu'il faut retenir – et « CQFD (Ce qu'il fallait demontrer) » – c'est que le mythe (du Panafricanisme), fondamentalement, est à la base, je me répète, *une histoire qui se donne à penser* :

Ce que nous sommes ; et pourquoi nous sommes ce que nous sommes :

> Dans la courbe de croissance d'un peuple vers la grâce et par-delà l'oppression, un tournant est pris lorsque les penseurs déterminés à interrompre la spirale de la décadence se rassemblent pour étudier les causes des problèmes communs, penser à des solutions et organiser les voies et moyens de les mettre en œuvre.
>
> Pendant plusieurs siècles, notre Histoire, en Afrique, a consisté en une avalanche de problèmes. Nous avons dégringolé de désastres en catastrophes, souffert la destruction de Kemt, la dispersion de millions d'âmes errant à travers le continent à la recherche d'un refuge, la déchéance de l'espèce humaine par l'esclavage promu par les Arabes, les Européens et les Africains mal-pensants et avides de miettes, disposés à détruire cette terre pour accéder à leurs profits imbéciles. Nous avons subi le pillage

> d'une terre aujourd'hui morcelée en cinquante États-nations ridicules à l'heure où les grandes nations cherchent les moyens de leur survie dans des unions fédérales plus larges ; à l'heure où même les idiots sont conscients que la fission est fatale.
>
> Il peut sembler que tout dans notre histoire a consisté à entretenir l'endurance devant cet itinéraire jonché de ruines sans jamais chercher à inverser la tendance et mettre un terme à la déchéance pour amorcer l'ascension. Cette impression est erronée. Pendant ces millénaires désastreux, on a vu des Africains préoccupés par la recherche de solutions à nos problèmes et par la mise en œuvre de ces solutions. Les empreintes que ces décideurs ont laissées sont discrètes car le triomphe des fossoyeurs de l'Afrique continue. Les bâtisseurs de l'âge d'or ont été exécutés. La terre a été empoisonnée. Les graines du futur sont prises au piège dans les sables où elles ne germeront pas.
>
> Et pourtant. Même dans la déroute, les esprits fécondants ont planté des signes essentiels. Ils ont labouré un itinéraire intellectuel et moral dont les sillons sont encore visibles. Mais saurons-nous apprendre à décoder les signaux sur ces chemins enfouis sous le temps ? Si oui, ce sera alors dans cet espace-là que, réalisant en eux la jonction du passé et de l'avenir, les Africains doués de raison et réconciliés avec la connaissance ressuscitée ; avides d'unité dans leurs efforts solidaires; pourront conquérir l'essence de l'homme qui présidera à la mission qui leur incombe. Ils mettront fin au règne des nègriers d'hier et du moment.
>
> Au diable le pouvoir du contremaître de la plantation ! Le type de pouvoir que nous voulons n'est pas au service d'un pouvoir meurtrier. Au diable l'ambition aveugle dont la récompense est stérile ! Au diable le pouvoir de la politique politicienne ! Notre soif de connaissances raffinées est une tension totalisante. Notre soif de connaissance raffinées se décline dans la dynamique du changement véritable ; car nous sommes résolus, en tant qu'Africains, a reconquérir notre humanité et notre esprit ; reconquérir le cœur de l'homme dont nos ancêtres ont montré les moyens par lesquels on le fait prospérer. Voilà ce que nous sommes ; et pourquoi nous sommes ce que nous sommes. (Armah 1995 :9-10).[21]

Je vous remercie, bien chaleureusement, de votre généreuse attention.

Notes

1. Look for me in the whirl wind or the storm, look for me all around you, for, with God's grace, I shall come and bring with me countless millions of black slaves who have died in America and the West Indies and the millions in Africa to aid you in the fight for Liberty, Freedom and Life. Marcus Mosaih Garvey A 1 (February 10, 1923). « First Message to the Negroes of the World from Atlanta Prison ».
2. Perhaps the most important and most alarming [...] development of modern political thought is the appearance of a new power: the power of mythical thought. The preponderance of mythical thought over rational thought in some modern political systems is obvious. After a short and violent struggle mythical thought seemed to win a clear and definitive victory. How was this victory possible? How can we account for the new phenomenon that so suddenly appeared on our political horizon and in a sense

seemed to reverse all our former ideas of the character of our intellectual and social life? Cassirer, E. (1946). *The Myth of the State. New Haven*: Yale University Press. p. 3.

3. J'ai souligné.
4. Étant donné que le panafricanisme plonge ses racines dans un espace mental temporellement éloigné, voire inidentifiable avec précision, tracer les lignes directrices de certains modes d'interactions – selon notre schéma – peut révéler les potentialités de certains choix idéologiques, structurels, tactiques que font certains individus/groupes/pays, et les canaux par lesquels ils s'engagent à justifier ces choix dans le cours de l'histoire.
5. [Panafricanism] is essentially a *movement of ideas and emotions*; at times it achieves a synthesis; at times it remains at the level of thesis and antithesis. In one sense, Panafricanism can be likened to Socialism; in another sense it can be likened to World Federation, Atlantic Union or Federal Europe; each allows for great scope of interpretation in its practical application. And yet, in its deepest sense, Panafricanism is different from all these movements in that it is exclusive. Its closest parallel perhaps is Zionism. In 1919 Dr. duBois wrote '… The African movement means to us what the Zionist movement must mean to the Jews, the concentration of race effort and the recognition of a racial front' 6 (Legum 1962:14).
6. Given this lifelong dedication to a single package of ideas, Diop's theses may be summarized quite briefly. Both the biological origin of humanity, and the emergence of civilization, took place in Africa. Egypt was the cradle of the latter, was specifically a black or Negro civilization, and was the fullest flowering of a cultural system unifying the whole African continent. That cultural system not only originated most important aspects of human social and intellectual development but was distinct from Eurasian societies in its matriarchal, spiritual, peaceable and humanistic character. Ancient Greece – and hence all European civilization – took almost everything of value usually claimed to be theirs from the antecedent African-Egyptian culture. Africa, Diop argued, must recover the glories of its ancient past, rejecting the colonial racist mystifications which had obscured these glories, and progress to the future by drawing on the lessons of the old Nile valley philosophies. The political corollary of this is the need for a single, federal African state which, taking confidence from the unique greatness of past African achievements will stand equal with Europe and the rest of the world. (Howe 1998:165-166).
7. The great tragedy of 1441 can be taken as a convenient point of departure on the road that led eventually to modern Panafricanism. In that year, sea-borne Portuguese marauders kidnapped a few Africans on the West African coast and set sail for Portugal. In 1502 some of the newly enslaved Africans were transported across the Atlantic from the Iberian Peninsula to the Caribbean island of Hispaniola, now shared by the Dominican Republic and Haiti. Later arrivals came directly from Africa to the Americas. These were the opening stages of our « maafa », our holocaust of enslavement, the transatlantic slave trade. Despite the fact that slavery had existed since time immemorial in most societies, the transatlantic slave trade was qualitatively different from what had gone before. It was *chattel* slavery, in which a concerted effort was made to dehumanize its unfortunate victims. It was also the transatlantic slave trade, as opposed to similar trade to Asia or elsewhere, which produced the beginnings of the modern Panafrican movement (Martin 2004).

8. ...for a long time, in virtue of their common origin and function, [...] [myth and ritual] were inseparable. The divergence of poetry from dancing, of myth from ritual, only began with the rise of the ruling class whose culture was divorced from the labour of production (Thomson cité par Wole Soyinka 1976:33).
9. Sur ces sujets et plusieurs autres voir l'excellent ouvrage dans lequel le Pr. Burton Feldman (il a pris sa retraite de l'Université de Denver il y a seulement quelques années) et le Pr. Robert D. Richardson (langues et civilisations d'expression anglaises, Iona University) synthétisent leur savante lecture de milliers et milliers de pages d'auteurs notoires mais aussi de beaucoup d'autres qui tombaient dans l'oubli. Ils ont sélectionné, présenté, mais encore et surtout *annoté* les surprenants écrits qui composent leur indispensable anthologie. La préface est de Mircea Eliade lui-même. *The Rise of Modern Mythology: 1680-1860.* Indiana University Press. Bloomington / London. 1972. ISBN : 0-253-35012-3 *cl.* ISBN: 0-253-20188-8 *pa.*
10. Je recommande la passionnante étude de James Sweet qui permet aux historiens de suivre à la trace, documents à l'appui, les continuités politico-religieuses entre l'Afrique- source et les communautés afrodescendantes dans le Brésil contemporain pris dans une effervescence politico-culturelle sans précédent. Cf. Sweet, J. H. (2003). *Recreating Africa: Culture, Kinship, and Religion in the African-Portuguese World, 1441-1770.* Chapel Hill: The University of North Carolina Press.
11. Voir les notions de *Sasa* et *Zamani* dans les travaux de John Mbiti (1969). *African Religions and Philosophies.* Nairobi: Heinemann.
12. Voir sur le sujet : Saint-Upéry, M., (2007). *Le Rêve de Bolivar : Le réveil des gauches sud-américaines.* Paris : La Découverte.
13. Succédé par son héritière Dilma Rousseff, ex-guérillero marxiste.
14. j'ai traduit de l'Espagnole
15. Les grands choix politiques sont logiquement justifiés dans la propagande des régimes qui les font par leur allégeance supposée aux principes de la Raison Vertueuse : « Reason progressively discloses a true picture of humanity which constitutes the foundation of civic virtue. Morality is anchored in nature. The best social order is that which corresponds to the permanent needs of man ». Lichtheim, G. (1967). *The Concept of Ideology and Other Essays.* London: Vintage Books. p. 8.
16. Assertion prophétique de Lula qui peut être mise en parallèle avec le «I'm asking you to believe. Not just in my ability to bring about real change in Washington... I'm asking you to believe in yours » de Barack Obama à l'été 2009 pendant la campagne électorale pour les présidentielles américaines.
17. Discours d'ouverture du président de la République du Brésil, Luiz Inácio Lula da Silva, à la trentième Conférence régionale de la FAO pour l'Amérique latine et les Caraïbes. Palais Itamaraty, 16 avril 2008.
18. Idem.
19. Voir Alioune Diop, Éditorial du premier numéro de *Présence Africaine*: Niam n'goura*, octobre-novembre 1947, No 1, p. 7-14. 36. Cité in *Le mouvement panafricaniste au vingtième siècle: recueil de textes*, 2004. Secrétariat Général de la Francophonie. Délégation à la paix, à la démocratie à et aux droits de l'homme pp. 220-221.
20. J'ai traduit de l'anglais.
21. J'ai traduit de l'anglais.

Bibliographie

Armah, A. K., 1995, *Osiris Rising: a Novel of Africa's Past,Present, and Future*. Popenguine (Sénégal): Per Ankh. pp. 9-10.

Brunel, P., 1974, *L'Évocation des morts et la descente aux enfers*, Paris: Éditions Sedes.

Burke, E., 2001, *Reflections on the Revolution in France: A Critical Edition*, J. C. D. Clarke, ed.. Stanford, CA: Stanford University Press. p.184. Cité in Ali Marui, *Who Killed Democracy in Africa: Clues from the Past, Concerns of the Future*.

Cazeneuve, J., 1957, *Sociologie du rite*. Paris: Presses Universitaires de France.

Depelchin, J., 2005, *Silences in African History: Between the Syndromes of Discovery and Abolition*, Dar es Salaam: Mbuki Na Nyota Publishers.

Drachler, J. (Ed.), 1975, *Black Homeland/Black Diaspora: Cross-Currents of the African Relationship*, New York: National University Publications / Kennikat Press.

Du Bois, W. E. B., février 1919, *Crisis* (National Association for the Advandcement of Colored People – NAACP, New York).

Eliade, M., 1963, *Aspects du Mythe*, Paris: Gallimard.

Esedebe, P.O., 1994, *Panafricanism, The Idea and the Movement: 1776-1991*. Washington D.C.: Howard University Press. *West Africa*, 29 novembre 1958.

Howe, S., 1998, *Afrocentrism: Mythical Pasts and Imagined Homes*. London: Verso.

Kelly, E., 2003, *John Rawls: Justice as Fairness – A Restatement*, Cambridge: The Belknap Press of Harvard University Press.

Legum, C., 1962, *Panafricanism: A Short Political Guide*. New York: Frederick A. Praeger, Inc. Publisher.

Lévi-Strauss, C., 1955, *Tristes tropiques*, Paris: Presses Universitaires de France.

Martin, T., 2004, « Panafricanism, 1441 to the 21st Century, Building on the Vision of Our Ancestors: Historical Overview». *First Conference of Intellectuals of Africa and of the Diaspora Convened by the African Union Commission*. (http://www.panafricanperspective.com/ au_intellectuals.html)

Mazrui, A. A., February 2002, «Who Killed Democracy in Africa? Clues of the Past, Concerns of the Future». *Development Policy Management Network Bulletin*. Vol. IX, No 1. [pp. 15- 23].

Nkrumah, K., 1970, *Consciencism, Philosophy and Ideology for De-colonization* [first published in 1964], New York: First Modern Reader.

Quijada, M:, 2005 *Las dos tradiciones* in Jaime Rodríguez O. (ed.) *Revolución, independencia y las nuevas naciones de América*, Madrid: Mapfre-Tavera.

Senghor, L. S., 1964, *Liberté I, Négritude et humanisme*, Paris: Seuil. Thomas, Louis Vincent et Ludeau, René, 1975, *La terre africaine et ses religions*, Paris: Librairie Larousse. Thomson, G., 1941, *Aeschylus and Athens*, London: Lawrence & Wishart ed.

Wole Soyinka, 1976, *Myth, Literature and the African World*, Cambridge: Cambridge University Press.

24

Points de synthèse : objets de débats

Jean-Jacques N. Sène

Joseph Ki-Zerbo, dans des élans de sagesse toute africaine, rappelait souvent aux jeunes du continent, comme cela a été répété dans nos échanges, la nécessité impérieuse d'opérer – aussi – des « migrations de nous-mêmes vers nous-mêmes ; à partir de nos identités plurielles ». Le public pourra sur ces questions d' « identité ; identités pour l'Afrique » se référer au documentaire cinématographique de Dani Kouyaté[1] du même titre *Migrations et identité(s)* ? Dans l'expérience africaine de la transplantation aux Amériques, le moment le plus dangereux pour les opérateurs de la traite négrière était le temps de l'embarquement dans les navires pour la traversée de l'Atlantique. Sociologiquement, anthropologiquement, idéologiquement, il naissait dans l'inconscient collectif des captifs, d'abord un besoin de tenter presque toujours en vain un sursaut vers la liberté mais aussi, une aspiration partagée de ré-unification avec la terre-mère et l'essence environnementale holistique africaine. Toutes les révoltes, rébellions, et révolutions historiques de la diaspora, surtout les plus radicales (Nate Turner, né en 1800, pendu après un procès sommaire en 1831, au *Southhampton County* de Virginie, dans le Sud des États-Unis) ; s'abreuvent à cette source fantasmagorique du moment de l'embarquement. D'ailleurs, après 1795, suite à la consolidation de son pouvoir sur l'île de Saint-Domingue, Toussaint L'Ouverture avait envisagé le projet de conduire une expédition militaire aux sources du commerce des esclaves pour saborder toutes manœuvres d'embarquement de captifs sur les côtes ouest-africaines.

Au forum de Ouagadougou, le témoignage d'une Africaine américaine résidant au Ghana a encore montré que les Noirs eux-mêmes sont victimes de préjugés et de visions racistes intra-ethniques en Amérique comme sur le Continent. Elle encourage donc la migration afro-africaine. Il n'est pas rare que des Afro-Américains et des Africains, d'un côté comme de l'autre de l'Atlantique, nourrissent des suspicions sur les communautés-hôtes quand ils s'installent pour de longs séjours dans une terre d'accueil/d'adoption.

La pauvreté est une entrave à la mobilisation des ressources humaines indispensables pour forger les dimensions économiques du Panafricanisme parce qu'elle entraîne la migration des jeunes et des diplômés africains vers l'Europe et l'Amérique, considérés comme des Eldorados. Ces migrations entraînent également la recrudescence de la xénophobie dans les pays d'accueil, non pas seulement dans la « forteresse Europe » mais aussi de façon dramatique dans les pays du Continent comme la Côte d'Ivoire, la Libye, l'Afrique du Sud. C'est ce prisme contradictoire qui a rendu la communication de Madame la Professeur Takyiwaa Manuh de University of Ghana (Legon) particulièrement attendue, appréciée, et discutée. Le titre en était : « Migrations et intégration africaine ». Au-delà des considérations théoriques, politiques, et macro-sociétales, elle a aussi tenu, à l'occasion, à rappeler au public des données statistiques-clés pour situer les problématiques qui ont entouré les thèmes de sa communication : l'Afrique subsaharienne, c'est connu, depuis les années 1970, représente un taux fluctuant de un à deux pour cent du volume des échanges commerciaux dans le monde contre 4 pour cent dans les années 1960. La pauvreté endémique affecterait 40 à 60 pour cent de la population estimée entre 800 à 950 millions d'âmes.

Les Plans d'Ajustement Structurel imposés par les institutions de Bretton Woods, c'est maintenant une lapalissade, ont ruiné les économies africaines ! La destruction des marchés traditionnels et ceux du secteur informel en milieu urbain ont progressivement poussé les populations à chercher *toujours plus loin* des moyens de subsidence que leur environnent socio-économique local, national, ou sous-régional n'offrait plus. Il s'est alors développé entre 1970 et la fin du siècle dernier, des pôles d'attraction migratoire : l'Afrique du Sud attirant des ressortissants du Mozambique, du Zimbabwe et du Lesotho pour la sous-région australe du continent ; le Gabon pour les États de l'Afrique centrale ; et la Libye pour l'Afrique du Nord avec un pouvoir d'attraction qui s'est exercé pour des raisons politiques sur les Touaregs du Mali et du Niger. Les analyses de madame la professeure Manuh ont de fait, invité le public du forum à situer les migrations intra et inter africaines dans une perspective historique globale.

A ce titre, le point original fait à Ouagadougou par l'intellectuel indonésien Darwis Khudori (voir Chapitre 20) est particulièrement édifiant pour la revalorisation et l'ancrage, la continuité d'une conscience historique panafricaine qui ne se détache pas de l'historiographie mondiale : « on peut dire que les Négroïdes qui se trouvent notamment en Indonésie, en Océanie et en Australie sont les premières vagues de la diaspora africaine dans le monde avant les Mongoloïdes (notamment autour de la Chine) et les Caucasoïdes (notamment autour de l'Europe) ». Sur un autre plan, Khudori partage avec moi un regard qui restitue aux grands mouvements de l'histoire (africaine) une dimension mytho-pratique qui cherche pour ainsi dire, positivement, à « transformer l'expérience en destin ».

Le public du forum a eu le bénéfice de recevoir et discuter, toujours sous l'égide de Takyiwaa Manuh au forum de Ouagadougou, une galerie de chiffres édifiants, présentés ci-après de manière non-exhaustive : L'afrique subit en moyenne 25 pour cent des endémies sanitaires mondiales contre une prévalence de moins de 2 pour cent du personnel de santé de la planète ; le nombre de médecins nigérians vivant aux USA est estimé à 21,000 ; on estime qu'il y a plus de médecins béninois et camerounais en France qu'il n'y en a respectivement au Bénin et au Cameroun ; les rémittences en tous genres que les émigrés africains envoient dans leur pays d'origine sont en croissance exponentielle. Les exemples notoires à retenir sont les ceux des mineurs mozambicains en Afrique du Sud dont les rémittences ont été estimées à plus de 30 pour cent de la balance de paiement ; les travailleurs ghanéens expatriés (2 milliards de dollars en 2004, ce qui représente plus de 100 fois les revenus du cacao) ; les ressortissants de la Somalie ($ 500 millions par an). Cependant, prévient le Pr. Kwesi Andam, « les nations s'édifient avec des cerveaux, et non avec les dollars envoyés par les grands absents » (cité par Adomako, Appiah Kusi 2006 Ghanaweb Feature, 29 août 2006) ; entre 33 et 55 pour cent des détenteurs de hauts diplômes ressortissants de l'Angola, du Burundi, du Ghana, du Kenya, de l'Ile Maurice, du Mozambique, de la Sierra Leone, de l'Ouganda et de la Tanzanie vivent dans les pays de l'OCDE.

Il a été remarqué dans les contributions-débats, que depuis les « navigations transsahariennes du Sahel médiéval » et autres canaux de migrations multiséculaires, (Caravanes=caravelles ; colporteurs ; Abetara-Kumasi ; Djenné-Kumasi ; « Vagabondage commercial » des Mossi sur la route de Pô, etc.) le mouvement des biens et des personnes, est pour ainsi dire, selon d'ailleurs le mot de Professeure Manuh elle-même, qui résume bien la réalité : « *In African history, Migration/ Mobility is a fact of everyday life, everywhere.* »

Les premiers nationalistes avaient un besoin cruel de bouger pour des besoins de stratégie et de sécurité. Leurs activités étaient donc transnationales par définition et par nécessité; notamment les militants de la West African Student Association (WASU) basée à Londres et ceux de la Fédération des Étudiants d'Afrique Noire en France (FEANF) ; dans la logique même de la création et le déploiement d'une conscience anti-impérialiste.

En Afrique de l'Ouest par exemple, on note des tendances similaires dans les milieux professionnels et corporatistes (journalistes nigérians et sierra léonais au Ghana grâce à l'influence de la pensée de précurseurs de la notion d'une conscience citoyenne ouest-africaine comme Benjamin Nmandi Azikiwe et Wallace Johnson) malgré les harassements et persécutions des administrateurs coloniaux au motif de sédition.

Professeurs Takyiwaa Manuh a insisté sur le fait que la littérature sur les flux migratoires Sud-Nord a une tendance facile à criminaliser le phénomène, enterrant de manière très commode non seulement les atteintes aux droits de l'homme dont les migrants sont quotidiennement victimes mais aussi et surtout les contributions majeures qu'ils ont apportées à leurs sociétés d'accueil.

Takyiwaa Manuh a voulu aussi restaurer une injustice intellectuelle de taille : la non-reconnaissance du fait que l'Afrique noire est, historiquement, une terre d'immigration : Juifs, Européen, Indiens, Libanais, Chinois.

Enfin, Professeure Manuh a sollicité l'engagement du public dans ce qu'elle considère comme un défi essentiel : établir des études comparatives entre les diasporas africaines et les diasporas sud-coréennes, chinoises, taïwanaises, et indiennes dont les lieux d'origine se sont hissés hors de la pauvreté malgré des taux d'émigration impressionnants. Elle recommande à ce titre des politiques panafricaines, dira-t-on, qui procéderaient de la théorie des « Quatre C » : Contrôles, Créations, Compensations ; et Connections .[2]

Notes

1. *Migrations et identité(s)* (52 mn. Synopsis. Contacts : CEDA 01 BP 606 Ouagadougou 01 Burkina Faso.
2. Voir les travaux de Devesh Kapur et John McHale dans leur ouvrage *Give Us Your Best and Brightest: The Global Hunt for Talent and Its Impact on the Developing World.* Center for Global Development. Washington DC.: Brookings Institution. 2005. ISBN: 1933286032).

V

Structures proto-fédérales africaines, libéralisme et mondialisation

25

Remarques sur les enjeux de l'agriculture africaine

Chrystel Le Moing

Jamais aucun pays ne s'est développé avant d'assurer au préalable son autosuffisance alimentaire. L'agriculture est donc au cœur du développement. En Afrique, ce secteur est laminé. L'héritage de la colonisation, les programmes d'ajustement structurel imposés de l'extérieur avec la complicité des élites au pouvoir en sont responsables. L'Afrique est aujourd'hui face à trois dilemmes majeurs. Elle doit choisir entre la sécurité alimentaire et la souveraineté alimentaire, entre la production agricole locale ou les biens importés, les marchés locaux nationaux et régionaux ou le marché mondial.

Ces questions cristallisent les contradictions dans lesquelles sont plongées les économies africaines. Elles posent dans un contexte nouveau de crise mondiale du modèle libéral, la question de la nature du développement. Elles remettent ainsi au goût du jour l'un des piliers de la pensée de J. Ki-Zerbo, de la conférence d'Accra, mais aussi de tout le mouvement des non-alignés: la pertinence du développement endogène.

Deux éléments de contexte permettent de poser à nouveau les termes de la discussion sur ce sujet : La crise internationale actuelle, qui est d'abord d'ordre économique et touche nos systèmes de production. Celle-ci est multiforme : financière, alimentaire, environnementale et énergétique. Elle révèle les échecs de la théorie classique appliquée depuis le XIXe siècle et du capitalisme néolibéral et financier du XXe siècle. Cette crise donne toute la légitimité nécessaire pour inventer de nouveaux modèles de développement.

Avec la crise alimentaire et les émeutes de la faim de 2008, la prise de conscience du rôle de l'agriculture ouvre une perspective. La Banque mondiale a reconnu dans son rapport sur le développement 2007, la centralité de l'agriculture, et commencé un début d'autocritique parce qu'elle a délaissé ce secteur dans ses politiques, tout comme l'ont fait l'ensemble des bailleurs de fonds et les gouvernements africains. Il est donc maintenant pertinent de poser les jalons d'un nouveau développement agricole.

Diagnostic

L'agriculture occupe encore une place centrale dans l'économie africaine, fournissant 30 à 50 pour cent du PNB dans la plupart des pays. Elle est la source majeure de revenus et de moyens d'existence pour 70 à 80 pour cent de la population qui demeure rurale en majorité. Elle entraîne avec elle le reste de l'économie, l'industrie de petite transformation et l'artisanat.

Mais c'est une agriculture qui ne peut faire face à la croissance démographique. On compte 750 millions d'Africains aujourd'hui, et environ 1.5 milliards à l'horizon 2030. Elle se caractérise par des petites exploitations familiales peu productives (0.5 à 1 hectare cultivé à la main), soumises à un contexte international fortement concurrentiel et défavorable marqué lui-même par un libre-échange biaisé par le maintien des subventions à l'exportation dans les pays agro-exportateurs (USA, UE). Ce système commercial international se révèle être un savant jeu de dupes.

La conséquence directe est la suivante: l'agriculture ne fait pas vivre ses paysans et la population souffrant de la faim ne cesse d'augmenter. Selon la FAO, la proportion de personnes sous-alimentées est la plus forte en Afrique subsaharienne : 33 pour cent de la population. En 2005, sur les 36 pays confrontés à de graves pénuries alimentaires, 23 se situent en Afrique, la seule région du monde où la production vivrière n'a pas augmenté. La population rurale est la première touchée par la pauvreté (60 à 80% selon les pays) ; 70 pour cent sont des paysans producteurs. Le désœuvrement dans les campagnes est sans précédent, provoquant un exode rural, des migrations en Europe ou aux USA dans des conditions effroyables.

La dépendance alimentaire explique cette situation

En effet cet état de fait résulte d'un long processus amorcé sous la colonisation. L'héritage colonial : le développement des cultures d'exportation des matières premières agricoles par les puissances colonisatrices s'est accompagné de l'instauration d'une économie et d'un commerce de traite, au détriment des cultures vivrières et de la constitution d'une industrie locale de transformation des produits agricoles.

Les indépendances n'y ont pas mis fin : les accords de Lomé établissant un régime préférentiel, en contrepartie d'accès aux biens manufacturés européens pour les pays en développement signataires, ont perpétué ce système. Les ressources fiscales issues des droits de douane et les aides étrangères ont été détournées par les élites africaines, si bien qu'une économie de rente s'est mise en place au profit exclusif des classes dirigeantes et de leurs clientèles. Ceci est allé de pair avec un endettement croissant des États pour des grands travaux d'irrigation, l'acquisition d'équipements agricoles, etc... qui n'ont pas assuré les résultats escomptés.

Les plans d'ajustement structurel (PAS) inspirés par la Banque mondiale et le consensus de Washington (corpus libéral appliqué par Thatcher et Reagan prônant la déréglementation, la privatisation, la réduction du rôle des États), ont été imposés aux États en développement pour rembourser la dette ainsi contractée.

L'ouverture croissante des économies au marché mondial organisée par les accords du GATT, puis la création de l'OMC, ont accentué la spécialisation des économies sur les avantages comparatifs. Les économies rendues ainsi dépendantes des exportations de quelques produits bruts, sont soumises à la volatilité des cours mondiaux des matières premières et concurrencées par des produits en provenance des USA ou d'autres pays du Sud qui ont fait les investissements nécessaires (coton, riz).

Les pays africains sont ainsi contraints d'importer des aliments sur le marché mondial. La croissance urbaine exponentielle nécessite l'approvisionnement de villes où la paix sociale peut être rapidement menacée. Les gouvernements ont alors choisi de s'approvisionner à bas coût sur le marché mondial pour calmer la population urbaine et rester au pouvoir, bien souvent.

Le peu d'agriculture vivrière qui reste est donc soumis à la concurrence de l'industrie agroalimentaire des pays agro-exportateurs. Les différentiels de productivité peuvent aller de 1 à 200 entre l'huile d'arachide sénégalais et l'huile de tournesol par exemple, ou entre le riz Thaïlandais et le riz de Casamance. Un conflit d'intérêt aigu survient entre le paysan producteur–vendeur, qui veut des prix forts et le consommateur acheteur qui veut des prix faibles du fait d'un pouvoir d'achat réduit. Les importations massives aboutissent à la constitution de lobbies importateurs puissants en situation de quasi monopole et en lien avec le pouvoir, qui verrouillent les évolutions politiques en faveur de la production locale.

En résumé, assurer la sécurité alimentaire par le marché mondial mène à une impasse et à la dépendance alimentaire. L'agro-business, nous disent la Banque mondiale, et des instituts de recherches privés soutenus par des multinationales (Monsanto, Pioneer) constituent la solution pour générer les recettes pour importer. Or, ceci est un leurre. L'agro-business pour l'exportation ne dégage pas les marges nécessaires pour faire face aux besoins alimentaires des populations.

Il s'agit par ailleurs d'un modèle de production intensif qui dégrade l'environnement, et consomme beaucoup d'eau, comme c'est le cas des modèles d'agriculture prônés par la Politique Agricole Commune de l'UE, le *Farm Bill* aux USA, le Brésil, l'Australie. Ces pays, y compris les pays asiatiques qui ont mis en œuvre la révolution verte, vantant également un système productiviste, subissent de nombreux dégâts environnementaux : utilisation de pesticides qui n'apportent aucune garantie sanitaire, pollution des nappes phréatiques, appauvrissement des sols, équipements agricoles énergivores.

Ce système de production demande des capacités d'investissement (irrigation, intrants, équipements) que les petits paysans n'ont pas. Il favorise donc l'attribution de terre à des élites rurales et urbaines qui ont les capacités financières, mais sont absentes des exploitations. Il accentue l'insécurité foncière des petits paysans et favorise la concentration des exploitations (cf. Afrique australe). Très consommatrice en énergie, cette agriculture ne permettra pas de relever le défi de la crise énergétique caractérisée par l'appauvrissement des ressources en hydrocarbures.

Enfin, l'agro-business s'articule avec l'introduction des OGM dans les systèmes de production agricole. Cette biotechnologie dont le mérite serait d'augmenter la productivité des cultures, est présentée comme étant la réponse au déficit alimentaire, alors qu'il ne s'agit ni d'une crise de production, ni d'une demande des agriculteurs. Une grande vigilance et un devoir d'information est donc nécessaire à leur égard, mais aussi vis-à-vis du développement des agro-carburants. Ceux-ci constituent un nouveau marché pour les multinationales offrant des semences OGM.

Par ailleurs, l'UE a fixé à 10 pour cent le niveau d'approvisionnement en agro carburant jusqu'en 2020. Parallèlement, des Accords de Partenariat Economique (APE) intérimaires ont été signés avec des pays qui ont conclu des contrats avec des entreprises européennes intervenant dans ce domaine. Les productions d'agro-carburants peuvent donc engendrer ce type d'agro-business et entretenir le système précédent d'économie de rente ou de spécialisation économique pour l'exportation de matières premières à destination de pays riches à la recherche de transition énergétique.

L'heure des choix : satisfaire une minorité urbaine et aisée ou relever le défi du monde rural et de la souveraineté alimentaire ?

Le séminaire conduit à la fondation Gabriel Péri a établi les recommandations suivantes qui sont soumises au débat. L'urgence est d'inventer un nouveau système agraire et agricole peu coûteux et rémunérateur pour les producteurs. Ces objectifs seraient de revaloriser la connaissance paysanne du milieu agro-écologique et les savoir-faire paysans : adaptation, grande gamme de techniques et d'innovation ne supposant pas le recours aux engrais chimiques importés.

Pierre Rabhi, éminent agronome, avait initié avec Thomas Sankara, un projet de développement agro-écologique (centre de Gorom-Gorom), mais il fut interrompu par l'assassinat du président Burkinabè.

Les terres fertiles sont encore nombreuses et largement inexploitées. En outre, cette nouvelle vision devrait proposer une réforme agraire et foncière encadrée et réfléchie, et s'articuler avec le développement d'activités rurales génératrices d'emplois et de revenus pour les jeunes et les femmes. Cela implique une révolution culturelle. Les paysans ont toujours été considérés comme des citoyens de seconde zone. Un rapprochement entre les intellectuels, les responsables politiques, et les paysans, sera donc déterminant, tout comme la reconsidération de la place des femmes qui constituent la principale force de travail et souvent le levier des décisions.

Enfin, les gouvernements devraient miser sur une recherche agricole solide, plutôt que de multiplier les effets d'annonce. Tous les intervenants du séminaire ont en effet déploré l'État des universités et des instituts de recherches en Afrique. Ces objectifs sont incompatibles avec les accords commerciaux en négociation avec l'UE et à l'OMC.

En effet, signer des APE en l'état signifierait pour les États africains :

- tirer une croix sur une part importante des recettes budgétaires nécessaires au financement de nouvelles politiques agricoles ;
- nuire au développement de marchés locaux, nationaux et régionaux ;
- accentuer la concurrence avec la production locale, notamment pour le lait, et la viande, produits exportés par l'UE et pour lesquels elle maintient les subventions ;
- déstabiliser tout le tissu industriel qui vit de la transformation des produits agricoles.

Les produits sensibles ne devront concerner pas plus de 20 pour cent des lignes tarifaires libéralisées, ce qui est insuffisant pour protéger les cultures locales. L'UE a assorti les APE de nombreuses clauses de sauvegarde qui la protègent largement et maintiennent ses marchés en Afrique. Les pays africains auront ainsi moins de marge de manœuvre pour choisir leurs partenaires commerciaux.

Tous ces risques peuvent survenir dans un contexte où aucune aide publique au développement (APD), ni aucun fonds européen de développement (FED) ne résorberont les pertes et la pauvreté ainsi engendrées. D'autant que dans le contexte de la crise mondiale, les pays réduisent leur aide pour se concentrer sur les problèmes économiques intérieurs. Au niveau de l'OMC, le blocage du cycle de Doha est peut-être une opportunité pour réfléchir aux mesures qui répondront à la spécificité de l'agriculture et à sa multifonctionnalité, car on parle de nourrir les personnes.

Il faut en premier lieu que les pays africains soient autorisés à subventionner les secteurs vivriers comme l'ont fait l'UE, les USA pour atteindre l'autosuffisance alimentaire. En contrepartie, il faut soutenir le pouvoir d'achat des urbains (par la pratique des bons alimentaires aux USA, par exemple) ; il faut instaurer un tarif extérieur commun régional qui soit en mesure de protéger la production (contrairement à ce que prônent les APE et à celui établi par la CEDEAO à 15 pour cent, ce qui est bien trop faible) et pour faciliter le commerce intra-régional qui fait face aux tracasseries douanières. Fondamentalement, le débat revient au point de départ, celui de la définition d'une vision stratégique du secteur agricole que l'ensemble des acteurs s'approprie. La responsabilité des politiques est fondamentale, sinon il y aura conflit. Les émeutes de la faim au printemps 2008, ont renversé un gouvernement à Haïti.

Il reste beaucoup à dire car c'est un sujet inépuisable. La paysannerie et le monde rural africain constituent en tout cas un des fondements majeurs de l'identité africaine. Ils ont forgé l'histoire, l'imaginaire et la culture du continent, et détermineront donc son avenir.

26

Le rejet des frontières au sud du bassin tchadien : perspectives pour le Panafricanisme à partir des données historiques

Abdoul-Aziz Yaouba

Prolégomènes

En considérant l'attitude panafricaniste comme une disposition psychologique ou du moins une réaction à la négation de la condition servile noire, on suppose, qu'à l'origine, le Panafricanisme peut être considéré comme une quête de liberté et d'égalité ; une reconnaissance de la condition humaine noire. Dans ce cas, l'histoire du mouvement panafricaniste est ancienne. Elle est ancienne, car elle remonterait au-delà de la traite atlantique voire même de la traite arabe transsaharienne.

Toutefois, au cours de l'Histoire, ce mouvement a progressivement pris corps avec un riche contenu politique selon les contingences. Au XIXe siècle plus précisément, les débats religieux et philosophiques animés par les Africains de la diaspora d'abord, et ceux du continent ensuite, ont été très féconds. Ces discours ont réussi à mobiliser l'élite noire mondiale autour d'une idée, d'un idéal, sans doute, déterminant dans l'abolition de la traite noire. La fin de l'esclavage consacre alors l'avènement d'un autre combat, celui de la reconnaissance du droit et de la capacité des Noirs à se gouverner eux-mêmes.

Dès lors, la première moitié du XXe siècle constitue, en termes d'engagement politique et de production littéraire, l'une des périodes les plus prolifiques de l'histoire du Panafricanisme. De nombreux congrès panafricains et rencontres intellectuelles ont permis de peaufiner la doctrine et les stratégies du mouvement. Tout naturellement, à la diversité des origines individuelles et régionales des leaders panafricanistes, devraient tout aussi correspondre une diversité d'approches, voire même de profondes divergences au sein du mouvement. Certes, il s'agit là d'un dynamisme propre au grand débat d'idées. Car cela n'empêche, nombre de colonies noires accèdent à l'indépendance à la fin de la première moitié du XXe siècle. Toutefois, l'unité du continent noir qui, du reste, constitue l'objectif prioritaire ou ultime du panafricanisme, n'a pas été réalisée. Elle perd de surcroît de sa consistance, du moins sur le double aspect théorique et pratique.

En effet, au lendemain des indépendances, les leaders africains se sont attelés essentiellement à la consolidation et à l'unité de leurs structures étatiques héritées de la colonisation et maintenues comme telles grâce au principe de l'*uti possidetis* (provenant de la phrase issue du Droit romain *uti possidetis, ita possideatis* : « Comme tu as possédé, tu continueras à posséder ») consacré par la Charte de l'Organisation de l'Unité Africaine (OUA) en 1964. Le discours politique est alors celui de l'édification de l'État-nation selon le modèle de l'ancienne Métropole, bien qu'une nouvelle forme de coopération aux niveaux continental et régional se mette progressivement en place, à travers l'OUA et des regroupements régionaux ; sur la base des critères géographiques, historiques et parfois géopolitiques comme c'est souvent le cas en Afrique centrale. Néanmoins, cette situation est loin de renvoyer aux calendes grecques l'idéal panafricain qui fut souvent présenté comme l'aboutissement du programme politique et économique de l'OUA.

Depuis plus de deux décennies, les réalités africaines (déconfiture du système politique et économique de nombreux États, néocolonialisme, paupérisation des couches sociales, conflits sociaux...) ont amené les intellectuels et leaders politiques du continent et de la diaspora à reprendre conscience de l'idéal panafricain à travers ce qu'il est convenu de nommer aujourd'hui « la renaissance africaine ». Cette nouvelle dynamique s'annonce déjà en 1985 à l'occasion du Colloque sur le Centenaire de la Conférence de Berlin tenu à Brazzaville du 30 mars au 05 avril, suivi de quelques jours par le Symposium International de Kinshasa sur « l'Afrique et son avenir » du 20 au 30 avril 1985. Dès lors, ces panafricanistes, d'une autre génération, entendent poursuivre le combat de l'unité africaine. La fin de la bipolarisation, l'abolition de l'apartheid en Afrique du Sud et la globalisation de l'économie créent ensuite un contexte international nouveau qui renforce leurs convictions et suscite moult réflexions sur le devenir du continent africain et sur la problématique de son unité plus précisément.

En ce début de siècle, si l'unanimité de la classe politique africaine semble acquise autour de l'objectif unitaire, il n'en demeure pas moins cependant que son approche suscite toujours débats et controverses : d'une part, les partisans de la table rase sur le passé colonial pour un redécoupage territorial « idéal » du continent, et d'autre part les tenants d'une continuité historique qui considèrent la colonisation comme un héritage culturel ayant un impact réel et résolument dynamique dans le façonnement des identités africaines actuelles. Loin de toute critique en faveur des uns ou des autres (sans évoquer diverses tendances au sein de chaque groupe), nous inscrivons notre démarche dans la seconde approche dans la mesure où la tendance actuelle est plutôt à la consolidation et à la démarcation des frontières africaines selon même les objectifs de l'Union Africaine. Par ailleurs, dans la crainte qu' « un redécoupage généralisé conduirait au chaos » (Foucher 2007:59) ; nous pensons avec Anthony I. Asiwaju qu'« il faut s'attendre à ce que ces frontières (africaines) jouent à l'avenir un rôle nouveau de nature à favoriser et à accélérer les processus d'intégration régionale actuellement renégociés au niveau du continent et, plus particulièrement, de ses sous-régions » (Asiwaju 2005:78).

Dans le cadre de la présente étude nous proposons une vision panafricaine à partir d'une relecture des frontières étatiques africaines sous le prisme de la coopération et de l'intégration régionales. Autrement dit, il est question d'analyser les éléments historiques des populations frontalières comme socle à partir duquel l'on peut créer des zones transfrontalières interactives et résolument fécondes pour le Panafricanisme. Le Sud du bassin tchadien, traversé par une multitude de frontières, sert de champ d'application à la présente étude.

Le bassin du Tchad, c'est avant tout cette vaste mer intérieure africaine. Aujourd'hui, réduite à sa plus petite expression, elle offre toujours le spectacle d'un immense paysage lacustre qui détermine, ou tout au moins, influence la vie quotidienne des millions de riverains. Ceux-ci ne doivent, en réalité, leur présence millénaire qu'à l'existence de cet « édifice » géographique. Situé au cœur du continent, pourrait-on dire, le bassin du Tchad est aussi la zone névralgique d'une région en désertification progressive. Il reste cependant vivant grâce à l'apport de ses deux importants affluents méridionaux (le Logone et le Chari) qui drainent vers le Lac l'essentiel de leurs eaux issues des régions soudaniennes encore relativement arrosées. Le Sud du bassin tchadien apparaît dès lors, comme l'un des plus importants foyers de peuplement humain de la région.

Depuis la période des légendaires Sao, d'autres peuples se sont installés à la fin du Néolithique occupant subséquemment les bandes exondées de la zone émergée au sud du Lac actuel (Chapelle 1986:29). Et des siècles durant, cette région encore verdoyante, poissonneuse et faunique sert de refuge ou tout simplement de point de rencontres à de nombreux groupes humains venus d'horizons divers ; sans doute, « le rassemblement de ses populations déshéritées, et leurs efforts déployés pour s'adapter à l'évolution du milieu et des conditions matérielles, constituent la toile de fond sur laquelle se déroule l'histoire de la région » (Lange et Barkindo 1990:465). C'est donc, sans conteste, une histoire riche, passionnante et de grande portée qui a vu naître, s'épanouir et parfois se disloquer de brillantes cultures et célèbres empires du Soudan central. Il semble ainsi que c'est cette combinaison d'atouts géographiques et historiques qui pourrait être à l'origine du « mythe du lac Tchad » au sein des milieux colonialistes occidentaux à la fin du XIXe siècle ; et dont la conséquence est alors la conquête et le partage de l'ensemble du bassin tchadien à l'aube du XXe siècle. Par conséquent, les frontières étatiques actuelles, aux configurations largement contestées, sont le résultat de cette occupation coloniale occidentale.

Le Sud du bassin tchadien, objet de la présente étude, est traversé par deux frontières internationales que partagent le Cameroun et le Tchad d'une part, le Cameroun et le Nigéria d'autre part. La première est issue des Accords entre l'Allemagne et la France tandis que la seconde résulte des Accords anglo-allemands d'abord et franco-britanniques ensuite. Tous ces traités, faut-il le rappeler, sont établis entre les puissances colonisatrices, au détriment des structures politiques préexistantes voire même des affinités familiales, sociales et religieuses de la région. Néanmoins, malgré les multiples opérations administratives et policières, les populations, bien vaincues et devenues frontalières, n'ont jamais accepté l'existence d'une ligne imaginaire d'origine exogène appelée désormais à réglementer leurs mouvements. Plus de quarante ans après les indépendances, le *statu quo* demeure car les populations se sont appropriées les frontières et les utilisent au gré des circonstances.

Pourquoi, en dépit de l'échec à la résistance coloniale et après plus de quarante années de constructions nationales, les populations frontalières refusent toujours de « reconnaître » les frontières étatiques ? La présente communication s'intéresse plus précisément aux facteurs historiques socioculturels et économiques qui sous-tendent jusqu'aujourd'hui « le rejet » des frontières héritées de la colonisation, appréhendées comme une « domination étrangère » ou alors, l'instrumentalisation ou l'appropriation de ces frontières à des fins personnelles. Il en ressort des prédispositions évidentes pour une intégration réelle de la région dépassant la rigidité des frontières nationales.

Frontière Nigéria/Cameroun/Tchad : un pont pour les populations frontalières

A l'exemple de nombre de frontières internationales africaines, les frontières entre le Nigéria, le Cameroun et le Tchad ont été établies aux dépens des limites politiques préexistantes. Ainsi, ces frontières passent parfois au cœur des villages, des champs, voire des maisons. Elles disloquent, de ce fait, les anciennes structures sociopolitiques et divisent peuples et familles au sein desquels existent depuis des siècles, de solides liens de coopération multiforme. Toutefois, de la période coloniale à nos jours, les différentes administrations successives n'ont jamais réussi à faire de ces nouvelles limites de véritables frontières étatiques étanches.

Une mobilité humaine transfrontalière

La région frontalière Nigéria/Cameroun/Tchad est située au Sud du bassin du lac Tchad. Il s'agit d'un prolongement méridional du bassin tchadien qui forme avec le reste une véritable unité géographique. Composée de berges inondables et de prairies, cette région offre de meilleures terres de pêche, de chasse, de culture et d'élevage dans un milieu essentiellement sahélien et aride. C'est pourquoi, des siècles durant, cette région a servi de zone de croisement, de peuplement et d'épanouissement de cultures diverses. Par conséquent, les mouvements de personnes constituent une donnée essentielle de l'histoire du bassin tchadien.

Avant la période coloniale, les migrations et autres formes de déplacements ne font pas l'objet d'un contrôle systématique de la part des autorités traditionnelles. Dans certaines circonstances, elles sont même encouragées afin de réguler la capacité de charge du site ou de favoriser l'émergence de nouvelles générations ou encore de stimuler le commerce à longue distance. Tel est souvent le cas des populations vivant essentiellement du nomadisme pastoral, de la chasse ou de la cueillette. Et c'est également le cas des commerçants ambulants, caractéristique de la bande soudano-sahélienne africaine. Ainsi, la réalité des migrations dans le bassin du Tchad est clairement antérieure à l'époque coloniale.

Au lendemain de la colonisation, on distingue toujours des « allées et venues » des populations de part et d'autre des nouvelles frontières étatiques. On traverse la frontière pour rendre visite à un parent, frère ou ami, pour aller à l'école, au dispensaire, au marché, à une cérémonie culturelle voire même pour accéder aux ressources naturelles situées dans le pays voisin. Dans l'ensemble, il s'agit pour la plupart des déplacements quotidiens. A pied, en pirogue, à dos d'âne, à cheval, à vélo, à moto ou en voiture, les populations transfrontalières traversent régulièrement le pont Ngueli (entre Ndjamena au Tchad et Kousseri au Cameroun), le Logone-Chari, le lac Tchad, la rivière Keraua (entre le Nigéria et le Cameroun) et autres multiples points de passages pour vaquer à leurs occupations.

Parfois, ces déplacements se font à grande échelle et prennent l'allure d'une migration définitive. Dans ces cas là, les motivations sont le plus souvent futiles : mésententes familiales, querelles politiques, rapts de femmes, accusations de sorcellerie ou de cannibalisme, vols… Il s'agit là des mouvements qui engendrent quelques années après, l'adoption de la nouvelle nationalité. Car, il n'est même pas aisé pour les autorités administratives frontalières de connaître l'identité véritable de leurs administrés ; tant les groupes ethniques situés de part et d'autre de la frontière sont imbriqués et interdépendants. Par ailleurs, les autorités traditionnelles, elles-mêmes étant plus solidaires de leurs frères « étrangers » par la force de la colonisation européenne, ne servent pas véritablement leurs États respectifs dont elles sont pourtant généralement les « auxiliaires ». Ce qui, évidement, ne sera pas du goût de leurs autorités respectives.

En effet, depuis l'époque coloniale, l'administration française a tenté de canaliser les différents mouvements transfrontaliers, voire interdire tout simplement la mobilité humaine entre le Cameroun et les territoires limitrophes. Il est alors institué un « laisser passer » pour tout déplacement de plus de huit jours. Dans la même perspective, une mesure administrative, adoptée en 1930 par les autorités coloniales du Cameroun et celles de l'Afrique Equatoriale Française (AEF) qui regroupe le Congo Brazzaville, le Gabon, l'Oubangui-Chari et le Tchad, permet de déterminer une appartenance territoriale aux populations frontalières en mettant fin aux migrations incontrôlées. Ce qui est considéré comme le « droit d'option »

(Yaouba 2005:81-92). Mais, dans cette région de prairie, la mobilité humaine est parfois guidée par le mode de vie. C'est le cas des pasteurs nomades.

Les Bororo, les Foulbé et les Arabes Choa sont les principaux groupes d'éleveurs nomades au Sud du bassin du Tchad. Depuis des siècles, ils font de la plaine du Diamaré et en particulier du *waloodje*, leur zone de prédilection. Situé essentiellement en territoire camerounais et communément appelé *yaere*, cette vaste plaine d'inondation de plus de huit mille kilomètres carré (8 000 km2) est alimentée par les déversements annuels du Logone et les eaux des versants orientaux des monts Mandara (relief montagneux entre le Cameroun et le Nigéria). Avec plus de dix milliards de m^3 d'eau par an, cet espace aux confins du désert est une véritable aubaine pour les éleveurs (Yaouba 2007:133). De milliers de têtes de bétail venus du Nigéria, du Niger, du Tchad, du Soudan et du Cameroun convergent à chaque transhumance de saison sèche (*ceedore*) vers ces *yaere* du Cameroun, transgressant régulièrement et sans soucis les frontières étatiques. C'est là une dimension à la fois culturelle et économique des mouvements migratoires dans la région. Ceux-ci sont par ailleurs maintenus et soutenus par des activités commerciales parallèles et complémentaires au sein de cet espace géographique relativement homogène.

Des relations commerciales fécondes

Les relations commerciales transfrontalières au sud du bassin tchadien sont séculaires et multiformes. Elles sont continues et connaissent une nouvelle dynamique depuis les années 1980, après un court ralentissement consécutif à la crise politique tchadienne. Sans doute, le boom pétrolier nigérian et les nouvelles perspectives tchadiennes (pétrole), nigérienne (uranium) et camerounaise (pétrole, uranium, agriculture) augurent un avenir radieux pour ces échanges divers. Mais pour l'heure, le commerce transfrontalier et l'exploitation des ressources naturelles (eau, faune, poisson, terres agricoles, etc.) constituent l'essentiel de ces relations.

Bien avant la période coloniale, la partie méridionale du bassin tchadien connaît une vitalité commerciale grâce à sa position géographique. Riche en ressources naturelles dans un environnement soumis à la récurrence des crises écologiques, elle se réduit à un espace naguère berceau des grands empires et royaume tchadiens. De ce fait, cette région transfrontalière se trouve incorporée dans l'économie méditerranéenne à travers les échanges commerciaux basés sur l'esclavage, le bétail, l'ivoire, le natron, et autres produits artisanaux de première nécessité. L'établissement de la frontière coloniale à la fin du XIXe siècle et des limites institutionnelles postcoloniales, n'a pas mis un terme à cette dynamique historique. Grâce à des stratégies marchandes soutenues par une solide expérience professionnelle, les principaux acteurs commerciaux ont su véritablement tirer profit de l'établissement des frontières coloniales et postcoloniales (Yaouba 2007:93).

En effet, le commerce transfrontalier entre le Nigéria, le Cameroun et le Tchad est la résultante des activités diverses issues du négoce transsaharien de l'époque des empires du Soudan central. C'est ce commerce qui a œuvré à l'intégration du bassin tchadien au sein du grand ensemble arabo-musulman, jouant aussi de ce fait un rôle majeur dans l'islamisation de la région. Devenu ainsi héritier d'une vieille civilisation urbaine et commerçante, le bassin tchadien a su créer, au fil des ans, une catégorie d'acteurs commerciaux spécialisés dans le commerce à longue distance qui constitue encore aujourd'hui une tradition au sein de la bande soudano-sahélienne du continent.

Le commerce transfrontalier est alors entretenu par quelques marchés de grande envergure, alimentés par des marchés dits « périodiques » ou de « relais ». Plus ou moins proches d'une frontière internationale, ces marchés occupent des sites facilement accessibles. Quant aux grands centres commerciaux (Maroua, Garoua, Mbaïboum, Touboro, Kousseri, Ndjamena, Limani, Maiduguri...), ils sont, en fonction de leur position géographique favorable et de l'importance de flux qu'ils engendrent, de véritables pôles d'attraction, de développement et d'intégration économique et socioculturelle. Tenus par de grands et puissants négociants, ces centres sont le lieu par excellence de l'exercice de leurs talents.

Par ailleurs, les produits de vente sont constitués de denrées alimentaires, de bétail et de produits manufacturés. Il s'agit essentiellement du surplus de la production locale à laquelle s'ajoutent des produits manufacturés généralement en provenance du Nigéria ou des pays asiatiques. La production locale se résume au riz, au mil, au taro, aux patates, aux produits maraîchers, au bétail, à la volaille..., tandis que les produits manufacturés sont constitués d'appareils électroniques, de pièces de rechange et de tissus. La vente, ou tout au moins la contrebande, des produits pétroliers en provenance du Nigéria est également une donnée importante du commerce transfrontalier au Sud du bassin tchadien.

Avec le retour de l'accalmie politique et l'amorce de la croissance économique au Tchad, il y a de plus en plus une forte demande en matériaux de construction et d'équipement dans les marchés de Maroua, Kousseri, Yagoua (Cameroun), N'Djamena, Moundou (Tchad), Limani et Maiduguri (Nigéria). Les acteurs commerciaux vont d'un centre à un autre sans se soucier de la présence frontalière. L'essentiel est de savoir faire face aux tracasseries policières et douanières. En fait, pour les populations frontalières, ces frontières ne peuvent arrêter une dynamique séculaire, car cette région transfrontalière fait partie intégrante de leur « espace vital » depuis l'époque précoloniale.

Zone transfrontalière Nigéria/Cameroun/Tchad : un « espace vital » pour les populations limitrophes

Les frontières entre le Nigéria, le Cameroun et le Tchad sont loin d'être pour les populations limitrophes une limite de séparation entre leurs territoires coloniaux ou leurs États respectifs. En effet, depuis des millénaires, elles font partie d'un espace vital pour toutes les populations de la région. Que ce soit le lac Tchad, le fleuve Logone-Chari ou l'espace terrestre frontalier, il s'agit bien évidemment d'un environnement utile à l'épanouissement socioculturel et économique des peuples du bassin tchadien.

Les facteurs socioculturels

Prendre la mesure de ces facteurs socioculturels, c'est tenter de cerner l'importance de la géographie et de l'histoire dans le maintien des liens séculaires entre les populations frontalières nigérianes, camerounaises et tchadiennes.

En effet, les populations de la région bénéficient d'un relief relativement plat qui favorise les mouvements des personnes depuis des siècles ; malgré la présence du fleuve Logone-Chari et du lac Tchad. Les entités qui s'y sont développées ont pour la plupart ignoré la limite naturelle que constituent le fleuve ou le lac. L'intégration de ceux-ci a plutôt favorisé l'émergence et le contrôle des terres les plus fertiles dans un environnement sahélien en dégradation continue sous les effets conjugués de la basse pluviométrie et de l'action humaine. Et c'est toujours dans cet élan de « conquête utile » que même les puissances occidentales colonisatrices ont convenu de faire du Logone-Chari-lac Tchad, la limite de leurs zones d'influence respectives, en accordant à cet espace un statut international favorable à tous. Cela a sans doute cautionné le maintien de la dynamique séculaire de la région à travers un brassage de cultures et une complémentarité de systèmes de production et d'échanges.

Au début du XXe siècle, l'établissement des frontières entre le Nigéria, le Cameroun et le Tchad a été réalisé par les Occidentaux dans l'ostracisme total des populations locales. La conséquence immédiate est tout naturellement la désorganisation des structures politiques dites traditionnelles. Certaines, moins touchées, ont été fractionnées et affaiblies (Mundang, Kotoko, Musey...) tandis que d'autres ont simplement disparu du vocabulaire administratif colonial (Royaume de Rabah) ou devenues caduques (Califat de Sokoto, Emirat de l'Adamawa). Ainsi, les pouvoirs politiques anciens ont été émiettés ou dilués sans pour autant que les nouveaux pouvoirs ne réussissent à s'imposer véritablement.

L'un des facteurs socioculturels qui expliquent cette forme de résistance est l'homogénéité des populations transfrontalières. Du Nord au Sud, les mêmes peuples se retrouvent de part et d'autre de la frontière. Il s'agit entre autres des Kanuri, Kotoko, Arabe Choa, Fulbé, Musgum, Massa, Museye, Tupuri, Mudang ... autant de groupes ethniques qui partagent avec leurs frères du territoire voisin nombre d'éléments ethnoculturels (religion, mariages, esthétique). Et dans l'ensemble, les liens culturels n'ont jamais été rompus. Les cérémonies religieuses (islam, religions locales) ou mariages ne tiennent pas compte des nationalités nigériane, camerounaise ou tchadienne.

Par ailleurs, le mode de vie des populations contribue également au renforcement des liens à travers diverses formes de migrations. Il en est ainsi des éleveurs qui ne peuvent pas concevoir une limite étatique dans le cadre de leur transhumance ou nomadisme pastoral. Comme le souligne Jean-Louis Triaud, les terres nomades sont une zone où la conception de l'espace et de ses limites est radicalement différente de la vision d'une bureaucratie administrative sédentaire et centralisée. Le nomade qui considère l'espace ouvert, tient compte des besoins de la transhumance et de ceux de la sécurité, il ignore les lignes frontières. Il existe une littérature abondante sur le pastoralisme que le lecteur pourrait consulter.

Il importe aussi de relever que la démocratisation, en cours dans les trois pays (Nigéria, Cameroun et Tchad), a favorisé l'émergence des mouvements culturels supranationaux et à caractère ethnique officiellement reconnus par les trois États. Les festivités reçoivent ainsi l'onction des différents Gouvernements qui sont souvent représentés dans le cadre des activités de ces mouvements. Ainsi en est-il des regroupements SAO (Kotoko), Kanuri, Massa, Tupuri, Museye, Peul... Toutefois, au-delà de cette dimension socioculturelle, ce sont surtout d'importants facteurs économiques qui militent en faveur du « rejet » de la frontière par les populations.

Les facteurs économiques

Au niveau de la frontière terrestre, comme en frontière lacustre ou fluviale, l'on passe d'un territoire à l'autre sans s'en apercevoir car le relief est tellement identique et aucun élément naturel n'attire véritablement l'attention. Et c'est là précisément que « le rejet » de la frontière est le plus remarquable. Préoccupée par la rentabilité économique, les populations frontalières n'en sont conscientes que dans le cadre d'une instrumentalisation de celle-ci ; par conséquent, d'importantes dimensions économiques et sécuritaires sous-tendent le rejet de la frontière.

Dans ce contexte, les paysans étant de plus en plus nombreux, l'amenuisement des terres arables joue alors un rôle décisif. La zone tampon censée représenter la limite de territoires entre voisins est considérée, avant tout, comme un espace agricole, une richesse potentielle. C'est l'exemple de la frontière tchado-camerounaise, et plus précisément dans le département camerounais du Mayo-Kani où le foncier est fréquemment objet de litige entre les populations camerounaise et tchadienne. La zone tampon délimitée pendant la période coloniale est aujourd'hui envahie par les champs de culture et les maisons d'habitation.

En effet, la zone transfrontalière entre le Nigéria, Cameroun et le Tchad est une région particulièrement fertile, dans un environnement qui se dessèche progressivement. Située au sud du bassin du lac Tchad, elle doit son peuplement à ses énormes potentialités hydrauliques, halieutiques, cynégétiques et pastorales. Pour toutes ces raisons, chaque espace est un enjeu vital pour l'épanouissement de la diversité socioprofessionnelle que constituent les différents modes de vie de la région. Ainsi, les terres arables pour les paysans, les prairies pour les bergers nomades, le poisson pour les pêcheurs, le gibier pour les chasseurs, tout est défendu et préservé avec détermination pour la complémentarité de systèmes de production et d'échanges et partant, la survie des peuples.

La mobilité des frontières nomades est tributaire de l'accès aux ressources et aux infrastructures, dans un contexte de quiétude et d'harmonie, en particulier avec les paysans sédentaires. En somme, il faut dire que les liens séculaires de sang, de solidarité et les relations d'interdépendance économique ont eu alors raison de la frontière coloniale. Et même au lendemain de la colonisation, les populations frontalières n'y attachent une importance que lorsqu'il s'agit de l'instrumentaliser en jouant sur les lois de ces États contigus et sur le différentiel monétaire entre les deux pays de la zone CFA (Cameroun et Tchad) et le Nigéria qui utilise le Naira.

Dès lors, pour les opérateurs commerciaux, la frontière est en même temps une aubaine et une source de diverses tracasseries administratives, policières et douanières. L'essentiel est d'être en présence des frontières « ouvertes » (*maximal borderlands*) comme il en est de l'ensemble du bassin du Tchad. La zone frontalière s'avère alors propice à la construction et à l'épanouissement de vastes réseaux d'échanges transfrontaliers. Comme le souligne Karine Bennafla, les frontières nationales du bassin tchadien sont marquées depuis les années 1980 par une recrudescence des activités d'échanges et de trafics. Ceci favorisa l'émergence d'une autre forme de délocalisation des frontières étatiques, originale et fréquente en Afrique (mais à des degrés variables selon les pays) à travers les barrières de contrôle policier et douanier, égrenées le long des principaux axes routiers et prétextes au versement de bakchichs (Benafla 2002:12).

Pour les commerçants, la frontière est alors recherchée car les différences de politiques économiques pratiquées par les États limitrophes permettent d'entretenir les échanges à travers une forme de complémentarité entre les formes de production. Dans le cadre de la « Mésopotamie tchadienne », la densité de la population et la présence massive des peuples nomades à économie pastorale sont des atouts indéniables. Car, c'est cette spécialisation à outrance de l'économie pastorale qui la rend dépendante de l'agriculture et de l'artisanat des sociétés voisines (Dupire 1962:127). La cohabitation entre agriculteurs, éleveurs, pêcheurs, artisans et la juxtaposition de multiples spécialisations locales constituent un facteur commercial pour cette zone frontalière.

De ce fait, pour les commerçants toujours soucieux de faire fructifier les gains, la frontière représente par ailleurs un obstacle. Elle suppose *de facto*, un contrôle douanier et dans le meilleur des cas un contrôle administratif. Dès lors, la zone frontalière devient potentiellement un terreau favorable à l'émergence des toutes sortes d'activités illégales : fraude, contrebande, banditisme… Et en l'absence d'une surveillance policière accrue, elle devient un foyer de contamination et de propagande diverses.

Dans la région frontalière tchado-camerounaise, la déliquescence des systèmes sécuritaires étatiques et les conditions de subsistance difficiles ont engendré l'émergence de bandes d'asociaux communément appelés « coupeurs de route ». Sévissant dans des endroits économiquement prospères, ils ont banalisé la mort et installé un climat d'insécurité, passant d'un État à l'autre, pour échapper à tout contrôle étatique. Saïbou Issa y relève une « pathologie du désordre » sous la forme d'une « délinquance polysémique » (Saibou Issa 1998:65). En fait, même les États semblent « rejeter » la frontière. Et, chacun semble y aller de son mieux, pourvu qu'il subsiste ou prospère.

Conclusion

En somme, la frontière est une construction humaine, à la fois idéelle et matérielle qui ne cesse de muter car, elle représente le changement des sociétés, de leur mode d'organisation et de représentation collectives (Benafla 2002:1). Dans le cadre de l'espace transfrontalier situé au Sud du bassin tchadien, la frontière ne fait pas véritablement partie du vocabulaire quotidien, à l'exception des périodes « conflictuelles » ou difficiles où chaque individu l'instrumentalise en fonction des contingences. En période de paix et de quiétude, cette frontière intègre une juxtaposition des limites et tend même à s'effacer devant les liens ethnoculturels et religieux beaucoup plus reconnus, vécus et partagés par ces populations frontalières. Depuis l'époque coloniale jusqu'à nos jours, il n'y a de ce fait que la présence policière, douanière ou militaire pour faire reconnaître l'existence des limites étatiques entre le Nigéria, le Cameroun et le Tchad.

Il s'agit là d'une situation favorable à l'intégration économique et politique en Afrique. Les États africains doivent alors saisir ces situations pour en faire de véritables laboratoires de recherches sur le processus d'unification du continent. Ils doivent aider les populations frontalières à s'approprier les idéaux du Panafricanisme ou de la renaissance africaine. Pour cela, il y faut une éducation populaire et la mise en place d'un programme spécifique d'aménagement et de développement économique et culturel des régions transfrontalières. Il importe de relever que les plans nationaux de développement tels que élaborés par le Nigéria et le Cameroun ne peuvent pas aboutir à l'épanouissement de leurs populations frontalières. Ils risquent même, au contraire, de créer ou de renforcer les graves déséquilibres économiques et sociaux ; lesquels sont souvent à l'origine de formes diverses d'insécurité transfrontalière. Loin de faire de l'Union Européenne un modèle pour le continent africain, il importe cependant de tenir compte de son approche en matière de coopération transfrontalière.

27

Les projets d'Accords de Partenariat Economique (APE) entre l'Union européenne et les pays ACP : l'état des lieux des négociations et les enjeux pour l'intégration économique et commerciale en Afrique

Ousseni Illy[1]

Introduction

Le 23 juin 2000 marque un tournant décisif dans les relations commerciales entre l'Union européenne et les pays membres du Groupe ACP.[2] En effet, c'est ce jour que fut signé à Cotonou, l' « Accord de partenariat entre les États membres du Groupe des États d'Afrique, des Caraïbes et du Pacifique, d'une part, et la Communauté européenne et ses États membres, d'autre part », plus connu sous le nom de « l'Accord de Cotonou ». Cet accord sonne le début de la fin d'une longue histoire de coopération commerciale – ou plus exactement d'un certain type de coopération commerciale – entre l'Europe et les ACP, caractérisée essentiellement par des préférences commerciales non réciproques.[3] Face au constat d'échec – la part du commerce mondial des pays ACP n'a cessé de diminuer depuis le début des années 1980 malgré les préférences qui étaient accordées à leur commerce – et suite aux condamnations répétées de l'Organisation mondiale du commerce (OMC), l'UE décida de ne plus renouveler la quatrième convention de Lomé et jeta ainsi les bases de sa future coopération commerciale avec les États ACP en initiant l'Accord de Cotonou.

L'Accord de Cotonou est un accord-cadre qui définit, entre autres, les principes fondamentaux qui devront désormais gouverner les relations commerciales (post-

Lomé) de l'UE avec ses partenaires ACP. Il appelle notamment à la conclusion, dans les sept ans suivant sa signature, de « nouveaux accords commerciaux compatibles avec les règles de l'OMC », c'est-à-dire réciproques.[4] C'est là le fondement juridique des Accords de Partenariat Économique (APE) qui ont défrayé la chronique partout en Afrique tout au long de l'année 2007. Ces accords devraient pendre effet le 1er janvier 2008, c'est-à-dire qu'ils devraient être conclus au plus tard le 31 décembre 2007. Mais comme nous le savons, aucun accord global et définitif n'a pu être conclu sur le continent africain à cette date et après une brève suspension, les négociations ont repris et se poursuivent en ce moment même.

Les APE posent d'énormes défis aux économies africaines. Du fait de leur caractère réciproque, qui requiert un démantèlement des droits de douane et des autres barrières au commerce chez tous les partenaires concernés, beaucoup craignent une inondation des marchés africains par les produits européens, qui empêcheraient du même coup toute politique d'industrialisation conséquente du continent.[5] Les craintes sont beaucoup plus élevées dans le secteur agricole où les petits producteurs africains craignent de se voir simplement anéantis par les agro-industriels européens aux moyens de production énormes (sans compter les soutiens en termes de subventions qu'ils reçoivent). L'ouverture du marché européen – qui l'était déjà en grande partie sous les conventions antérieures – ne représenterait pas une réelle opportunité, dans la mesure où l'Afrique a très peu à offrir sur ce marché. L'autre défi important, connexe à l'ouverture des marchés des pays ACP, est le problème de la compensation de la perte des recettes douanières qui sera due à l'abandon des prélèvements douaniers sur les produits européens. Quand on sait que ces recettes constituent une part non négligeable des finances de ces États, il y a lieu de s'interroger sur la pertinence des APE et leur capacité réelle à combler ce déficit.

Le deuxième grand défi que les APE posent à l'Afrique, et qui retiendra le plus notre attention dans ce papier, c'est celui de sa propre intégration commerciale. Les APE sont négociés sur des bases régionales, ayant pour cadre un certain nombre de structures d'intégration économique africaines. Certains avaient vu en cela une occasion de renforcement de ces structures et une accélération de leurs calendriers d'intégration, du fait de la nécessaire et indispensable définition de position commune qu'il requiert face au partenaire européen. Mais au contraire, on a assisté au soir du 31 décembre 2007, à des divisions. Certains États, compte tenu des blocages qui persistaient au niveau des communautés régionales, et face aux pertes commerciales qu'ils risquaient de subir, ont pris l'initiative de parapher des accords individuels avec l'UE. Malgré la reprise des négociations au niveau régional – dont on est d'ailleurs incertain quant à l'issue – cette situation met à rude épreuve les organisations régionales africaines et menace même leur l'avenir, en particulier en ce qui concerne l'intégration commerciale de leurs membres.

Ce papier se fixe un objectif spécifique, celui d'analyser certaines conséquences réelles ou probables des APE sur les processus d'intégration économique et commerciale africains. Ce qui ne signifie nullement que les autres aspects seront systématiquement ignorés. Elle n'a pas pour but de fournir des réponses « clés en main » mais simplement de nourrir le questionnement parmi un auditoire dont nous ne doutons pas un instant de sa passion pour les questions qui concernent le développement de l'Afrique.

Mais auparavant, il est important de dire quelques mots sur le contexte dans lequel sont nés les APE.

Le contexte de la naissance des APE

Les APE sont apparus dans un contexte marqué par l'échec de la trentaine d'années de relations commerciales « privilégiées » entre l'UE et le pays ACP à travers les conventions de Lomé, et la condamnation répétée de ce régime – par le biais de l'affaire dite de la Banane – par les organes du GATT puis de l'OMC. Entre 1980 et l'an 2000, la part du commerce mondial de l'Afrique subsaharienne par exemple est passée de 3,3 à 1,6 pour malgré les préférences accordées par l'Europe. Le revenu par tête d'habitant a quant à lui chuté de près de 1 pour cent par an durant la même période.

L'UE se fonde cependant essentiellement sur la deuxième raison (condamnation de l'OMC) pour justifier la conclusion des APE. Mais de quoi s'agit-il au fond, cette condamnation de l'OMC qui a, semble-t-il, bouleversé toute l'histoire de la coopération ACP-UE et qui a été utilisée comme prétexte pour promouvoir les APE ?

Il est impossible de rentrer dans tous les détails ici mais rappelons néanmoins les points saillants. La banane, fruit exotique s'il en est, a été au cœur – et l'est encore – d'un long conflit commercial entre l'UE et les pays latino-américains, à cause notamment du traitement discriminatoire que ces derniers subissaient par rapport aux États ACP signataires de la Convention de Lomé. En effet, le Protocole n°5 annexé à la quatrième convention de Lomé garantissait un accès libre au marché européen aux bananes originaires des États ACP[6] tandis que les bananes originaires des autres pays étaient quant à elles soumises à un droit de douane de 20 pour cent et à des contingents. Cette situation était contraire aux règles du GATT – qui était en vigueur à l'époque[7] – puisque tous les pays en développement devaient être traités de la même façon dans le cadre de cette organisation. En d'autres termes, il ne devrait pas y avoir de discrimination entre pays en développement. Les pays latino-américains (Colombie, Costa-Rica, Guatemala, Nicaragua et Venezuela notamment), premiers producteurs mondiaux de banane, portèrent l'affaire devant le GATT, qui condamne la Communauté économique européenne le 3 juin 1993. Le rapport des experts est cependant rejeté par la CEE, qui bloque son adoption devant le Conseil des représentants du GATT.

Les pays latino-américains reviennent à la charge en 1994, à la suite de légères modifications du régime européen d'importation de la banane en juillet 1993. La CEE est à nouveau condamnée, le 11 février 1994. La décision d'entérinement de la condamnation fut une nouvelle fois bloquée par la CEE.

La situation va cependant changer à partir de 1995, puisque l'OMC venait de succéder au GATT et la procédure de règlement des différends avait subi un profond changement. Il est apparu notamment ce que l'on appelle le «consensus négatif », qui signifie que tout rapport de condamnation ne peut désormais être rejeté par l'instance plénière des États membres que si tous les États (y compris l'État qui a gagné la procédure), se mettent d'accord pour le rejeter. Ce système mettait ainsi fin aux vetos de fait que détenaient les États perdants. Munis de ce nouvel instrument, les pays latino-américains, joints désormais officiellement par les États-Unis (qui déposèrent une plainte à leur tour, bien qu'ils ne produisent aucune banane sur leur propre territoire),[8] attaquèrent de nouveau le régime ACP-UE du commerce de la banane. Cette fois-ci, l'UE ne put empêcher l'adoption, le 25 septembre 1997, du rapport qui l'a condamnée à mettre son régime commercial en conformité avec les règles de l'OMC.

A partir de ce moment, trois choix s'offraient à elle : 1) mettre fin au traitement privilégié des États ACP ; 2) étendre ce traitement aux pays latino-américains ; 3) conclure des accords de libre-échange réciproques avec les États ACP.[9] Les ACP (notamment les producteurs de bananes) ne semblaient pas être très en accord pour la première solution tandis que la deuxième était difficilement acceptable, économiquement et politiquement, pour l'UE. Elle proposa alors la troisième option aux ACP qui l'acceptèrent. Et c'est ainsi qu'est né le processus des APE, dont on commence à réaliser qu'ils risquent de coûter plus à l'intégration africaine qu'ils ne la renforcent.

Les conséquences des APE sur l'intégration africaine

Avant d'évoquer les conséquences des APE sur l'intégration commerciale africaine, disons quelques mots sur leurs implications sur le Groupe ACP lui-même. Comme il a déjà été indiqué, contrairement aux Conventions de Lomé, les APE ne sont pas négociés par les pays ACP en tant que groupe unique. L'Accord de Cotonou stipule (article 35 paragraphe 2) que leurs négociations se feront avec les divers groupes d'intégration existants à l'intérieur de ce Groupe. Ce qui paraît logique, dans la mesure où le Groupe ACP n'étant pas lui-même une union économique, il lui était difficile de conclure un accord de libre-échange réciproque avec l'UE. Mais on peut néanmoins légitimement s'interroger désormais sur la pertinence de ce Groupe en tant qu'organisation, quand on sait qu'il avait été formé pour coordonner et rationaliser la coopération économique et commerciale avec l'Europe. A partir du moment où la conduite de cette coopération s'est éclatée, le Groupe perd quelque peu de sa légitimé et de sa raison d'être même.[10]

S'agissant des effets proprement dits des APE sur l'intégration africaine, on avait avancé dès le départ que ces accords seraient bénéfiques pour l'intégration économique en Afrique. C'est d'ailleurs l'objectif affiché par leur mandat.[11] En effet, du fait qu'ils se basent sur les processus d'intégration économique régionale en cours, cela avait l'avantage d'accélérer le calendrier des communautés régionales vers une intégration renforcée, étant donné qu'il est très difficile, voire impossible d'engager une communauté économique dans son ensemble dans un accord de libre-échange avec une communauté tierce (ou un État) si la première (sinon les deux) ne dispose pas d'une politique commerciale extérieure harmonisée, en particulier de tarifs douaniers extérieurs communs (TEC). En d'autres termes, il faut que les deux communautés soient toutes les deux au moins au stade de l'union douanière.

On sait que cette condition était bien remplie du côté de l'UE mais elle était loin de l'être pour la quasi-totalité des communautés économiques régionales africaines retenues comme partenaires de négociation pour les APE. Ces dernières devaient donc s'activer pour finaliser leurs processus d'intégration – notamment l'harmonisation des politiques commerciales extérieures – avant le début des négociations avec l'UE. Ce qui aurait donné un coup d'accélérateur inouï à l'intégration commerciale du continent.

Malheureusement, comme nous le verrons, une seule communauté en Afrique a pu parvenir à un résultat au soir de la date butoir de l'Accord de Cotonou et a pu parapher un APE commun avec l'UE. Il s'agit de la Communauté de l'Afrique de l'Est (CAE), qui regroupe le Burundi, le Kenya, l'Ouganda, le Rwanda et la Tanzanie. Les autres ont vu leurs membres, soit parapher des accords individuels (cas de la CEDEAO et de la CEMAC), soit parapher en petits groupes (c'est le cas dans le COMESA[12] et également dans la SADC).[13] Le résultat de cette situation est que les communautés économiques africaines sont plus que jamais divisées et bien qu'on puisse admettre que les APE n'en sont pas l'unique raison mais sont venus trouver une situation déjà peu reluisante du régionalisme africain, il n'en demeure pas moins que les APE ont joué ici un rôle de catalyseur. Ils ont accentué les divisions et certains organismes régionaux africains en souffriront longtemps, si leur processus d'intégration n'est simplement pas remis en cause.

Les APE affectent l'intégration africaine, tant du point de vue du choix des communautés économiques régionales partenaires que du fait des paraphes individuels des APE intérimaires. Il y a également le problème de la clause de la nation la plus favorisée spécifique qui doit être souligné.

Le choix des communautés régionales partenaires

La désignation et la formation des groupes régionaux africains pour la négociation des APE ont provoqué de vifs débats sur plusieurs questions. Par exemple, la garantie que le groupement régional choisi serait pertinent était un des principaux défis, eu égard à la nécessité que les APE ne portent pas atteinte aux processus internes d'intégration africaine. A ce niveau on constate déjà un manquement, en ce sens que par exemple les initiatives régionales retenues par l'UE pour les APE ne correspondent pas toujours à celles que l'Union africaine a retenues comme étant les piliers devant conduire à la Communauté économique africaine.[14] Ce qui n'est visiblement pas un facteur favorisant le renforcement des communautés retenues par l'UA.

Pour configurer les groupes de négociation, il fallait également s'affronter au problème épineux posé par les adhésions multiples et les chevauchements des accords régionaux en Afrique ainsi qu'aux processus d'intégration incomplets dans le cadre des plans régionaux existants. En outre, des préoccupations se sont exprimées concernant la manière d'assurer la cohésion dans chaque groupe régional de négociation tout en évitant en même temps le doublonnage des efforts et en résistant à la tentation d'obliger les États à faire des choix sur l'adhésion à telle ou telle organisation régionale.

En fin de compte, la composition des groupes de négociation africains a abouti à des compromis, défendables dans certains cas mais critiquables dans d'autres. En Afrique de l'Ouest, le groupe retenu a été la CEDEAO, qui comprend 15 États membres dont les huit pays de l'UEMOA. Le choix n'a pas été très compliqué ici, puisque comme on vient de le souligner, les huit membres de l'UEMOA sont également membres de la CEDEAO. Toutefois, on a dû associer la Mauritanie à ce groupe, qui n'est plus membre d'aucun accord régional ouest- africain depuis son retrait de la CEDEAO en 1999 pour rejoindre l'UMA mais qui reste un membre ACP depuis très longtemps. En Afrique de l'Ouest, on peut soutenir que le choix du groupe régional APE a été judicieux et conforme au plan d'intégration de l'Union africaine et des États de la région, qui souhaitent à terme voir émerger la CEDEAO comme principale et unique structure d'intégration économique de la sous-région. Toutefois, le processus d'intégration de l'UEMOA est celui-là qui était le plus avancé, donc le plus à même de supporter un accord de libre-échange avec l'UE.

La situation se présente autrement en Afrique centrale où c'est la CEMAC qui a été retenue groupe régional cible.[15] Ce qui se comprend, vu l'État de la CEEAC[16] mais suscite néanmoins quelques interrogations. La CEMAC ne comprend que six États de la sous-région,[17] ce qui exclut du même coup les autres États de l'Afrique centrale.[18] En outre, d'après le plan de l'UA, c'est la CEEAC qui constitue le pôle de l'intégration continentale dans cette partie du continent. Cette situation sème une certaine confusion et rend la tâche de coordination de l'UA un peu plus complexe en désavouant d'une certaine manière le choix porté par elle sur la CEEAC.

Le nombre des chevauchements des communautés régionales et des adhésions croisées est particulièrement élevé en Afrique de l'Est et Afrique australe.[19] Il s'ensuit que ce fut la partie du continent où la composition des groupes régionaux APE a été la plus difficile. Deux groupes de négociation ont été au départ formés dans cette région, constitués autour du COMESA et de la SADC, sans toutefois que tous les membres de ces deux organisations en fassent partie.[20] Mais un troisième groupe a émergé par la suite dans la même région, constitué des États de la CAE (Kenya, Ouganda, Tanzanie, Burundi, Rwanda), qui ont engagé des discussions autonomes sur un APE avec l'UE vers la fin 2004.

Le paraphe des accords intérimaires

Les négociations sur les APE ont été officiellement lancées en 2002 par l'Union européenne et les six groupes régionaux ACP.[21] Dès le départ, les négociations s'annonçaient périlleuses aussi bien sur le plan de la procédure que dans le fond. En Afrique de l'Ouest par exemple, la proposition de la CEDEAO consistant à inclure un mécanisme financier pour compenser la perte de recettes due à la réduction des droits de douane entraînée par l'intégration intra-régionale n'a pas suscité une réaction positive de la part de l'UE. Ce problème n'ayant d'ailleurs pas trouvé une solution convenable dans aucun des groupes ACP participant aux négociations, les pays ACP profitèrent de l'occasion de la réunion du Conseil ACP-UE de juin 2005 pour se déclarer « gravement préoccupés par le fait que les négociations ne se déroulent pas d'une manière satisfaisante, la plupart des questions qui préoccupent les régions ACP […], en particulier la dimension « développement » et les priorités en matière d'intégration régionale n'ayant pas été prises en compte dès le départ ».[22] En réponse à cela, l'UE fit valoir que les négociations des APE comportaient deux processus parallèles mais différents. Ainsi, alors que l'essentiel des négociations seraient consacrées aux questions liées au commerce, les questions relatives au développement seraient traitées dans le cadre des groupes spéciaux préparatoires régionaux créés pour effectuer la liaison entre les négociations régionales et les aspects relatifs à la coopération financière et au développement.

Le résultat de cette mésentente de départ, combiné aux nombreux problèmes soulevés tout au long des négociations (notamment du côté africain),[23] ont conduit, au soir du 31 décembre 2007, au résultat qu'on connaît : les négociateurs européens et africains n'ont pas réussi, dans la plupart des cas, à se mettre d'accord sur les principales questions touchant les APE. En novembre 2007, soit un mois avant la fin de l'Accord de Cotonou (Chapitre commercial) et de la dérogation de l'OMC, aucune région africaine n'était prête pour la conclusion d'un APE avec l'UE.

Malgré les rappels de la Commission européenne sur le respect des règles de l'OMC et son intention de ne plus solliciter une nouvelle dérogation, les États africains semblaient résignés et des divisions vont apparaître. Les États qui voyaient leur situation commerciale changée plus ou moins sensiblement après le 31 décembre 2007, en l'occurrence les États non PMA,[24] commençaient à s'inquiéter. En effet, après le 31 décembre 2007, les préférences commerciales de Lomé (prolongées par Cotonou) n'existeraient plus et deux principaux régimes s'offriraient désormais aux États ACP dans leurs échanges commerciaux avec l'UE : le régime commun du Système de préférences généralisées (SPG), pour les pays non classés PMA, et le sous-régime dit de l'Initiative « Tout sauf les armes » (TSA), pour les PMA.[25] Sous le premier, disparaissaient les avantages du Chapitre commercial de l'Accord de Cotonou tandis que le second laisse inchangée la situation de ses bénéficiaires. Les États non PMA qui ne voulaient pas se voir appliquer ce régime étaient invités par l'UE à engager des négociations individuelles avec elle pour trouver des solutions. C'est ce résultat qui donnera les accords de partenariat économique dits « intérimaires ».

Dix-huit pays africains (incluant des non-PMA et des PMA) ont paraphé à ce jour ce type d'accord avec l'UE.[26] Il s'agit, en Afrique de l'Ouest, de la Côte d'Ivoire et du Ghana, deux des trois non-PMA de la CEDEAO, le Nigéria ayant refusé les propositions de l'UE.

Selon l'accord paraphé par la Côte d'Ivoire, le 7 décembre 2007 et qui ne concerne que les marchandises, ce dernier devrait commencer à libéraliser ses importations en provenance de l'UE dès 2008. Cette libéralisation sera progressive et s'étalera sur une période de 14 ans, soit 2022 pour la libéralisation totale (avec néanmoins 20 pour cent de marge de manœuvre). Du côté de l'UE, la libéralisation est effective depuis le 1er janvier 2008 pour tous les produits ivoiriens, sauf le riz et le sucre, qui sont soumis à une période transitoire. Il s'agit en fait du maintien du régime antérieur (Lomé-Cotonou), puisque les produits ivoiriens, à travers l'accord ACP-UE, bénéficiaient déjà d'un accès libre au marché européen. Ils étaient simplement menacés par la fin de ce régime au 31 décembre 2007, conformément à la dérogation de l'OMC et à l'Accord de Cotonou.

Le Ghana quant à lui commence le démantèlement de ses droits d'importation sur les produits européens en 2009, selon son accord intérimaire paraphé le 13 décembre 2007. La libéralisation totale (80%) est prévue pour s'achever, comme pour la Côte d'Ivoire, en 2022. Toutefois, les deux tiers de la libéralisation doivent se faire dans les dix années, à compter de 2009. De son côté, l'UE maintient le libre accès à son marché dès le 1er janvier 2008 à tous les produits ghanéens, sauf le riz et le sucre, soumis à une période transitoire.

En Afrique centrale (CEMAC), seul le Cameroun a paraphé un APE intérimaire avec l'UE. Cet accord maintient le libre commerce des exportations camerounaises vers l'UE dès le 1er janvier 2008, tandis que le Cameroun devra commencer sa libéralisation des importations européennes en 2010, sur une période étalée sur 16 ans.

En Afrique de l'Est, la Communauté de l'Afrique de l'Est (CAE), est parvenue à parapher un APE intérimaire commun entre ses membres et l'UE. Elle est la seule Communauté économique en Afrique à être parvenue à ce résultat bien qu'au départ elle n'ait pas été retenue comme groupe régionale de négociation. Ceci a été d'autant plus facile que l'union douanière de la CAE fonctionne normalement. Son plan de libéralisation est d'ailleurs basé sur son tarif extérieur commun. Tandis que l'UE libéralise ses importations en provenance des États membres de la CAE dès 2008, ces derniers ont une période cumulée de 26 ans (à compter de 2008) pour ouvrir totalement leurs marchés aux produits européens. Ce qui fait de l'APE CAE-UE, l'un des accords avec la plus longue période transitoire. On est en droit de douter de sa conformité aux règles de l'OMC, qui exigent une durée moyenne de dix ans.

Dans le COMESA, cinq États sont parvenus à ce jour à un accord intérimaire avec l'UE. Il s'agit des Comores, de Madagascar, de l'Ile Maurice, des Seychelles et du Zimbabwe.[27] Bien que ces États aient paraphé un APE unique avec l'UE, les détails de la libéralisation – produits couverts, produits exclus, délais d'ouverture, etc... – diffèrent d'un État à l'autre. Tandis que tous les cinq États ont par exemple un délai de quinze ans pour libéraliser 80 pour cent de leurs importations en provenance de l'UE, seule l'Ile Maurice commence sa libéralisation dès 2008 ; les autres ne libéraliseront leurs importations qu'à partir de 2013. Par ailleurs, certains États ont choisi d'aller plus loin dans l'ouverture en dépassant les 80 pour cent du total des importations exigés par l'UE. C'est le cas des Seychelles (97,5%) et de l'Île Maurice (96,6%). Du côté de l'UE, la politique ne varie pas, les États signataires ont un accès libre et immédiat (exception faite du riz et du sucre) au marché européen.

La SADC présente une situation assez alambiquée. Certains de ses membres

- Madagascar, l'Ile Maurice, et Zimbabwe – ont signé leur APE dans le cadre du COMESA, dans lequel ils sont également membres, tandis qu'un autre – la Tanzanie
- l'a fait dans le cadre de la CAE, groupe auquel ce pays est également membre. L'Afrique du Sud quant à elle était déjà engagée dans un accord de libre-échange propre avec l'UE. Il s'agit du « Trade, Development and Cooperation Agreement » (TDCA), signé le 11 octobre 1999 à Pretoria.

Cinq États ont finalement paraphé un APE avec l'UE au nom de la SADC : il s'agit du Botswana, du Lesotho, de la Namibie, du Swaziland et du Mozambique. Les quatre premiers États étant par ailleurs membres de la SACU,[28] ont adopté un APE assez similaire de l'accord de libre-échange de l'Afrique du Sud avec l'UE ; ceci pour éviter de porter profondément atteinte à leur union douanière – la SACU – parfaitement intégrée. Trois États, à savoir le Botswana, le Lesotho et le Swaziland commerçaient même déjà *de facto* sous le TDCA de l'Afrique de Sud. Toutefois, quelques problèmes se posent (et subsistent) depuis la signature d'une partie de la SACU – Botswana, Lesotho, Namibie, Swaziland – d'un APE autonome.

Le Mozambique, bien qu'il soit engagé dans le même APE que le Botswana, le Lesotho, la Namibie, le Swaziland dans le cadre de la SADC, dispose d'un programme de libéralisation autonome. Prévu pour prendre fin à l'orée 2018 avec l'abandon des taxes et autres barrières sur au moins 80 pour cent de ses importations en provenance de l'Europe, ce programme est l'un des plus courts des APE afro-européens.

Le résultat logique de ces paraphes individuels et désordonnés sera inévitablement l'érection de nouvelles barrières au commerce intra-communautaire africain, particulièrement dans les communautés économiques qui avaient déjà franchi le cap de l'union douanière. En effet, comme nous le savons, dans le cadre d'une union douanière, les produits quelle que soit leur origine, sont censés circuler librement dès lors que le tarif extérieur commun (produits tiers uniquement) les concernant a été acquitté à l'une des frontières de l'union. C'est ce qui est connu sous le nom de la libre pratique, même si la plupart des unions douanières africaines l'ignorent royalement. Si un État membre ne perçoit plus de TEC sur un produit à la suite d'un accord de libre-échange conclu entre lui et un État tiers (ou une communauté), le résultat sera que ledit produit pourra entrer par son territoire – sans payer le TEC – pour ensuite profiter de la libre circulation pour inonder les autres marchés de l'union. Si les autres membres de l'union ne veulent pas subir cette situation désagréable, ils n'auront d'autres choix que d'imposer des contrôles douaniers à leurs frontières pour récupérer les TEC non payés. Ce qui revient à réinstaurer des barrières à leur commerce qui avaient pourtant disparu. La SACU pourrait être l'une des communautés qui vivra immédiatement ce phénomène, étant entendu que la libre pratique existe en son sein. La CEDEAO, en particulier le sous-groupe UEMOA, pourrait également être touchée puisqu'elle aussi, théoriquement, est au stade de l'union douanière et un de ses membres, en l'occurrence la Côte d'Ivoire, a paraphé un APE sans les autres. Toutes les autres communautés pourraient d'ailleurs être affectées d'une manière ou d'une autre, exception faite peut-être de la CAE, qui a pu engager ses membres dans un accord commun.

Le problème de la clause spéciale de la nation la plus favorisée

Les APE ne posent pas seulement une menace au régionalisme intra-africain, ils contiennent également une disposition qui pourrait par ailleurs jouer négativement sur l'avenir des relations commerciales des États ACP avec le reste du monde, en particulier avec les grandes Nations émergeantes (Chine, Inde, Brésil, etc.). En effet, dans la plupart des accords paraphés, il existe une clause de la nation la plus favorisée spéciale qui stipule que les Etats-parties devront étendre tout avantage qu'ils viendraient à accorder à d'autres puissances commerciales majeures[29] dans le cadre d'un accord de libre-échange ou d'une union douanière conclue conformément à l'article XXIV du GATT[30] de 1994.

Cela revient à dire que les États africains par exemple ne pourraient plus conclure un accord commercial avec la Chine ou l'Inde (ou même avec les États- Unis) dans lequel ils promettraient plus d'ouverture (quantitativement ou qualitativement parlant), même si par ailleurs ils avaient l'opportunité de recevoir un bien meilleur traitement que ce qu'ils avaient reçu de l'UE dans le cadre des APE. Comme on peut donc le constater, cette disposition est malheureuse pour les ACP mais utile et même capitale pour l'Europe. Elle évite ainsi de se voir éventuellement défavorisée par rapport à ses principaux concurrents dans les pays ACP. Quant à l'Afrique et aux autres États du Groupe ACP, elle est indiscutablement une source de perte d'opportunités dans leurs futures relations commerciales avec les pays dits émergeants.

Le Commissaire européen au développement, M. Louis Michèle, explique clairement cette vision de l'UE : « C'est aussi une question de souveraineté pour l'Europe, dit-il. Il est difficile de nous dire que nous devons laisser nos partenaires ACP donner un meilleur traitement à nos adversaires économiques qu'à nous. Nous sommes généreux mais pas naïfs! ».[31] On voit transparaître ici même les raisons non dites des APE. L'Europe, première pourvoyeuse d'aide au développement pour l'Afrique, commence à supporter de moins en moins – aussi bien économiquement que politiquement – l'influence grandissante de la Chine et des autres puissances émergeantes sur le continent africain. Elle voit son «précarré » s'orienter chaque jour vers la Chine et ailleurs pour ses importations – avec l'argent qu'elle, l'Europe, lui donne – au grand dam de ses exportateurs à elle. Il fallait trouver une solution à cela, étant donné que les produits asiatiques sont devenus avec le temps, meilleurs en termes de rapport qualité-prix. La seule option qui restait était d'exiger de ses partenaires ACP qu'ils suppriment les droits de douane sur les produits européens, ce qui les rendrait plus compétitifs, quand on sait les taux de droits élevés sur les produits industriels dans les pays ACP (et particulièrement en Afrique).

Conclusion

La mobilisation des organisations de la société civile – les organisations paysannes en particulier – a été en partie la cause de l'échec de la conclusion des APE à la date initialement prévue du 31 décembre 2007. De l'Afrique de l'Est à Afrique de l'Ouest, en passant par l'Afrique centrale et australe, plusieurs organisations paysannes et plusieurs ONG se sont levées pour barrer la route à ce que beaucoup considèrent comme une « recolonisation » de l'Afrique. Le mot est peut-être trop fort mais la réalité est là, toute simple : l'Afrique n'a pas besoin des APE, ils n'apporteront pas grand-chose à son développement. D'éminents économistes avaient averti depuis « Lomé » que ces relations dites « privilégiées » des ACP avec l'Europe n'apporteront rien au décollage économique du continent (Samir Amin). On leur avait donné tort pour, au soir de la dernière convention de Lomé, confesser que rien n'a été atteint.

Un responsable de la Section Afrique de l'OMC nous a laissé entendre lors d'une discussion que « l'Afrique a laissé échapper une occasion de se libérer » pour prendre en main son destin économique, après la condamnation de la Convention de Lomé par l'OMC. Au lieu de cela, elle s'est engagée une nouvelle fois dans un chemin sans issue en initiant les APE.

Mais rien ne semble arrêter la ferme volonté de l'Union européenne de parvenir aux APE.[32] Il nous revient que les Caraïbes ont signé le leur il y a environ un peu plus d'un mois de cela. Les procédures de ratification internes vont bientôt commencer. Au moins l'ont-ils fait en groupe et dans le cadre de leur organisation régionale. Pour l'Afrique, comme nous le savons, les négociations aux niveaux régionaux ont repris et se poursuivent et les premiers accords sont attendus pour l'année 2009 (juillet 2009 pour la CEDEAO). Ils le seront dans le meilleur des cas dans le cadre des communautés régionales et dans le pire, individuellement avec les États intéressés. Et c'en serait fait pour l'intégration économique et commerciale africaine.

L'illustre Professeur Joseph Ki-Zerbo disait qu'« on ne développe pas, on se développe ». Les multiples partenariats ne serviront pas grand-chose à l'Afrique tant qu'elle ne sera pas concentrée pour régler au plan interne les problèmes liés à la bonne gouvernance, à la démocratie et à la solidarité africaine, valeurs qui lui permettront d'enclencher un réel processus de décollage économique viable.

Notes

1. La participation à cette publication est à titre personnel et les points de vue exprimés sont strictement personnels.
2. Le Groupe ACP (Afrique-Caraïbes-Pacifique) a été créé le 6 juin 1975 par l'Accord de Georgetown. Il est composé de 79 pays dont 48 d'Afrique sub-saharienne, 16 des Caraïbes et 15 du Pacifique. Son objectif principal était la coordination de la coopération économique entre l'Europe et ces différents pays, qui sont pour la plupart des ex-colonies des puissances européennes. Mais avec le temps, l'activité du Groupe s'est élargie et implique aujourd'hui les négociations à l'OMC.
3. Depuis 1975, date de la première Convention de Lomé, l'essentiel des produits des pays ACP pouvait en effet entrer sur le marché européen sans être soumis à des droits de douane tandis que la réciproque n'était pas vraie, en ce sens que les pays ACP continuaient de frapper de droits de douane les produits européens.
4. V. article 36 al. 1 de l'Accord de Cotonou.
5. Les avis sont cependant partagés, certains voyant là l'occasion de renforcer la concurrence (bonne pour les consommateurs) et de nouvelles exigences en terme de qualité par exemple, ce qui permet de tirer les industries africaines vers le haut.
6. Il y avait néanmoins des quotas.
7. En rappel, la quatrième convention de Lomé date de 1989 et l'OMC a succédé au GATT en 1995.
8. Il semblerait que les Etats-Unis soient d'ailleurs l'instigateur de ce conflit interminable depuis son origine, les exploitations de bananeraies latino-américaines étant pour la plupart la propriété des multinationales américaines.
9. Les accords de libre-échange et d'union douanière sont acceptés comme étant des exceptions à la règle de non-discrimination de l'OMC.

10. Nous n'ignorons pas que l'Accord de Georgetown révisé élargit les objectifs du Groupe ACP à d'autres domaines (développement de relations économiques étroites entre les Etats ACP, solidarité dans les instances internationales, etc.) mais la clé des objectifs reste la coopération économique et commerciale avec l'Union européenne.
11. Cf. Accord de Cotonou, article 35 § 2.
12. COMESA : Marché commun de l'Afrique orientale et australe. Il regroupe dix-neuf Etats : Burundi, Comores, Djibouti, Égypte, Érythrée, Éthiopie, Kenya, Libye, Madagascar, Malawi, l'Île Maurice, République Démocratique du Congo, Rwanda, Seychelles, Soudan, Swaziland, Ouganda, Zambie et Zimbabwe.
13. SADC : Communauté de développement de l'Afrique australe, qui regroupe l'Afrique du Sud, l'Angola, le Botswana, le Lesotho, l'Île Maurice, le Mozambique, la Namibie, la République Démocratique du Congo, le Swaziland, la Tanzanie, la Zambie et le Zimbabwe.
14. L'UA reconnaît huit Communautés économiques régionales – CEDEAO, COMESA, SADC, CEEAC, IGAD, CEN-SAD, UMA, CAE – lesquelles Communautés elle devrait renforcer et harmoniser pour créer à terme la Communauté économique africaine (CEA). L'UE quant à elle a retenu cinq pour les APE : CEDEAO, CEMAC, COMESA, SDAC, CAE.
15. Sao Tome et Principe, qui n'est pas membre de la CEMAC, s'est néanmoins joint à ce groupe pour la négociation de l'APE Afrique centrale.
16. La CEEAC – Communauté économique des Etats de l'Afrique centrale – peine à décoller dans son processus d'intégration (elle n'a même pas encore atteint l'État de zone de libre-échange), ce qui rend presqu'impossible la conclusion d'un APE avec elle. La CEMAC quant à elle est une union douanière – du moins formellement – depuis 2002.
17. Cameroun, Centrafrique, Congo, Gabon, Guinée Équatoriale, Tchad.
18. Angola, Burundi, Rwanda, RDC, etc.
19. Six accords régionaux se partagent en effet cette partie de l'Afrique : la SADC, le COMESA, la CAE, la SACU, l'IGAD (Autorité intergouvernemental pour le développement) et la COI (Commission de l'Océan indien).
20. C'est le cas de l'Afrique du Sud pour la SADC (qui a un accord autonome avec l'UE depuis 1999) et de l'Egypte ou la Libye, par exemple, pour ce qui est du COMESA.
21. Les négociations ne commencèrent effectivement cependant dans la région Afrique qu'à partir d'octobre 2003 (pour l'Afrique de l'Ouest et l'Afrique centrale) et en février et mai 2004 (pour l'Afrique de l'Est et australe).
22. Voir *Questions d'orientation générale pour les pays africains dans les négociations commerciales multilatérales et régionales. Les négociations commerciales et l'Afrique*, n° 3, CNUCED et PNUD, 2006, p. 37.
23. Pressions de la société civile africaine et des organisations paysannes africaines sur les négociateurs africains tendant à empêcher la signature des accords, difficultés énormes rencontrées par ces derniers dans la définition des listes de produits sensibles à protéger, etc.
24. PMA : Pays Moins Avancés.
25. L'Initiative « Tout sauf les armes » a été adopté le 26 février 2001 par le Conseil de l'UE et donne un accès au marché communautaire, en franchise de droits, à tous les

produits sauf les armes (avec néanmoins une libéralisation aménagée pour les bananes, le sucre et le riz) en provenance des pays les moins avancés. Malgré les avantages que ce régime comporte, il est précaire puisque dépendant de la seule volonté de l'UE pour sa durée et ses éventuelles prolongations (il court en ce moment jusqu'en 2015 et aucune garantie n'existe qu'il sera prolongé).

26. Les États ACP des Caraïbes, regroupés au sein du Forum des États ACP des Caraïbes (CARIFORUM), sont quant à eux parvenus à un APE unique avec l'UE. En Afrique, seule la Communauté de l'Afrique de l'Est est parvenue à un accord unique avec l'UE.
27. Il faut noter que cinq autres Etats du COMESA, à savoir le Burundi, le Kenya, l'Ouganda et le Rwanda, sont également engagés dans un APE avec l'UE, mais dans le cadre de leur organisation plus restreinte, l'EAC.
28. SACU : Union douanière d'Afrique australe. Elle regroupe l'Afrique du Sud, le Botswana, le Lesotho, la Namibie et le Swaziland. La SACU est la plus ancienne des unions douanières existantes aujourd'hui au monde; elle date de 1910.
29. Définies comme étant des « économies comptant pour plus d'1% des exportations mondiales de marchandises ».
30. Voir l'APE de la Côte d'Ivoire, art. 17.
31. Voir *The new EPAs: Comparative analysis of their content and challenges for 2008*, Overseas Development Institute (ODI) and European Centre for Development Policy Management (ECDPM), 31 March 2008, p. 58.
32. Durant les dernières semaines de négociations de l'année dernière, on rapporte les pressions multiples et multiformes que l'UE a exercé sur les négociateurs africains.

28

Vers une renaissance sud-africaine ?

Ludmila Ommundsen

Le 16 juin 2008, journée de la jeunesse en Afrique du Sud, Julius Malema, président de l'*African National Congress Youth League* (ANCYL, Ligue de jeunesse de l'ANC) déclarait que sa section était « prête à mourir pour Zuma »[1]... Principal parti d'opposition,[2] la *Democratic Alliance* (DA), dont la présidente, Helen Zille, avait estimé que la victoire écrasante de Jacob Zuma[3] à la présidence de l'ANC six mois plus tôt était « un jour sombre pour l'ANC et l'Afrique du Sud », a vu, dans l'expression de Malema, un emprunt condamnable à la rhétorique de Robert Mugabe (la section étant aussi « prête à prendre les armes et tuer »).[4]

Or, l'expression ne manquait pas de rappeler les mots célèbres de l'un des grands fondateurs de l'ANCYL, ceux de Nelson Mandela lors du procès pour haute trahison de 1962. Dans une plaidoirie de défense qui tenait davantage du discours politique, il se disait prêt à mourir pour un idéal de démocratie et de liberté : « J'ai lutté contre la domination blanche et contre la domination noire. J'ai défendu l'idéal d'une société démocratique et libre dans laquelle tous les individus vivraient ensemble en harmonie et bénéficieraient de chances égales. J'espère vivre assez longtemps pour le voir se réaliser. C'est un idéal pour lequel, s'il le faut, je suis prêt à mourir ».

... Celui qui était alors devenu le premier commandant de la branche militaire clandestine de l'ANC, *Umkhonto we Sizwe* (alias MK, Lance de la Nation), après le bannissement du parti en 1960, mais qui s'était engagé dans la violence organisée limitée au sabotage, puisqu'« il n'impliquait pas de pertes de vies humaines, il laissait le meilleur espoir pour la réconciliation entre les races par la suite » (Mandela 1995:295), cet homme-là appartenait à une génération rebelle au mode de fonctionnement de la vieille garde du parti, au niveau politique comme au niveau personnel, en ce sens qu'elle était « en grande partie sortie du monde traditionnel africain » (Guiloineau 2004:179).

Par contraste, le soutien de l'ANCYL à Zuma, polygame déclaré,[5] favorable à la « tradition » du test de virginité pratiqué chez les femmes de certaines ethnies (Shona, Xhosa, Zulu), à un personnage controversé (accusé puis acquitté du viol d'une activiste séropositive ; inculpé de racket, blanchiment d'argent, corruption et fraude), suggère davantage le remplacement de l'idéal par le culte (de la personne) et de la modernisation par la tradition (de bellicosité « virile »). Soutenu par le *Cosatu* (Congress of South African Trade Unions), Zuma, est d'ailleurs, perçu comme celui qui peut revigorer un parti que le secrétaire général de la fédération des syndicats Zwelinzima Vavi, accuse le président Thabo Mbeki d'avoir « émasculé »...[6] De fait, en affirmant que sa section était « prête à mourir pour Zuma », Julius Malema, était loin de se douter qu'il poussait moins un cri de ralliement qu'un râle moribond... Il prédisait, sans le savoir, la déliquescence du parti fondé en 1912 à l'initiative de l'avocat zoulou Pixley Seme, le *South African Native Natio- nal Congress* (SANNC), l'ancêtre de l'ANC.

Entre africanisme et multiracialisme

Certes, l'évolution de l'ANC reste indéniablement liée à des ruptures. En 1944, une crise générationnelle éclatait à l'intérieur du parti, où de « jeunes rebelles » prônaient des actions militantes de masse devant l'échec des moyens légaux et constitutionnels d'opposition défendus par la « vieille garde ». Cette crise donnait naissance à l'ANCYL, dont le Manifeste, rédigé en partie par celui qui deviendrait, un demi-siècle plus tard, le champion de la réconciliation nationale dans l'esprit de non-racialisme, défendait alors un africanisme radical basé sur le principe d'autodétermination nationale. En 1959, sous l'influence du parti communiste sud-africain (SACP, *South African Communist Party*), qui identifiait originellement sa cause à celle du prolétariat blanc, l'ANC abandonnait justement la défense exclusive des droits et des libertés des Africains au profit d'un programme socialiste multiracial, provoquant le départ de Robert Sobukwe puis la création du *Panafricanist Congress* (PAC). Entre ces deux dates, la victoire inopinée du Parti National « Purifié » de Daniel Malan en 1948 ouvrait la voie au déploiement de l'arsenal juridique de l'apartheid, allant jusqu'à « sacrifier à l'ordre racial l'intégrité territoriale et les relations entre les groupes » (Fauvelle-Aymar 2006:359).

Toutefois, « ironie du sort, lorsqu'ils réussirent finalement à se hisser au pouvoir en 1948, les nationalistes afrikaners se trouvèrent en face d'un adversaire nouveau et potentiellement plus dangereux : le nationalisme africain » (Marks 2003:555), nationalisme qui animerait successivement l'*African National* Congress d'Albert Luthuli, le *Panafricanist Congress* de Robert Sobukwe puis le *Black Consciousness* créé par Stephen Biko en 1968 dans le but de contrer l'étouffement de l'identité noire, et duquel s'écarterait l'ethniciste *Inkatha Yenkululeko Yesizwe*, voué à la promotion de la nation zoulou, que réactivait Mangosuthu Buthelezi en 1975. Grâce à la modération de son africanisme initial et l'adoption du multiracialisme, véritable reconnaissance de la composition complexe de la nation sud-africaine, l'ANC, transcendant les clivages politiques et sociaux, s'alliait à l'*United Democratic Front* (UDF) un creuset de 700 associations formé en 1983 pour s'implanter si solidement dans le pays que « vers la fin des années 1980, l'ANC, bien qu'interdit depuis 1960, fut considéré à peu près partout comme l'interlocuteur naturel du gouvernement sud-africain dans les négociations à venir » (Van Kessel 1990:132). Depuis sa victoire écrasante aux élections présidentielles de 1994, l'ANC est parvenu à conserver le pouvoir dans une république désormais régie par la nouvelle Constitution de 1996. Cependant, pour gloser l'analyse de Marks, lorsque l'ANC réussit finalement à se hisser au pouvoir puis à le conserver, le parti ne se trouve-t-il pas en face d'un adversaire nouveau et potentiellement plus dangereux : lui-même ?

En reprenant les lignes célèbres de sa plaidoirie dans son premier discours d'homme libre, après 27 années de captivité, Nelson Mandela s'était coulé dans le présent en rétablissant une continuité de l'esprit de réconciliation. Emprunté à la théologie chrétienne, le sacrement dans l'aveu et le pardon, Mandela inscrivait aussi le concept dans la logique hégélienne (*Versöhnung*) de communion des différences dans leur authentification et dans la philosophie bantu de l'*Ubuntu* qui fonde l'un dans le multiple. Il s'était, d'ailleurs, attaché à « l'incorporation des Blancs, en particulier des Afrikaners, dans un patriotisme multiracial » (Lodge 2006:205, vii, 11, 213).

> C'était une normalité qui portait en elle ses propres dangers », écrit Anthony Sampson, « car les militants noirs y virent une trahison de la révolution et les jeunes dirigeants de l'ANC, Thabo Mbeki inclus, comprirent qu'il leur fallait engager des réformes qui offenseraient les Blancs (Sampson 1999:504).

Un nouveau radicalisme noir a donc marqué la présidence de Thabo Mbeki. Il est, d'ailleurs, significatif qu'il ait choisi de nommer, au poste de conseiller dans les affaires juridiques, Mojanku Gumbi, avocate proche du *Black Consciousness*, plutôt que de reconduire Fink Haysom, qui avait guidé Mandela. Mbeki s'est appuyé sur le concept de *Renaissance Africaine*, dont Mandela avait lui-même annoncé l'avènement au sommet de Tunis en 1994, pour amorcer une approche plus africaniste de la politique nationale. Celle-ci a renoué avec le nationalisme noir originel de l'ANC pour le transcender dans une vision mondialiste où la revalorisation du passé et la réhabilitation des sociétés africaines invitent les pays africains à repenser leurs rapports avec les grandes puissances (Crouzel 2000:178).

Le 21 septembre 2008, lors d'un discours d'adieu à la nation, Mbeki, démissionne de la présidence du pays, rapidement remplacé par Kgalema Motlanthe. Sa démission intervient sur fond de divisions engendrées par sa défaite à la présidence du parti lors du 52e congrès national de l'ANC à Polokwane en décembre 2007, et à la suite de l'accusation lancée par le juge Chris Nicholson, de la Haute Cour de

Justice de Pietermaritzburg, d'être à l'origine d' « interférences politiques » auprès du procureur (NPA, *National Prosecuting Authority*) dans le procès pour corruption et fraude à l'encontre de Jacob Zuma dans une affaire de ventes d'armes, ce qui avait amené le comité exécutif de l'ANC à lui retirer sa confiance.[7]

Mbeki a, semble-t-il, attisé beaucoup de mécontentement. Pour les vétérans de l'Umkhonto *weSwizwe* (MK), il est « la personnification du détournement de l'ANC » par les hommes politiques, et, par conséquent, de « marginalisation » de l'aile militaire. Le parti communiste sud-africain (SAPC) et la confédération des syndicats (COSATU) condamnent son influence dans une économie redéfinie par la *Growth, Employment And Redistribution* (GEAR), stratégie néolibérale publiée sans consultation avec le comité exécutif de l'ANC, qui, alliée à la politique de discrimination positive (*Black Economic Empowerment* (BEE) a bénéficié surtout au milieu d'affaires et à la classe moyenne noirs. La lutte anti-corruption n'est pas étendue à ses proches. Pour les libéraux blancs, son Panafricanisme aigu distille une essence « anti-blanc ». En Afrique, son action est jugée controversée dans ce qu'elle juxtapose une « diplomatie silencieuse » vis-à-vis de Robert Mugabe et des tensions avec Abdoulaye Wade et Mouammar Kadhafi (TSEDU, 2008) …

La désunion fait la force ?

L'éviction de Mbeki a provoqué ce que le comité voulait préserver l'unité du parti. Celui-ci voit ses dissidents former, sous la houlette de Mosiuoa Lekota, ex-ministre de la Défense,[8] et Mbhazima Shilowa, ex-ministre de la province du Gauteng (centre économique du pays), le *South African Democratic Congress* (SADC) qui, le 16 décembre 2008, après quelques accrochages juridico-linguistiques avec l'ANC, devient officiellement le *Congress of the People* (COPE).[9] La scission de l'ANC n'expose-t-elle pas les limites du processus de transformation d'un mouvement de libération en parti politique ? Engagé depuis le milieu des années 1990, ce façonnement nécessaire de l'ANC s'est révélé une tâche particulièrement ardue dans l'affrontement de défis internes (e.g. une culture organisationnelle rigide imposée par l'exil) et externes (e.g. l'héritage d'un appareil bureaucratique conçu pour l'oppression). Dans son analyse des résultats des élections de 2004, Piombo attribue la puissance de la domination politique de l'ANC à la mise en place de mécanismes de défense destinés à renforcer son unité : la centralisation du pouvoir présidentiel, le renforcement de la discipline partisane et l'intolérance vis-à-vis des critiques formulées à l'extérieur des instances du parti « provoquent des inquiétudes quant à la bonne continuation du développement démocratique de l'Afrique du Sud » (Piombo 2004:27-28). Dans le numéro d'octobre 2008 de *Lhomelang*, journal officiel de l'ANCYL, Malema affirme que « de nombreux individus prétendent que notre mouvement, l'*African National Congress* est trop grand et qu'il doit être divisé en plusieurs petits partis, parce qu'ils craignent que le gouvernement par la majorité n'étouffe les droits des minorités », avant de déclarer, « à tous, pour que tout le monde le sache », qu'à « l'ANC, nous nous considérons comme un mouvement révolutionnaire » (Malema J. 2008) Convié à la « nouvelle CODESA »[10] qui a rassemblé le 1er novembre à Johannesburg, les membres dissidents de l'ANC à l'origine du nouveau parti et des représentants de la *Democratic Alliance* (DA), l'*Inkatha Freedom Party* (IFP), l' *African Christian Democratic Party* (ACDP), l'*United Democratic Movement* (UDM) et des *Independent Democrats* (ID), Barney Pityana, vice-chancelier de la *University of South Africa* (UNISA), a été vivement applaudi après avoir brossé le portrait d'un parti dont les dirigeants avaient trahi les valeurs adoptées par Nelson Mandela.[11]

De fait, cette scission pourrait constituer l'occasion d'une véritable renaissance sud-africaine. À partir d'observations effectuées de 1994 à 2006, Schulz- Herzenberg décèle, chez les Sud-africains, une volatilité électorale que traduisent « la diminution des loyautés partisanes dans tous les partis et l'augmentation correspondante d'un électorat indépendant ou « flottant » (Schulz-Herzenberg 2006:4). À propos des Noirs africains, dont le poids démographique est considérable, et, en particulier, de leur soutien à l'ANC, elle constate une augmentation significative des indépendants pour avancer que « de nombreux électeurs soutiennent ce parti, non pas parce qu'ils sont de loyaux partisans, mais parce qu'ils ne considèrent pas les partis d'opposition comme des choix possibles » (Schulz-Herzenberg 2006:11). En effet, dans un contexte politique caractérisé par la domination de l'ANC, la *Democratic Alliance* (DA), se définissait comme le seul parti, d'une opposition très fragmentée, capable d'ébranler son pouvoir… à condition, toutefois, de consolider son assise auprès des Blancs, Indiens et *Coloureds* et attirer, dans son instance dirigeante, des transfuges remarquables de l'ANC ou l'IFP (Lodge 2006:165-166) transfuges qui semblent désormais moins envisageables…

La création inopinée du COPE a bouleversé l'échiquier politique. Né d'une réaction de protestation à l'égard de la destitution de Mbeki, celui-ci est devenu un parti politique à part entière qui revigore l'opposition. La menace que constituait l'insignifiance continuelle d'une opposition à la stabilité démocratique du pays (Piombo 2004:40) aurait été neutralisée. D'après un rapport interne de l'ANC, le COPE pourrait remporter jusqu'à 10 pour cent des votes aux élections de 2009 et empêcher l'ANC d'obtenir la majorité de deux tiers à l'Assemblée Nationale[12] (majorité qui permet à un parti de modifier unilatéralement la Constitution). Notons également que dans le sillage du « nouveau souffle politique » qu'il apportait, la DA a procédé à une modernisation de son image assortie du logo « Une nation un avenir » (*One Nation One Future)* qui arbore les couleurs du drapeau sud-africain. Sur le site web, qui a aussi bénéficié une refonte, celui-ci flotte derrière sa présidente.[13] L'apparition du COPE a quelque peu déporté l'ANC vers le traditionalisme, dont l'ombre planait déjà à la suite de diverses controverses provoquées par la reconnaissance de certaines pratiques coutumières, malgré les efforts effectués pour alléger une image peut-être encore trop marquée par les grandes figures du passé.

La tension entre conservatisme/traditionalisme et réformisme/égalitarisme est particulièrement sensible dans le cadre de la politique de réhabilitation des sociétés africaines et d'affirmation des identités ethniques. Sorti en mai 2008, le rapport de la *South African Human Rights Commission* sur le développement des droits humains dénonce les contradictions d'une « société ployant sous le poids de la culture traditionnelle et des rites de passage » afin d'avancer la nécessité de trouver un moyen de réconcilier une culture et une tradition, « profondément patriarcales et paternalistes », avec les droits fondamentaux inscrits dans la Constitution, les femmes étant très affectées par un « droit à la culture [qui] se substitue au droit à l'égalité » (SAHRC 2008 :20).[14]

Sous cet angle, dans le cadre d'une politique progressiste, un dispositif tel que la *National House of Traditional Leaders* (NHTL), mis en place en 1997 paraît très équivoque. Établie par la Constitution de 1996, cette Chambre regroupe des chefs traditionnels (*Nkosi*) des provinces du Cap Oriental, de l'État Libre, du KwaZulu-Natal, du Limpopo, de Mpumalanga et du Nord-Ouest. Ceux-ci jouent un rôle consultatif en matière de droit coutumier.[15] Héritées d'une « tradition » codifiée par les autorités coloniales et des chefs africains au milieu du dix-neuvième siècle, les lois coutumières renforcent les normes patriarcales, la « tradition », qui peut être « inventée » (Hobsbauwn & Ranger 1983), invoquées pour ralentir les réformes... Des prises de position semblent l'attester. C'est le cas des prescriptions ethniques, dites « traditionnelles », qui infériorisent les femmes telles que la *Lobola*, transfert de biens de la famille de futur époux à celle de la future épouse (les têtes de bétail concernent essentiellement les unions dans les classes privilégiées), transfert qui légitime une union coutumière. C'est le cas aussi du test de virginité, inspection des organes génitaux des jeunes filles pratiquée chez les Shona, Xhosa et Zulu lors d'une grande cérémonie (*Reed Danse*) où les vierges sont marquées d'une tache d'argile sur le front.

La consultation qui a précédé la promulgation de la loi de 1998 sur les mariages coutumiers, a vu les chefs traditionnels souhaiter la reconnaissance de ces mariages au mépris des droits humains des femmes : « si la voix de la tradition a été submergée, celle-ci subsiste dans ce que le texte de loi maintient la polygamie et la Lobola » (Gouws 2004). Si, en théorie, la *Lobola,* n'est pas un acte commercial « La Lobolo n'est pas plus le prix d'achat d'une femme que la dot celui d'un mari » (Simons 1968:13), la pratique montre qu'elle est entachée d'une distorsion commerciale « preuve de paiement pour l'acquisition d'une femme ». Elle est dénoncée dans ce qu'elle réduit la femme d'abord à un objet de négociation dans le contrat de mariage puis à une propriété de l'époux.[16]

Sur la question du test de virginité, l'avis de la NHTL a pesé aussi lourdement dans les débats qui ont précédé la promulgation du *Children Act* de 2005. En juin 2005, le Conseil National des Provinces avait validé la décision de l'Assemblée Nationale qui rendait illégale ce test. Celui-ci était décrié par la Commission pour l'Égalité des Genres (Commission for Gender Equality (CGE 2005) non seulement pour l'ostracisme menaçant les jeunes filles qui avaient perdu leur virginité, à la suite d'abus sexuels par exemple, mais également pour la double morale véhiculée dans l'exaltation d'une sexualité libre pour les jeunes garçons qui s'oppose à la sexualité sous contrainte pour les jeunes femmes. La NHTL s'était vivement opposée à cette interdiction perçue comme une violation de droits culturels du peuple Africain.[17] Une opinion soutenue par le conservateur IFP, dans sa défense de la spécificité zulu et justifiée par la romancière Lauretta Ngcobo, MPP (Member of Provincial Parliament) députée du Parlement de la Province du KwaZulu-Natal dans un discours de conditionnement de genre, tissé de glissements, qui nie la diversité des cultures africaines, transforme la chasteté en pouvoir d'émancipation et place la sexualité féminine au cœur de la représentation de l'épidémie du sida.[18]

Comme précédemment, un compromis douteux a été trouvé dans la section 12 de la loi promulguée, qui autorise la pratique pour les plus de 16 ans, avec leur consentement et l'absence de toute marque distinctive subséquente (Children Act 2005).

En novembre 2008, un projet de loi sur la mise en place de cours de justice traditionnelles (*Traditionnel Courts Bill*), rédigé en consultation avec la NHTL, a déclenché un débat houleux au Parlement. En effet, la création de ces cours placerait plusieurs millions de Sud-africains sous l'autorité de chefs traditionnels qui ne sont pas élus mais nommés par le Ministre de la Justice. D'aucuns perçoivent le projet de loi comme une trahison de la révolte anti-bantoustan des années 1980, dans ce qu'il renforce les divisions ethniques autour desquelles l'apartheid avait articulé les anciens « homelands » (Claassens 2008). Par ailleurs, en mai 2008, malgré son soutien au projet de loi, diverses recommandations en termes d'égalité de genre avaient été émises par la *Commission on Gender Equality* (CGE) dans un souci de conformité avec une Constitution progressiste, « les communautés traditionnelles [étant] habituellement de nature patriarcale » ;[19] un mois plus tard, un comité (*Joint Monitoring* Committee) chargé de l'Amélioration de la Qualité de Vie et du Statut de la Femme la rejette comme un projet de loi « insensible au genre ».[20]

La poussée politique du COPE amène l'ANC vers le traditionalisme, qu'affectionne particulièrement l'*Inkatha Freedom Party* (IFP), parti ethnocentriste, dont le leader, Mangosuthu Buthelezi, s'était d'ailleurs félicité de l'élection de Zuma, d'origine zoulou, à la tête de l'ANC (*Inkatha Freedom Party* 2007). Cette déportation motiverait-elle les déclarations – de distanciation – de Malema qui assimile Buthelezi au « dictateur » Mugabe (*Pretoria News* 2009) ? La récente nomination d'une jeune femme, Magdalene Moonsamy, au poste de porte-parole de l'ANCYL semble attester d'une stratégie de recentrage.

L'opportunité d'un passagium ?

Ainsi, le rejeton de l'ANC, ne semble-t-il pas inviter à renouer avec le non-racialisme fédérateur de l'ANC pour le transcender dans une vision nationaliste où la valorisation d'un futur commun, issue de la réconciliation prônée par Mandela, oblige les formations politiques à repenser leurs rapports hors du « postapartheid » ? Hors de cet espace hétérogène où les mémoires de la situation de ségrégation continuent de structurer les désirs, les manières d'être, de vivre et d'habiter le monde des individus et des collectivités après l'effondrement de l'apartheid ?[21] Le COPE se voudrait-il parti politique à l'origine d'un mouvement d'une autre libération ?

Une libération qui s'annoncerait avec la présentation de l'évêque méthodiste Mvume Dandala, secrétaire général de la Conférence des Églises de toute l'*Afrique* (CETA), à l'élection présidentielle. Le choix de Dandala comme le présidentiable de COPE tente de présenter de façon symbolique un noviciat politique : un parti détaché « physiquement » mais aussi « moralement » de l'ANC, de ses membres, de son président et de sa politique. Ce choix qui cherche à le parer d'une aura d'honorabilité et de respectabilité dans ce qu'il neutralise les tensions d'un départage entre Lekota et Shilowa.

Dans cette perspective, la société sud-africaine, se verrait alors offrir, à court terme, la possibilité d'un *passagium* : « Au Moyen Age, on appelait *passagium* tout ce qui avait à voir avec le voyage (temps, espace, mouvement) et faisaient sortir des lieux habituels pour aller ailleurs, un ailleurs inconnu, vers lequel l'esprit du voyageur était tourné… Pas de *passagium* sans un corps qui le vit et le reconnaît de l'intérieur quand il a lieu, car ici aucune frontière au sens conventionnel ne permet de l'identifier » (Muraro 2004:136-7). Ce *passagium* serait d'autant plus aisément entrepris par des jeunes qui vivent désormais dans une société dont ils n'ont pas façonné le passé tragique et où les différences raciales ne sont plus des barrières.

La transition effectuée par l'Afrique du Sud vers une société fondée sur l'éthique des droits humains est un processus qui exige une réflexion continuelle. Selon la façon dont ils abordent leur monde, les jeunes Sud-africains qui évoluent dans une société débarrassée des lois de l'apartheid ouvrent la possibilité de voir se développer un mode particulier de gestion de l'héritage de l'apartheid. Il y a deux raisons à cela. D'une part, les occasions qu'ils rencontrent de communiquer avec des personnes de races anciennement ségréguées sont beaucoup plus nombreuses. D'autre part, parce qu'ils n'ont personnellement assumé aucune responsabilité dans le passé honteux de leur pays, il est vraisemblable qu'ils se montreront plus compréhensifs les uns envers les autres (Makhalemele 2005).

De fait, les données chiffrées du *Labour Force Survey* (LFS) de septembre 2007[22] Labour Force Survey, September 2007 montrent que 31,8 pour cent de la population sud-africaine (33,6% de la population noire africaine, 30 pour cent de la population *coloured*, 24,8 pour cent de la population indienne asiatique et 18,9 pour cent de la population blanche) a moins de 15 ans, population née sous la démocratie. Le pourcentage monte à 41,9 pour cent (44,6 % de la population noire africaine, 40,3 pour cent de la population *coloured*, 31 pour cent de la population indienne asiatique, 25 pour cent de la population blanche) si l'on inclut les 15-19 ans, population née à la fin de l'apartheid (Labour Force Survey 2007:2).

Par ailleurs, les données des enquêtes FutureFact de 2000 à 2004 publiées dans *A Nation in the Making: A Discussion Document on Macro Social Trends in South Africa* (Presidency's Policy Coordination and Advisory Services 2006) présentent une identité qui se définit moins en termes d'ethnicité/race que nationalité : 71 pour cent des Sud-Africains, toutes races confondues, se disent Africains ou Sud-Africains et plus de 53 pour cent de la population se considère sud-africaine.[23]

Ce *passagium* serait d'autant plus attendu que les jeunes sont particulièrement touchés par le chômage, qui nourrit le sentiment d'être écarté d'une participation active à la construction de la nouvelle société. Le changement qui se profile à la lueur d'une campagne électorale aux antipodes de celle de 2004,[24] n'apporterait-il pas un regain d'espoir, tout particulièrement à ceux qui grossissent la catégorie des « chercheurs d'emploi découragés « (*discouraged work-seekers*) ?[25] Selon le LFS, 19,4 pour cent des jeunes de 20-24 ans (4 671 000) s'y trouvent (905 000). Le pourcentage reste élevé à 17,8 pour cent si l'on considère l'ensemble des 20-29 ans (9 011 000) qui le compose (1 605 000) (LFS 2007:xix-xx).

En novembre 2008, l'Independent *Electoral Commission* (IEC) a enregistré une augmentation de 7,61 pour cent des inscriptions sur les listes électorales qui présentaient alors 21 661 171 noms ; 77,9 pour cent des nouvelles inscriptions émanaient des jeunes, 342 639 individus entre 18-19 ans. En février 2009, une seconde campagne enregistrait une nouvelle augmentation : les 18-29 ans, 6.349.439 individus, représentent désormais 27 pour cent des 23 174 279 électeurs inscrits (*Independent Electoral Commission* 2008) , contre 20,4 pour cent à la fin de la campagne de l'année dernière… Entre ces deux dates, une enquête menée par le *Human Sciences Research Council* (HSRC) à la demande de la IEC, montre que si 79 pour cent des personnes interrogées s'intéressent aux élections provinciales et nationales, la plus grande proportion de celles-ci habitent le Gauteng et le Limpopo, est d'origine africaine et se trouve dans le groupe d'âge des 45-54 ans, tandis que la plus petite proportion se situe dans le Kwazulu-Natal et le Western Cape, est d'origine asiatique ou métisse ('Coloured') et se place dans le groupe des 18-24 ans… Si le parti pour lequel les personnes interrogées ont voté aux dernières élections ne satisfaisait pas leurs expectatives, 41 pour cent accorderaient une nouvelle chance au même parti alors que 30 pour cent voteraient pour un autre parti et 19 pour cent ne voteraient pas (HSRC 2008).

Conclusion

L'histoire de l'Afrique ne sera plus la même, affirmait Lekota lors du lancement officiel du COPE. Tiraillés entre africanisme et multiracialisme, entre tradition et modernité, entre pragmatisme et idéologie, les électeurs de 2009, qu'ils choisissent entre l'aboutissement d'une « révolution silencieuse »[26] ou l'occasion d'une mise sous silence d'une libération, composeront dorénavant leur histoire avec d'autres yeux… Ne serait-ce pas là le seul véritable voyage ?[27]

Addendum : Le 22 avril 2009, 23 millions d'électeurs se sont rendus aux urnes. L'ANC a remporté une nouvelle victoire avec 65,9 pour cent des suffrages sur fond de regain d'intérêt électoral significatif (77,3% de taux de participation). Cependant, l'ANC n'a pas atteint les 2/3 des sièges du Parlement qu'il s'était fixés. Malgré sa jeunesse, le COPE a obtenu 7,42 pour cent des voix, pour se hisser à la seconde place dans l'opposition après la DA (16,66% des voix)… une « percée remarquée et remarquable » (Vircoulon 2009 :9) qui s'est malheureusement ternie à cause de la rivalité non résolue entre Shilowa et Lekota pour la présidence du parti entraînant même la démission de Dandala en juillet 2010… De nombreux mouvements de protestation, parfois violents, ont dénoncé la lenteur des autorités à satisfaire le « service delivery » (besoins sociaux tels que le logement, la santé et l'éducation) dans les townships et zones rurales. « Le paradoxe de l'Afrique du Sud est d'être en même temps stable et fragile. Fragile car les groupes sociaux ont encore des intérêts diamétralement opposés et testent en permanence l'élasticité de la Constitution ; mais stable car soumise à une gouvernance d'équilibre. La politique à la fois populiste (dans le discours), néolibérale (en matière économique) et sociale-démocrate (en matière de redistribution) que mène l'ANC neutralise, pour le moment, les pressions contradictoires » (Vircoulon 2010:736).

Notes

1. Mail and Guardian, *We are prepared to die for Zuma*, 17/06/2008, (http://www.mg.co.za/ articlePage.aspx?articleid=342131&area=/breaking_news/breaking_news national), consulté le 17/06/2008.
2. Les principaux partis représentés à l'Assemblée Nationale sont l'ANC (African National Congress, 290 sièges), la DA (Democratic Alliance, 47 sièges) et l'IFP (Inkatha Freedom Party, 23 sièges).
3. Zuma a emporté une très large majorité des voix (2329 contre 1505 pour Mbeki) avec le soutien de l'ANCYL et de la ligue des femmes (ANC Women's League).
4. DA, *Zuma should condemn Mugabe-style ANCYL rhetoric*, 17/06/2008, (http:// www.da.org.za), consulté le 17/06/2008.
5. En Afrique du Sud la *Recognition of Customary Marriages Act* de 1998 reconnaît la polygamie dans le droit coutumier.
6. Mail and Guardian, *How Mbeki's govt has 'emasculated' the ANC*, 12/04/2008, (http://www.mg.co.za/articlepage.aspx?area=/breaking_news/breaking_news__national/ &articleid=336822&referrer=RSS), consulté le 3/06/2008.

7. Au début du mois de décembre Mbeki est absout dans le rapport de la commission dirigée par Frene Gonwala, ancienne présidente de l'Assemblée Nationale (1994-2004) En septembre 2007, Mbeki, qui venait suspendre le procureur Vusi Pikoli, l'avait chargée de diriger une enquête pour déterminer son aptitude à diriger le parquet général.
8. Mosiuoa Lekota était un membre historique de l'ANC. Emprisonné à Robben Island de 1974 à 1982, il s'était fait élire secrétaire de l'United Democratic Front (UDF) en 1983.
9. Cf leur site : http://www.congressofthepeople.org.za
10. Après la libération de Nelson Mandela, en février 1990, la transition entre le régime raciste et la démocratie multiraciale s'effectue par l'entremise d'une convention multipartite éphémère, *Convention for a Democratic South Africa* (CODESA) sur fond d'explosion de violence.
11. Voir *Sunday Times*, « Delegates at teh 'new Codesa' resolve to form new bloc to take on ANC », 02/11/2008 p.1.
12. Voir *Mail and Guardian*, « A new congress born in Africa », December 19 to January 9 2009, pp.4-5.
13. Cf.: http://www.da.org.za.
14. Ce rapport n'est pas encore en ligne, il m'a été adressé sur demande.
15. Constitution de la République of d'Afrique du Sud, 1996, Chap.12. Le mandat de la NHTL est inscrit dans le *National House of Traditional Leaders Act de 1997* ainsi que le *Traditional Leadership and Gover nance Framework Amendment Act, 2003*, (http:// www.info.gov.za/gazette/acts/2003/a41-03.pdf). Cette dernière loi demande aux communautés traditionnelles de constituer un conseil traditionnel dont elle recommande une composition d'un tiers de membres féminins et de 25 pour cent au moins de membres démocratiquement élus. Pour la liste des 18 membres de la NHTL élus le 23 mai 2007 (avec un tiers de femmes), site du ministère du gouvernement local et provincial, (http://www.thedplg.gov.za). Sites consultés le 15/01/2008.
16. Le transfert de biens de la famille de futur époux à celle de la future épouse, qui légitime l'union contractée. Une coutume qui réduit souvent la femme noire à un bien dans le contrat de mariage, sa valeur ayant fait l'objet de négociation entre les hommes de sa famille et ceux de la belle-famille (Van der Hoven, 2001, Vogelman & Eagle 1991).
17. Cf. *Sunday Independent*, « Leaders buck banning of virginity testing », *12 October 2005*, (http://www.sunday.co.za/index.php?fSectionId=&fArticleId=vn20051012083450440C509934), et IOL, *Bill puts clamp on vir ginity testing*, IOL, 24/12/ 2005, (http://ww w.int.iol.co.za/ index.php?set_id=1&click_id=13&art_id=vn20051224091523135C979037). Sites consultés le 17/01/2008.
18. « Having a virgin as a daughter is a source of tremendous maternal and paternal pride in the African culture. The psychological implications cannot be overlooked either. Virginity is a strength and a constant source of empowerment for girls in youth culture which, mainly in rural areas, is still dominated by patriarchal stereotypes. Sexual abstinence, which it results in, is a confirmation of what HIV/Aids activists have been saying to us all along: prevention is better than cure ». « Virginity testing: 'an African solution to a pressing African problem », *IFP release*, (http://www.ifp.org.za/Archive/ Releases/101005apr.html), consulté le 21/01/2008.

19. Voir *The Commission considers the Traditional Courts Bill* [B-2008], 12 May 2008, (http:// www.cge.org.za/backup/userfiles/documents/Media_traditional_courts_bill2008.pdf),
20. Voir *Joint monitoring committee rejects gender-insensitive Traditional Courts Bill*, 20 June 2008, (http://www.parliament.gov.za/live/content.php?Item_ID=568).
21. La définition de l'espace postapartheid est calquée sur celle que donne Abou Bamba de « postcolonie » : « tous ces espaces hétérogènes où les mémoires de la situation coloniale continuent de structurer les désirs, les manières d'être, de vivre et d'habiter le monde des individus et des collectivités après l'effondrement des empires coloniaux ». Bamba, A. B. (2006), *Qu'est-ce que la Postcolonie? Contribution à un débat francophone trop afrocentré.* African review of Books/Revue Africaine des Livres., pp. 16-17.
22. Labour Force Survey, September 2007. *Statistics South Africa, Statistical Release P0210*, (http://www.statssa.gov.za). (parution en mars 2008). Il donne les estimations démographiques générales suivantes:
    - Population totale : 47.936 000 (hommes : 23. 591 000 ; femmes : 24 313 000)
    - Noirs africains : 38 085.000 (hommes : 18.641.000 ; femmes : 19 423 000) : 79,5 %
    - Coloured : 4.246.000 (hommes : 2 053 000 ; femmes : 2 192 000) : 8,85%
    - Indien/Asiatique : 1.173.000 (hommes : 656 000 ; femmes : 518 000) : 2,45%
    - Blancs : 4.340.000 (hommes : 2.185.000 ; femmes : 2 146 000) : 9%
23. The Presidency's Policy Coordination and Advisory Services, 2006, *A Nation in the Making: A Discussion Document on Macro Social Trends in South Africa*, p. 85-87, (www.info.gov.za/otherdocs/2006/socioreport.pdf). Consulté le 30/01/2008. Le recensement de 2001 donne la répartition suivante de la population : 79% de noirs africains, 9,6% de Blancs, 8,9% de Coloured/Métisses et 2,5% d'Indiens/Asiatiques.
24. « De nombreuses personnes ont qualifié d'ennuyeux la campagne électorale et le jour du scrutin. Quant aux reporters en quête d'histoires controversées, ils n'ont pu couvrir grand chose ». (Piombo 2004 :4).
25. La définition officielle du « chercheur d'emploi découragé » est la suivante: « Des personnes qui veulent travailler et sont immédiatement employables mais qui avouent n'avoir pas cherché activement du travail ». Cette catégorie, de 3 443 000 personnes, n'est inscrite dans celle des « demandeurs d'emploi » (*unemployed*), qui en compte 3 905 000, mais dans celle des « non économiquement actifs » , qui en comprend 13 209 000 en tout (LFS 2007:xix-xx).
26. Cf. Schulz-Herzenberg C. 2006.
27. Cf. La fameuse citation de Marcel Proust dans *La Prisonnière* (*À La recherche du temps perdu* (1913-27), vol. V) : « Le seul véritable voyage, le seul bain de Jouvence, ce ne serait pas d'aller vers de nouveaux paysages, mais d'avoir d'autres yeux ».

Bibliographie

Bamba, A. B. (2006), « Qu'est-ce que la Postcolonie? Contribution à un débat francophone trop afrocentré ». *African review of Books/Revue Africaine des Livres.*, pp. 16-17.

Claassens, A., 2008, « What's wrong with the Traditional Courts Bill », *Mail & Guardian*, 02/06/2008, (http://www.mg.co.za/article/2008-06-02-whats-wrong-with-the- traditional-courts-bill). Consulté le 25/10/2008.

Commission for Gender Equality, *Submission to the select committee on social services, Children's Bill [B70B - 2003]*, 1/10/2005, (http://www.cge.org.za/userfiles/documents/ select_committee_1oct05.doc), consulté le 17/01/2008.

Constitution of the Republic of South Africa, 1996, (http : //www.info.gov.za)

Crouzel, I., 2000, « La 'renaissance africaine': un discours sud-africain ? », *Politique africaine*, n° 77, p. 171-181.

DA, *Zuma should condemn Mugabe-style ANCYL rhetoric*, 17/06/2008, (http://www.da.org.za), consulté le 17/06/2008.

Fauvelle-Aymar, F-X, 2006, *Histoire de l'Afrique du Sud*, Paris: Le Seuil.*Government gazette,* Children Act de 2005, , (http://www.info.gov.za/gazette/acts/2005/a38-05.pdf), S12(5) à 12(7), consulté le 17/01/2008.Gouws, A., 2004,The Politics of State Structures: Citizenship and the National Machinery for Women in South Africa, (http:// www.feministafrica.org).

Guiloineau, J., 2004, *Nelson Mandela*, Paris: Éditions Payot & Rivages.

Human Rights Development Report, *South African Human Rights Commission*, (http://www.sahrc.org.za). *Independent Electoral Commission*, 2008, « IEC registers more than 1.6 million voters », 12/ 11/2008, (http://www.elections.org.za/news). Consulté le 5/01/2009.

Inkatha Freedom Party release, « Virginity testing: 'an African solution to a pressing African problem », (http://www.ifp.org.za/Archive/Releases/101005apr.html), consulté le 21/ 01/2008.

Inkatha Freedom Party, « IFP Congratulates New ANC President », 18/12/2007, (http://www.ifp.org.za/Releases/181207pr.html), consulté le 7/02/2008.*Joint monitoring committee rejects gender-insensitive Traditional Courts Bill*, 20 June 2008, (http://www.parliament.gov.za/live/content.php?Item_ID=568).

Labour Force Survey, September 2007. *Statistics South Africa, Statistical Release P0210*, (http:/ /www.statssa.gov.za). (parution en mars 2008).

Lodge, T., 2006a, « The Future of South Africa's Party System », *Journal of Democracy*, vol. 17, n° 3, July, pp. 152-166.

Lodge, T., 2006b, *Mandela: A Critical Life*, Oxford University Press.

Malema, J., (2008), *Our revolutionary struggle is sacrosanct*, Lhomlang, Vol. 5, No. 6, (http:// www.anc.org.za/youth/). Consulté le 5/01/2009.

Makhalemele, O., 2005, *Race and Identity in Schools: Young South Africans engaging with a changing environment.* Race and Citizenship in Transition Series, http://www.csvr.org.za. Consulté le 7 juin 2007.

Mail and Guardian, We are prepared to die for Zuma, 17/06/2008, (http://www.mg.co.za/articlePage.aspx?articleid=342131&area=/breaking_news/breaking_news_national), consulté le 17/06/2008.

Mail and Guardian, « How Mbeki's govt has 'emasculated' the ANC », 12/04/2008, (http:/ /www.mg.co.za/articlepage.aspx?area=/breaking_news/breaking_news national/ &articleid=336822&referrer=RSS), consulté le 3/06/2008.

Mail and Guardian, « A new congress born in Africa », December 19 to January 9 2009, pp.4- 5.

Malema J., 2008, « Our revolutionary struggle is sacrosanct », *Lhomlang*, Vol. 5, No. 6, (http://www.anc.org.za/youth/). Consulté le 5/01/2009.

Mandela, N., 1995, *Un long chemin vers la liberté*, Paris: Fayard (1ère édition américaine : 1994). MarkS, S., 2003, « Jan Smuts, Race and the South African War », W. R. Louis, Ed.., *Still More Adventures with Britannia: Personalities, Politics and Culture in Britain*, London & New York: I.B. Tauris & Co., pp.75-84.

Muraro, L., 2004, « Enseigner les passages à un autre ordre de rapports ». C. Veauvy, M. Rollinde et M. Azzoug (dir), *Les Femmes entre Violences et Stratégies de liberté, Maghreb et Europe du Sud.* St-Denis: Editions Bouchene, 2004, pp. 133-8.

Piombo, J., 2004, *The Results of Elections '04: Looking Back, Stepping Forward*, Centre for Social Science Research, cap Town: University of Cape Town, (http://www.uct.ac.za/depts/cssr/pubs.html).

Pretoria News, « Buthelezi no different from Zim », 09/02/2009.

Sampson, A., 1999, *Mandela: the Authorized Biography*, Johannesburg: Jonathan Ball. Schulz-Herzenberg C., 2006, « A Silent Revolution: South African voters during the first years of democracy 1994-2006 », CSSR Working Paper n° 162, Centre for Social Science

Research, (http://www.cssr.uct.ac.za/index.html). Consulté le 20/11/2008. Simons, H. J., 1968, *African Women: Their Legal Status in South Africa*, London, Hurst.

Sunday Times, « Delegates at teh new Codesa' resolve to form new bloc to take on ANC », 02/11/2008 p.1.

Tsedu M., *Believing in his own intellectual superiority, President Thabo Mbeki could ot accept that he was not trusted implicitly*, City Press, 21/09/2008.

Van Kessel, I., 1990, « Le *United Democratic Front* en Afrique du Sud: un mouvement de transition ? », *Politique Africaine*, n° 38, juin, pp. 126-132.

Vircoulon, T., 2009, *De Thabo Mbeki à Jacob Zuma, Quelle sera la nouvelle vision de l'Afrique du Sud ?* Note de l'Institut Français des Relations Internationales (IFRI), (http:// www.voltairenet.org/IMG/pdf/De_Mbeki_a_Zuma.pdf), consulté le 20/08/2009.

Vircoulon, T., 2010, « La gouvernance en Afrique du Sud entre populisme, néo-libéralisme et social-démocratie », *Etudes*, n° 4126, Paris : juin 2010, pp. 727-736.

The Commission considers the Traditional Courts Bill [B-2008], 12 May 2008, (http:// www.cge.org.za/backup/userfiles/documents/Media_traditional_courts_bill2008.pdf).

The Presidency's Policy Coordination and Advisory Services, 2006, *A Nation in the Making: A Discussion Document on Macro Social Trends in South Africa*, p. 85-87, (www.info.gov.za/ otherdocs/2006/socioreport.pdf). Consulté le 30/01/2008.

Sites Web

http://www.da.org.za
http://www.info.gov.za/gazette/acts/2003/a41-03.pdf
http://www.thedplg.gov.za30

29

Points de synthèse : objets des débats

Jean-Jacques N. Sène

La présence de Mlle Chrystel le Moing, chargée de missions aux relations internationales de la fondation Gabriel Péri au forum de Ouagadougou est à inscrire dans la logique des partenariats durables entre institutions progressistes du Nord et du Sud.

Créée en 2004 à l'initiative du Parti communiste [français], [...] et basée à Paris, la Fondation Gabriel Péri est à vocation politique et d'utilité publique. Sa mission est de créer des espaces de débats contradictoires sur l'évolution des sociétés contemporaines et des processus de transformations qui les traversent. Ceci avec le concours de chercheurs, d'universitaires ou non, d'élus, de responsables syndicaux, etc.

La réflexion menée par la fondation Gabriel Péri depuis 2006 sur « Les enjeux ruraux et agraires en Afrique », selon elle, « a permis de mettre en évidence la centralité de la crise agricole et agraire dans la situation globale du continent et d'élaborer un certain nombre de préconisations à destination des acteurs impliqués pour jeter les bases d'un développement solide ». Son intervention s'est appuyée sur « les travaux des quinze chercheurs français et africains, syndicalistes, responsables associatifs qui ont participé au séminaire (tenu en décembre 2005 à Dakar, Sénégal) dont l'intégralité des actes sont disponibles dans le numéro 80 de la revue *Recherches Internationales* intitulé *Les Agricultures africaines* ».

En écho à l'inventaire éclairant de Ousseni Illy sur « les projets d'accords de partenariat économique (APE) entre l'Union européenne et les pays ACP, l'état des lieux des négociations et les enjeux pour l'intégration économique et commerciale en Afrique » (voir chapitre 27) Chrystel Le Moing s'est plutôt positionnée dans les délibérations du forum de Ouagadougou comme une « activiste internationaliste » voulant expliquer fermement « l'urgence d'inventer un nouveau système agraire et agricole peu coûteux et rémunérateur pour les producteurs ». Les objectifs qu'elle a mis en avant à l'appréciation des participants sont les suivants : « revaloriser la connaissance paysanne du milieu agro-écologique et les savoir-faire paysans : adaptation, grande gamme de techniques et d'innovation ne supposant pas le recours aux engrais chimiques importés ».

Le Panafricanisme intégral authentique prend aujourd'hui, à plus d'un titre, les contours d'une révolution potentielle selon les organisations militantes; et les contours d'une révolution impossible selon les sceptiques. Chrystel Le Moing, dans cette optique a appliqué ce genre de débats relatifs aux agricultures africaines en évoquant la nécessité d'une « révolution culturelle ». Une révolution pour revenir sur des blocages fondamentaux. Elle a suggéré aux participants du forum de Ouagadougou que les paysans ont toujours été considérés comme des citoyens de seconde zone (en Afrique). Un rapprochement entre les intellectuels, les responsables politiques, et les paysans, sera donc déterminant, tout comme la reconsidération de la place des femmes qui constituent la principale force de travail et souvent le levier des décisions.

Le rôle central des structures d'enseignement supérieur et de recherche, si elles n'étaient pas pour la plupart dans un état affligeant, aurait peut-être pu se trouver mieux en mesure de faire barrage aux pressions particulières fortes pour obtenir la signature des accords de « coopération » qui font l'objet de négociations nébuleuses entre les Etats africains et l'Union Européenne et l'Organisation Mondiale du Commerce dont Ousseni Illy explique qu'elles (les Accords de Partenariat Économique – APE) sont nées de tensions et conflits commerciaux globaux qui perdurent depuis une vingtaine d'années à peu près. Selon Illy, il faut comprendre les APE comme la suite et la conséquence de l'échec, pendant trois décennies des conventions de Lomé, mieux connues comme les conventions CEE-ACP (Communauté Économique Européenne et nations de la zone Afrique, Caraïbes, Pacifique). Ici, comme dans le cas de la gestion des territorialités étatiques, on remarque un manque de vision dans les instances politiques, et une « hésitance » maladive qui semble témoigner, de l'avis de plusieurs commentateurs, en plus du nationalisme réactionnaire, d'un rejet de ce qui est perçu comme de l'aventurisme, voire une certaine « peur du chaos ».

Abdoul-Aziz Yaouba montre pourtant que le Panafricanisme bénéficie/bénéficiera de phénomènes comme celui qui est l'objet de son article sur « le rejet des frontières au Sud du bassin tchadien [...] ». Les facteurs culturels, économiques et sociaux qui animent cette zone jouent de facto, un rôle fédérateur pour les populations rurales frontalières ressortissantes du Cameroun, du Nigéria et du Tchad qui concrètement, refusent d'entériner la réalité des frontières héritées des accords franco-allemands, anglo-allemands, et franco-britanniques de l'époque coloniale. On assiste aussi à des contradictions assez frappantes. Alors que les APE proposées/imposées aux économies africaines sur des bases régionales ont pu faire espérer qu'elles donnent un coup de pouce à l'intégration sous-régionale, c'est paradoxalement forts de leurs divisions légendaires que les Etats africains – notamment au niveau de la CEDEAO – et en rangs dispersés que les états ont abordé la signature des accords, comme l'a bien expliqué Ousseini Illy. Le Ghana et la Côte d'Ivoire par exemple, n'hésitent pas en ce domaine à faire chacun « cavalier seul ». Les APE apparaissent comme la Némésis de l'idéal panafricain contemporain.

Révolution impossible ou révolution discrète ? Abdoul-Aziz Yaouba, dans les prolégomènes à ses analyses sur le « rejet des frontières au Sud du bassin tchadien » remarque plutôt, comme beaucoup d'acteurs du mouvement panafricaniste contemporain, l'existence d'une révolution permanente dont les ressorts et les réseaux échappent et résistent à la rigidité des frontières étatiques.

Le dilemme de la myopie politique qui pèse sur l'idéal panafricain et ses perspectives futures est observable au niveau intra-étatique comme en témoigne la fissure qui a conduit au remplacement de Thabo Mbeki par Jacob Zuma à la tête de l'ANC et de l'exécutif sud-africain (2008-2009). A partir des mises au point de Ludmila Ommundsen, un parallèle important peut être dégagé entre l'implosion de l'ANC et les lignes de fragilisation du mouvement panafricaniste : la mouvance de Jacob Zuma (le « radical » populiste traditionaliste) a occasionné la fragilisation puis l'éviction de Thabo Mbeki (le modéré libéral technocratique élitiste). Serait-ce l'inverse sur le plan macro-africain ? Les tendances néolibérales oligarchiques, des structures de l'Union Africaines aux bureaucraties sous-régionales en passant par les gouvernements des Etats, n'obstruent-ils pas sciemment les espaces d'évolution des mouvances progressistes et populaires du Panafricanisme intégral ?

Postface

Jean-Jacques N. Sène

Pour être un homme politique, il suffit de savoir ce que veut le peuple et de le crier plus fort que lui. (Gamal Abdel Nasser).

La condition essentielle, il faut la chercher dans la rectitude ou l'immoralité des desseins idéologiques et politiques. Si les desseins sont corrects tout se met en place. Si les desseins sont tronqués, le sujet perdra tout ce qu'il possédait et maîtrisait naguère. (Mao Tsé-toung).

Nous avons modestement essayé dans cet ouvrage, collectivement, de déconstruire le mythe du Panafricanisme. On l'a vu, il faut le déconstruire soit comme mythologie conservatrice (réduction malhonnête à un essentialisme pan-nègre[1] que l'idée et le mouvement n'ont jamais démontré en plus de trois siècles d'existence) ou comme utopie ; une utopie en attente d'un miracle (la réalisation des États-Unis d'Afrique stables, souverains et prospères, en solidarité avec la diaspora noire universelle). « Les vrais nationalistes n'ont jamais oublié la dimension de l'unité, tels Lumumba, Nkrumah, mais reconnurent le caractère non réaliste, utopique (positive, motrice) de cette vision »[2]. Il est venu le temps de raviver *la foi au Panafricanisme moderne* plantée par la génération de Nkrumah et de la crier sinon plus fort au moins gaillardement avec les peuples qui s'en réclament. Un rêve magnifié auquel on croit très fort n'est-il pas déjà une réalité dans l'inconscient collectif ? *Looy ñoddi, bu doggul dikkë, ci dëggë-dëggë.* En effet, Baruch Spinoza a bien montré (*Traité théologico-politique*, 1670) que pendant longtemps, les peuples expliquaient les événements de l'Histoire par la religion et par la mythologie. La foi procurait des certitudes dans un monde incertain ; et la foi, bien entendu, procurait richesses, pouvoirs et prestiges aux *gérants de la foi* et aux bâtisseurs de cathédrales ; elle récompense les gardiens zélés des sciences et des traditions en vigueur ; les institutions dépositaires des valeurs consacrées. La science empirique est en conflit avec ces structures mentales de la foi tout en étant prise au piège de notre nature humaine et de la psyché affabulatrice. L'argument spinozien qui nous intéresse ici, c'est celui selon lequel les principes scientifiques rationnels ne sont pas seulement logiques, mais ils comportent aussi une dimension éthique. Comme l'a suggéré le neurobiologiste chilien Francisco

Varela, adepte du bouddhisme et ami personnel de Sa Sainteté le Quatorzième Dalaï Lama,[3] la science, à son niveau le plus sophistiqué, est pure *contemplation*. En effet, la *manipulation* n'y a pas de place. L'idéal panafricain contemporain est peut-être déjà devenu un objet de contemplation. De ce fait, l'exigence qui en découle c'est de reconnaître notre devoir moral de développer notre compréhension des phénomènes en nous servant des meilleurs instruments à la disposition. Les miracles et l'espoir de la réalisation des idéaux sont peut-être *agréables à croire* ; mais les miracles et les idéaux ne soignent pas les maladies endémiques ; les miracles et les idéaux ne protègent pas l'environnement ; les miracles et les idéaux n'améliorent pas le niveau de vie des peuples. Dans le meilleur des cas, les miracles et les idéologies ont fourni le sentiment confortable de la stabilité d'un univers théo-centré dans un réel historique chaotique. En fait, nous disons que les miracles et les idéaux – *les idéologies* – ne suffisent qu'à ceux qui s'endorment dans des croyances confortables sans attributs téléologiques ou axiologiques Dans ce sens, les pensées et les écrits de Patrick Manning, par leur *finesse*, *et*, leur *spécificité*, leur engagement, contribuent à rendre possibles, en droite ligne de l'œuvre colossale de Joseph Ki-Zerbo, les modèles éventuels pour organiser l'Histoire Mondiale d'hier et de demain. Je cite ; Pat Manning donc, in extenso s'il vous plaît ; afin que celles et ceux qui ont des oreilles pour entendre, entendent :

> Les Africains, sur de longues périodes d'enfantements et d'aventures, ont fait perdurer, avancer et au besoin reconstruit leurs systèmes sociaux. L'expérience du voyage et les interactions sociales qui étaient parties intégrantes de leur vécu favorisèrent le maintien d'un réseau de connections au sein du continent et avec les peuples d'Asie et d'Europe [...] Pourtant, des Noirs devinrent eux-aussi propriétaires d'esclaves et exploiteurs, et plus tard, certains se transformèrent en dictateurs et argentiers corrompus. À partir du XVe siècle, des chefs de guerre et négociants africains se livrèrent au commerce de captifs avec les acheteurs de la côte atlantique. Ensuite, au XVIIIe siècle, mais surtout au XIXe siècle, des Noirs affluents et influents, encouragés par les tendances du marché mondial, achetèrent de plus grands nombres de captifs pour les soumettre au travail servile. Ce fut le cas aux Amériques, particulièrement à Saint-Domingue et au Brésil, mais aussi en Afrique. Puis dans les années 1960, alors que les Noirs commencent à gagner un certain pouvoir politique, la démocratie fut prise d'assaut par la dictature dans de nombreux pays, et des richesses prodigieuses se virent bizarrement monopolisées par quelques familles. De telles tensions ont toujours été mal gérées au sein des communautés noires.
>
> Les Noirs se sont constitués en un ensemble : ils ont développé et nourri une identité qui pénètre jusqu'aux limites extrêmes de la diaspora, notamment en réponse à la logique *racialiste*. Loin de représenter une croyance instinctive en l'unité solidaire des membres de la « race » ; et tout aussi loin de représenter une acceptation explicite de la logique de catégorisation produite par les Blancs ; cette identité solidaire n'est peut-être que le résultat de délibérations graduelles très ardues. Les Noirs se trouvèrent donc dans la situation existentielle de devoir lutter à la fois contre la servitude et contre la catégorisation par la race. En s'opposant à la hiérarchisation raciale, les leaders noirs

développèrent une identité raciale panafricaine sur laquelle ils s'appuyèrent pour lancer leurs premiers efforts pour bâtir des nations modernes; singulièrement en Haïti et en Sierra Leone. La reconnaissance de la nation multi-ethnique en Afrique et de la nation multiraciale dans les Amériques occasionnèrent l'irruption de nouvelles questions relatives aux moyens de vivifier et optimiser les fonctions de l'identité noire. Avec le temps, à la faveur des évolutions dans les domaines des technologies de la communication et des avantages de l'indépendance politique qui offraient d'avantage de flexibilité, une identité transnationale atteignit des strates toujours plus profondes des communautés noires [...] Les traditions politiques noires font également apparaître des succès importants. Par le biais de sévères contradictions internes, les communautés noires et leurs leaders développèrent de solides principes de bonne gouvernance. Une exigence majeure était d'apprendre à gouverner tout en étant sous le joug de puissances hégémoniques ou impériales [...]

> Pendant les quatre derniers siècles de notre ère, les peuples noirs à travers le monde, en conduisant leurs luttes sociales, ont joué un rôle éminent dans la colonisation, l'industrialisation, le progrès de l'éducation, de la science et de la technologie. Les changements globaux dans lesquels ils ont été engagés ont rendu le champ de l'expérience humaine toujours plus complexe plutôt que de le simplifier. Aucune des luttes conduites dans les périodes antérieures que j'ai signalées n'a été menée jusqu'à son terme : la survie des communautés noires n'était pas garantie en l'an 1800 ; jusqu'en 1900, beaucoup de populations d'Afrique et la sphère afro-asiatique n'étaient pas émancipées ; et en 1960, tous les Noirs étaient loin d'avoir tous acquis les privilèges de la citoyenneté. Les Noirs n'avaient toujours pas acquis l'égalité en l'an 2000. L'objectif de l'égalité semble en effet, d'une certaine manière, le plus équivoque. Les peuples d'Afrique et de la diaspora ont réalisé des progrès importants vers l'égalité dans de nombreux domaines culturels, mais ils ont systématiquement cédé du terrain en matière de mieux-être matériel.[4]

L'Union Africaine (UA) prend ses racines dans le terreau fécondé par les fondateurs de l'Organisation de l'Unité Africaine (OUA) qui, le 24 mai 1963 à Addis Abeba en Éthiopie, ont réunis trente-deux nations indépendantes du continent pour écouter Kwame Nkrumah prononcer le discours qui est probablement le plus important de sa carrière de nationaliste. Hélas, depuis lors et jusqu'ici, les contours formels d'une Afrique unie et avertie que les méfaits du colonialisme resteront de rigueur et qu'elle ne réalisera jamais l'idéal de définir elle-même ses choix sociaux et politiques restent plus que jamais chimériques. Le développement de l'Afrique est donc bloqué. Il ne peut se réaliser sans l'unité :

> C'est pourquoi, parler de développement en Afrique aujourd'hui, sans structures d'unité, c'est parler pour ne rien dire. Le mot d'ordre vital aujourd'hui pour la génération montante, c'est l'intégration horizontale pour nous retrouver nous-mêmes. Il faut remembrer l'Osiris africain.[5]

Il faut aussi, dans le contexte qui est celui de l'histoire mondiale contemporaine, restituer son contenu de résistance au Panafricanisme. « On cherche des nationalistes ! » s'écrie Joseph Ki-Zerbo dès 1942 dans la revue *Tam-Tam*. On est ici dans le domaine du récit fécondant et de l'Histoire assumée, le bon mythe :

> Les intérêts géostratégiques conflictuels des grandes puissances, la Guerre Froide qui alimentait les guerres chaudes des luttes armées de libération, les 'sales guerres', où les « Damnés de la terre » s'immolaient mutuellement sous la férule de leur maître commun, où les « démocraties » occidentales s'allièrent à l'apartheid et à Mobutu contre le spectre de Moscou, où de grands intellectuels africains comme Amílcar Cabral, Frantz Fanon, etc. prirent le sentier des guérillas et finirent en payant le prix suprême, démontrant ainsi que le discours des intellectuels ne se réduit pas toujours au seul discours verbal : tel était le lot presque ordinaire de cette époque. Je me suis rendu aux obsèques de A. Cabral à Conakry et j'ai vu de mes yeux sur son crâne l'impact de la balle fatale.[6]

L'Afrique Noire, comme ensemble solidaire, n'avait pas à sa disposition les atouts catalyseurs de la conscience (supra)nationale : conscience historique commune, langue(s) véhiculaire(s) commune(s) ; religion(s) commune(s), reconnaissance d'une autorité politique commune, etc. Ainsi, les nationalistes africains firent du sentiment anticolonial l'élément presqu'exclusif de leurs plateformes. Les frontières « artificielles, » *belligènes*, héritées de la Conférence de Berlin de décembre 1885 – janvier 1886 furent rapidement acceptées, reconnues, et l'on pourrait dire sacralisées malgré leur toxicité. Les efforts disparates et souvent inconséquents pour *insuffler l'idéal panafricain contemporain dans les mentalités à l'intérieur des frontières nationales* furent même ironiquement bien servis par les structures administratives inégalitaires instituées par les pouvoirs coloniaux. Dans un temps relativement court, de 1895 environs jusqu'aux années 1970, ces structures coloniales avaient inscrit dans le vécu de communautés hétéroclites, et les avaient habituées à se considérer comme membres et éléments constitutifs intégraux d'une communauté solidaire : une ensemble africain noir, si l'on exclut le Maghreb, qui se réveillait enfin péniblement de l'exploitation, de l'oppression et de l'humiliation multiséculaires, revendiquant les valeurs souveraines de sa Négritude, et désireuse de conquérir son avenir par la Raison :

> Ah, il [était] temps de mettre à la raison ces nègres qui croient que la révolution ça consiste à prendre la place des blancs et continuer en lieu et place, je veux dire sur le dos des nègres à faire le blanc.[7]

Marcus *Mosiah* Garvey, *Osagyefo* Kwame Nkrumah, Léopold *Sédar* Senghor : réactions temporaires ou permanentes à la discrimination raciale au nom de l'Africain de la masse ? Senghor se hasarda à définir la Négritude comme « l'ensemble des valeurs de civilisation du Monde Noir » ; mais comment ensuite opérationnaliser le désir d'unité ? L'Africain au nom de qui l'on proférait l'idéologie panafricaine dans les fora de la politique intérieure et dans les rencontres internationales demeurait largement attaché à ses communautés villageoises d'origine, loyal aux prérogatives du chef et du conseil des anciens bien plus qu'aux pouvoirs de l'État central. Sur le plan économique, la majorité des Africains restèrent bloqués dans le secteur primaire, susceptibles aux aléas climatiques et à la merci des hasards de la tectonique de la Guerre Froide. Sur le plan religieux, les us et coutumes traditionnels et les croyances qui les sous-tendent, le mysticisme et les systèmes claniques, restèrent de mise. *La cascade des indépendances n'était qu'une révolution politique presque toujours accompagnée d'un déclin de l'efficience gouvernementale par rapport à la période coloniale.* Amílcar Lopez Cabral de Guinée-Bissau-Îles-du Cap-Vert a prôné presqu'en vain l'urgence d'opérer la révolution *culturelle* ; la Révolution Totale qui hisse le niveau de conscience historique même de l'Homme de la Rue ; mais de cela il faut constater : *vox clamavi in deserto*… La course aux édifices publics imposants, aux usines livrées clef-en-main, aux systèmes d'armement rouillés venant de l'Est comme de l'Ouest, aux collèges et aux universités copiés sur les modèles occidentaux, aux compagnies aériennes arborant fièrement les couleurs nationales des nouveaux États, et aux offices de radiodiffusion-télévision nationales bavards, constituèrent les contenus et les limites de l'imaginaire des leaders de l'indépendance qui s'étaient auto-déclarés porteurs de la mission de réaliser l'onirique unité africaine. Kwame Nkrumah lui s'activait pour la construction d'un « état-providence fondé sur les principes du Socialisme Africain. » En tout état de cause, le manque de prise en compte réelle des besoins des masses paysannes n'allaient pas tarder à générer des crises politiques graves ici et là, ainsi que la cristallisation de l'État Patrimonial dont les méthodes de gestion sont basées sur le gaspillage et l'irresponsabilité, surtout quand on se trouvait en présence du parti unique presque toujours facteur d'inertie.

L'idéal panafricain contemporain est en quelque sorte la réaction à un constat de faiblesse continue au niveau des nations. La conscience du statut de nations tiers-mondistes pauvres et exploitées est largement responsable de l'idéologie internationaliste panafricaine d'aujourd'hui. Le manque de poids dans la conduite des affaires du monde post-impérialiste créa naturellement le réflexe voire la nécessité de chercher la sécurité et la viabilité dans la construction d'organismes transnationaux qui ont quelquefois permis des avancées significatives dans l'expérience historique des nations du Grand Sud.[8] Le nationalisme africain de la première génération (Kwame Nkrumah, Jomo Kenyatta, Julius Nyerere, Habib Bourguiba, Ahmed Ben Bellah, Léopold Sédar Senghor, Modibo Keita par exemples) est internationaliste par obligation. Il y avait en effet, malgré les profondes dissensions, un sens réel de communauté entre la plupart des leaders africains ; encore beaucoup plus parmi ceux de l'espace anglophone qui avaient travaillé ensemble à la tenue de la Conférence Panafricaine de Manchester en 1945.

Les racines du mouvement panafricain contemporain et les idéaux ici affairants ont donc plusieurs origines. L'*idée* et le *mouvement* vont de paire mais prennent aussi beaucoup de libertés l'un par rapport à l'autre.[9] Des questions explosives allaient diviser les rangs : le Sahara Occidental, le Congo-Léopoldville, le Biafra, les relations avec L'État d'Israël, pour ne citer que quelques-unes des plus fâcheuses. Le fameux Groupe de Casablanca (Maroc, Guinée-Conakry, Ghana, Lybie, Mali, République Arabe Unie)[10] suivait généralement Nkrumah dans sa démarche souhaitant une impulsion rapide et résolue vers l'Union alors que l'autre larron dans cette histoire était le Groupe de Monrovia mollement conduit par Senghor du Sénégal, avec comme poids lourds le Nigéria, le Libéria, l'Éthiopie, la Côte d'Ivoire et, en fait, la plupart des ex-colonies françaises. Le Nigéria se fit souvent la tête de proue de l'approche gradualiste vers une forme indéfinie d'association des États africains, mais surtout, du mouvement pour « moins de socialisme. » Les pays du Groupe de Monrovia, (malgré le charisme de Josip Broz Tito), allaient par exemple, à l'exception de l'Éthiopie et de la Somalie, boycotter la Conférence de Belgrade du Mouvement des Non- Alignés en 1961 ; illustrant le manque criard d'unité africaine en matière de politique étrangère.[11]

L'idéal panafricain contemporain est pourtant plus qu'un vœu pieux. L'histoire mondiale retiendra que les trente-deux chefs d'États et de gouvernements qui se sont réunis à Addis Abeba en mai 1963 signaient la naissance d'un phénomène nouveau dont l'apothéose s'inscrivait dans le futur.

« Le Vieux, » le Professeur Joseph Ki-Zerbo, nous rappellera que l'historiographie africaine se doit de rendre hommage à l'actualité de la pensée de quelques grands absents de notre ouvrage comme Frantz Fanon (cf. *Révolution africaine*, où il élabore un Panafricanisme sur le terrain). Il en est de même pour le besoin de réutilisation du *Black Consciousness* de Biko Steve et/ou du *Africanist Future* de Robert Sobukwe. *L'Idéal panafricain contemporain* est incomplet. Nous espérons qu'il motivera des jeunes chercheurs du monde entier à le lire pour en relever et en critiquer les signes d'asthénie ; à s'en inspirer afin de définir des pistes peu ou mal explorées dans l'historiographie du Panafricanisme ; mais encore l'utiliser pour apprendre à trouver leur propre voix dans le Grand Débat. Il ne s'agit ni plus ni moins que d'un débat historique qui plonge ses racines dans un discours fantasmagorique ancien: pourquoi, comment, et dans quelle conditions formaliser l'unité africaine ? C'est la même question que pose Francis Njubi Nesbitt quand il analyse les « perspectives alternatives du Panafricanisme » au chapitre 8 de ce livre.

« PAIDS BEFORE AIDS !!! »[12] Comme le tonnent mes fréquentations. Le blocage de l'idéal panafricain contemporain est un problème d'ordre politique. À la fin de la Guerre Froide, vers la fin de cette année 1989 pleine d'infamies, un regard circulaire sur les événements qui secouaient l'Afrique Noire enfanta le concept d'« Afro-pessimisme. » *Le futur n'avait plus d'avenir*. Les militaires brutaux bien installés dans les palais de gouvernements manipulaient adroitement les aspirations de leurs peuples à la démocratie participative dont la vague enflait comme un vent d'ouragan. Mieux, les guerres civiles dont on comptait les morts par centaines de milliers s'étaient triomphalement faites les fossoyeuses de la propagande nationaliste excitée des années 1950 qui avaient marqué la « lutte » pour les indépendances.

L'idéal panafricain contemporain fut foulé aux pieds quand, dans une hystérie collective nègre apocalyptique presqu'incroyable la guerre éclata entre les États africains et certains gouvernements donnèrent l'asile à des guérillas pour les aider à affûter leur armes contre un voisin honni. L'Afrique Noire, moultes fois humiliée quand l'ampleur des scandales humanitaires autorise les puissances occidentales à intervenir directement dans les affaires intérieures et en profiter pour installer leurs hommes de paille.

L'Afrique Noire, dépecée depuis toujours quand les crimes fratricides de *Mobutu Sese Seko Kuku Ngbendu wa Za Banga*[13] au Zaïre, le MPLA[14] en Angola, les sbires de Ian Smith en Rhodésie du Sud (Zimbabwe) de 1965 à 1979, les errements des factions claniques de Somalie qui ne se comptent pas, les imbécilités politico-sociales des marxistes éthiopiens assoiffés de sang frais avec Mengistu Hailé Mariam qui a fait exécuter son Altesse Impériale Hailé Sélassié en 1974, le choc du Front pour la Libération de l'Azawad avec leurs alliées islamistes, etc. etc. Koffi Annan opina : « l'Afrique est un cocktail de désastres » (sic). Rappelons aussi que même les nations qui naguère, il y a seulement trois décennies, pouvaient être considérées comme de relatifs havres de paix, ont fini par succomber aux appels de la haine sous-nationaliste-politico-raciale : Côte d'Ivoire, Sénégal, Congo-Brazzaville, Kenya, République Centrafricaine… Le Nigéria de Boko Haram et la Guinée Bissau sont devenus sous nos yeux impuissants, respectivement, l'un un pays en quasi état d'urgence permanent, et l'autre, un narco-État de fait.

Pourtant, l'intelligentsia africaine et ses ersatz au niveau global se sont étendus de façon exponentielle depuis la période des indépendances. La Communauté Économique des États de l'Afrique de l'Ouest (CEDEAO) par exemple (voir le chapitre 27 de notre confrère Illy Ousseni) cahin-caha, pointe du doigt vers les potentialités d'un nationalisme sous-régional à vocation panafricaine qui peuvent croître dans le domaine politique. Par la volonté politique. La CEDEAO, dans ses réalités tangibles, montre bien les promesses de l'appréhension réaliste de tout ce qui pourrait se faire vers l'Unité. *L'UA est impotente mais elle représente un progrès relatif par rapport à ce que l'on avait par le passé.* L'Autre nœud gordien de la faillite du nationalisme africain est d'ordre économique. La dette. Les intérêts de la dette. Les bureaucraties ethnicistes budgétivores. *La stérilité des guerres doctrinaires. La faim. L'Analphabétisme. Afrique désunie ; Afrique précaire.*

Dans les années 1970 – 1980, la sécheresse décima le Sahel où je suis né, et où j'ai grandi pour faire toutes mes expériences formatives. Des millions d'âmes passèrent de vie à trépas : Mali, Niger, Mauritanie, Nord Cameroun, Nord Nigéria, Sénégal mais aussi et encore Éthiopie, Mozambique, Somalie, Soudan, etc. Aujourd'hui, les assauts de la pensée unique avec ses corollaires de libéralisation tous azimuts et de torpillages des acquis syndicaux cohabite avec les derniers relans de la rhétorique néo-socialiste.

Déconstruire pour ensuite reconstruire. Nous proposons en fait d'énoncer les conditions d'une fin du statut d'utopie du mouvement panafricaniste, comme pour poser des questions en rapport à l'ontologie ;[15] capitaliser sur la démarche de réseau, et l'activation des méta-réseaux (réseaux des réseaux) panafricains encore plus puissants. Les dynamiques portées par l'intelligence collective aimantée par l'Afrique australe, ce modèle démocratique de libération nationale raisonnablement réussie sous la férule de *Tata*, le Viel Africain Rohlihlahla Mdiba *Madiba* Mandela (avant d'être présentement sérieusement écorné), devraient prendre toujours plus, une place de premier plan dans la sémiologie de l'idéal panafricain contemporain. *Umkhoto Wa Sizwe* ! Que la terre de Kunu te soit légère…

Sur d'autres plans, la puissance de façonnement de l'imaginaire du reggae n'est plus à démontrer. Jeremie Kroubo Dagnini au chapitre 22 montre explicitement comment le mouvement panafricaniste compte dans ses troupes tous les luminaires de la pensée que l'on connaît bien, mais aussi et encore des personnalités culturelles dont le catéchisme est néanmoins tout aussi crucial : les *reggaemen* de la Jamaïque et maintenant de partout, qui remorquent leur inspiration à la religion panafricaine rasta. « Le reggae, musique de l'amour et de la révolte, réaffirme l'identité noire, le nationalisme noir et la critique du capitalisme.»[16] Patrick Manning pense que Bob Marley par exemple « s'approcha dangereusement d'une éclosion souveraine de la philosophie de son génie créateur [altermondialiste] dans son *Redemption Song* de 1981. Psalmodiant ses vers en solo, accompagné de sa guitare acoustique,… »[17]

Old pirates yes they-rob I ;	Vieux pirates qui m'avez enlevé
Sold I to the merchant ships,	Vendu. Happé par les câles du bateau négrier
Minutes after they took I	Promptement. Après m'avoir capturé
From the bottomless pit.	Après m'avoir sorti de mon puits sans fond.
But my hand was made strong	Mais mon bras fut rendu vigoureux
By the'and of the almighty.	Par le bras de sa Toute Puissance.
We forward in this generation	Maintenant en ces temps nous avançons dans le monde
Triumphantly.	Nous triomphons dans Le Temps.
Won't you help me sing	Vas-tu donc me rejoindre dans mon chant ?
These songs of freedom?	Ah ! Viens-donc me joindre dans mes chants de liberté ?
'Cauze all I ever have :	Tout ce que je n'ai jamais possédé :
Redemption songs ;	Chants de rédemption.
Redemption songs.	Eh oui ! Ces grands chants de rédemption.

Au lecteur paresseux ou pressé notre travail ne sera d'aucune utilité. La moisson est abondante mais les ouvriers peu nombreux. Notre travail est un champ à labourer. C'est un livre qui opère également des variations sur des visages tels ceux de Glen Richards et Tony Martin trop tôt, ou des moments théoriques importants. Nous suggérons par exemple que *Nkosi Sekeleli Afrika*, dans le fond et dans la forme, représente un formidable hymne de ralliement panafricain comme d'autres hymnes moins connus qui célèbrent l'Éthiopie chez les Garveyites et Rastafariens. En effet, nulle part plus qu'en Afrique du Sud ne s'est fait sentir le cruel manque d'unité des Noirs pour sortir les habitants des « Bantoustans » des affres de l'Apartheid sur leur moyens de vivre, sur leurs raisons de vivre, et sur la dignité de leur personne.

Quand les pouvoirs accumulés par les philosophies nationalistes et racistes de l'administration d'Hendrik Frensch Verwoerd (1958 – 1966), et bien avant eux, ceux des gouvernements de Jan Christiaan Smuts (1919 – 1924 et 1939 – 1948) se sont traduits en réalités sociales concrètes, ils n'avaient évidemment rien ou pas grand-chose en face, au niveau panafricain, pour tenter de les arrêter dans leur course. Les Africains directement concernés par l'application de ces politiques furent donc endoctrinés ou contraints par la force à accepter que leurs droits civiques ne pourraient s'exercer que dans et exclusivement au sein des bantoustans, comparables en certains points aux réserves indiennes des États-Unis du XIXe siècle et du présent. Dans les agglomérations urbaines et sur les propriétés terriennes acquises par des blancs, les Noirs furent littéralement traités comme des étrangers en terre étrangère. Ils pouvaient voter dans les consultations électorales fantasques pour élire les « gouvernements » des bantoustans mais ne pouvaient bénéficier d'aucun droit civique, politique, sécuritaire, ou culturel dans les cités et dans les bidonvilles où ils vivaient en famille ou isolément, presque toujours dans la pauvreté. Dans les régions minières qui garantissent à l'Afrique du Sud de fabuleuses richesses, les mines, les usines, et les terres arables étaient aux mains de la communauté blanche. Le nationalisme afrikaner et les gouvernements successifs qui l'ont incarné trouvèrent les moyens administratifs, diplomatiques et militaires de faire perdurer pendant près de cent cinquante ans une société à deux étages. Quand les velléités intérieures ou extérieures menaçaient un maillon du système, les nationalistes blancs ripostaient en resserrant l'étau, toujours, avec l'aide complice des pays occidentaux et de certains autres scélérats de la « communauté internationale ». Les Blancs de la classe moyenne supérieure, les Blancs des classes laborieuses et les Blancs pauvres intégrèrent profondément le principe que leur niveau de vie et leur survie en tant que peuple étaient intrinsèquement liés au maintien de la ségrégation raciale contre les Noirs dans le travail et dans les mœurs. (Le sentiment ou non de culpabilité historique des Blancs – *white guilt* –, surtout ceux de la jeune génération, avec ses implications sur la santé mentale et l'idéologie ; leur appréciation de la version sud-africaine de *l'Affirmative Action*, est un domaine de recherche embryonnaire mais particulièrement captivant.) C'est peut-être là, en Afrique australe, que l'idéal panafricain contemporain a essuyé ses plus cinglantes défaites ; ses revers les plus terrifiants ; et Jean-Paul Sartre écrit) :

> On les abat : brigands et martyrs, leur supplice exalte les masses terrifiées. Terrifiées, oui : en ce nouveau moment, l'agression coloniale s'intériorise en Terreur chez les colonisés. Par là je n'entends pas seulement la crainte qu'ils éprouvent devant nos

> inépuisables moyens de répression mais aussi celle que leur inspire leur propre fureur. Ils sont coincés entre nos armes qui les visent et ces effrayantes pulsions, ces désirs de meurtre qui montent du fond des cœurs et qu'ils ne reconnaissent pas toujours : car ce n'est pas d'abord *leur* violence, c'est la nôtre, retournée, qui grandit et les déchire ; et le premier mouvement de ces opprimés est d'enfouir profondément cette inavouable colère que leur morale et la nôtre réprouvent et qui n'est pourtant que le dernier réduit de leur humanité. Lisez Fanon : vous saurez que, dans le temps de leur impuissance, la folie meurtrière est l'inconscient collectif des colonisés.
>
> Cette furie contenue, faute d'éclater, tourne en rond et ravage les opprimés eux-mêmes. Pour s'en libérer, ils en viennent à se massacrer entre eux : les tribus se battent les unes contre les autres faute de pouvoir affronter l'ennemi véritable – et vous pouvez compter sur la politique coloniale pour entretenir leurs rivalités ; le frère, levant le couteau contre son frère, croit détruire, une fois pour toutes, l'image détestée de leur avilissement commun. Mais ces victimes expiatoires n'apaisent pas leur soif de sang ils ne s'empêcheront de marcher contre les mitrailleuses qu'en s'en faisant nos complices : cette déshumanisation qu'ils repoussent, ils vont de leur propre chef en accélérer le progrès. Sous les yeux amusés du colon, ils se prémuniront contre eux-mêmes par des barrières surnaturelles, tantôt ranimant de vieux mythes terribles, tantôt se ligotant par des rites méticuleux : ainsi l'obsédé fuit son existence profonde en s'infligeant des manies qui le requièrent à chaque instant. Ils dansent : ça les occupe ; ça dénoue leurs muscles douloureusement contractés et puis la danse mime en secret, souvent à leur insu, le Non qu'ils ne peuvent dire, les meurtres qu'ils n'osent pas commettre [...] Il en est qui s'affirment en se jetant à mains nues contre les fusils ; ce sont leurs héros ; et d'autres se font hommes en assassinant des Européens.
>
> (Jean-Paul Sartre, « Préface » aux *Damnés de la terre*[18] 1961. Paris : Éditions Gallimard, p. 48-9.)

Avec l'exploitation, l'oppression, et le déni d'humanité réussis ; avec l'instrumentalisation des lignes de fragmentation « tribales » typiques des sociétés africaines que l'Apartheid a opéré presqu'impunément au siècle dernier, *l'imaginaire panafricain est cloué au pilori*. Le tribalisme agressif dont les stigmates sont encore aujourd'hui largement présents dans toute l'Afrique (australe) fut légalisé et érigé en méthode de gouvernement. Des potentats africains furent fabriqués et investis de pouvoirs très étendus là où ils n'existaient pas ou peu dans les structures ancestrales. L'Apartheid, en pratique, réprimait efficacement les sources et les foyers potentiels de réforme, de résistance, ou de révolution. L'Apartheid construisit un échafaudage sophistiqué au sommet duquel trônait un appareil militaire répressif doté de tous les attributs d'un État moderne et prospère. De ce fait, il apparut que comme agrégat à la lutte anti-Apartheid intérieure désespérée des années 1960 – 1980, seules des interventions étrangères de type panafricain pouvaient éventuellement aider à débloquer la situation de subjugation réglementaire permanente. *Nkosi Sekeleli' Afrika* exprime la Némésis du nationalisme afrikaner et du racisme anti-Noir.

Au milieu des années 1960, la révolution des indépendances en cascades annonçait en principe la fin du colonialisme occidental sur le Continent. Les ingrédients de ces évènements ont été très bien établis par les historiens : affaiblissement économique des puissances européennes après les drames de la Deuxième Guerre Mondiale ; pressions soutenues exercées à partir de l'Organisation des Nations Unies ; pressions farouches exercées par les gauches et l'intelligentsia politico-culturelle occidentales sympathiques aux thèses anti-impérialistes ; pressions oratoires proférées par les organes de l'Organisation de l'Unité Africaine.

Lazare Ki-Zerbo l'affirme continuellement : « Autant le Panafricanisme est vaguement connu des chercheurs et du public, autant le *fédéralisme comme technique d'organisation de l'Union des États* est ignoré ! » Dans ce sens, les défis de la bibliothèque et de l'université panafricaines et les challenges pour déterminer comment multiplier les expériences telles que le Campus Panafricain de 2006 convié par le CODESRIA et le Forum de Ouagadougou de 2008 convié par le Comité International Joseph Ki-Zerbo sont de bonnes priorités. Elles doivent être abordées dans un espace panafricain permanent. La Fondation Joseph Ki-Zerbo et le CODESRIA pourraient conjointement mettre sur pied un tel cadre de travail indispensable avec le support de structures formidables tel que le Réseau d'Histoire Mondiale.[19]

Le Panafricanisme moderne est contraint de se poser la question de la cohérence de son propre cheminement. Si 1958 s'offre comme une année paradigmatique, carrefour vers lequel il faudra toujours revenir, la bien plus grande saga panafricaniste trahie par les carences de la transmission de l'héritage dans des systèmes pédagogiques inadaptés, « véritables défoliants culturels » (selon la formule lapidaire de Lazare Ki-Zerbo), occupe une spatialité oubliée. L'année 1958 mythique :

> J'ai été témoin, à mon modeste niveau, et acteur de cette course contre la montre, de ce dramatique sprint historique où l'Afrique 'se cherchait', alors que les colonialistes, à titre préventif, divisaient pour régner, et démantelaient les fédérations qu'ils avaient pourtant instituées eux-mêmes. La fièvre panafricaniste a atteint ses niveaux records dans les années qui ont précédé et suivi immédiatement l'accession à l'indépendance juridique. En fin d'année 1958, la Conférence des peuples africains à Accra, qui réunissait les Mouvements politiques et la société civile pour mettre de l'ordre dans les idées et dans les rangs des nationalistes panafricanistes, fut aussi un sommet de l'engagement des intellectuels, en particulier sur les voies (armées ou non) de la libération, les alliances, etc. Je me trouvais assis à côté de Patrice Emery Lumumba, et je peux dire que nous nous sommes aussitôt reconnus. Mais il y avait aussi des syndicalistes comme Abdoulaye Diallo de l'UGTAN [Union Générale des Travailleurs d'Afrique Noire], Tom Mboya (deux leaders à l'intelligence lumineuse). Il y avait des délégations de jeunes et de femmes, il y avait N. Azikiwe Nnamdi et O. Awolowo Obafemi avec leurs groupes compacts et ardents de militants. Il y avait Frantz Fanon qui éclata en sanglots en relatant la tragédie de l'Algérie martyre. En effet, le thème

> de la lutte armée était fréquent dans les débats intellectuels ; mais il était concrétisé par les camps de combattants de la liberté dans la banlieue d'Accra, en Algérie, à Dar-es-Salam, etc. Ahmed Ben Bellah exprimait de façon saisissante ce bloc conceptuel stratégique du nationalisme panafricaniste en s'écriant à Addis Abeba (1963) ; « Nous avons parlé d'une banque de développement. Pourquoi n'avons-nous pas parlé d'une banque de sang ? Une banque de sang pour venir en aide à ceux qui se battent en Angola et un peu partout en Afrique ? » Ainsi, pour que soient libérés les peuples encore sous domination coloniale, acceptons tous de mourir un peu tout à fait, afin que l'Unité africaine ne soit pas un vain mot. (Joseph Ki-Zerbo, *Repères pour l'Afrique*, p. 182).

On sait par Mircea Eliade, Claude Lévi-Strauss, et Joseph Campbell notamment, que dans les schémas de la mythologie, le récit n'est pas une série de fabliaux ordinaires mais aborde et explicite au contraire *ce qui s'est passé réellement.* Les thèmes et les débats de 1958 à Accra, ceux de 1963 à Addis Abeba, et dans leur lignée, tous les fora du Panafricanisme, grands et moins grands, coalescent pour fournir les matériaux de cet *idéal panafricain contemporain*, ce patrimoine intellectuel dont il est question dans notre livre ; et le dialogue luxuriant n'a de cesse :

> Au cours des centaines de rencontres qui ont précédé ou suivi l'accession à l'indépendance, des dizaines de thèmes ont été examinés et labourés de fond en comble dans le cadre national, bilatéral, au plan multilatéral et onusien, accumulant ainsi un trésor intellectuel qui mérite d'être méthodiquement revisité : congrès des intellectuels, festivals panafricains, colloques de la Commission économique pour l'Afrique, de l'Unesco, de l'Onudi, de l'OMS et autres institutions spécialisées de l'ONU, conférences internationales de l'OUA ou de l'AUA (Association des Universités Africaines), etc., ont permis d'édifier un corpus de connaissances, une riche banque de données qui sont loin d'être dépassées.
>
> La thématique est foisonnante : éducation, personnalité africaine, développement durable', environnement, science et technologie, conflits, frontières, sécurité alimentaire, désertification, démocratie, OMS, etc. (Joseph Ki-Zerbo, *Repères pour l'Afrique*, pp. 183-4).

L'histoire impériale, les caractères intrinsèques de l'hégémonie et de la domination occidentales, ont précédé les jalons de l'intégration africaine que nous avons présentés dans les articulations thématiques de notre travail collectif : Connaissance de l'Histoire, Mémoire collective et défis éducatifs; Universalité, migrations et identités ; Structures proto-fédérales africaines, Libéralisme et mondialisation. *Car quand l'Histoire nous rattrape*, il semble que passons du choc du réel aux chantiers de l'avenir, conscients que le Panafricanisme ne se définira pas hors de ou au-delà des lois de la Nature :

> Les intellectuels africains, en s'appuyant sur le réseau et la toile électronique, doivent être autant des pédagogues que des chercheurs, autant des diffuseurs de savoirs que des accumulateurs solitaires de données. Le développement endogène, ce n'est pas seulement la production mais la reproduction sociale.

> Pour les intellectuels, la nouvelle nation africaine n'est pas un espace physique de droit romain, approprié et clos, mais un lieu et un milieu sans frontières et sans rivage, ouvert et œcuménique, où l'échange inégal avec les partenaires est banni. (Joseph Ki-Zerbo, *Repères pour l'Afrique*, p. 189).

Per aspera ; ad astra ! Sans complexes. Sans complexes. Ni faux-fuyants. Le Panafricanisme ; IDÉAL et PASSION ; sera pour sûr et pour toujours notre unique évangile.

Notes

1. Il semble que le mot 'nègre' vienne du latin, 'niger' pour dire 'noir' et on le retrouve bien-sûr dans 'Niger' (le fleuve et le pays) et 'Nigéria'. Dans *Case départ*, un film français (comédie) réalisé par Lionel Steketee, Fabrice Éboué et Thomas N'Gijol sorti le 6 juillet 2011, M. Henry, un personnage raciste et brutal ; on est aux Antilles vers la fin du XVIIIe siècle ; lâche à l'occasion : « *Oh non. Mais ces nègres… Ils ont des pieds à la place des mains. Et des mains à la place des pieds… Comme tous les singes madame.* » Dans le film, le personnage de *Victor* Jourdain, fils d'un esclavagiste scandalisé par les conditions de vie des nègres dans les plantations, est une référence directe à l'homme politique français de la Deuxième République *Victor* Schœlcher, ce qui est d'ailleurs complètement anachronique car Schœlcher est né en 1804 alors que le film s'inscrit dans les années 1780. Il sera l'architecte de la *seconde* abolition de l'esclavage votée le 27 avril 1848 par le gouvernement provisoire. Le mot nègre est finalement, tout en gardant ses connotations péjoratives, d'emploi courant. La langue française moderne ne laisse aucun doute sur l'accumulation historique des fantasmes diffus que l'Occident a nourri par rapport à l'homme de race noire : « Nègre-Nègre, » « Nègre marron, », « Nègre bossal, » « Nègre blanc, « « nègre littéraire, » « parler petit-nègre, » « nègre en chemise » (un dessert au chocolat), « têtes de nègre » (design de chaussures très à la mode dans les années 1960-70). *Case départ* a reçu de bonnes critiques à sa sortie, en France comme en Belgique.
2. Joseph Ki-Zerbo, 2008. *Repères pour l'Afrique*, Dakar : Panafrika, p. 171.
3. Tenzin Gyatso, Sa Sainteté le Quatorzième Dalaï Lama, a été choisi en 1937, selon une tradition interrompue initiée en 1391, comme réincarnation de l'« océan » et comme « berger et chef du peuple tibétain » à l'âge de deux ans ! Ce personnage jovial, à l'intelligence vive et au sens de l'humour fort attachant, continue d'étonner et de défier le monde des Sciences et des Lettres contemporains en réitérant constamment que sa vie est régie par trois engagements majeurs : la promotion des valeurs humaines fondamentales ou de l'éthique de la primauté du bonheur humain ; la défense du dialogue interreligieux et la préservation de la culture bouddhiste du Tibet ; et l'avancement de la culture de la paix et de la non-violence par les ressorts mûrement réfléchis de la diplomatie consensuelle. Le Dalaï Lama, certainement malgré lui, s'est récemment inscrit dans l'actualité (pan)africaine. Vers la fin de l'année 2012, l'Afrique du Sud fut en effet accusée en termes crus par l'Archevêque Anglican Desmond Tutu et par d'autres voies célèbres d'avoir agi illégalement en refusant d'octroyer ou en retardant injustement l'octroi d'un visa à Sa Sainteté pour visiter l'Afrique du Sud. La Haute Cour d'Appel conclut que la Ministre de l'Intérieur d'alors, Mme le Dr. Nkosazana Dlamini- Zuma, ex-épouse du président Jacob Zuma, aujourd'hui Secrétaire Générale de l'Union Africaine, avait violé la loi. L'Afrique du Sud est accusée de plier le dos

aux exigences de la Chine, son partenaire économique le plus important ayant des liens commerciaux et politiques très étendus avec les structures du Congrès National Africain (ANC) au pouvoir depuis 1994 comme on le sait. La Chine n'hésite pas à critiquer vertement les pays qui accueillent le Dalaï Lama. Les chinois occupent le Tibet depuis 1951. Pourtant, Sa Sainteté avait déjà visité l'Afrique du Sud à plusieurs reprises depuis la fin de l'Apartheid. En 2909, toujours sous les pressions intransigeantes de la Chine, le Chef Spirituel de la Nation Tibétaine ne fut pas autorisé à entrer en Afrique du Sud pour la Conférence des récipiendaires du Prix Nobel de la Paix. Le gouvernement avait argué hypocritement que sa visite représenterait une « distraction par rapport aux préparatifs des festivités de la Coupe du Monde de Football de 2010 » (sic). Desmond Tutu pour sa part accuse le gouvernement sud-africain d'être « pire que le gouvernement de l'apartheid et de succomber sans vergogne aux contraintes de la Chine. »

4. Manning, P. (2009) *The African Diaspora*. New York: Columbia University Press, « Épilogue », pp. 337, 338, 340, 341. [Traduction française de Lazare Ki-Zerbo et Ngor Sène.]
5. Joseph Ki-Zerbo, *Repères pour l'Afrique*, p. 167.
6. Joseph Ki-Zerbo, *Repères pour l'Afrique*, p. 179).
7. Aimé Césaire, 1997. *La tragédie du roi Christophe*, « Acte II Scène 3 », Paris : Présence Africaine, p. 84.
8. Voir le fascinant ouvrage de Prashad, V. 2007. *The Darker Nations: A People's History of the Third World.* New York, NY : New Press. Existe aussi en français : Prashad, V. (2010). *Les nations obscures : une histoire populaire du tiers monde*. Montréal, Canada : ÉCOSOCIÉTÉ.
9. Cf. Esedebe, P. O. (1994). *Panafricanism: The Idea and Movement 1776-1991.* (Washington D.C.: Howard University Press).
10. La République Arabe Unie (*al jumhūrīya al-arabīya al-muttaḥida*) n'a eu qu'une courte vie de quarante-trois mois. Il s'agit de l'union politique entre l'Égypte et la Syrie proclamée le 1er février 1958 et ratifiée en grandes pompes par des referenda. Gamal Abdel Nasser prit la présidence de l'Union et ordonna la dissolution immédiate des tous les partis politiques au grand dam du parti *Baath* qui avait pourtant fait campagne pour l'union. Cette fédération prit fin le 28 septembre 1961, suite au coup-d'état militaire qui, de péripéties en péripéties (e. g. : perte des Plateaux du Golan dans la Guerre de Six Jours contre Israël en 1967) conduira dix ans plus tard Hafez al-Assad au pouvoir, le père de l'actuel président de la Syrie Bachar al-Assad, empêtré dans une guerre civile qui fait en partie la une de l'actualité mondiale depuis mars 2011. Malgré l'abrogation de la République Arabe Unie, l'Égypte en garda le nom jusqu'au 2 septembre 1971 quand elle adopta son nom officiel actuel : République Arabe d'Égypte. L'Égypte est suspendue de l'UA de juillet 2013 à décembre 2014 suite au coup-d'état de la junte militaire qui a déposé le Président démocratiquement élu en juin 2012, Mohamed Morsi alors tête de file des Frères Musulmans.
11. Au moment où se tient la Première Conférence de Belgrade, celle qui met sur pieds le Mouvement des Non-Alignés en juillet 1956, la Guerre Froide bat son plein. Les États-Unis d'Amérique ne font aucun secret de leur inimitié envers le régime de Nasser et exercent des pressions de toutes sortes sur leurs alliés pour contrecarrer les intérêts stratégiques de l'Égypte. Un attaché du Secrétaire d'État John Foster Dulles se fit l'écho de l'anti-nassérisme rampant à Washington : « Notre bataille avec l'Égypte ne porte pas sur le fait qu'elle suit une

voie 'neutre' en ne s'alignant ni avec l'Est ni avec l'Ouest [...] Nasser n'est pas motivé par des considérations liées à la 'Guerre Froide' mais par sa propre vision de la prépondérance de l'Égypte ; d'abord dans le monde arabe, puis en Afrique, en enfin, prépondérance dans l'ensemble du monde islamique. » (Cité par Prashad, V. 2007. *The Darker Nations*, op. cit:, p. 99). Les documents internes du Département d'État révèlent que la politique étrangère des USA face à 'Égypte voit ce pays comme une puissance concurrente à contrôler.

12. PAIDS est un acronyme néologique : *Politically Acquired Intellectual Deficiency Syndrom.*
13. La panthère-toute-puissante qui conquiert l'adversité par sa volonté souveraine (?) Rien que ça.
14. *União Nacional para a Independência Total de Angola* (Union Nationale pour la Libération Totale de l'Angola).
15. On pourra consulter sur ces questions, l'excellent ouvrage d'Ernst Cassirer, (1946). *The Myth of the State.* (New Haven, CT: Yale University Press). Ce grand philosophe allemand s'y attaque aux problèmes explosifs de la mythologisation de la politique. Il y montre que les forces non-rationnelles symbolisées dans le mythe et constamment manipulées par l'État sont dangereuses pour les citoyens des nations du monde moderne. Selon la thèse de Cassirer, l'exigence de comprendre comment, depuis Platon, Dante, Machiavel, Gobineau, Carlyle, Hegel et Marx, les structures, les méthodes et les techniques du mythe politique est à considérer comme le dernier rempart contre les « violentes concussions qui pourraient secouer jusque dans ses fondations [les] espaces qu'occupent notre culture et notre civilisation. »
16. Manning, P. (2009) *The African Diaspora.* op. cit. p. 26.
17. Ibid., p. 37.
18. L'expression 'les damnés de la terre' provient de l'hymne connu sous le nom de *L'Internationale.* À l'origine, il s'agit d'un chant révolutionnaire dont les paroles furent écrites en 1871 par Eugène Pottier et la musique composée par Pierre Degeyter en 1888. *L'Internationale* est dédiée à l'instituteur-politicien anarchiste nommé Gustave Lefrançais. La formule ici mise en exergue apparaît dans le troisième vers du premier couplet : *Debout ! L'âme du prolétaire / Travailleurs, groupons-nous enfin. / Debout ! Les damnés de la terre ! Debout ! Les forçats de la faim ! / Pour vaincre la misère et l'ombre / Foule esclave, debout ! Debout ! / C'est nous le droit, c'est nous le nombre : / Nous qui n'étions rien, soyons tout : /* Refrain : *C'est la lutte finale / Groupons-nous et demain / L'Internationale sera le genre humain* .Traduite dans de très nombreuses langues, *L'Internationale* a été, et est encore le chant-symbole des luttes sociales à travers le monde, surtout en France, curieusement, plus que dans les pays de l'ex-URSS et dans l'ancien Bloc de l'Est. La version russe d'Arkady Yakovlevich Kots a même servi d'hymne national de l'URSS jusqu'en 1944.
19. Voir World History Center, http://www.worldhistory.pitt.edu

Index

B

C

D

E

F

G

H

I

J

K

L

M

O

P

Q

R

S

T